콜디츠

콜디츠

나치
포로수용소를
뒤흔든
집요한 탈출과
생존의 기록

벤 매킨타이어 지음
김승욱 옮김

일러두기
• 이 책의 각주는 옮긴이 주입니다.

이 책은 실로 꿰매어 제본하는 정통적인 사철 방식으로 만들어졌습니다.
사철 방식으로 제본된 책은 오랫동안 보관해도 손상되지 않습니다.

꼼짝할 수 없는 상황에서
나는 움찔거리지도 크게 울부짖지도 않았다.
운명의 매질 아래에서
내 머리는 피투성이지만 꼿꼿하다.
— 윌리엄 어니스트 헨리(1849~1903), 「인빅투스」

머리말

콜디츠의 신화는 70년이 넘도록 변하지도, 도전받지도 않았다. 콧수염을 기른 윗입술이 뻣뻣하게 굳은 전쟁 포로들이 나치에 대항하여 독일의 어느 산 위에 있는 음울한 고딕 양식 성에서 굴을 파 빠져나오려 한 것은 수단을 달리한 전쟁이었다는 그 신화. 그러나 모든 전설이 그렇듯이, 이 이야기에도 진실은 일부만 들어 있을 뿐이다.

군인 신분으로 콜디츠에 갇힌 포로들은 제3제국*의 포로 중 가장 골칫덩이들을 모아 엄중하게 감시하는 그 수용소에서 빠져나오려고 노력하면서, 용감하고 쾌활한 모습을 잃지 않고 놀라운 상상력을 발휘했다. 모든 수용소를 통틀어 콜디츠에서 탈출 시도가 가장 많았다. 그러나 콜디츠 생활이 오로지 탈출 시도로만 가득한 것은 아니었다. 대중문화 작품 속에 비현실적인 성자처럼 묘사된 그곳 포로들이 실제로는 그보다 더 복잡하고, 훨씬 더 흥미로운 사람들이었기 때문이다.

콜디츠에는 전쟁 전의 사회가 축소판으로 구현되어 있었다.

* 히틀러 치하의 독일.

다만 실제 사회보다 더 기괴할 뿐이었다. 포로들은 서로 밀접하게 연결된 공동체를 이루었으나, 계급, 정치, 성, 민족 등의 문제로 강렬하게 분열되어 있었다. 콜디츠 드라마의 참여자로는 단호한 전사들 외에 공산주의자, 과학자, 동성애자, 여자, 탐미주의자와 속물, 귀족, 스파이, 노동자, 시인, 배신자 등이 있었다. 그들 중 많은 사람이 지금까지 역사에서 배제된 것은, 탈출에 온 힘을 쏟는 연합군의 백인 남성 장교라는 전통적인 틀에 맞지 않기 때문이었다. 게다가 콜디츠의 사람들 중 약 절반이 독일인이었다. 경비병과 장교인 그들 역시 획일적인 모습으로 그려지는 경향이 있지만, 여기에도 다양한 성격의 사람들이 풍부하게 포함되어 있었다. 잔인무도한 나치라는 전형적인 모습과는 한참 동떨어진 사람, 문화를 알고 인간성을 지닌 사람도 일부 있었다.

　　콜디츠 안에서 벌어진 일들에는 불굴의 정신을 비롯해 아주 많은 것이 등장한다. 괴롭힘, 첩보전, 권태, 광기, 비극, 소극(笑劇) 등. 콜디츠성은 무시무시한 감옥이었으나 부조리할 때가 많았고, 고통의 장소였으나 고급스러운 희극이 벌어지는 장소이기도 했다. 독특하고 괴상한 이 용광로는 자기만의 문화, 요리, 스포츠, 연극뿐만 아니라 심지어 확실히 그 안에서만 쓰이는 언어까지 발전시켰다. 그러나 철조망에 둘러싸여 세상과 단절된 채 엄중한 감시를 받는 이 새장에 들어온 사람들은 모두 변화를 겪었다. 그동안 성 안의 삶도 새로운 모습으로 변해 갔고, 밖에서는 전쟁이 가차없이 계속되었다. 영웅적인 포로가 있었지만, 그들도 인간이었다. 강인한 동시에 약하고, 용감하지만 겁에 질린 그들은 쾌활했다가, 단호했다가, 절망에 빠지기를 반복했다.

진짜 콜디츠 이야기의 알맹이는 바로 이것이다. 양편의 평범한 사람들은 자신과는 상관없이 만들어진 극적이고 힘겨운 상황에 어떻게 반응했을까? 그리고 생겨나는 간단한 의문. 나라면, 여러분이라면 어떻게 했을까?

유럽 1937~1942년

북 해

덴 마 크

• 코펜하겐

• 함부르크

엘베강

✕ 작센하우젠

• 베를린

오데르강

네 덜 란 드

• 암스테르담

독 일

라인강

베저강

물데강

• 할레

• 라이프치히

• 콜디츠

• 자간 ☐

• 라이스니히

드레스덴 ☐

• 브뤼셀

• 베렌도르프
에슈바일러

부헨발트 ✕

• 페니히

• 츠비카우

켐니츠

쾨니히슈타인

벨 기 에

카셀 •

• 프라하

보 헤 미 아

• 뉘른베르크

☐ 바인스베르크

아이히슈테트 ☐

• 레겐스부르크

스트라스부르 •

프 랑 스

• 울름

다하우 ✕ • 뮌헨

다뉴브강

징겐
(람젠 돌출부)

바젤 ↙

☐ 티트모닝

라우펜 ☐

• 잘츠부르크

• 베르히테스가덴

• 돌

• 베른

스 위 스

• 인스브루크

• 마르크트 폰가우

오 스 트 리 아

• 제네바

| 0 | 50 | 100 | 150 마일 |

| 0 | 100 | 200 킬로미터 |

이 탈 리 아

발트 해

동방 국가판무관부

동프로이센

● 단치히

□ 토룬

□ 포즈난

● 비아위스토크

● 바르샤바

우크라이나 국가판무관부

비스와강

폴란드 총독부

× 아우슈비츠

● 렘베르크
(리비프)

모라비아

슬로바키아

루마니아

빈

● 부다페스트
헝가리

-·- 독일 국경선, 1937년
-·- 1937년의 다른 경계선
── 〈대(大)독일〉 국경선, 1942년
--- 1942년의 다른 경계선
□ 포로수용소
× 강제 수용소

콜디츠성

운동 구역

인도교

독일 정원

혼박천(III)

통행로

게이트

주변보다 높고
순찰병이 있는 통

가파른 절벽

철조망 안의
게이트

풀밭

기관총
감시 초소

치과

매점

프로미넨테
감방

안마당 (포로들)

오가게

지하실

독방

이 잡는 헛간

시계탑

샤워장

극장

둥근 탑

의무실

소포실

입구 게이트

테라스

정원(과수원)

기관총
감시 초소

성벽

야간 감시 초소

난간

파고다 안의
기관총 감시 초소

낭떠러지

경비실

낭떠러지

| 0 | 10 | 20 | 30 미터 |
| 0 | 10 | 20 | 30 야드 |

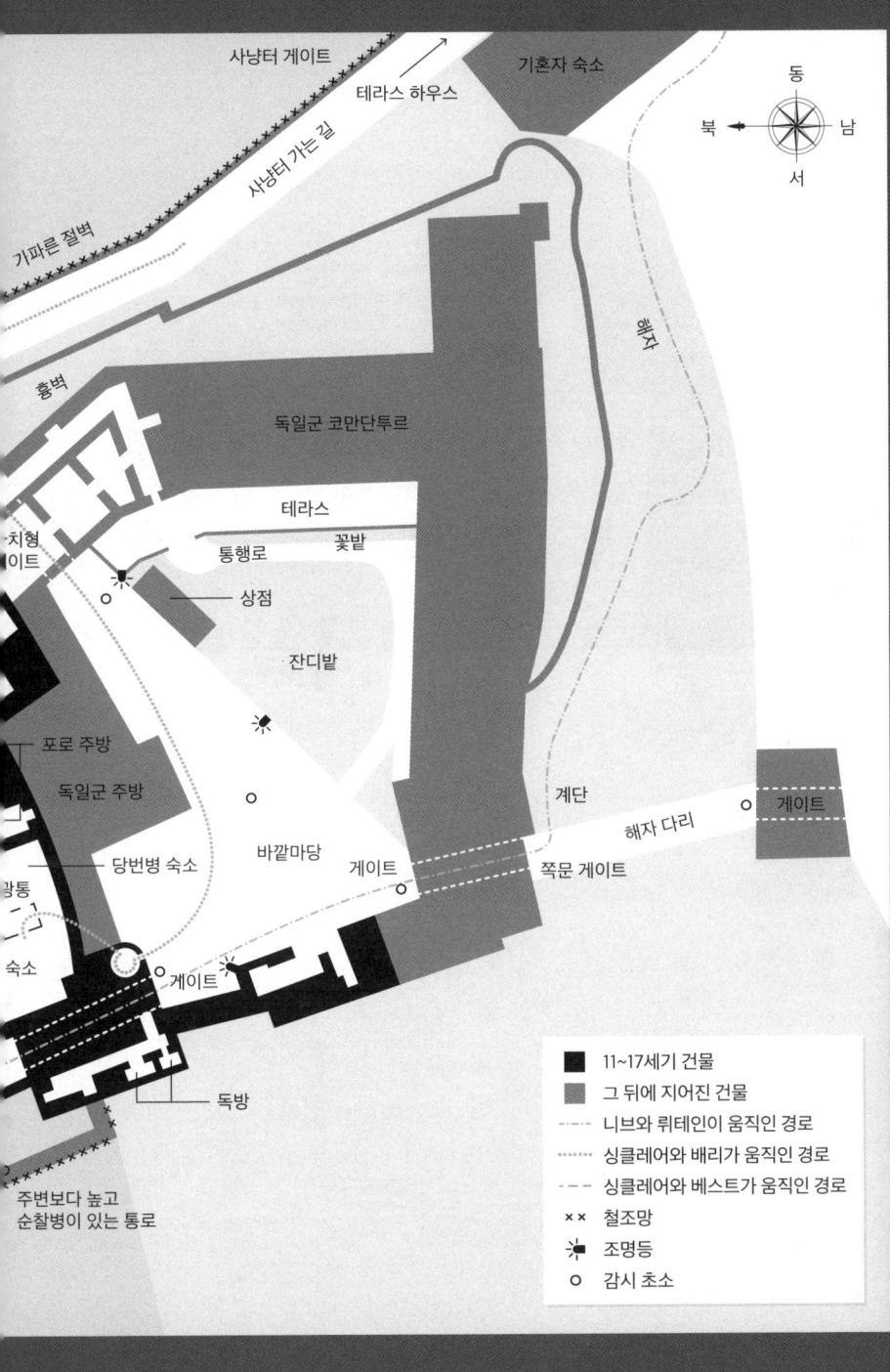

사냥터 게이트

테라스 하우스

기혼자 숙소

동
북   남
서

사냥터 가는 길

기파른 절벽

홍벽

독일군 코만단투르

해자

테라스

치형
이트

통행로   꽃밭

상점

잔디밭

포로 주방

독일군 주방

당번병 숙소

바깥마당

계단

해자 다리

게이트

게이트

쪽문 게이트

광통

숙소

게이트

독방

주변보다 높고
순찰병이 있는 통로

11~17세기 건물

그 뒤에 지어진 건물

니브와 뤼테인이 움직인 경로

싱클레어와 배리가 움직인 경로

싱클레어와 베스트가 움직인 경로

철조망

조명등

감시 초소

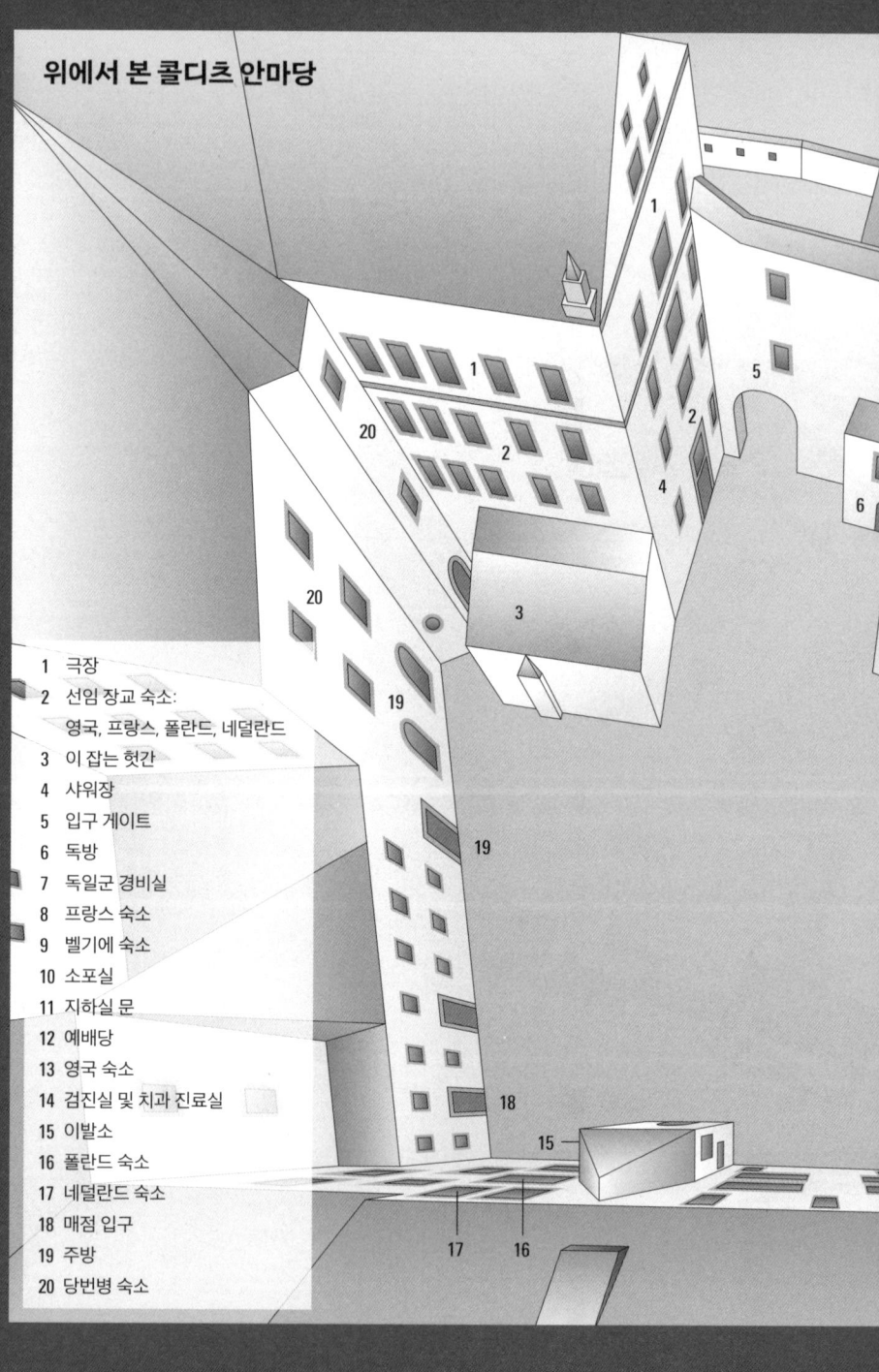

위에서 본 콜디츠 안마당

1　극장
2　선임 장교 숙소:
　　영국, 프랑스, 폴란드, 네덜란드
3　이 잡는 헛간
4　샤워장
5　입구 게이트
6　독방
7　독일군 경비실
8　프랑스 숙소
9　벨기에 숙소
10　소포실
11　지하실 문
12　예배당
13　영국 숙소
14　검진실 및 치과 진료실
15　이발소
16　폴란드 숙소
17　네덜란드 숙소
18　매점 입구
19　주방
20　당번병 숙소

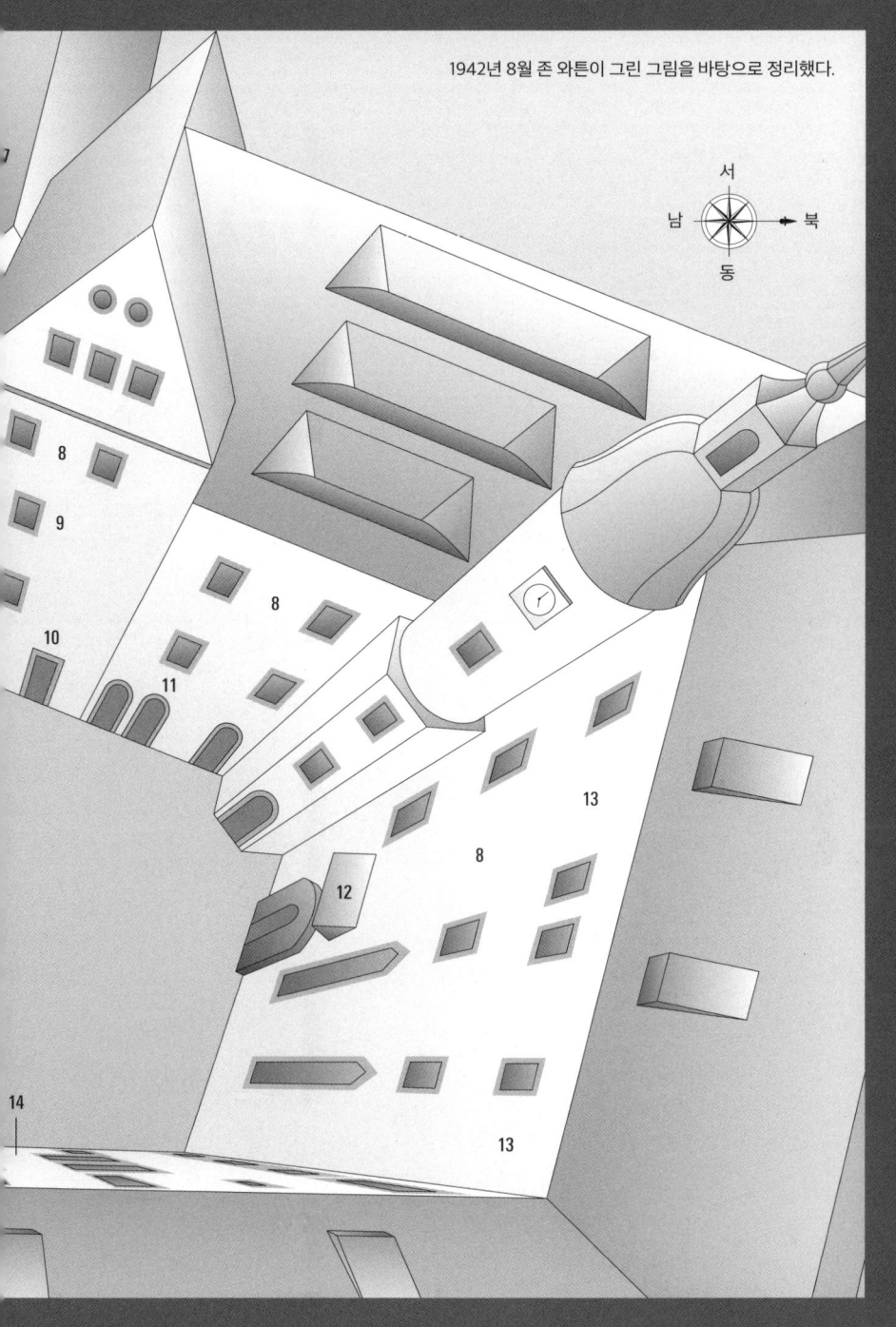

1942년 8월 존 와튼이 그린 그림을 바탕으로 정리했다.

차례

들어가기 전에: 프란츠 요제프

구스타프 로텐베르거 원사는 매일 저녁 성 주변을 순찰하며 초소의 경비병들이 정신을 바짝 차리고 있는지 확인했다. 잠든 병사를 한 명 붙잡으면 좋겠다는 마음도 있었다. 로텐베르거는 정해진 일상을 까다롭게 지키는 사람이라서, 항상 건물 동편에서 순찰을 마무리했다. 가파른 절벽과 웅장한 성벽 사이 좁은 통행로가 철조망이 있는 게이트로 이어지는 지점이었다. 그 너머에는 사냥터와 숲이 있었다. 테라스를 따라 9미터 간격으로 기관총을 든 경비병이 배치되었고, 게이트에도 경비병 두 명이 추가로 배치되었다. 둘 중 한 명은 주변보다 높이 솟아 있어서 테라스를 확실하게 겨냥할 수 있는 통로를 순찰했다.

1943년 9월의 어느 따뜻한 밤 자정 직전에 로텐베르거 원사(독일어로는 슈탑스펠트베벨Stabsfeldwebel)가 여느 때처럼 테라스에 나타났다. 소총을 둘러멘 병사 두 명이 그와 동행하고 있었다. 포로들은 두 시간 전 이미 숙소에 들어갔고, 숙소 출입문도 잠겼다. 콜디츠는 조용했다. 강력한 조명등 때문에 성의 화강암 표면에 경비병들의 그림자가 일그러진 모양으로 비쳤다.

로텐베르거는 누가 보아도 착각할 수 없는 모습을 하고 있었다. 작센 토박이인 그는 제1차 세계 대전 때 철십자 훈장을 받았는데, 잠자리에 들 때도 종군 기장을 떼놓지 않는다는 말이 있었다. 경비 중대 제3소대의 부하들은 그를 우러러보고 두려워했다. 포로들은 자신을 감금한 자들을 기회가 생길 때마다 조롱했지만, 규율에 까다롭고 화를 잘 내는 로텐베르거를 대할 때는 조심스럽게 존중하는 태도를 보였다. 그는 앞선 시대에 태어나 전투의 상흔을 간직한 군인이었으며, 규율에 엄격하고, 화려하게 털을 기르고 있었다. 로텐베르거에게서 가장 눈에 띄는 특징은 얼굴에 난 털이었다. 위는 좁고 아래가 넓은 구레나룻과 콧수염이 화려하게 조합된 형태. 이 늙은 군인은 붉은빛을 띤 무성한 구레나룻을 엄청나게 자랑스러워했기 때문에 이국적인 애완동물을 대하듯이 빗질을 하고, 털을 다듬고, 왁스를 발라 뾰족하게 손질했다. 영국군 포로들은 그를 〈프란츠 요제프〉라고 불렀다. 자전거 핸들 모양의 콧수염을 기른 오스트리아-헝가리 황제의 이름을 딴 별명이었지만, 로텐베르거 앞에서는 절대로, 절대로 그 별명을 부르지 않았다.

로텐베르거는 테라스의 첫 번째 경비병에게 멋들어지게 척척 다가가 고함을 질렀다. 「서쪽에 탈출 시도가 있다. 즉시 경비실에 보고하라.」 경비병은 화들짝 놀라서 발꿈치를 소리 나게 착 부딪힌 뒤 뛰어갔다. 원사는 두 번째 경비병과 세 번째 경비병에게 차례로 다가가 근무가 끝났다고 말했다. 게이트의 두 경비병은 로텐베르거가 그들과 교대할 경비병 두 명을 데리고 테라스 모퉁이를 돌아오는 것을 보고 깜짝 놀랐다. 그들의 근무 시간은 아직 두 시간 더 남아 있었기 때문이다. 「오늘 근무는 일찍 끝내라. 열쇠

이리 내.」 콧수염을 기른 원사가 쏘아붙이듯이 말했다. 로텐베르거가 유난히 성마르게 구는 것 같았다. 때로는 사람이 겉모습에 속을 수도 있는 법이다.

로텐베르거의 얼굴 털을 자세히 살펴보았다면, 그것이 면도용 솔을 분해해서 만든 가짜임을 알 수 있었을 것이다. 범인들은 수용소 내의 상점에서 산 수채화 물감으로 붉은 기를 띤 회색을 칠한 뒤, 그 털을 아교로 붙였다. 로텐베르거가 데려온 두 경비병을 포함한 세 명의 군복은 수용소 담요를 정밀하게 바느질해서 독일군이 야전에서 입는 군복처럼 회색으로 염색한 것이었다. 그가 가슴에 매단 철십자 훈장은 성 지붕에서 벗겨 낸 아연을 뜨겁게 달군 식칼로 다듬어 만든 것이고, 군모는 영국 공군의 뾰족한 모자에 펠트와 끈을 이용해 모양을 낸 것이고, 총집은 마분지에 구두약을 발라 광을 낸 것이고, 거기서 삐죽 튀어나온 권총은 발터 P38 9밀리미터 권총 개머리판처럼 보이게 나무에 색을 칠한 것이고, 두꺼운 외투를 입은 두 경비병의 소총은 연필심으로 총열에 광을 내고 강철 침대 틀 조각으로 노리쇠를 만들고 금속 식기를 이용해 주석으로 방아쇠를 만든 가짜였다.

로텐베르거도 복제품이었다. 가짜 프란츠 요제프. 그의 정체는 스물다섯 살의 영국군 중위 마이클 싱클레어였다. 이미 콜디츠에서 두 번 탈출했다가 다시 붙잡혀 온 경험이 있는 그는 독일어를 유창하게 구사했으며, 재능 있는 아마추어 배우이자 망상가였다. 머릿속에는 온통 탈출 생각뿐이라 다른 이야기는 전혀 하지 않았다. 「난 여기서 나갈 거야.」 그는 몇 번이나 고집스럽게 말했다. 희망 사항이 아니라, 신념의 선언이었다. 포로들 중 일부는 탈출만 생각하는 그의 태도를 당혹스러워했다. 싱클레어의 단호한 모습에서 필사적인 느낌이 나기 때문이었다. 그는 4개월 동안 로텐베르거의 걸음걸이, 자세, 말씨, 정해진 일상, 버릇, 화가 났을 때 하는 욕을 열심히 연구했다. 로텐베르거는 화를 낼 때가 많았다.

테라스 위 높은 곳의 어둠 속에서 영국군 장교 서른다섯 명이 기다리고 있었다. 6층 창문의 쇠창살은 이미 톱으로 잘라 놓은 상태였다. 그들은 직접 만든 민간인 옷을 입고, 가짜 여행증을 갖고 있었다. 여행증을 위조할 때는 나무와 철사를 엮어 만든 타자기를 사용했고, 거기에 붙인 사진은 시가 상자와 안경으로 만든 카메라로 찍었다. 여행증에 찍힌 독일의 독수리 모양 공식 스탬프는 구두 뒷굽을 면도날로 깎아서 만든 것이었다. 「이번엔 될 것 같아.」 누군가가 속삭였다. 첫 번째 경비병이 서둘러 멀어지고 있었다. 「이번엔 정말로 될 것 같아.」

그들의 계획은 단순했다. 경비병을 다른 곳으로 보낸 뒤, 먼저 스무 명이 침대보를 찢어 만든 끈을 이용해 건물 바깥쪽으로 내려간다. 싱클레어가 사냥터로 통하는 게이트의 잠금장치를 열어 주면, 그들 모두가 비탈길을 달려 내려가 인근의 숲으로 들어간다. 이렇게 그들이 성공하고 몇 분 뒤, 남은 일행이 그들의 뒤를 따른다. 숲에 들어선 다음에는 둘씩 짝을 지어 인근의 시골 풍경 속으로 흩어져서, 미리 계획한 다양한 경로로 독일 국경까지 간다. 이 〈프란츠 요제프 계획〉의 성공 여부는 독일 군인들에게 깊이 각인된 복종 습관, 준비 상태, 타이밍, 행운, 싱클레어가 얼굴에 단 가짜 구레나룻의 상태에 따라 달라질 수 있었다. 탈주자들은 그만 가도 좋다는 명령을 받은 경비병들이 경비실에 도착해서 진짜 로텐베르거를 발견할 때까지 4분 30초가 걸릴 것이라고 계산했다. 그다음부터는 사방에서 난리가 날 것이다. 어둠 속에 웅크린 포로들 중에는 갇힌 지 거의 3년이나 된 사람이 많았다. 그 기간 동안 수많은 탈출 시도가 있었으나, 성공한 사람은 소수에 불과했다. 감시받는 자와 감시하는 자 사이의 전쟁이 수용소에서 점점 격화되는 상황에서, 커다란 승리가 눈앞에 있었다. 이번 계획이 성공한다면, 콜디츠 역사상 최초의 대규모 탈주가 될 터였다.

얼마 전 콜디츠의 코만단트*는 성을 드나드는 사람은 예외 없이 통행증을 보여 주어야 한다고 지시했다. 통행증 색깔은 매일 달라졌다. 게이트의 경비병은 이 규칙을 지켰다. 나중에 그는 자기가 본 콧수염이 〈둥글게 휘어진 모습이 조금 이상했다〉고 주장했으나, 사실 단순히 명령에 복종했을 뿐이었다. 로텐베르거가 자신의 기존 명령과 반대되는 명령을 내렸는데도. 경비병의 목소리가 위쪽 창문까지 올라왔다. 「나인, 헤르 슈탑스펠트베벨. **나인!**」** 싱클레어는 건방지다고 병사를 꾸짖었다. 「미쳤어? 네 부대의 원사도 몰라봐?」 결국 그는 주머니에서 외출 통행증, 즉 아우스바이스를 꺼내서 건네주었다. 날짜와 서명과 스탬프가 모두 있었다.

이것은 독일 경비병에게 뇌물을 주고 구한 진짜 통행증의 복제품이었다. 어느 모로 보나 완벽했다. 색깔이 틀렸다는 점만 빼고. 가짜 통행증은 회색인데, 오늘 통행증은 노란색이어야 했다.

경비병은 그것을 잠시 빤히 보다가 〈프란츠 요제프〉 로텐베르거를 다시 보았다. 그러고는 천천히 소총을 들어 올렸다.

* 독일어로 〈지휘관〉, 〈사령관〉.
** 안 됩니다, 원사님. 안 됩니다!

1940년

1941년

1942년

1943년

1944년

1945년

1
오리지널

1940년 11월 10일 오후 팻 리드 대위는 절벽 위의 성을 올려다보며 찬탄과 불안이 혼합된 감정을 느꼈다. 그 성을 지은 사람들의 의도와 딱 맞아떨어지는 감정이었다. 그는 나중에 이렇게 썼다. 〈우리의 감옥이 될 곳이 머리 위로 솟아 있는 것을 보았다. 아름답고, 고요하고 장엄하면서도 심장이 덜컹 내려앉을 만큼 가까이하기 어려운 분위기…….아무리 용감한 사람도 주춤하게 만드는 광경이었다.〉

주춤하는 것은 팻 리드의 성격과 맞지 않았다. 사실 그는 모든 종류의 심약함을 도덕적인 결함으로 보았으므로, 자신에게도 다른 사람에게도 못 본 척 용납해 주지 않았다. 영국 육군 장교인 그는 프랑스가 함락된 뒤 도망치지 못한 수천 명의 군인과 마찬가지로 5월에 포로가 되었다. 처음에 바이에른의 라우펜 성에 구금된 그는 곧바로 지하실에서 감옥의 담장 밖에 있는 작은 헛간까지 굴을 파는 작업을 감독하기 시작했다. 그렇게 굴을 파서 다른 장교 다섯 명과 함께 유고슬라비아 국경 쪽으로 탈주했다. 그러나 탈출 5일 만에 붙잡혀 콜디츠로 이송되었다. 콜디츠는 구제 불능의 포로들을 모아 놓은 새로운 수용소였으므로, 리드는 그곳에 들어갈 자격이 차고 넘쳤다.

인도에서 아일랜드계 아버지의 아들로 태어난 스물아홉 살의 리드는 반골 기질과 과시욕을 타고났으며, 우리 편일 때는 누구보다 믿음직하지만 적일 때는 완고하고 짜증스러운 상대였다. 전에 트위큰햄에서 영국과 아일랜드의 럭비 경기가 열렸을 때, 골대 꼭대기로 올라가 토끼풀* 한 다발을 꽂아 놓은 적도 있었다. 함께 구금된 포로가 〈땅딸막하고, 머리가 구불구불하고, 눈빛이 짓궂은 사람〉이라고 묘사한 리드는 말할 때나 글을 쓸 때나 영국 사립 학교의 영웅적인 공적만을 다루는 영국 소년 잡지 『보이즈 오운 페이퍼』에 나오는 은어를 사용했다. 또한 항상 쾌활하고 낙천적인 모습을 잃지 않았다. 당시의 극적인 상황에서 자신의 위치를 아주 잘 알고 있던 리드는 훗날 콜디츠의 역사를 가장 먼저, 가장 포괄적으로 기록한 사람이 되었다. 그는 콜디츠를 처음 보았을 때부터 싫어했으며, 죽을 때까지 콜디츠를 생각하고 콜디츠에 대한 글을 쓰는 데 대부분의 시간을 할애했다.

나중에 〈라우펜 6인조〉로 불리게 된 영국 장교 일행은 해자를 건너 두 번째 석조 아치 아래를 지나갔다. 〈우리 등 뒤에서 그 아치의 떡갈나무 문이 불길하게 닫히고, 진짜 중세 시대처럼 묵직한 철제 빗장이 쿵 하는 소리를 냈다.〉 전쟁 전에 토목 기사였던 리드는 총안이 있는 성가퀴 너머를 전문가의 눈으로 바라보았다. 3면이 깎아지른 낭떠러지처럼 아래로 뚝 떨어지고, 테라스 아래에는 가시철사가 꽃 줄처럼 걸려 있었다. 날이 저물자 탐조등 불

* 아일랜드의 국장(國章).

빛이 성벽을 밝혔다. 가장 가까운 도시인 라이프치히까지의 거리는 북서쪽으로 23마일*이고, 나치가 점령하지 않은 나라와의 가장 가까운 국경은 400마일** 떨어져 있었다. 리드는 곰곰이 생각해 보았다. 〈탈출하기가 만만치 않겠어.〉6인조는 문이 있는 또 다른 아치를 지나 안마당으로 들어섰다. 자갈 포장을 밟는 그들의 군화 소리만이 침묵을 깼다. 리드는 〈말할 수 없이 음산한 곳〉이었다고 썼다.

콜디츠성은 물데강에서 45미터 높이로 솟은 산꼭대기에 있다. 물데강은 현재 독일 땅의 동쪽을 흐르는 엘베강의 지류다. 이 지역이 10세기에 독일 땅이 되기 전, 이곳에 살던 세르비아 슬라브인들은 이곳을 〈검은 숲〉이라는 뜻의 콜디에세Koldyese라고 불렀다. 나중에 거대한 요새가 된 건물의 기초가 처음으로 놓인 때는 1043년경. 그 뒤로 1천 년 동안 강대한 왕조들이 이 일대에서 권력과 명성을 놓고 싸움을 벌이면서 이 성의 증축과 개조, 파괴와 재건이 반복되었다. 화재, 전쟁, 유행병도 수백 년 동안 성의 형태를 바꿔 놓았으나, 성의 목적은 처음부터 한결같았다. 신민들에게 짓눌릴 듯한 깊은 인상을 심어 주는 것, 통치자의 힘을 보여 주는 것, 적에게 겁을 주고 포로를 감금하는 것.
　　이 지역의 세습 통치자인 작센 선거후들은 이 성을 예배당과 연회장을 갖춘 사냥용 별장으로 바꿔 놓았고, 1523년에는 주변 수림이 높은 돌담에 에워싸인 사냥터가 되었다. 이 사냥터, 즉

* 36.8킬로미터.
** 640킬로미터.

티어가르텐 안의 특별한 울타리 안에 하얀 수사슴을 가둬 두었
다가 방사해서 사냥하는 식이었다. 선거후의 부인, 시끄러운 친
척, 미혼의 딸은 성벽 안에 머물렀다. 18세기 초 작센 선거후이
자 폴란드 왕이자 리투아니아 대공인 아우구스투스 2세 시절, 이
성에는 추가 방어 설비와 유람 정원, 극장이 새로 지어졌다. 〈강
한 아우구스투스〉로 불리던 그는 체력이 엄청나고, 여우 던지기
(이름 그대로 고약한 스포츠였다) 솜씨가 좋았으며, 자식이 대략
365~382명이었다고 알려진 비상한 바람둥이였다. 그의 자녀들
을 수용하기 위해 성은 방이 7백 개나 되는 규모로 증축되었다.

19세기 무렵 작센 선거후들은 이미 다른 곳에 관심을 쏟고
있었다. 그래서 산 위의 성은 구빈원, 소년 구치소가 되었다가 〈치
료할 수 없는 광인들〉의 병원이 되었다. 독일에서 가장 값비싼 정
신 병원인 콜디츠는 부유하고 유명한 가문들이 정신적으로 문제
가 있는 가문의 일원을 처박아 두는 곳이었다. 예를 들어 작곡가
로베르트 슈만의 아들 루트비히는 스무 살 때 제정신이 아닌 상태
로 이곳에 도착해 두 번 다시 나가지 못했다. 20세기가 되기 전 이
곳은 죽음의 장소로 변했다. 얼음처럼 차가운 돌바닥, 바람이 숭
숭 들어오는 복도에 비참한 사연들이 숨어 있는 광대한 무덤이었
다. 제1차 세계 대전 때 이곳에 수용된 결핵 환자와 정신 질환자
중 912명이 영양실조로 죽었다. 제2차 세계 대전 이전에는 나치
가 이곳을 공산주의자, 사회 민주주의자 등 히틀러의 정치적인 반
대자들을 가둬 둔 강제 수용소로 이용했다. 이곳에 수감된 〈바람
직하지 못한 자들〉이 1년 만에 2천 명이 넘었다. 습한 감방에서는
고문도 자행되었다. 그 뒤 잠깐 동안 제국 청년 노동자 캠프로 사

용되다가 1938년에 다시 병원이 되었으나, 이번에는 그 결과가 치명적이었다. 신체와 정신이 온전치 못한 여든네 명이 이곳에서 고의적으로 아사당했기 때문이다. 히틀러의 프로그램을 본격적으로 가동하기 위한 시험장이었다.

그러나 1939년에 이 성은 앞으로도 영원히 기억될 장소, 즉 포로수용소가 되었다. 독일군 최고 사령부Oberkommando der Wehrmacht가 콜디츠를 사로잡은 적군 장교 중 특별한 종류, 다시 말해서 다른 수용소에서 탈출 시도를 하거나 다른 방식으로 독일에 대해 뚜렷이 부정적인 태도를 드러낸 포로들을 가두는 특수 수용소Sonderlager로 바꿔 놓았기 때문이다. 이 포로들에게는 deutschfeindlich, 즉 〈독일에 비우호적〉이라는 꼬리표가 붙었으나, 이 독일어 단어는 다른 언어에 같은 뜻의 단어가 없어서 사실상 번역이 불가능하다. 나치 독일에서 충분히 우호적이지 않은 태도는 범죄였다. 이 꼬리표가 붙은 포로의 기록에는 빨간 탭이 붙을 수 있었다. 독일인이 보기에는 좋지 않은 표시지만, 전쟁 포로들 사이에서는 뚜렷한 주목의 대상이 되었다. 콜디츠성은 그때부터 장교급 포로들의 수용소, 즉 독일어로 Offizierslager가 되어 장교 포로 수용소Oflag IV-C라는 이름을 얻었다.

수백 년 동안 콜디츠성에는 다양한 사람이 많이 살았으나, 거의 모두에게 공통점이 하나 있었다. 스스로 원해서 이 성에 살게된 것이 아니라는 점. 귀부인, 정신 질환자, 유대인, 처녀, 결핵 환자, 전쟁 포로, 사냥터의 하얀 수사슴은 모두 타인의 손으로 성에 끌려와 밖으로 나갈 수 없는 생활을 했다. 〈강한 아우구스투스〉의 사생아조차 산꼭대기의 이 광대한 성에서 움직이지 못했다. 원래는 사람들을 보호하기 위해 지어진 성이라지만, 실제로는 항상 권력을 과시하는 용도로 쓰였다. 스카이라인을 지배하며 거인처럼 우뚝 솟은 이 거대한 성은 그 아래에 사는 사람들에게서 경외를 이끌어 내고, 성 안의 사람들을 단단히 안에 가두었다. 성벽의 어느 편에 있는가에 따라 성은 웅장해 보이기도 하고 괴물처럼 보이기도 했다.

성은 인접한 마당 두 개로 구성되었다. 만들어진 지 더 오래된 안마당은 고작해야 테니스 코트만 한 크기였으며, 바닥은 자갈로 포장되고, 사방을 에워싼 담장의 높이는 27미터였다. 북쪽에는 예배당과 시계탑, 서쪽에는 극장, 소포실, 선임 장교 숙소가 있는 잘하우스Saalhaus, 즉 그레이트 홀, 남쪽에는 포로용 주방과 바로 옆의 독일군 숙소, 동쪽에는 퓌르스텐하우스Fürstenhaus, 즉 군주의 집이 있었다. 이 건물은 나중에 영국군 포로 숙소로 사용되었다. 햇빛이 안마당까지 들어오는 시간은 정오를 전후한 몇 시간뿐이었다. 게이트를 통과하면 여기보다 큰 바깥마당이 나오는데, 여기에도 출구가 두 군데밖에 없었다. 하나는 물이 마른 해자를 건너저 아래 계곡에 있는 콜디츠 마을로 내려가는 길이고, 다른 하나는 숙소 아래 터널을 통과해서 한때 강력한 선거후들의 정원이자 사냥터였던 숲으로 내려가는 길이었다. 포로들은 안마당에 갇혔고, 독일군 경비 병력인 제395방어 대대는 바깥마당을 차지했다. 이 주둔군의 본부는 코만단투르라고 불렸다.

콜디츠성은 그 아래를 받친 바위만큼 단단하고 틈이 없는 것처럼 보였다. 하지만 사실은 구멍투성이였다. 거대한 석조 건물을 여러 차례 증축하면서 방이 확장되고, 창문이 새로 생기거나 없어지고, 복도가 막히고, 배수로의 방향을 바꾸었다가 되돌리는 일이 반복되었다. 그리고 이런 공사에 참여한 사람들은 이미 수백 년 전에 저세상 사람이 되었다. 성에는 숨겨진 방, 버려진 다락방, 중세식 잠금장치로 단단히 잠긴 문, 오래전에 기억에서 사라진 틈새가 가득했다. 이곳이 포로 수용소로 바뀐 뒤 4년 동안 리드 등 안마당 거주자들은 이런 구멍을 이용하려고 애쓴 반면, 바깥마당 사람들은 그 구멍을 막는 일에 포로들 못지않게 열심히 달려들었다.

영국군 포로들이 마당으로 들어오자, 키가 크고 얼굴이 날카롭게 생긴 독일군 장교가 정확한 동작으로 경례했다. 「안녕하신가, 영국 친구들. 힘든 하루였으니 지금 틀림없이 피곤하겠군.」 그가 흠잡을 데 없는 영어로 말했다.

라인홀트 에거스 중위는 모든 면에서 팻 리드와 정반대였다. 그는 격식 있고, 규율을 잘 지키고, 유머를 몰랐다. 리드가 〈독일에 비우호적〉인 만큼, 에거스는 애국자였다. 두 사람은 서로를 처음 보는 순간부터 싫어했다. 그때부터 길고 가차 없는 싸움이 시작되었다.

브런즈윅의 대장장이 아들인 에거스는 이프르와 솜의 전투에 참여했고, 〈끔찍한 51개월〉의 복무 끝에 다리 총상과 철십자 훈장을 얻었다. 에거스는 자신이 〈나라에 헌신하는 애국적인 독일인〉이라고 설명했다. 하지만 나치 추종자는 아니었다. 전쟁 전에는 국가 사회주의에 충분히 열성을 보이지 못했다는 이유로 잠시 나치당과 문제가 생기기도 했다. 제2차 세계 대전이 시작되었을 때 그는 이미 마흔아홉 살이었으나 다시 나라의 부름을 받아, 자신처럼 나이가 많은 다른 군인과 마찬가지로 군 감옥 관리 부대에 배치되어 장교 포로 수용소 IV-C의 선임 장교 부관으로 발령받았다. 나중에는 콜디츠의 최고 보안 담당자 자리까지 올라갔다.

원래 직업이 교사인 탓에, 에거스는 구식 프로이센 교장 선생의 모든 특징을 고스란히 지니고 있었다. 꼼꼼하게 규율을 따지고, 분필처럼 금방 부서질 것 같으면서도 딱딱했다. 하지만 공평하고 침착했으며, 예의를 강조했다. 그는 말 안 듣는 아이들을 교육한 경험이 있는 자신이 독일에서 가장 말썽 많은 전쟁 포로들을 통제하는 데 가장 적합하다고 믿었다. 그래서 아이들을 가르칠 때의 규칙을 포로 수용소 운영에도 적용했다. 〈절대 감정을 드러내지 마라. 무슨 일이 벌어져도 계속 웃어라. 불복종을 처벌할 때는 정력적으로 하라.〉 원칙을 중시하는 만큼, 그는 자기방어를 위해 필요한 경우가 아니라면 포로들을 상대로 폭력을 사용하는 것에 강하게 반대했다. 그의 일기를 비롯한 여러 글에서는 독일인의 관점에서 본 콜디츠에 대해 놀라운 통찰력을 얻을 수 있다.

에거스는 또한 영국을 열렬히 사랑하는 사람이었다. 나치 독일에서는 위험스러운 성향이었으나, 그는 영국 시골, 예의범절, 언어, 음식, 훌륭한 스포츠 정신에 대한 찬탄을 숨기지 않았다. 그가 사범 대학에서 쓴 졸업 논문의 제목은 「빅토리아 시대부터 현재까지 영국 학교 개혁의 이론과 실제」였다. 1932년에는 할레의 요한-고트프리트-헤르더-김나지움과 첼튼햄 공립 중학교 사이의 교환 학생 프로그램을 마련하기도 했다. 독일에서 나치즘이 점점 세를 얻는 동안 에거스는 글로스터셔의 온천 도시에서 몇 달 동안 행복한 시간을 보내며 영국 문화와 영국 맥주를 즐겼다. 그러나 이때의 경험으로 영국에 대해 왜곡된 인식을 갖게 되어, 자신이 첼튼햄에서 만난 사람들과 마찬가지로 모든 영국인이 예의 바르고, 독일에 관심이 있고, 불공정하게 구는 것이 아예 불가능하다고 생각하게 되었다. 그러나 곧 이런 인상을 무례하게 깨버린 사람이 그 앞에 나타났다.

첫 번째 포로들이 도착하기도 전에 에거스는 골칫덩이 포로들이 결코 도망칠 수 없는 슈퍼 감옥을 만들겠다는 독일군의 계획에서 두 가지 중대한 결함을 발견했다. 첫 번째 결함은 건물 그 자체였다. 확실히 만만찮게 보이는 건물이긴 했으나, 너무나 복잡한 중세식 구조 때문에 경비하기가 극도로 어려웠다. 에거스는 이렇게 썼다. 〈그곳은 난공불락이었으나, 포로를 가두기에 이보다 더 적합하지 않은 곳은 아마 두 번 다시 없을 것이다.〉 두 번째 결함은 수감자들의 본성이었다. 에거스가 〈나쁜 유형〉이라고 표현한, 독일에 우호적이지 않은 포로들은 〈평화를 깨뜨리는 자로 평판을 굳힌 바람직하지 않은 자들〉이었다. 다른 포로 수용소는 골칫덩이가 없어진 덕분에 관리하기가 더 쉬워질지 몰라도, 학교 교사인 에거스는 말 안 듣는 남학생들을 한 학급에 모두 몰아넣으면 아이들의 반항심이 한데 모여 서로를 충동질하기 때문에 곧 교실에서 불이 활활 타오르게 된다는 사실을 심각하게 의식하고 있었다.

모든 학교와 감옥에는 규칙이 필요하다. 에거스가 생각하기에 이 수용소의 규칙은 1929년에 독일을 포함한 37개국이 서명한 〈전쟁 포로에 관한 제네바 협약〉이었다. 이 협약은 전쟁 포로를 어떻게 먹이고, 재우고, 처벌해야 하는지를 규정한 것이다. 포로의 복지 상태는 중립적인 〈이익 대표국〉이 감독했다. 처음에는 미국이 이 일을 맡았고, 그다음에는 스위스였다. 제네바 협약에 따라, 포로가 된 장교는 〈계급에 걸맞게 대우받을 것〉 등 약간의 특권을 누렸다. 〈다른 계급〉의 포로들은 독일어로 Stammlager라고 불리는 노동 수용소에 감금된 반면, 장교들에게는 독일 제국을 위한 노동을 강요할 수 없었다. 그들 중에서도 최고위급 장교는 수용소 당국과 포로 사이의 공식적인 조정자로 인정받았다. 콜디츠의 포로들은 비록 자유를 잃었을지언정 자신의 법적 권리를 잘 알았다. 독일인들도 마찬가지였다. 준군사 조직인 SS는 국제법을 무시한 비인간적인 태도로 강제 수용소를 운영했지만, 군대가 운영하는 포로 수용소에서 독일의 최고위급 장교는 제네바 협약을 준수하는 것이 군인의 자부심 문제라고 보았다. 따라서 누군가가 그들에게 협약을 준수하지 못하고 있다고 말하면 화를 냈다. 점점 잔혹해지는 전쟁의 한복판에서도 독일군 경비병들은 그래도 아직까지는 규칙을 지키고 있었다. 한 영국군 포로는 이렇게 썼다. 〈그들은 속 좁은 폭정에 의존하지 않고, 탈출을 방지하기 위한 모든 조치를 취한 다음에는 우리를 명예의 의미를 알고 신사의 품위를 지닌 신사로 대우한다.〉

팻 리드는 처음으로 콜디츠의 마당을 둘러보면서 〈유령 같은 폐허〉에 들어온 기분을 느꼈다. 아니나 다를까, 눈이 점점 어둠에 익숙해진 뒤 위층 창문에 하나둘씩 나타나기 시작한 유령처럼 창백한 얼굴들이 보였다. 일주일 전 이곳에 들어온 폴란드 장교 140명이 새로운 포로들을 환영하듯 외치는 소리가 천천히 높아졌다. 「앙글리시, 앙글리시…….」 영국인이다, 영국인이다…….

폴란드 전쟁 포로들의 지위는 조금 기이했다. 약 42만 명의 폴란드 군인이 1939년 독일군에 사로잡혔다. 그리고 그들의 나라는 독일과 소련이 나눠 가졌다. 독일 사람들은 그들이 제네바 협약의 보호 대상에 해당하지 않는다고 보았다. 「폴란드는 이제 존재하지 않아.」 폴란드 장교들이 콜디츠에 도착하자마자 들은 말이었다. 「너희가 다른 교전국의 전쟁 포로에게 부여되는 특권을 일시적으로 누릴 수 있는 것은 순전히 총통의 너그러움 덕분이다. 고맙게 여겨야 할 것이다.」 폴란드 군인들은 고맙게 생각하지 않았다. 독일인들에 대해 마음 깊이 증오를 느낀 사람이 대부분이었다. 그런 감정을 감추려는 노력도 별로 하지 않았다. 이 폴란드 장교들을 이끄는 타데우시 피스코르 장군은 수용소 코만단트가 청한 악수를 거절했다는 이유로 콜디츠로 이송된 사람이었다. 〈폴란드인들은 우리에 대한 증오심으로 들끓었다.〉 에거스는 이렇게 썼다.

리드와 일행 다섯 명은 좁은 계단통을 올라가 다락방에 갇혔다. 안에는 포로가 세 명 더 있었다. 캐나다 출신의 영국 공군 장교인 그들은 지난 4월에 독일군에 격추되어 포로가 되었다가 다른 수용소에서 탈출을 시도했으나 금방 다시 잡혀서 온몸을 구타당하고 콜디츠로 이송되었다.

영국 군인들이 새로운 숙소에서 각자 자리를 정하는 동안 누군가가 문을 긁는 소리가 들리더니 문이 활짝 열렸다. 폴란드 장교 네 명이 웃는 얼굴로 커다란 맥주병 여러 개를 들고 서 있었다. 폴란드 군인들은 성 내부 문의 옛날 잠금장치를 〈단춧고리처럼 생긴 도구 두어 개〉로 쉽게 열 수 있다는 사실을 일주일도 안 되어서 알아차렸다. 곧이어 열린 작은 파티에서 영어와 프랑스어와 독일어가 토막토막 돌아다녔다. 콜디츠에서 오랫동안 유지

될 영국-폴란드 동맹의 창립식이었다. 좁은 나무 침상에 짚을 채운 매트리스를 놓은 잠자리에서 잠에 빠져들면서 리드는 폴란드 군인들이 마당 맞은편에 있는 숙소에서 영국 숙소까지 오는 길에 딴 자물쇠가 최소한 다섯 개는 될 것이라고 생각했다. 〈저들이 잠긴 문을 통과해서 이리저리 이동할 수 있다면, 뭐, 우리도 할 수 있어.〉

콜디츠에 온 뒤 처음 몇 주는 가짜 전쟁과 비슷했다. 공식적으로 전쟁이 선포된 뒤 긴장 속에서 아무 일도 벌어지지 않던 시기와 비슷했다는 뜻이다. 다양한 국적의 포로들과 경비병들은 서로를 조심스레 살피고 평가했다. 함께 살게 된 성에 대해서도 마찬가지였다. 그들이 전에 있던 일부 수용소에 비해 이 성은 거의 편안해 보일 정도였다. 벽에서는 칠이 벗겨지고 어디서나 곰팡내가 나는데도 상관없었다. 이곳에 새로 수감된 사람 중 하나는 〈일종의 클럽〉 회원이 된 것 같다고 생각할 정도였다. 영국과 캐나다 군인들은 동관의 영구 숙소로 이동되었다. 물을 내릴 수 있는 화장실, 샤워 시설, 가끔 나오는 뜨거운 물, 전깃불, 스토브, 식당과 오락 공간으로 사용되는 긴 방이 있는 곳이었다. 낮에는 안마당을 빙빙 돌며 걸어 다닐 수 있었지만, 거대한 성의 나머지 구역은 엄격하게 출입이 금지되었다. 독일군 주방에서 만드는 음식은 도토리로 만든 커피 대용품, 멀건 수프, 검은 빵 등이라서 식욕을 돋우지 못해도, 먹을 수는 있었다. 포로여도 장교인 덕분에 원칙적으로는 봉급을 받을 권리가 있었으므로, 수용소 상점이나 매점에서 담배, 면도날, 담요 등을 살 수 있는 〈수용소 돈〉 형태로 봉급이 지급되었다. 적어도 처음에는 도수가 약한 맥주도 그 돈으로 살 수 있었다. 점호는 하루에 세 번씩 안마당에서 이루어졌다. 나라별로 계급에 맞추어 대형을 이룬 포로들의 수를 독일군이 헤아리고 또 헤아린 뒤, 경우에 따라 필요한 말이 전달되었다. 그다음에는 해산이었다. 하루 중 첫 번째 점호는 아침 8시, 마지막 점호는 〈소등 시간〉 직전인 저녁 9시였다. 소등 시간에 전기가 모두 끊기고 나면, 계단통 출입문이 잠겨 안마당 출입이 차단되었다. 2백 명 규모의 독일 경비대가 포로들에 비해 수적으로 우세했으나, 처음 몇 주 동안 포로 수가 지속적으로 증가했다. 영국군과 폴란드군 장교들이 더 들어오고, 벨기에 군인들도 소수 들어왔으며, 프랑스 포로들도 늘어났다. 숙소는 국적에 따라 할당되었다.

다양한 국적의 포로들을 강제적으로 격리해 둔 독일군은 이렇게 계속 격리하기가 불가능하다는 사실을 곧 깨달았다. 그래서 낮에는 포로들이 안마당에서 같이 어울릴 수 있었다. 밤에도 은밀한 만남은 가능했다. 국적과 문화가 다른 다양한 사람들과 이렇게 장기간 접하는 일을 처음 경험하는 포로가 많았다. 국가 간의 경쟁심은 계속 끈질기게 남아 있었지만, 서로 공통점이 많다는 사실을 발견하고 다소 놀라는 사람도 있었다. 한 영국군 포로는 이렇게 썼다. 〈폴란드인과 프랑스인은 정말 훌륭하다. 모두 골칫덩이 포로 유형이지만, 다양한 포로들과 함께하는 구금 생활이 흥미롭다.〉

폴란드와 서유럽에 대한 기습 침략이 워낙 신속하고 성공적이었기 때문에, 독일군은 미처 예상하지 못한 문제와 맞닥뜨렸다. 엄청난 수의 포로들을 수용하고 먹여야 할 뿐만 아니라, 장교가 아닌 〈다른 계급〉의 경우 히틀러의 제국을 위한 노동에도 투입해야 했다. 1940년 5월부터 6월 사이에 벌어진 프랑스 전투에서 180만 명이 넘는 프랑스 군인이 포로가 되었다. 전체 성인 남성 인구의 10퍼센트가량 되는 숫자였다. 됭케르크에서 벌어진 구조 작전은 궁지에 몰렸던 영국 원정군 병력 중 30만 명을 해협 건너 안전지대로 철수시켰지만, 전체 병력 중 8분의 1은 미처 철수하지 못하고 포로가 되었다. 영국-프랑스군이 생발레리에서 항복한 뒤인 6월에도 또 수천 명의 포로가 발생했다. 1940년 말까지 약 2천 명의 영국 장교와 적어도 3만 9천 명의 다른 계급 군인이 붙잡혔는데, 여기에는 캐나다, 오스트레일리아, 뉴질랜드, 남아프리카 등 영연방 국가의 군인들도 많이 포함되었다. 그 뒤로도 전쟁이 지속되는 동안 공중에서 격추되거나 전투에서 사로잡힌 포로들이 계속 추가되었다.

가장 먼저 콜디츠에 수감된 포로들은 각국의 직업 군인 부대에서 최정예 군인들이었다. 제1차 세계 대전 참전 군인뿐만 아니라, 영국 육군 사관 학교인 샌드허스트나 프랑스의 생시르 특수 군사 학교를 갓 졸업한 사람들도 있었다. 1939년에 전쟁터로 나아가면서 그들은 신속한 승리를 기대하라는 말을 들었다. 포로가 될 가능성을 진지하게 생각해 본 사람은 없었다. 독일로 끌려와 음울한 요새에 무기한 갇히게 될 것이라는 생각은 말할 것도 없었다. 국왕과 나라를 위해 목숨을 내려놓는 것은 그렇다 쳐도, 자유를 잃는 것은 다른 문제였다. 대부분의 포로는 사로잡히는 상황에 준비가 전혀 되어 있지 않았다.

1940년 크리스마스는 기묘하게 평화로웠다. 외부 세계와 차단된 포로들은 전쟁 상황을 조금도 몰랐다. 고향에서 오는 편지도 없고, 최고 사령부의 지시도 없고, 미래에 대한 감도 없었다. 중세의 성벽 안에 갇힌 그들은 시간의 흐름이 점점 느려지는 것을 깨달았다. 전쟁은 내일 끝날 수도 있고, 영원히 끝나지 않을 수도 있었다. 그들이 이 성에서 몇 년이나 살게 될 수도 있었다. 여기서 늙어 갈 수도, 세상을 떠날 수도 있었다. 전투의 흥분, 포로가 된 충격, 다른 수용소에서 이곳으로 이송되며 느낀 불안감을 겪고 나서 만난 콜디츠는 동떨어진 장소, 거의 비현실적인 장소처럼 보였다. 〈도시 위에 높이 떠 있는 동화 속의 성.〉 낙천적인 사람들은 곧 석방될 것이라고 예상했고, 불안에 떠는 사람들은 어쩌면 영영 오지 않을 수도 있는 해방의 순간을 기다릴 준비가 되어 있지 않았다. 그리고 현실주의자들은 장기전을 대비했다. 습한 복도에는 〈퀴퀴하게 썩어 가는 냄새〉가 가득했다. 밤이면 다락방에서 쥐들이 후다닥 돌아다니는 소리가 들렸다. 성의 대부분 구역은 여전히 텅 빈 채 잠겨 있었다. 과거 이곳에 갇혔던 사람들의 유령만이 그곳에 살고 있을 뿐이었다. 〈벽은 천연두를 앓은 것 같은 모양이었다.〉 그러나 날이 맑아서 눈 덮인 시골 풍경이 멀리까지 펼쳐지고 교회 종소리가 저 아래 마을에서 둥실둥실 올라오는 밤이면 성은 고요하다 못해 거의 아름답게 보일 정도였다.

폴란드 군인들이 일종의 크리스마스 만찬을 준비해서, 인형극 「백설 공주와 일곱 난쟁이」를 공연했다. 이 동화의 전통적인 마무리와 달리, 이 인형극은 폴란드가 찬란한 원래 모습을 되찾아 폴란드 국가가 감동적으로 울려 퍼지는 장면으로 끝났다. 독일군은 포로들에게 포도주와 맥주를 나눠 주었다. 에거스는 자신이 배급받은 크리스마스 식사에 진짜 커피 원두 1파운드가 포함된 것을 보고 기뻐했다. 〈그 뒤로 몇 년 동안 커피 원두를 보지 못했다.〉 나중에 그는 이렇게 썼다.

에거스 중위는 크리스마스 커피를 홀짝거리면서 보고서를 적었다. 새로운 학년이 시작되면서 새로 들어온 학생들을 평가하는 교사 같았다. 〈폴란드 장교들은 15개월이 넘게 우리 손에 있었는데도 1940년 말에 사기가 최고조에 이르렀다. 프랑스 포로들은 패배 이후 아직도 엄숙한 태도다. 영국 포로들은 스스로 굴을 파고 숨어 있는 중이다.〉

그들은 또한 굴을 파서 나갈 방법을 궁리하는 중이기도 했다.

1940년

1941년

1942년

1943년

1944년

1945년

2
르레이의 도망

팻 리드는 포로 수용소에서 탈출하는 것이 〈모든 장교가 반드시 수행해야 하는 의무〉라고 믿었다. 그 믿음이 워낙 열정적이고 강렬해서, 그는 이 신념에 동의하지 않는 사람을 경멸했다. 하지만 이것은 틀린 생각이었다.

사실 적의 포로가 된 사람에게 그런 의무는 없었다. 콜디츠에는 이미 어딘가에서 탈출 시도를 했기 때문에 이곳으로 끌려온 사람이 대부분이었다. 따라서 이곳에 도착할 때 이미 반드시 다시 탈출하겠다고 결의를 다진 사람이 많았다. 어떤 사람들은 탈출에 집착한 나머지 그 이야기만 하기도 했다. 그러나 모두가 똑같이 탈출에 열정적인 것은 아니었다. 전쟁이 끝날 때까지 얌전히 포로 생활을 하는 쪽으로 마음의 준비를 한 사람도 있었다. 탈출에 열정적인 누군가는 그들이 〈식물 같은 생활〉을 한다고 낮잡아 보았다. 장교들이 탈출 시도를 하지 않겠다고 〈맹세〉해야 하는 상황이 간혹 있었다. 예를 들어, 무대를 짓기 위해 도구를 빌릴 때 그것을 탈출에 사용하지 않겠다고 엄숙히 약속하는 식이었다. 의사와 성직자 등 비전투 장교들은 가끔 경비병의 감시하에 성 주변의 시골을 〈산책〉할 수 있었다. 그들이 이 특권을 악용해서 도망치려 하지 않을 것이라는 완전한 양해가 있어서 가능한 일이었다. 포로가 이런 맹세를 하고서 그것을 깨뜨린 사례는 한 번도 없었다.

탈출은 어려울 뿐만 아니라 위험하기도 했다. 제네바 협약에 따라, 도망쳤다가 잡힌 전쟁 포로는 최대 1개월 독방 감금형을 받을 수 있었다. 그러나 모든 독일군 장교가 에거스처럼 꼼꼼하게 규칙을 지키지는 않았다. 경계 근무를 설 때 병사들은 항상 무기를 가지고 다니며 필요하면 사용할 각오를 하고 있었다. 장교나 경비병 개개인의 재량과 성향에 따라 무력 사용 여부가 결정될 때도 많았다. 누구든 민간인 복장으로, 또는 독일군 군복 차림으로 (이 편이 더 심각했다) 수용소 밖에서 발견되면, 첩자로 몰려 총에 맞을 위험이 있었다. 탈주자를 군 당국에 넘기면, 당국은 대개 그를 콜디츠로 돌려보내 한동안 독방에 가두게 했다. 그러나 게슈타포나 SS 손에 걸린 탈주자의 운명은 가늠할 수 없었다. 고문을 당할 수도 있고, 강제 수용소로 보내질 수도 있고, 심지어 즉각 총살될 수도 있었다. 독일 도시들에 대한 연합국의 폭격이 심해지던 시기에는, 분노한 시민들이 도망쳤다 잡힌 포로를 즉석에서 처벌할 가능성이 점점 높아졌다.

탈출은 의무가 아닌 것처럼, 권리 또한 아니었다. 계급이 낮은 포로들은 콜디츠에서 결코 탈출한 적이 없고, 누가 그들에게 탈출을 부추기지도 않았다.

콜디츠 한복판에 메우기가 거의 불가능한 사회적 경계선이 넓게 뻗어 있었다. 이곳은 포로가 된 장교들을 수용하는 곳이었으나, 당번병도 있었다. 숫자가 일정치 않은 그들은 평범한 병사 출신 포로들로, 독일군의 명을 받아 상급 장교의 하인으로 일하면서 요리, 정리, 청소, 군화 닦기 등 허드렛일을 담당했다. 1940년 크리스마스 무렵 콜디츠에는 영국 장교 열일곱 명과 당번병 여덟 명이 있었다. 이 비율은 전쟁 내내 대체로 비슷하게 유지되었다. 상급 장교에게는 각각 하인, 즉 당번병이 한 명씩 배치된 반면, 하급 장교의 경우에는 당번병 한 명이 여러 장교의 시중을 들었다. 보통 한 방에 당번병 한 명이었다. 당번병을 다른 수용소에서 데려와 6개월 동안 일을 시키다가 다른 곳으로 순환 근무를 보내기도 했다. 전쟁 내내 콜디츠에 남은 당번병은 소수였다. 그들은 적십자사 구호품까지 포함해서 장교와 똑같은 양의 배급을 받았지만, 숙소는 다른 곳을 사용했다.

당번병들에게 같이 탈출하자고 권유하는 일은 없었다. 그들이 탈출을 도울 것이라고 기대하는 사람도 없었다(하지만 일부 당번병은 탈출을 도왔다). 그들은 일주일에 한 번씩 경비병의 감시를 받으며 성 밖으로 나가 인근 시골 풍경 속을 산책했다. 그들 중 누구도 탈출을 시도하지 않았다. 그럴 만도 했다. 장교가 탈출했다가 다시 붙잡히면 대개 아무런 상해도 당하지 않고 성으로 돌려보내지지만, 일반 병사는 몹시 엄중한 처벌을 받을 수 있었다. 한당번병은 이렇게 말했다. 〈붙잡힌 당번병은 장교와 똑같은 대우를 받지 못할 것이다.〉 총에 맞을 가능성이 높다는 뜻이다. 군대 계급에서 가장 아래에 위치한 이등병들은 자기네 장교뿐만 아니라 독일군의 명령에도 무조건 복종해야 했다. 그들은 장교들과 완전히 별개의 숙소에서 먹고, 자고, 생활했다. 장교들보다 교육 수준이 낮은 탓에 전쟁이 끝난 뒤 회고록을 쓰지 않아서, 그들의 경험담은 콜디츠 이야기에서 거의 완전히 지워져 버렸다.

똑같은 포로인데 누군가는 하인 노릇을 해야 한다는 사실이 지금 보면 기괴하고 부당하다. 장교에게는 자유를 찾으려고 노력하는 것이 허용되고, 병사에게는 계급이 낮다는 이유로 허용되지 않는 것도 마찬가지다. 그러나 제네바 협약에 따라 모든 장교 출신 포로는 자유의 몸이었을 때처럼 당번병의 시중을 받을 권리가 있었다. 당시 군대의 엄격한 위계 구조 속에서 장교는 이등병보다 더 가치 있는 존재였으므로, 어떻게든 탈출해서 영국으로 돌아올 경우 전쟁에 더 유용하게 쓰일 수 있었다. 장교에게는 노동이 허락되지 않았지만, 이등병에게는 노동이 의무였다. 그래서 이등병이 장교의 시중을 들게 되었다.

처음에는 대부분의 당번병이 콜디츠 생활에 합리적인 만족감을 느꼈다. 노동이 지나치게 번거롭지도 않고, 다른 수용소보다 좋은 음식이 나왔기 때문이다. 장교의 허리띠 죔쇠에 광을 내는 일은 강제 노동에 비하면 헤아릴 수 없을 만큼 좋았다. 〈구리광산을 겪은 내게 콜디츠는 휴가지 캠프였다.〉 한 당번병은 이렇게 말했다.

시드니 골드먼은 콜디츠의 제1대 영국 선임 장교(SBO)의 당번병이었다. 가이 저먼German이라는 헷갈리는 이름을 지녔고 계급이 중령인 그 장교는 노르웨이 원정 중에 포로가 되어, 나치 선전 신문을 공개적으로 불태운 뒤 콜디츠로 이송되었다. 그의 하인인 솔리 골드먼도 함께 콜디츠로 왔다. 그는 런던 이스트엔드 출신의 런던 토박이 유대인으로, 리드의 표현에 따르면 〈번개처럼 빠른 재치〉를 지니고 있었다. 에거스는 그를 가리켜 〈당번병들 중의 에이스〉라고 말했다. 골드먼이 건방지고 재미있게 굴면서도 명령에 잘 따랐기 때문이다. 〈이른 아침에 솔리 골드먼이 뜨거운 커피 대용품이 든 주전자를 손에 들고 자갈이 깔린 마당을 가로질러 선임 장교 숙소로 가는 모습이 자주 보였다.〉 저먼 중령은 민간인일 때 농부였으며, 태도가 무뚝뚝하고 말투가 소박했다. 영국 포로들이 점호 때 더 말쑥해 보여야 한다고 누군가가 알리자, 그는 욕이 섞인 대구를 했다. 번역하자면 〈독일 놈들이 안 받아들이면 뭐 어쩔 거야〉 정도의 뜻이었다. 그는 하인인 골드먼에게 〈헌신적〉이라고 알려졌으나, 수용소의 위계질서 속에서 두 사람의 상대적인 위치를 의심하는 사람은 전혀 없었다.

콜디츠의 전설에 따르면, 이곳에 갇힌 사람들은 모두 원칙적으로 항상 탈출을 추구하며 보편적인 협동 정신을 발휘했다. 그리고 가학적이고 멍청한 독일 경비병은 그들을 막으려고 했다. 그러나 현실은 그보다 복잡했다. 많은 포로가 탈출을 시도한 것은 맞지만, 그런 시도를 하지 않은 사람도 많았다. 당번병처럼 원래 그러면 안 되는 위치에 있거나, 탈출을 원하지 않는 사람들이었다. 몇몇 예외를 빼고 대다수의 독일 경비병은 야만적이지 않았다. 에거스처럼 아예 나치가 아닌 사람도 있었다. 양편 모두 명예를 알았다.

독일 군부의 사고는 총체적인 쪽으로 흐르는 편이었다. 총체적인 전쟁, 총체적인 승리. 포로 수용소의 경우에는 탈출이 총체적으로 불가능해야 했다. 제네바 협약에 따라 당국은 특히 심한 골칫덩이 포로를 특별하게 구금할 수 있었다. 팻 리드는 이런 특별 조치를 다음과 같이 설명했다. 〈더 많은 점호, 더 많은 수색, 더 많은 경비병, 줄어든 운동 공간, 줄어든 사생활, 줄어든 특권…….〉 콜디츠의 포로들은 처음부터 단순히 엄중한 감시를 받는 수준이 아니라 24시간 감시를 받았다. 포로가 탈출하려면 먼저 안마당에서 밖으로 나가야 하는데, 안마당은 두께가 2미터가 넘고 높이는 27미터쯤 되는 육중한 돌담에 둘러싸여 있었다. 또한 모든 창문에는 철창이 있었다. 들어올 때 이용했던 게이트로 나가는 데 성공한다면, 그 다음에는 독일 주둔군이 있는 마당을 가로질러야 했다. 콜디츠 마을이 서쪽 계곡에 있어서 그곳 기차역이 눈에 보였기 때문에 포로들은 감질이 났다. 동쪽의 사냥터 너머에 있는 숲도 유혹적이었다. 그러나 밖으로 나가기 전에 먼저 테라스에서 철조망을 피해 요리조리 움직이거나 요새 3면의 낭떠러지를 기어 내려가야 했다. 성의 경내를 벗어나면, 더욱더 큰 장애물이 나타났다. 콜디츠는 군대가 주둔한 도시라서, 민간인 주민 6천 명도 포로가 도망치지 않는지 항상 주의를 기울이고 있었다. 누군가 탈출했다는 사실이 발견되면, 성의 코만단트가 반경 40킬로미터 이내의 기차역과 경찰서에 〈쥐덫〉이라는 암호와 함께 즉시 긴급 경보를 발령했다. 그러면 몇 시간도 안 되어서 모든 철도국 직원, 카페 직원, 사냥터지기, 경찰관이 주변 감시에 나섰다. 심지어 나치당의 청년 조직인 히틀러 유겐트도 동원되어 탈주자를 추적했다. 수색대는 도보 또는 자전거로 이동하면서 숲과 벌판을 샅샅이 훑고, 경비병들은 모든 교차로를 지켰다. 탈주자가 어찌어찌 국경에 도달한다 해도, 역사상 그 어느 때보다 강화된 전시(戰時) 국경 검문을 통과해야 했다. 독일 국경을 넘는 일은 콜디츠에서 탈출하는 일보다 훨씬 더 어려웠다.

굶주린 상태로는 탈출하기가 어렵다. 먹을 것을 어디서 구할 수 있을까 하는 생각이 머릿속을 가득 채우다 못해 때로는 집착 수준이 되기 때문이다. 콜디츠의 포로들은 아직 굶주리지는 않았지만, 수용소 주방에서 나눠 주는 개죽의 칼로리가 건강과 활기 유지를 위해 필요한 수준에 크게 미달했다.

포로들의 사기를 크게 올려 준 첫 번째 사건은 누군가의 탈출 성공이 아니라, 무게가 각각 4.5킬로그램인 직사각형 마분지 상자 열다섯 개의 등장이었다. 1940년 복싱 데이*에 콜디츠에 도착한 이 음식 소포는 전쟁이 끝날 때까지 대부분의 기간 동안 수용소의 빈약한 음식을 보충해서 포로들의 몸과 정신을 지탱해 준 지원품 중 첫 번째 물품이었다. 이미 몇 달 동안 결핍을 경험한 포로들에게 그 소포는 하늘에서 내려온, 아니 정확히 말하자면 스위스에 본부를 둔 국제 적십자사에서 보내 준 신의 선물이었다. 상자 안에는 차, 코코아, 고기 통조림, 버터, 달걀피클, 시럽, 담배가 들어 있었다. 포로들은 지난 몇 달 동안 외부 세계와 차단된 채 독일군 주방에서 배급하는 보잘것없는 식량에 의존했다. 적십자사의 소포 속 음식은 세상이 그들을 잊어버리지 않았다는 생생한 증거였다. 독일 전역의 포로 수용소에 적십자사의 첫 번째 소포가 도착한 순간의 흥분을 포로들은 영원히 곱씹었다. 〈보물이 하나씩 차례로 모습을 드러낼 때마다 우리는 침을 흘리며 어루만지고 시식했다.〉 처음에는 소포가 언제 올지 예측할 수 없어서 음식을 몇 달 동안 아껴 먹어야 했다. 그러나 1941년 봄 무렵에는 소포가 정기적으로 도착했다. 어떤 때는 무려 일주일에 한 번씩 오기도 했

* 크리스마스 다음 날.

다. 소포 안의 담배는 폐를 엉망으로 만드는 독일산이나 폴란드산이 아니라 영국산이었다. 〈담배에 불을 붙여 길게 빨아들였을 때 나는 너무 기뻐서 하마터면 이성을 잃을 뻔했다.〉 한 포로는 이렇게 회상했다. 나중에는 적십자사가 한정된 양이나마 의약품과 필수적인 의류도 보내 주었다. 고향의 가족과 친구가 보낸 편지와 개인적인 소포도 도착하기 시작했다. 수용소 당국은 금지품이 있는지 꼼꼼히 수색한 뒤 소포실에서 수신인에게 내주었다. 포로들이 답장을 보내는 것도 허용되었다. 한 달에 엽서 네 장, 편지 두 통까지 가능했다. 편지가 배달되는 데에는 고작 6주밖에 걸리지 않았다.

야만적인 전쟁 중이라도 음식, 편지, 책, 취미 용품, 의약품, 의류가 포로들에게 전달된 것은 살육의 와중에도 문명이 살아 있다는 신호였다. 사람들에게서 충분한 찬사를 받지는 못했지만, 여기에는 헤아릴 수 없는 가치가 있다. 적십자사의 소포가 없었다면 독일에 갇혀 있던 포로들이 훨씬 더 많이 목숨을 잃었을 것이다. 그 구호품은 즉각적인 효과를 나타냈다. 〈굶주린 몸에 누더기를 걸친 자들의 비굴한 모습은 사라졌다. …… 사람들의 얼굴에 살이 올랐다.〉

제한된 양이나마 외부에서 물품이 도착하면서, 그 물품을 모아 두었다가 다른 사람과 거래할 가능성도 생겨났다. 한 사람이 자신에게 분배된 연유를 다른 사람에게 남아도는 차와 물물 교환할 수 있게 된 것이다. 담배는 화폐를 대신해, 독일 전역에서 포로가 탈출 시도를 할 때마다 반드시 경비병에게 뇌물로 건네졌다. 수용소 경비병이 뇌물을 받거나 거래를 하다가 걸리면 엄격한 처벌을 받았다. 그러나 아무리 양심적인 경비병이라도 초콜릿 450그램과 담배 1백 개비면 협조를 얻어 낼 수 있었다.

봄이 되자 새로운 포로들이 꾸준히 들어왔다. 영국군 장교와 당번병이 더 들어왔고(저먼 중령과 당번병 솔리 골드먼이 여기 포함되어 있었다), 폴란드 포로 수십 명, 영국 공군에 자원입대했다가 프랑스 상공에서 격추당한 유고슬라비아 조종사 두 명, 소수의 벨기에 포로, 2백 명이 넘는 프랑스 포로 등이 있었다. 다른 수용소에서 탈출 시도를 한 사람도 있고, 프랑스군 장교 스무 명처럼 자신이 왜 콜디츠로 이송되었는지 몰라서 〈결백하다〉고 주장하는 사람도 있었다. 벨기에 포로 중 두 명은 예전 수용소에서 고양이를 요리해 먹었다는 이유로 〈독일에 비우호적〉인 사람으로 분류되었다. 그들은 고양이 요리가 〈토끼 고기와 똑같이 맛있었다〉고 말했다. 프랑스 포로 중에는 유대인 장교 약 60명이 포함되어 있었다.

〈그곳은 유럽의 축소판이었다.〉 한 포로는 이렇게 말했다. 수감된 포로들이 명목상으로만 연합되어 있는 것도 유럽과 비슷했다. 실제로는 그들 사이에 또렷한 분열과 민족적 긴장이 있었다. 프랑스인들은 폴란드인이 영국인과 더 사이가 좋다는 점에 기분이 상했다. 폴란드인들은 프랑스가 나치 침공에 충분히 저항하지 못했다고 생각했다. 벨기에인들은 대략 프랑스인으로 취급되는 것에 분개했다. 영국인들은 프랑스인에게 감탄하면서도 그들을 불신했다. 나치에 점령되지 않은 프랑스 지역에서 많은 사람이 비시Vichy 괴뢰 정권에 여전히 충성하고 있음을 알기 때문이었다. 한 포로는 영국과 프랑스 사이의 긴장을 〈프랑스의 호기심과 영국의 느릿한 기질이 충돌해서 생겨난 불가피한 결과〉로 보았다. 유고 슬라비아인들은 모두의 호감을 얻었다. 국적을 초월해서 개인적으로 강한 우정을 맺은 사람들도 있고, 언어 공부를 위해 짝을 지은 사람도 많았다. 그러나 결국 판에 박힌 인식에 의존하게 되는 경향을 피할 수 없었다. 그때나 지금이나 유럽 여러 나라는 서로 평화롭게 어울리며 조화를 이루었지만, 항상 그런 것은 아니었다.

새로 들어온 영국군 포로 중에는 군목이 세 명 포함되어 있었다. 그들 중 감리교 목사인 조지프 엘리슨 플랫은 됭케르크 근처에서 포로가 되었다. 〈조크Jock〉 플랫 목사라고 불리던 그는 콜디츠에 머무르는 동안 매일 일기를 썼다. 수용소의 일상에 대한 상세한 기록이자 긴 설교이기도 한 글이었다. 전통을 철통같이 지키는 그리스도교인인 플랫은 뿔테 안경을 통해 엄격한 시선으로 바라본 세상 모든 곳에서 도덕적인 가르침을 찾아냈다. 원시 감리교파 목사 명부에 따르면, 그는 〈무엇으로도 파괴할 수 없는 빛나는 확신과 희망〉을 갖고 있었다. 이것은 그가 자신의 올바름을 완벽히 신뢰해서 누구든 자신의 말에 동의하지 않으면 주저 없이 교정하려 들었다는 뜻을 그리스도교식으로 점잖게 표현한 말이다. 원래 플랫은 콜디츠에 오면 안 되는 사람이었다. 예전에 있던 수용소에서 정체는 알 수 없지만 탈출에 쓰일 물건으로 짐작되는 금속 도구가 그의 사물함에서 발견되는 바람에 그는 콜디츠로 보내졌다. 하지만 사실 그 도구는 그의 낡아 빠진 여행 가방 뚜껑을 지탱하는 철사였다. 플랫 목사는 탈출할 생각이 전혀 없었다. 포로들이 그의 양 떼였으므로, 그는 앞으로 어떤 시련이 다가오든 그들이 절대로 올바른 길에서 벗어나지 않게 할 계획이었다. 콜디츠에서 점점 모습을 드러낸 사립 학교식 위계 구조에서 저먼 중령은 수석을 차지한 우등생, 리드는 운동부 주장, 플랫은 교목이었다.

점점 늘어나는 프랑스 포로 중에 억눌러도 억눌러지지 않는 사람들이 포함되어 있었다. 너무 반항적이라서 평범한 수용소에서는 감당할 수 없다고 여겨진 그들 중에서도 가장 불굴의 의지를 지닌 사람, 그리고 가장 수수께끼 같은 사람은 바로 프랑스의 엘리트 산악 보병 부대인 샤쇠르 알팽의 알랭 르레이 중위였다. 르레이는 프랑스 전투 도중 부상을 입고 사로잡혔다. 맨 처음 그가 갇힌 곳은 오데르강 어귀에 있는 수용소였다. 생존 기술을 갈고 닦은 경험 많은 산악인인 그는 발트해 지역 겨울의 강추위 속에서 탈출해 프랑스로 향했다. 낮에는 〈눈 무덤〉에 숨어 있다가 밤에는 화물 기차에 올라타는 방법을 썼다. 그러나 프랑스 국경까지 96킬로미터를 남기고 붙잡혀서 콜디츠로 보내졌다.

르레이가 도착한 순간부터 팻 리드는 이 〈쾌활한 검은 머리 미남〉의 독특한 특징을 알아차렸다. 그의 내면에 자리 잡은 격정이 바로 다른 프랑스인들과 그를 구분해 주는 특징이었다. 르레이는 영어를 배우기 위해 한 영국군 장교와 짝을 이루더니 자신의 모험담을 기꺼이 풀어놓았으나, 탈출 관련 이야기에는 좀처럼 끼어들지 않았다. 탈출하겠다는 의지를 숨기지 않으면서도. 〈탈출 지망생들 중 일부는 남들과 어울리지 않았다.〉 리드는 이렇게 썼다. 그가 보기에 비밀스럽게 혼자 움직이는 르레이는 흥미와 불안감을 동시에 불러일으켰다. 리드는 팀을 이루어 활동하는 기질이 누구보다 강한 성격이라서, 무엇이든 계획을 짤 때마다 남들의 등을 두드려 가며 귀찮을 정도로 동참을 권유했다. 르레이는 정반대였다. 고양이처럼 유연하고 민첩한 그는 역시 고양이처럼 초연하게 자기 일에만 몰두했다. 나름의 계획이 있는 것 같은데, 그것을 누구에게도 말할 생각이 없었다. 특히 수다스러운 팻 리드에게는 절대로.

콜디츠 외곽의 경비가 워낙 엄중하기 때문에, 들키지 않고 빠져나가는 가장 논리적인 길은 지하에 있었다. 굴을 파는 데에는 인내심, 계획, 인력이 필요했다. 그리고 콜디츠에는 이 세 가지가 아주 풍부했다. 1941년 봄 무렵, 영국인, 폴란드인, 프랑스인은 각각 수용소의 서로 다른 구역에서 독자적으로 굴을 파고 있었다. 서로에게 그 사실을 알리지도 않았다. 누가 공개적으로 선포하지는 않았지만, 콜디츠 지하에서 비밀스러운 경쟁이 벌어지는 중이었다.

르레이가 포함된 프랑스 굴 파기 팀이 안마당 북서쪽 귀퉁이에 있는 시계탑까지 굴을 파는 데 성공했다. 2월 초까지 그들은 3미터 깊이의 수직굴을 파서 지하로 들어갔고, 거기서부터는 바깥을 향해 옆으로 굴을 파기 시작했다. 금속 침대 틀 조각을 이용해 밤마다 조를 짜서 교대해 가며 땅을 팠고, 파낸 흙은 다락에 뿌렸다. 한편 폴란드 팀은 안마당의 반대편에서 비밀리에 굴을 파고 있었다. 이 성의 하수도와 굴을 연결하는 것이 그들의 목표였다.

팻 리드도 비슷한 생각을 했다. 〈나는 배수로에 마음이 끌렸다.〉 그는 이렇게 썼다. 포로들이 몇 종류 되지 않는 물건을 사려고 줄을 서는 1층 매점에 커다란 맨홀 뚜껑이 있었다. 어느 날 오후, 독일군 당직 병장이 다른 데 정신을 파는 사이에 리드는 동료 장교 한 명과 함께 지렛대로 그 뚜껑을 들어 올려 재빨리 그 안을 정찰했다. 배수로 한쪽은 안마당으로 뻗어서 다른 맨홀과 이어졌지만, 동쪽 배수로는 외벽을 향해 둥글게 휘어지며 약 5미터 남짓 이어져 있었다. 그 뒤는 돌담으로 막힌 상태였다. 그 담 너머에는 한 면에 난간이 있는 삼각형 잔디밭이 있고, 9미터 낭떠러지 아래에는 사냥터로 이어진 도로가 있었다. 영국인들은 폴란드인의 모범을 따라서, 숙소에서 안마당으로 나가는 계단 아래 문의 구식 레버 잠금장치 열쇠를 이미 깎아 두었다. 리드는 만약 자신들이 들키지 않고 매점에 들어갈 수 있다면, 배수로 끝의 돌담을 파서 잔디밭 아래에 수평으로 굴을 판 다음 다시 위를 향해 풀을 뚫고 올라가는 수직굴을 만들 수 있을지도 모른다고 추측했다. 그 굴을 올라간 탈주자들은 침대보를 이용해 흉벽을 내려가서 독일군 숙소 앞을 몰래 지나간 뒤, 3.6미터 높이의 사냥터 담장을 넘어가 숲으로 향할 수 있을 것이다. 터널 입구에 떼어 낼 수 있는 나무 뚜껑 문을 달고 그 위를 풀로 덮어 가리면, 첫 번째 탈주 뒤에도 탈출구가 발견되지 않을 가능성이 있었다. 그러면 그 입구를 나중에 다시 사용할 수 있을 터였다. 굴 파기 팀이 밤에 매점으로 몰래 들어가 문을 잠가 버리면, 날이 밝을 때까지 누구의 방해도 없이 땅을 팔 수 있었다. 대개 할 일 없는 자들이 나쁜 짓을 하는 법이지만, 플랫 목사는 리드의 계획이 그의 축복을 받을 가치가 있는 건전한 활동이라는 결론을 내렸다. 〈밤에 소등 이후 두세 시간씩 일하면, 약 두세 달이 걸릴 겁니다.〉

매점 경비병이 다른 데 정신을 파는 사이 포로들은 탁자 서랍에서 그의 열쇠를 〈빌려〉서 비누에 눌러 모양을 복사한 다음 제자리에 돌려놓았다. 철제 침대 틀로 열쇠를 제작하는 데에는 겨우 며칠밖에 걸리지 않았다. 자정 직후 위층에 망보는 사람을 세워 놓고, 영국 숙소에서 네 사람이 나와 어두운 안마당을 10미터쯤 들키지 않고 가로질러 매점으로 들어갔다. 일주일 동안의 야간작업 끝에 그들은 배수로 끝에 있는 1.2미터 두께의 벽을 뚫는 데 성공했다. 그 너머의 땅은 끈적거리는 노란색 찰흙이었다.

그때 재앙에 가까운 일이 일어났다. 한쪽의 탈출 시도가 다른 쪽의 탈출 시도를 얼마나 쉽게 망쳐 버릴 수 있는지 보여 주는 일이었다. 3월 중순 폴란드인 두 명이 매점에 침입했다. 발밑에서 영국인들이 굴을 파고 있다는 사실을 모르는 그들은 풀밭을 내다보는 창문의 철창을 톱으로 자르기 시작했다. 이 소란에 경비병한 명이 다가와 두 사람을 잡아갔다. 그리고 풀밭을 직접 비추는 커다란 조명등이 새로 설치되었다. 그때까지 어둠에 잠겨 있던 이 구석진 곳에 이제는 매일 밤 연극 무대처럼 환한 조명이 켜졌다.

손으로 굴을 파는 일에는 시간과 힘이 많이 든다. 엄청난 인내심 또한 필요한데, 다른 자질들과 마찬가지로 인내심 또한 사람마다 다르다. 〈굴 파기는 내게 맞지 않았다. 나는 점점 성급해졌다. 나 혼자 재빨리 실행할 수 있는 방법을 원했다.〉 프랑스의 이단자 알랭 르레이는 이렇게 인정했다.

많은 포로가 낮에 나와 걸어 다니는 안마당은 제대로 된 운동을 하기에는 너무 비좁은 곳이었다. 그러나 제네바 협약에 따르면, 포로들이 〈신체적인 운동을 하고 야외의 이득을 얻을 수 있는 시설〉이 있어야 했다. 그래서 독일군은 사냥터 안 두 곳에 2미터 가까운 철망 울타리를 두른 공간을 만들었다. 둘 중에 큰 쪽은 달리기와 걷기를 위한 곳이고, 작은 쪽은 축구나 럭비를 할 수 있는 곳이었다. 운동을 원하는 포로들(모두가 원한 것은 아니었다)은 일주일에 두세 번씩 안마당에 모여 인원수를 꼼꼼히 점검받은 뒤 코만단투르 앞을 지나 지그재그 모양의 길을 내려가서 개울을 건너 이 철망 울타리 안으로 들어갔다. 이 〈사냥터 산책〉은 〈약간의 위협이 곁들여진 공식적인 행사〉였지만 혼란스러워지기 일쑤라서 〈행군〉이라는 단어를 쓸 수는 없었다. 포로 수가 늘어나면서 혼란은 더욱더 심해졌다. 수용소 당국은 안마당 안과 밖에서, 사냥터에 도착했을 때와 떠날 때 인원수를 확인했다. 유난히 제어하기 힘든 포로들은 이 고생스러운 인원수 점검에 항상 최선을 다해 훼방을 놓았다. 그들은 매번 옷을 바꿔 입고, 깔끔하게 줄을 서지 않고, 걸을 때도 똑바른 줄을 유지하지 않았다. 〈모퉁이를 돌 때는 일렬로 서고, 똑바른 길을 걸을 때는 아코디언 모양이 되고, 게이트에서는 밀치락달치락하면서 손가락질을 하고 앞뒤를 향해 소리를 지르고 물건을 떨어뜨렸다.〉질서를 중시하는 에거스의 신경을 잔뜩 긁는 장면이었지만, 알랭 르레이는 여기서 기회를 포착했다.

사냥터로 이어진 길 끝에 테라스 하우스라고 불리는 폐건물이 하나 있었다. 과거에 건축 자재 창고로 쓰이던 곳이었다. 부활절 직전 사냥터 산책 때 르레이는 그 건물 문이 살짝 열려 있는 것을 보았다. 이 사실을 동료 장교 두 명에게만 털어놓은 그는 탈출 장비를 챙겼다. 민간인 복장, 독일 철도 지도, 경비병에게 담배를 주고 확보한 라이히스마르크* 조금이었다.

* 1924~1948년에 쓰이던 독일 화폐 단위.

성금요일에 르레이는 수제 민간인 복장 위에 군용 외투를 입고, 축구 경기를 보러 사냥터로 가는 사람들 무리에 합류했다. 돌아오는 길에 일행이 테라스 하우스 옆의 모퉁이를 돌 때 르레이는 코트를 휙 벗어서 뒷사람에게 넘기고, 재빨리 둑을 올라가 건물 문 안으로 들어갔다. 그러고는 숨을 몰아쉬며 바닥에 누워 자신을 추적하는 소리가 들리는지 귀를 기울였다. 사방이 조용했다. 〈고함도, 추적하는 소리도, 개 짖는 소리도 없었다.〉 그의 공범 두 명은 성으로 돌아간 뒤 일부러 싸움을 벌였다. 그 바람에 독일군의 인원수 점검에 혼선이 생겨 르레이가 사라진 것이 들키지 않았다. 밤이 되자 르레이는 길을 따라 뛰어가 외벽으로 향했다. 사방이 탁 트여서 자신이 너무 위험하게 노출되어 있는 것 같았다. 〈사냥터 전체가 나를 감시하는 커다란 눈 같았다.〉 르레이는 재빨리 성벽을 넘어 숲으로 들어갔다.

8킬로미터를 걸어가니 로흘리츠가 나왔다. 그는 거기서 기차에 올라 인근의 페니히로 가서 남은 현금을 모두 털어 남쪽으로 80킬로미터 떨어진 츠비카우행 기차표를 샀다. 츠비카우에서는 역을 떠나는 다음 열차의 승무원실에 몸을 숨겼다. 콜디츠의 성벽을 넘은 지 24시간 뒤에 그는 뉘른베르크에 있었다. 과거 히틀러가 권좌에 오른 것을 축하하며 나치당이 대규모 집회를 열었던 곳이다. 르레이는 무일푼으로 추위와 굶주림에 시달리고 있었다. 심지어 그곳은 독일 제국의 한복판이었다. 그날 밤 그는 골목에 숨어 있다가, 혼자 걷는 남자가 가까워지자 뛰쳐나와 재빠른 주먹질 두 번으로 쓰러뜨린 뒤 외투를 벗기고 지갑을 훔쳐 다시 어둠 속으로 사라졌다. 그것이 〈민간인을 상대로 폭력을 휘두른 야만적인 강도 짓〉이었음을 그도 인정했으나, 〈전쟁 상황에서 자신을 방어한 것〉이라고 정당화했다. 이 강도 행각으로 인해 위험도 더 커졌다. 이제 그는 붙잡히는 경우 사형을 당할 터였다.

그는 훔친 돈으로 기차표를 사서 슈투트가르트까지 간 다음, 스위스 국경을 향해 더 남쪽으로 내려갔다. 산을 잘 알기 때문에 알프스 동편을 넘어 스위스로 들어갈 생각이었으나, 도주 5일째가 되자 점점 기운이 떨어졌다. 그래서 그는 징겐으로 향했다. 그쪽의 국경은 길고 지형이 평탄했다. 역에서부터 무성한 삼림 지대를 통과해 국경으로 향하는 동안 독일 국경 순찰대가 그를 발견했다. 곧이어 벌어진 미친 듯한 추격전에서 르레이는 나무에 기어올라 추적자를 피했다. 이제 국경 경비대에 비상이 걸렸을 테니, 그는 돌아서서 고트마딩겐의 철도역으로 향했다. 기차가 국경을 넘어 스위스로 들어가기 전, 독일의 마지막 기차역이었다. 여기서 또 기차표를 사는 것은 생각할 필요도 없는 일이었다. 르레이는 플랫폼 끝의 덤불 속에 몸을 숨겼다. 징겐에서 출발한 11시 30분 열차가 플랫폼으로 들어와, 그가 숨은 곳에서 고작 3미터 앞에 멈춰 섰다. 경비병이 인적 없는 플랫폼을 이쪽저쪽 살핀 뒤 호루라기를 불고는 돌아섰다. 그 순간 르레이는 기차 앞쪽의 철로로 뛰어가서 기차 전면으로 올라가 헤드라이트 사이에 몸을 둥글게 말고 매달렸다.

〈기관사가 속력을 올리자, 기차가 봄밤의 상쾌한 공기 속을 포효하며 달렸다.〉 르레이는 이렇게 썼다. 당시 그는 완충 장치 사이 연결 부위에 똑바로 앉아서 다리를 아래로 대롱대롱 내린 상태였다. 겨우 몇 센티미터 아래에서 철로가 휙휙 지나갔다. 두려움과 피로를 모두 잊어버린 르레이의 마음속에서 〈희망과 자부심〉이 마구 솟았다. 기차의 속도도 점점 빨라졌다. 〈우리는 적군 경비초소의 빨간 불빛을 지나고, 다리 아래를 지나 스위스로 들어섰다.〉르레이가 콜디츠에 머무른 기간은 고작 46일이었다.

르레이의 〈홈런〉으로 포로들은 소란스럽게 기뻐했지만, 독일군 당국자들 사이에서는 그에 못지않게 소란스러운 비난과 조사가 시작되었다. 그때까지는 이론적으로만 가능했던 탈출이 실제로 가능한 일임을 보여 주는 증거가 생겼다. 독일군이 탈출할 수 없는 감옥을 만들었는데, 프랑스인이 여기에 들어온 지 7주도 안 되어서 나가 버렸다. 코만단트는 부하들을 무섭게 질책했다. 「포로 한 놈 때문에 우리 모두 바보가 됐어.」베를린에서도 어떻게 된 일이냐는 질책이 오자, 모든 전체주의 국가가 그렇듯이 비난을 덮어 쓸 사람이 필요해졌다. 「책임자가 누군가? 그에게 처벌이 내려졌는가?」냄새 맡는 개들을 투입했지만 효과가 없었다. 에거스는 산을 잘 아는 그 프랑스인이 옥상으로 올라가 27미터 높이의 피뢰침을 타고 내려갔을 것이라는 잘못된 결론을 내렸다. 굴뚝 주위에 철조망이 추가로 설치되고, 안마당에 24시간 경비병이 배치되고, 더욱 강력한 탐조등이 설치되었다. 스위스에 무사히 도착한 르레이는 프랑스 영사에게 탈출 과정을 설명했다. 그리고 프랑스 영사에게서 그 이야기를 들은 영국 측이 런던으로 그 소식을 알렸다. 전쟁부 내 전쟁 포로 관리부가 경비가 엄중한 장교 포로 수용소 IV-C에 더욱 주의를 기울이기 시작했다.

　르레이의 탈출은 1인 행동이었다. 동료 포로 두 명을 제외하면 누구도 그의 계획을 전혀 알지 못했다. 포로 개개인이 저마다 탈출을 계획하고 있을 뿐만 아니라, 나라별로도 탈출 계획이 있었기 때문에 계획이 서로 겹치면서 충돌을 일으켜 서로에게 피해를 입히는 상황이 벌어질 수도 있었다. 여러 군데서 파고 있는 굴도 문자 그대로 서로의 토대를 침식하고 있었다. 어느 날 밤 영국인들이 굴을 파고 있을 때, 독일군 당국이 불시 야간 점호를 실시했다. 코만단트가 새로 도입한 보안 조치 중 하나였는데, 포로 네 명이 없다는 사실이 발각되었다. 매점에서 굴을 파던 사람들이 아침 점호에 다시 나타났을 때, 독일인들은 당혹스러움과 분노를 드러내며 성 안을 강도 높게 수색해 시계탑 아래에서 프랑스 포로들이 파고 있던 굴을 발견했다. 매점을 통해 탈출하려던 폴란드 측의 시도로 영국의 굴은 이미 위험해진 적이 있었다. 그래도 3월 말에는 풀밭 한복판 근처까지 굴을 파는 데 성공했으나, 또다시 문제가 생겼다. 프랑스 장교 두 명이 매점 창문으로 나가려다 붙잡힌 것이다. 이제는 에거스가 수용소 경내를 감시하며 돌아다니고 있었다. 〈우리는 그 매점이 의심스러웠다.〉 독일군은 지렛대로 맨홀 뚜껑을 열었으나 수상쩍은 것이 전혀 발견되지 않았다. 굴을 파던 포로들이 담장의 깨진 조각을 진흙으로 붙여 가짜 담장을 세워 놓은 덕분이었다. 가짜 벽은 진짜 벽과 정확히 똑같은 모습이었다. 에거스는 새 잠금쇠로 맨홀을 단단히 봉쇄하고(그 전에 포로들이 미리 잠금쇠를 헐겁게 해놓았다), 매점 문에 새 자물쇠를 달았다. 하지만 무엇보다 강력한 조치는 창밖의 풀밭에 24시간 경비병을 배치한 것이었다. 굴의 출구가 생길 바로 그 자리였다. 그래서 굴 파기는 중단되었다.

서로 겹치는 탈출 시도와 경쟁하듯 만들어지던 굴은 최소한의 협조와 협력이 필요하다는 사실을 분명히 보여 주었다. 곧 국제적인 탈출 위원회가 만들어져서 기본 원칙을 정했다. 개인은 탈출을 시도하기 전에 선임 장교에게 허락을 구한다. 그리고 각 나라의 선임 장교는 이 정보를 서로에게 알린다. 많은 국제적인 연락 계획이 그렇듯이, 이것도 원칙적으로는 좋은 아이디어였지만 실제로는 문제가 많았다. 탈출 계획에서는 기밀 유지가 핵심이었다. 독일군이 모르게 해야 하는 것은 당연하고, 아이디어를 훔칠 가능성이 있는 경쟁자와 포로들 사이에 숨어 있을지도 모르는 첩자 또는 〈끄나풀〉도 조심해야 했다. 〈탈출하려는 사람들은 대부분 아주 마지막 순간이 되기 전에는 아이디어를 남에게 잘 말해 주려 하지 않았다.〉 리드는 이렇게 썼다. 게다가 프랑스인은 이런 식으로 원칙을 따르는 데에 원래 반항하는 사람들이었다. 한 프랑스 장교는 이렇게 회상했다. 〈우리는 이런 시스템을 받아들이기에는 개인주의가 너무 강했다. 계획은 우리끼리 짜고, 남들에게는 무엇도 말해 주고 싶지 않았다.〉 새로운 계획이 알려질 때마다 폴란드 포로들은 이 성에 누구보다 오래 있었던 만큼 그 생각을 자기들이 먼저 했다고 우기는 경향이 있었다. 그러나 시간이 흐르면서 나라별 집단 사이에 신뢰와 친숙함이 강하게 자리 잡아 유대감이 되자, 자신의 계획에 방해만 되지 않는다면 다른 나라의 탈출 계획을 기꺼이 도와주게 되었다. 바깥세상의 연합국들과 마찬가지로, 포로들 역시 협력자이자 경쟁자였다. 그들은 공통의 적과 싸우는 와중에도 서로 경쟁을 벌였다.

콜디츠라는 제한된 공간에서 지내다 보니, 적도 훨씬 더 친숙해졌다. 전장에서 만나는 적은 익명의 존재다. 그러나 포로 수용소에서 만난 적에게는 얼굴, 이름, 성격이 있다. 독일군 지휘 체계의 맨 꼭대기에는 코만단트인 막스 슈미트 오버스트로이트난트(중령)가 있었다. 참전 경험이 있는 그는 규칙을 준수했으며, 포로들의 삶에 거의 개입하지 않았다. 성의 일상적인 운영은 부하들에게 맡겨 두고, 자신은 코만단투르 내의 개인 아파트에서 아내와 가정적인 생활을 했다. 그가 모습을 드러내는 것은 공식적인 발표를 하거나 처벌을 내릴 때뿐이었다. 에거스는 그를 〈차가운 회색 눈〉의 〈위압적인 인물〉이며 〈자신의 권위를 준엄하게 행사하기 때문에 불편하면서도 효과적〉이라고 묘사했다.

에거스의 직속 상사이자 수용소의 선임 장교인 파울 프리엠 하웁트만(대위)도 전직 교사였지만 에거스와는 성격이 많이 달랐다. 쾌활하고 술을 좋아하는 프리엠을 포로들은 〈유머 감각이 있는 유일한 독일인〉이라고 생각했다. 다만 그의 유머에 놀라울 정도로 풍미가 없을 뿐이었다. 에거스는 그가 〈완전히 지나치게 태평하다〉고 생각하면서도 그를 좋아했다. 〈함께 있기 좋은 쾌활한 성격, 싸움을 좋아하고, 인생을 좋아하고, 술을 좋아하고…….〉 많은 알코올 의존자가 그렇듯이, 프리엠도 명랑한 모습에서 이성을 잃을 만큼 분노한 모습으로 순식간에 바뀔 수 있었다.

프리엠은 〈히틀러의 호전적인 지지자〉인 반면, 에거스를 비롯한 여러 독일군 장교는 파시즘에 별로 관심이 없었다. 슈미트 코만단트도 그런 편이라서, 정치적 토론을 싫어하고 나치식 경례를 한 번도 하지 않았다. 이런 정치적 의견 차이가 포로를 대하는 태도에도 대조적으로 반영되었다. 강경파는 탈출 시도 저지에 무력을 동원해야 하며 필요하다면 목숨을 도외시해도 된다고 주장한 반면, 다른 사람들은 포로들 역시 자신과 같은 군인이라면서 좋은 관계를 구축하려고 했다. 독일 주둔군 내부의 이런 이념적 분열, 나치와 비(非)파시스트, 강경한 조치를 주장하는 사람과 너그러운 쪽으로 기울어진 사람 사이의 분열은 수용소가 문을 닫을 때까지 지속되었다. 에거스는 이렇게 썼다. 〈우리는 조화로운 팀이 아니었다.〉

독일군 부사관들이 경비병과 포로 사이의 주요 연락관 역할을 했다. 포로들은 그들을 별명으로 부르기 시작했는데, 이 별명이 굳어지면서 부사관들도 자신의 별명을 잘 알게 되었다. 원사계급인 〈프란츠 요제프〉 로텐베르거와 〈무솔리니〉 게파르트는 일 두체*와 마찬가지로 뚱뚱한 파시스트였다. 마르틴 새들리히 운터오피치어(상사)는 지칠 줄 모르는 형사 같은 사람이었는데, 프랑스 포로들은 〈라 푸인(족제비)〉이라고 부르고 영국인들은 당시 인기 있던 소설 속 형사의 이름을 따서 〈딕슨 호크〉라고 불렀다. 빈틈없는 새들리히의 일기는 콜디츠와 관련해서 흔히 간과되는 또 다른 시각, 즉 독일군 부사관의 시각을 보여 준다.

별명은 친숙함의 표시로 경우에 따라 잔인하거나, 애정을 보여 주거나, 조롱을 담거나, 대상의 성격을 잘 묘사하거나, 대상과는 전혀 상관없이 즉흥성을 띤다. 간수들에게 별명을 지어 주면 그들도 인간의 반열로 내려오기 때문에 그들의 힘이 줄어들었다. 그들이 우스꽝스럽게 보일 때도 많았다. 하나의 집단으로 통틀어 흰족제비라고 불리던 콜디츠 경비병들 각자의 별명으로는 부랑

* Il Duce. 무솔리니의 별칭으로 〈지도자〉라는 뜻.

자, 둔탱이, 얼뜨기, 멍청이, 호랑이, 치즈, 코맹맹이, 하이어워사*, 달걀, 아줌마, 나쁜 놈 등이 있었다.

에거스는 독일군 장교 중에서 가장 만만치 않은 사람이었다. 포로들이 성을 빠져나갈 방법들을 시험하기 훨씬 전부터 그는 그들을 단속할 방법을 강구했다. 체계적이고, 과학적이고, 극도로 효과적인 방법이었다. 영국 포로들은 그를 두려워하고 불신했다. 특히 팻 리드는 그를 〈여우 같고, 유능하고, 좀 지나치게 유들유들〉하다고 생각했다. 에거스는 저녁에 영국 숙소로 한들한들 들어와 첼튼햄에서 지내던 시절의 추억을 영어로 이야기하며 즐거워했다. 그러나 미소 띤 얼굴 뒤에서는 단서를 찾아 코를 킁킁거리고 있었다. 포로들은 에거스에게 적의를 느꼈으나, 거슬려도 그를 존중할 수밖에 없다는 심정 또한 갖고 있었다. 〈라우펜 6인조〉 중 한 명인 케네스 록우드는 이렇게 말했다. 〈그가 몹시 유능했기 때문에 우리 옆구리에 박힌 가시가 되었다. 그는 영국인의 사고방식을 이해한다고 생각했으며, 그런 의미에서 다소 불쾌했다.〉 프랑스 포로들은 그에게 〈타르튀프〉라는 별명을 붙여 주었다. 몰리에르의 연극에 나오는 인물이자 프랑스 문학에서 가장 유명한 위선자의 이름이었다. 에거스는 〈다소 경직되고 흔들리는 미소 뒤에 적대감이나 불편한 반응을 모두 눌러 두는 습관〉 때문에 그런 별명이 생겼다고 믿고, 찬사로 받아들였다.

뛰어난 머리와 규율을 잘 지키는 성격 외에도 에거스에게는 오랫동안 남학생들에게 시달리며 단련된 차분함이 있었다. 영국군 포로들이 도착한 직후, 그는 영국 선임 장교인 가이 저먼에게

* 롱펠로의 시에 나오는 미국 인디언 영웅.

도전장처럼 들리는 말을 했다. 「나는 나를 마구 흔들어 대는 영예를 여러분에게 결코 허락하지 않을 것이오.」 그 뒤 4년 동안 매일 그의 결의가 공격당했기 때문에 그는 무지막지하게 시달렸다. 탈출이 포로들 사이에서 가장 중요한 경쟁 분야였다면, 에거스를 충동질해서 이성을 잃게 만드는 경쟁 또한 우열을 쉽게 가릴 수 없을 만큼 중요했다.

늦봄이 되어 날씨가 점점 따뜻해지자, 에거스는 수용소 내에서 기대감이 높아지는 것을 느꼈다. 술렁거리는 분위기를 보니 또 탈출 시도가 있을 것 같았다. 그러나 에거스는 자부심이 있었다. 그때까지 도망친 포로는 딱 한 명뿐이고, 여러 차례의 시도는 모두 좌절되었다. 수용소 경비도 계속 개선되고 있었다. 매주 다른 수용소에서 포로들이 들어오는 상황이라 개중에는 경험 많은 탈출 전문가도 있었으나, 에거스는 자신만만했다. 〈그 전문가들도 우리를 이기려면 절대적인 걸작을 내놓아야 했다.〉

3
나쁜 녀석들의 캠프

성벽을 넘은 최초의 영국군 포로는 뛰어난 탈출 기술 덕분이 아니라 유난히 작은 몸 덕분에 성공했다. 5월 10일 장교가 아닌 계급의 프랑스 포로 한 무리가 시내에서 끌려와 다락방의 낡은 매트리스를 꺼내서 안마당 트럭에 싣는 작업에 투입되었다. 피터 앨런 중위는 이 프랑스 병사들과 급히 협상한 끝에, 매트리스와 함께 트럭에 실어 주겠다는 허락을 얻어 냈다.

앨런은 〈라우펜 6인조〉 중 한 명으로, 1940년 11월에 팻 리드와 함께 콜디츠에 왔다. 쾌활한 스코틀랜드인인 그는 좀처럼 킬트*를 벗지 않았다. 키가 162센티미터 남짓한 앨런은 콜디츠 포로들 중 가장 작은 축에 속했으므로 트럭에 싣고 이동하기에도 쉬웠다. 프랑스 병사들은 그를 썩은 지푸라기가 가득한 매트리스 안에 쑤셔 넣은 뒤, 매트리스를 바느질해서 트럭에 실었다. 그리고 그 위에 지푸라기 매트리스 두 개를 더 올렸다. 앨런의 탈출 장비는 50라이히스마르크 지폐 한 장, 하얀 양말 한 켤레와 반바지였다. 그 옷차림 덕분에 그는 히틀러 유겐트 멤버와 조금 비슷해 보

* 스코틀랜드 전통 의상으로 남자들이 입는 스커트.

였다.

트럭이 덜컹거리며 게이트를 빠져나가는 동안 앨런은 먼지가 풀풀 나는 은신처 안에서 금방이라도 터져 나올 것 같은 재채기를 있는 힘껏 참았다. 마을 외곽의 헛간에서 그는 지푸라기 매트리스들과 함께 하역되었다. 그리 부드러운 과정은 아니었다. 앨런은 매트리스 안에서 빠져나와 옷을 털고 역으로 향하면서, 나치를 열렬히 추종하는 소년이 산책을 나온 것처럼 보이려고 애썼다. 저녁 점호까지는 아직 한 시간이 남아 있었다. 그럭저럭 독일어를 할 줄 아는 앨런은 빈행 기차표 한 장을 샀다. 그곳에 미국 영사관이 있는 것을 알기 때문이었다. 〈내게는 신분증도 지도도 없었지만, 전쟁에 참전하지 않은 미국인을 찾아가면 그들이 도와줄 것 같았다.〉 그날 밤 앨런이 레겐스부르크의 기차역 화장실에서 잠을 청하고 있을 때, 독일군은 전면적인 추포에 나섰다. 그리고 헛간에서 빈 매트리스 커버와 열린 창문을 발견했다.

에거스는 자신이 아는 최고의 영어 관용구로 패배를 인정했다. 〈새는 이미 날아가 버렸다.〉

앨런이 붙잡혔다는 소식 없이 며칠이 흐르자, 영국군 포로들의 흥분에 국가적인 자부심이 스며들기 시작했다. 프랑스와 동점을 이루었다는 자부심이었다. 앨런은 그 어떤 사전 준비도 없이 〈즉석 탈출〉에 성공했다. 그럼 제대로 준비했을 때 얼마나 더 많은 것을 이룩할 수 있을까?

영국군 포로들이 여전히 조용하게 축하 분위기에 잠겨 있던 2주 뒤 새로운 포로가 도착했다. 장차 콜디츠에서 가장 유명한 수감자 중 한 명이 될 젊은 장교로 그는 옆구리에는 총알구멍을, 가

습속에는 포부가 좌절된 것에 대한 분노를 품고 있었다.

　이름이 에어리 니브인 그는 승부욕이 무서울 정도로 강렬했으며, 그런 사람들이 흔히 그렇듯이 상당히 불안정했다. 포부를 추구한 덕분에 나중에 영국 정치의 정점에 올랐으나 테러리스트의 폭탄에 이른 죽음을 맞았다. 콜디츠에 왔을 때 스물다섯 살이던 니브는 그보다 더 젊어 보였다. 상대를 꿰뚫을 듯한 눈은 파란색이고, 웃는 얼굴은 소년 같고, 그가 웃으면 주위 사람들도 따라 웃었다. 그러나 속에는 겉으로 보기보다 훨씬 더 많은 분노가 있었다. 전쟁에서 자신의 뜻이 제대로 풀리지 않은 것에 몹시 속이 상한 탓이었다. 이튼과 옥스퍼드를 다닌 그는 명예로운 군인이 되거나 최소한 영웅적인 죽음을 맞을 것이라는 기대를 안고 입대했으나 실제로는 재미없는 탐조등이 설치된 요새에 배치되었다. 런던의 밤하늘을 밝히던 그 불빛을 보고, 전투 부대의 장교들은 〈꽤 크리스마스 분위기가 난다〉며 무시했다. 몇 달 뒤 프랑스에서 칼레 전투에 참전한 그는 길바닥에 맞고 튀어나온 길 잃은 총알(어쩌면 영국군의 총알일 수도 있다)에 가슴을 맞았다. 〈옷 속에서 피가 흘러내려 배로 똑똑 떨어지는 것이 느껴졌다.〉 당시 그가 가장 강하게 느낀 감정은 극도의 짜증이었다. 총알이 들어온 곳은 심장에서 고작 1센티미터 남짓 떨어진 위치였다. 니브는 몇 미터쯤 기어가다가 쓰러졌다. 약 한 시간 뒤, 〈독일군 군복에 적십자사 완장을 찬 거대한 남자가 나를 들것에 조심스레 올려놓았다〉. 니브는 총알을 고작 한 발만 쏘고 나서 포로가 되었다. 그나마 정찰기를 향해 쏜 그의 총알은 빗나가 버렸다.

　폴란드 토룬의 포로 수용소에서 탈출 시도를 한 뒤 그는 콜디츠로 이송되었다. 그는 이렇게 썼다. 〈귀족과 군주의 광대한 영역에 엄중한 경비가 펼쳐져 있었다. 철조망과 기관총이 흉벽에 빽빽했다. …… 총안이 있는 성벽이 점점 죄어들어 나를 에워싸는 것 같았다.〉

이 포로 수용소는 니브가 알던 수용소와 상당히 달랐다. 우선 그를 맞이한 장교가 주황색 터틀넥 점퍼와 낡아 빠진 카키색 반바지에 나막신 같은 신발을 신고 있었다. 〈그가 나를 부랑아들의 학교로 안내하는 느낌이었다.〉 〈쉽게 볼 수 없는 괴짜들〉이 거기 살고 있을 것 같았다. 그릇을 들고 마시는 스튜와 검은 빵으로 〈튜더식 연회〉를 즐기기 위해 긴 식당에 앉았을 때 주위의 대화는 온통 탈출을 중심으로 돌아갔다. 그는 기분이 좋아졌다. 〈영혼에 흉터를 남기는 부당한 일을 당했다는 감각〉과 스스로도 〈히스테리 같은 성급함〉이라고 인정하는 성격 때문에 니브는 기운이 뻗치는 듯한 기분과 우울한 기분을 오갔다. 때로 자신을 삼키려고 드는 불행한 감정에 대해 글을 쓰기도 했다. 〈전쟁 포로는 자기 연민에 빠진다. 자신이 잊힌 것 같은 기분이 들고, 자신이 왜 잡혔는지 생각하고 또 생각한다. 곧 그는 자신과 친구들에게 지루한 존재가 된다. 자신이 마지막까지 버틴 이야기를 한없이 들려주기 때문이다.〉 여기 콜디츠에는 니브와 비슷하게 반항적인 사람이 많았다. 탈출 계획을 짜는 것은 거칠고 시끄러운 겉모습 아래에 도사린 우울함의 해독제가 될 수 있다는 확신이 들었다.

니브가 도착한 그 시기에 마침 매점 굴 파기 작업이 되살아났다. 포로들의 무기고에 새로 생긴 무기, 즉 뇌물 덕분이었다. 수용소 경비병 중 몇 명은 포로들에게 달걀과 커피를 주고 초콜릿과 담배를 받는 물물 교환을 거절하지 않았다. 특히 그들 중 한 명은 거래에 적극적이어서 훨씬 더 큰 규모의 흥정까지도 받아들일 수 있다는 뜻을 숨기지 않았다. 이 경비병이 밤에 매점 창문 밖의 작은 잔디밭에 배치될 때가 가끔 있었다. 굴의 출구로 포로들이 예정한 지점이었다. 그는 포로들과 거래에 합의했다. 700라이히스마르크를 뇌물로 받고, 저녁 점호 이후 정확히 밤 9시 50분부터 10분 동안 모든 것을 〈모르는 척〉하겠다는 거래였다.

700라이히스마르크는 어떤 기준으로 보아도 상당한 금액이었다. 더구나 돈이 귀한 콜디츠에서는 거액이라고 할 만했다. 그러나 그 돈으로 10여 명의 포로가 단번에 빠져나갈 수 있다면, 돈이 아깝지 않았다. 이번 계획은 진정한 공동 작업이 될 예정이었다. 위조와 옷 만들기에 재주가 있는 사람들이 팀을 이루어 정해진 탈주자 열두 명(영국인 열 명과 독일어를 잘하는 폴란드인 두 명)이 사용할 민간인 복장, 가짜 통행증, 지도의 제작을 맡았다. 가이 저먼 중령이 이 팀을 직접 지휘했으나, 이 계획의 주도자 겸 재정 담당자는 리드였다. 그는 어디서든 돈이 발견되면 모두 모았다. 신참들이 가져온 돈, 고향에서 온 소포에 숨겨진 돈, 물물 교환으로 구한 돈. 뇌물로 주기로 한 액수 중 절반은 그 타락한 경비병에게 미리 주고, 나머지는 탈출한 뒤 창밖으로 떨어뜨려 주기로 했다.

니브는 위층 창문에서 망을 보는 조연 역할에 동의했다. 5월 29일 밤 9시 30분에 그는 정해진 자신의 위치에서 그 매수된 경비병이 탐조등 불빛을 듬뿍 받은 잔디밭을 서성거리는 모습을 지켜보았다. 경비병이 이상하게 느긋해 보인다는 생각이 들었다.

〈이 고요한 밤의 긴장에 무심한〉 것 같았다. 반면 탈주자들은 달랐다. 식은땀을 흘리며 불안해하는 열두 명이 굴 안을 빽빽이 채우고, 대규모 탈출을 위해 대기하고 있었다.

버팀벽 뒤편 보이지 않는 곳에 잠복한 에거스와 무장 경비대도 포로들과 똑같이 크게 긴장하고 있었다. 〈들떠서 흥분한 것도 포로들과 같았다.〉 경비실에는 경비병 열 명이 더 대기 중이었다. 타락한 것처럼 보인 경비병은 사실 차분할 수밖에 없었다. 영국 포로들의 제안을 듣자마자 에거스에게 보고했으니까. 슈미트 코만단트는 굴을 닫아 버리지 말고, 탈주자들을 현행범으로 잡아야 한다고 판결했다. 이것은 매복 작전이었다.

〈우리는 무서울 정도로 긴장했다.〉 에거스는 이렇게 썼다. 호전적인 경비병들이 멋대로 총을 쏠까 봐 걱정이었다. 그래도 그는 즐거워하며, 말 안 듣는 학생들보다 한 발 앞서 있는 선생님 같은 태도로 그날의 일을 묘사했다. 〈무대는 마련되었다. 우리는 무대 옆에서 배우들을 기다렸다. 무슨 소리가 날 때마다 긴장하다 보니, 나중에는 눈에 눈물이 고였다. 갑자기 풀밭에서 무언가가 움직였다. 줄이 하나 나타났다. 균열이었다. 풀밭 일부가 위로 움직이기 시작했다. 사각형 뗏장이 땅에서 곧장 솟았다. …… 남자의 손과 팔이 나타나 뗏장과 구멍 가장자리를 짚었다. 그리고 영국군 대위 리드가 올라왔다.〉 에거스는 손전등으로 리드의 눈을 겨누며 손을 들라고 호통쳤다. 리드는 뒤에 있는 사람들에게 돌아가라고 소리쳤다. 그러나 이미 경비실에 있던 경비병들이 총을 겨누며 매점 안으로 박차고 들어간 뒤였다.

〈우리는 밖으로 나와 그대로 박장대소했다.〉 나중에 리드는 이렇게 주장했다. 창가에서 이 모습을 지켜보던 니브가 기억하는 결말은 조금 달랐다. 〈굴을 파던 사람들이 슬픈 얼굴로 독방에 끌려갔다.〉 넉 달 동안 세심한 계획을 짜고, 힘들게 굴을 파고, 희망을 품었던 일이 무위로 돌아갔다. 350라이히스마르크를 잃어버린 것은 말할 필요도 없었다. 한 입으로 두 말을 했던 독일군 경비병은 훈장과 승진, 그리고 일주일 휴가라는 포상을 받았다. 또한 이미 뇌물로 받은 돈도 그냥 가질 수 있었다. 에거스는 크게 기뻐했다. 〈우리가 처음으로 거둔 대성공이었다. 순전히 우리 병사의 충성심 덕분이다.〉 에거스도 하웁트만, 즉 대위로 승진했다.

이틀 뒤, 피터 앨런이 탈출 3주 만에 절룩거리며 독일군의 감시하에 콜디츠로 들어왔다. 탈출할 때 입었던 반바지를 그대로 입고 있었는데, 이제는 때가 묻어 회색으로 변해 있었다. 그는 탈진해서 말도 제대로 못 하는 상태였다.

이 자그마한 스코틀랜드인은 빈까지 가서 미국 영사관에 들어갔다. 기진맥진하고 반쯤 굶주린 몰골이었다. 그는 대경실색한 영사관 직원에게 이렇게 말했다. 「나는 탈출한 영국군 장교입니다. 콜디츠에서 탈출했습니다. 발이 엉망이 됐고, 배도 고픕니다. 여권은 필요 없습니다. 20마르크 지폐 한 장이면 됩니다. 그걸로 음식과 맥주를 사 먹고, 헝가리 국경까지 가는 기차표를 살 겁니다. 도와주세요.」

미국은 아직 참전하지 않았지만, 많은 미국인이 이미 연합국을 응원하고 있었다. 그래서 일부 외교관은 위험을 무릅쓰고 연합국을 기꺼이 도우려 했으나, 그가 만난 영사관 직원은 그런 사람이 아니었다.

「아뇨, 잘못 오셨습니다. 당장 나가요. 여기 왔다는 사실 자체를 잊어버리십시오. 이 영사관은 독일 정부의 외교적 면책 덕분에 존재합니다.」 그러고 나서 그는 불쾌한 얼굴로 말을 덧붙였다. 「독일이 결국 당신을 잡을 겁니다. 항상 그래요.」 앨런은 영사관에서 나와 공원 벤치에서 한 시간 동안 잠을 잔 뒤 비틀거리며 경찰서로 들어가 자수했다.

그가 신분증, 동료, 장비, 현실적인 계획도 없이 탈출했다는 점을 감안하면, 23일 동안 붙잡히지 않고 무려 빈까지 갔다는 사실만으로도 대단했다. 콜디츠의 독방에서 할 일 없이 시간을 보내던 그는 부끄러워졌다. 〈내가 다른 탈주자들을 실망시켰어. 성공하지 못했으니까.〉 공통의 목적의식은 위안인 동시에 추가 부담이 될 수 있었다. 피터 앨런은 그 뒤로 4년 동안 성 밖으로 나가지 못했다.

그해에 계절에 맞지 않는 혹서가 몰려왔다. 영국 포로들은 전통적인 방식에 따라 즉시 일광욕을 하러 뛰어나갔다가 금방 후회했다. 〈매일 안마당에 땀으로 번들거리는 몸들이 다양한 단계의 빨간색, 벌건 색, 탄 색을 띠고 여기저기 흩어져 있었다.〉 그렇지 않아도 쉽게 짜증을 내던 사람들이 일광 화상까지 입었다. 수감 생활이 겨울에 힘들다고 하지만, 여름에는 훨씬 더 힘들었다. 물데강에서 햇빛이 반짝이고, 저 아래 푸르른 계곡에서는 열기가 아지랑이처럼 피어올랐다. 앨런이 수치스럽게 되돌아오고 고작 이틀 뒤, 프랑스 장교 한 명이 또 사라졌다. 그는 〈사냥터 산책〉 때 몸을 숨겼다가 성벽 너머로 사라졌다. 반면 폴란드 포로들은 영국 포로들만큼 운이 없었다. 1941년 1월부터 6월까지 10여 명의 폴란드 장교들이 적어도 일곱 번 탈출을 시도했다. 독방에서 탈출을 시도한 사례도 있었다. 이 시도는 모두 무위로 돌아갔으나, 한 장교는 붙잡히기 전에 나치가 점령한 폴란드까지 가는 데 성공했다.

6월 25일 사냥터에서 줄지어 돌아오던 영국 장교들이 체크무늬 블라우스를 입고 반대 방향으로 걸어가는 여자와 마주쳤다. 콜디츠에서 여자를 보는 일은 전혀 없지는 않아도 아주 드물었다. 독일군 장교의 아내들이 기혼자 관사(코만단투르 밖에 있는 별도의 건물)에서 가끔 남편을 만나러 오기도 하고, 세탁실과 주방에서 일하는 인근 여자들도 몇 명 있었다. 길에서 마주친 여자는 중년이고 땅딸막했으며, 챙이 넓은 모자를 쓰고 실용적인 신발을 신었다. 그래도 일단은 여자였기 때문에 포로들은 휘파람을 불어 댔고, 여자는 단호하게 무시했다. 여자가 포로 대열의 끝에 다다랐을 때 팔에서 손목시계가 떨어졌다. 영국 장교가 그것을 주워 주었다. 「아가씨, 시계를 떨어뜨렸습니다.」 여자는 그 말을 듣지 못했는지 계속 걸어가 모퉁이 뒤로 사라졌다. 장교는 시계를 경비병에게 주면서 손가락으로 그쪽을 가리켰다. 「저 아가씨가 시계를 떨어뜨렸어요.」 경비병은 여자에게 뛰어가 시계를 건넨 뒤 화들짝 놀랐다. 가까이서 보니 그 아가씨는 에밀 불레 중위였다. 마흔다섯 살의 대머리 프랑스 장교가 가발과 치마로 변장한 것이다. 영국인들은 신사도를 발휘하려다가 일이 잘못되었다며 아주 재미있는 일화라고 생각했지만, 프랑스인들의 생각은 달랐다.

콜디츠에는 영국 사회의 특징이 반영되어 있었다. 어떤 면에서는 그 특징이 과장되기도 했다. 많은 포로는 고향에서 익숙하게 몸에 밴 지위, 계급, 계층 구분을 계속 지켰다. 구식 이튼 졸업생 에어리 니브 같은 일부 장교들은 좋은 사립 학교를 다녔다는 이유로, 그 렇지 못한 사립 학교 출신들을 낮잡아 보았다. 반면 아예 사립 학 교를 다니지 않은 소수의 사람은 사립 학교 출신들이 선심을 베푸 는 대상이 되었다. 타고난 신분과 교육이라는 작은 차이를 대개 는 국가적 연대감이 덮고 있었으나, 영국군 장교의 수가 늘어나면 서 그들의 비공식 클럽은 더욱 배타적으로 변하고 속물근성과 분 노도 더 날카롭게 드러났다. 프랜시스(프랭크) 플린, 할리우드 유 명 배우의 이름을 딴 〈에롤〉이라는 별명을 피할 길이 없었던 그는 바닥에서부터 올라와 승진한 영국 공군 장교로, 이런 계급 구분을 마뜩잖은 눈으로 바라보았다. 〈사립 학교 출신들 사이의 대화 주 제가 조금 있었다.《저 친구는 윈체스터 칼리지 출신이야.》《저 친 구는 럭비 맨이야.》 플랫 목사는 콜디츠에 〈자신이 남들과는 다 른 찰흙으로 빚어졌다고 생각하는 사람은 없다〉고 주장했으나, 수용소에 사람이 점점 늘어나면서 영국의 다양한 계층이 좀 더 선 명하게 모습을 드러내기 시작했다.

수용소 내에서 가장 크게 갈라져 있으며 유일하게 의미를 지 닌 계층 구분은 바로 장교와 당번병의 구분이었다. 전시(戰時) 감 금 규칙에 따라 어쩔 수 없이 빈둥거려야 하는 장교와 그들을 위 해 일하는 사람. 콜디츠에 수감된 장교들 중에는 중상층과 상류층 출신이 압도적으로 많았지만, 당번병은 거의 모두 공식적인 교육 을 거의 받지 못한 노동 계급 출신이었다. 일반적인 군대에서 일 등병과 장교의 접촉은 엄격한 전통과 위계에 따라 이루어졌다. 장 교가 명령을 내리면, 부사관이 그 명령을 부대에 전달하고, 병사들은 명령에 복종했다. 한 장교 밑에서 같은 당번병이 몇 년이나 일하더라도, 두 사람 사이에 인간적인 교류가 없을 때도 있었다. 그러나 포로 수용소에서는 장교와 그 아래 계급 사이의 거리가 이렇게 엄격하게 지켜지지 않았다. 비록 숙소는 다를지언정, 낯설고 불안한 곳에서 함께 살고 있기 때문이었다. 이렇게 격식을 따지지 않는 콜디츠의 분위기 때문에 전통적인 예의가 더욱 사라졌다. 실내복과 슬리퍼 차림으로 하는 경례는 이상해 보이는 법이다. 문제를 더욱 복잡하게 만든 것은 당번병의 고용주가 공식적으로는 영국군이 아니라 독일군이며, 당번병은 양쪽에 모두 복종해야 한다는 점이었다. 그러나 일반 사회에서와 마찬가지로, 복종하는 습관이 서서히 사라지기 시작했다. 일부 당번병은 아무리 계급과 지위가 높다 해도 어차피 자신과 마찬가지로 포로인 사람을 위해 일해야 하는 것에 분개했다. 영국의 계급 전쟁이 콜디츠 안에서 곪아 가고 있었던 것이다. 그러다 1941년 여름에 고름이 노골적인 갈등으로 터져 나왔다.

소요의 시작은 아일랜드 출신인 도허티였다. 그의 동료 중 한 명으로 소요에 동참하지 않은 잠수함 승조원 존 윌킨스에 따르면, 그는 〈다른 당번병들의 분위기를 휘저어 놓으려고 시도한 반항아〉였다. 도허티가 이끄는 당번병들은 지저분하고 요구가 많은 장교들의 뒤치다꺼리를 해야 하는 것에 불만을 표출하기 시작했다. 한편 장교들은 제대로 존중을 받지 못한다고 생각했다. 플랫 목사는 기존 사회 질서에 대한 위협에 특히 분노했다. 그는 당번병들이 세면대와 화장실을 독점한다고 투덜거렸다. 리드도 하위 계급의 난동에 플랫만큼 화를 냈다. 〈방은 더럽고, 무례한 행동이

잦고, 놈들 중 두 명은 우리더러 들으라는 듯이《혁명》이니《기생충》이니 하는 말을 자주 입에 담았다.〉날이 점점 더워지면서 반란의 기운이 부글부글 끓다가 마침내 폭발했다. 6월 중순 당번병들이 파업에 돌입했다. 병동에 있는 솔리 골드먼, 윌킨스와 그 밖의 두 명만 예외였는데, 어차피 골드먼은 이런 반란에 합류할 사람이 아니었다. 가이 저먼은 매점에 굴을 파서 탈출하려던 계획이 실패한 뒤 아직 독방에 갇혀 있었기 때문에, 이 〈하극상〉을 진압하는 일은 저먼 다음으로 계급이 높은 장교인 거만한 해군 소령의 책임이 되었다. 그 소령은 즉시 말 안 듣는 당번병들을 한자리에 모아 놓고, 〈해군 제독을 뒷배로 두고 선교(船橋)에서 연설하는 사람처럼〉훈시를 했다. 당번병들은 〈오로지 독일군의 명령만 듣겠다〉고 선언하고는 그 자리를 떠나 버렸다. 도허티는 장교 숙소 출입이 금지되었으나, 어차피 그도 그 숙소에 들어가지 않겠다고 버티던 참이었다. 주인과 하인, 장교와 병사 사이의 전통적인 관계에 직접적으로 도전하는 기괴한 교착 상태였다. 장교들은 〈상을 차리고 치우는 일, 바닥 청소 등〉을 투덜거리며 순번을 정해 직접 해야 했다. 반란의 지도자인 도허티가 충성파인 윌킨스를 찾아와 따졌다. 윌킨스는 나중에 이렇게 회상했다. 〈그의 뒤를 받쳐 줄 사람이 두어 명 있었다.《자기들이 왜 장교를 위해 일해야 하느냐, 그들도 우리와 똑같은 포로다》라는 것이 그의 말이었다. 우리는 주먹다짐 직전까지 갔다.〉결국 이 하극상 사건은 푸시시 기세를 잃고, 일부 당번병은 다시 일하기 시작했다. 그리고 반란 지도자를 포함한 나머지 병사들은 여러 포로 수용소로 이송되고 새로운 포로가 들어왔다. 하지만 불신이 찌꺼기처럼 남았다. 에거스는 이 사건에서 영국 계급 체제에 대한 신선한 통찰력을 얻고, 어쩌면 나중에 이용할 수 있을 틈을 포착했다.

프랑스 포로들도 계급 구분을 거의 영국인만큼 의식했으나, 정치적 성향과 민족적 차이에 따라 계급이 더 많이 나누어져 있었다. 6월 말 무렵, 유대계 프랑스인 장교는 약 80명이었다. 여기에는 전직 프랑스 총리로서 미래에도 다시 총리를 역임하는 레옹 블룸의 아들이자 클래식 피아니스트인 로베르 블룸, 거대한 금융 가문의 후손이자 기병대 장교인 엘리 드 로스차일드가 포함되었다. 콜디츠의 유대계 프랑스인 중 일부는 출신이 좋아서 이곳에 갇히게 되었지만, 팻 리드의 지적처럼 〈대부분의 유대인은 그냥 유대인이라서 거기에 갇혀 있었다〉. 그래서 그 뒤에 일어난 일이 더욱더 불쾌하다. 프랑스의 고위 장교 몇 명이 유대계 동료들을 비유대계와 분리해서 별도의 구역에 수감해 달라고 요구했다. 독일군은 훌륭한 선전전의 재료가 생겼음을 알아차리고 기꺼이 이 요구에 응했다. 유대계 프랑스인 포로들이 비좁은 다락방으로 옮겨진 뒤, 그곳은 곧장 〈게토〉로 불리게 되었다. 많은 영국인은 프랑스인 중에 독일인과 똑같은 반유대주의자가 있다는 사실을 알고 경악을 금치 못했다. 프랑스 전체가 그렇듯이, 프랑스군 포로들도 샤를 드골과 빨리 합류해서 나치에 맞서 싸워야 한다는 쪽과 나치에 협력하는 비시 정권을 지지하는 쪽으로 갈라져 있었다. 7월에 영국이 알제리 해안의 메르스엘케비르에서 비시 정권의 프랑스 함대를 공격한 사실이 알려지면서 영국과 프랑스의 사이는 한층더 나빠졌다. 비시 지지자들은 비시 정부의 수장인 앙리 필리프페탱의 커다란 사진을 자기네 숙소에 걸었다.

에어리 니브는 유대계 프랑스인들이 쫓겨난 것에 특히 분노했다. 그는 이렇게 썼다. 〈파시스트들의 포로 수용소에서 동료 장교들이 보여 준 행동이 정말 어처구니가 없었다. 아리아인 혈통의 프랑스 장교들이 특히 콕 집어 박해한 대상 중에 레옹 블룸의 아들이 있었다.〉 영국 포로들은 유대인과의 연대를 과시하기 위해 일부러 보란 듯이 그들을 식사에 초대했다. 니브는 게토에 모인 유대계 포로들 앞에서 처음으로 정치적인 연설을 하며, 인종 차별을 비난했다. 미래에 정치가가 될 니브의 연설은 그날 〈박수갈채를 받았다〉. 니브는 그 뒤로 매주 〈유대계 전문 요리사가 준비한 훌륭한 저녁 식사〉에 참석했다. 프랑스인들의 행동은 추악했다. 에거스조차 유대인들이 받는 대접에 당황했으나, 〈그들이 모두 함께 있는 것보다 그 편을 더 좋아했다〉고 설득력 없는 주장을 내놓았다.

〈대(大)유대인 분쟁〉이 계속 연기를 피워 올리고 있을 때, 중요한 요소 하나가 콜디츠에 추가되었다. 네덜란드 포로 68명이 수용소에 새로 들어온 것이다. 대부분이 네덜란드령 동인도 제도의 식민지 군대 출신 장교인 그들은 오와 열을 완벽하게 유지하며 행군하듯 콜디츠로 들어왔다. 독일의 네덜란드 침공으로 사로잡힌 네덜란드 군인은 약 1만 5천 명이었으나, 대부분은 더 이상 전쟁에 참여하지 않겠다는 서약서에 서명하고 풀려났다. 이번에 새로 콜디츠에 온 사람들은 서명을 거부한 자들이었다.

에거스는 수용소 수감자들 중 네덜란드인을 가장 좋아했다. 〈그들은 모범적인 수감자였다. 자기들끼리 당번병을 쓰지 않는데도 숙소를 스스로 청결하게 유지했다. 그들의 규율에는 흠잡을 곳이 없고, 행진하는 모습은 모범적이었다. 옷차림도 언제나 말쑥했다.〉 간단히 말해서, 네덜란드 군인들은 영국 군인이 마땅히 보여야 하는 태도를 그대로 갖고 있었다. 그러나 네덜란드인 역시 다른 수감자 못지않게 〈독일에 비우호적〉이며 탈출에 진심이라는 사실을 에거스는 곧 알게 되었다. 그들은 대단히 조직적이며, 특히 열쇠 따는 솜씨가 뛰어났다. 독일어를 아는 사람도 많았다. 또한 네덜란드 군복은 형태와 디자인이 독일 군복과 거의 동일해서, 나중에 몹시 유용하게 활용되었다. 정중한 모습은 겉모습일 뿐이었다. 〈네덜란드인들 사이에서 무슨 일이 벌어지고 있는지 독일군은 결코 알아낼 수 없었다.〉 팻 리드는 네덜란드인에게 감탄해서 이렇게 썼다. 〈그들의 행동은 언제나 똑같았다.〉 며칠 되지도 않아서 네덜란드 포로들은 마히엘 판 덴 호이벨 대위의 지휘하에 첫 번째 탈주 계획을 짜기 시작했다. 언뜻 둔해 보이는 외모의 호이벨은 최고의 속임수를 계획하면서 겉으로는 무해하고 권태로운 모습을 연출하는 데 특별한 재주가 있었다. 리드는 〈밴디〉라는 애칭으로 부르게 된 호이벨에게 동지 의식을 느꼈다.

6월 말의 어느 날 저녁, 인근 그로스보텐의 역장이 콜디츠 교환실로 전화를 걸어 혹시 행방불명된 포로가 있느냐고 물었다. 한 시간 전에 어떤 남자가 역으로 들어와 옛날에 쓰이던 50라이히스마르크 지폐로 라이프치히행 기차표를 사려고 했다는 것이었다. 그 남자는 말쑥한 양복 차림에 단안경을 쓰고 있었다. 「절대 독일인이 아닙니다.」 역장이 말했다.

피에르 마리 장바티스트 메레스르브룅은 프랑스 기병대 장교, 귀족, 올림픽 승마 장애물 뛰어넘기 선수, 폴로 챔피언, 레지옹

도뇌르와 무공 십자 훈장 수훈자였으며, 콜디츠에서 누구보다 월등하게 우아한 포로였다. 깊숙한 눈과 뒤로 빗어 넘긴 머리, 언제나 흠잡을 데 없는 군복을 갖춘 이 우아한 프랑스인은 〈불로뉴 숲과 샹젤리제 거리에서 최고의 시간을 보내고 있는 것 같은 인상을 주었다〉. 플랫의 글에 나오는 설명이다. 눈부시게 멋진 메레스르브룅은 콜디츠가 자신에게 어울리지 않는 곳이라고 느꼈기 때문에 꼭 필요한 기간 외에는 단 한순간도 이곳에 머무를 생각이 없었다. 그래서 파리에서 보내 준 값비싼 플란넬 잠옷으로 양복을 만들었다. 넥타이는 지방시 것이었다. 그는 어떻게 성에서 탈출했느냐는 질문(사냥터의 빈 건물 서까래에 숨어 있었다)에 거만하게 답변을 거부한 뒤 독방 21일 형을 선고받았다.

2주 뒤 메레스르브룅을 포함한 장교 몇 명이 독방에서 풀려나 운동을 위해 사냥터까지 걸어갔다. 독일 경비병 세 명, 장교 한 명, 부사관 한 명이 그들을 감시하며 따라갔다. 메레스르브룅은 운동복을 입은 모습도 멋졌다. 운동용 반바지, 선명하게 주름을 잡은 반팔 셔츠, 산뜻한 민소매 가죽 재킷, 장갑, 두툼한 고무 밑창이 달린 즈크화가 그의 차림이었다. 속에는 넥타이로 감싼 30라이히스마르크, 설탕, 초콜릿, 비누, 면도칼이 있었다. 메레스르브룅 중위는 면도도 하지 않고 탈주할 사람이 아니었다.

메레스르브룅을 포함한 프랑스인 포로들은 한 시간 동안 사냥터의 울타리 구획 안에서 등 넘기 놀이, 프랑스어로는 〈saute-mouton(양 점프)〉을 했다. 그러고는 피에르 오드리 중위가 철망 옆의 소변 도랑으로 한가로이 다가가더니 몸을 돌려 울타리에 등을 대고 손을 컵처럼 오므렸다. 메레스르브룅이 전력 질주로 오드리에게 달려가 손 위에 올라서자 그가 힘껏 메레스르브룅을 밀어 올렸다. 메레스르브룅은 우아하게 공중으로 솟아올라 철망을 넘어갔다. 그랑 스티플 체이스 드 파리*에서 마지막 울타리를 넘는 명마 같았다. 고개를 숙이고 지그재그로 움직이며 사냥터 담장으로 질주하는 그를 향해 경비병들이 총을 쏘기 시작했다. 경비병에게는 총알이 1인당 세 발만 지급되었으므로, 메레스르브룅의 계산에 따르면 모두 합해 아홉 발이었다. 담장에 도착한 그는 〈토끼처럼〉 이리저리 뛰었고, 경비병들은 약 70미터 거리에서 총을 마구 쏘았다. 총알이 돌담에 핑핑 부딪혀 튀어 나갔다. 경비병들이 재장전을 위해 사격을 멈춘 틈에 메레스르브룅은 돌담을 넘어가 숲으로 질주했다. 빗속에서 사흘 동안 112킬로미터를 걸어가자 츠비카우가 나왔다. 거기서 그는 자전거 한 대를 훔쳐 스위스 국경을 향해서 널찍한 아우토반을 달렸다. 〈휴가를 즐기는 독일인처럼 햇빛 속에서 상반신을 드러낸〉 모습이었다. 도로 맞은편에서 동부 전선으로 향하는 군대가 쏟아지듯 다가왔다. 〈바르바로사 작전〉, 즉 독일의 소련 침공이 진행 중이었다. 그는 닷새 동안 자전거 페달을 밟았다. 마지막 80킬로미터를 달릴 때는 타이어가 전부 녹아 버려서 바퀴 테로만 달렸다. 그렇게 그가 도착한 징겐은 알랭 르레이가 석 달 전 기차를 타고 스위스로 넘어간 곳 인근이었다. 독일 경찰관 한 명이 그를 불러 세워 대화를 시작했다. 메레스르브룅은 자전거펌프로 그를 때려눕힌 뒤 숲으로 뛰어들어갔다. 어디가 어디인지 방향을 전혀 알 수 없어서 숲속을 헤매다가 공터가 나왔을 때, 들통에 담긴 우유를 들고 농가로 가던

* 야외 장애물 경마.

젊은 여자를 만났다.

「겁먹지 마세요. 나는 프랑스 장교입니다. 여긴 스위스인가요, 독일인가요?」 그가 여자에게 말했다.

여자는 환히 웃었다. 「무슈, 난 스위스인이에요. 여긴 스위스고요.」

한편 메레스르브룅이 갇혀 있던 콜디츠의 감방에서 독일군은 그의 여행 가방을 발견했다. 거기에는 이런 라벨이 붙어 있었다. 〈만약 내가 성공할 경우, 내 소지품을 다음의 주소로 보내 주면 고맙겠소……. 하느님의 도움이 있기를!〉 독일군은 전쟁 중에 보기 드문 정중함을 발휘해서 정말로 그의 요청을 들어주었다. 메레스르브룅은 오랑주에 도착한 직후, 자신이 수용소에서 입었던 우아한 옷가지를 받았다.

에거스는 감탄했다. 〈순전히 미친 짓이지만 계산적인 대담함을 발휘해서 탈출에 성공한 프랑스 기병대 중위 피에르 메레스르브룅의 기록은 결코 깨지지 않을 것 같다.〉 포로들의 운동장 울타리 꼭대기에는 철조망 60센티미터가 추가되었다.

메레스르브룅의 성공적인 〈홈런〉 소식으로 프랑스 숙소는 새로이 기쁨에 젖었다. 혼자 계획을 짜서 탈출에 성공한 프랑스인이 세 명째였다. 에어리 니브도 이런 패턴을 놓치지 않았다.

그는 콜디츠성의 보안에서 가장 큰 문제는 건물이 아니라 사람에 있다는 결론을 내렸다. 탈출에 성공한 프랑스인들은 각각 자기만의 방법으로 간수를 속였다. 단단한 바위를 파서 굴을 만들려고 하지는 않았다. 니브는 다음과 같은 결론을 내렸다. 〈탈출하려면 더 약한 요소, 즉 독일인들과 지혜를 겨루어야 한다.〉

콜디츠의 안마당에 들어오는 사람은 누구나, 독일군과 인부를 막론하고 모두 신분 확인을 위해 숫자가 적힌 놋쇠 원반을 받아서 가지고 있다가 나갈 때 제출해야 했다. 니브는 이 기초적인 통행증을 손에 넣은 뒤 충분히 독일 군복으로 통할 만한 옷을 만들어 입는다면, 정문으로 간단히 걸어 나갈 수 있을지도 모른다고 생각했다. 안마당 너머에는 경계 초소가 세 군데 있었다. 바깥마당으로 통하는 게이트에 하나, 바깥쪽 시계탑 아래에 하나, 해자 다리로 통하는 마지막 게이트에 하나. 이곳을 모두 통과한 뒤에 남은 문제는 640킬로미터 떨어진 스위스 국경까지 가는 것뿐이었다. 니브는 탈출에 필요한 장비를 모으기 시작했다.

7월 말까지 수용소 인구가 장교만 5백 명 이상으로 불어났다. 그들 중 대략 절반이 프랑스인이고, 폴란드인은 150명, 네덜란드인은 68명, 영국인은 네덜란드인과 비슷한 수준이었다. 이제 수용소 공간이 절반 넘게 차서, 억눌린 에너지가 느껴졌다. 그해 여름 탈출 시도가 절정에 이르렀다. 〈단 하루라도 사건 없이 지날 때가 거의 없었다.〉 리드는 이렇게 썼다. 영국의 탈출 담당 장교인 그는 자신이 스포츠 팀의 감독 역할을 하면서 선수들을 경쟁시켜 조직화해야 한다고 생각했다. 여기에는 엄격한 훈련, 올바른 장비, 절대적인 헌신이 필요했다. 운동 경기 같은 방식도 나쁘지 않았다. 리드는 서툴러도 열성적인 분위기를 계속 유지했다. 하지만 영국군이 승리를 기록하지 못한다면, 곧 팀의 사기가 완전히 무너질 터였다.

예배당에서 시작된 폴란드 포로들의 굴, 프랑스 숙소에서부터

2미터 깊이로 파 들어간 굴이 각각 독일군에 발각되었다. 에거스에 따르면, 그 뒤로 4년 동안 적어도 스무 개의 굴이 작업 도중에 발견되었다. 사냥터에서 돌아오는 길에 테라스 하우스의 지하에 있는 방공호에 숨으려다가 잡힌 영국군 장교와 폴란드 장교도 각각 한 명씩 있었다. 프랑스 포로 두 명은 라이스니히까지 갔다가 붙잡혔다. 그들은 통풍 수직굴의 창문 창살을 자른 뒤, 침대보를 찢어서 만든 밧줄을 타고 4층 높이를 내려갔다. 그러고 나서 노동자처럼 노란색 완장을 찬 차림으로 사냥터 게이트를 걸어 나갔다. 폴란드 대위 한 명은 안마당 아치 통로 옆에 있던 독방의 창살을 쇠톱으로 자른 뒤, 침대보에 매달려 6미터 아래 바닥까지 훌쩍 뛰어내리다가 발목이 부러졌다. 그래도 절룩거리며 무려 스위스 국경까지 갔다가 다시 붙잡혔다. 영국군 장교 두 명은 히틀러 유겐트가 좋아하는 모양의 스와스티카를 붙인 조끼 차림으로 사냥터에서 몰래 빠져나가려 했으나, 〈하일 히틀러〉 경례를 제대로 해내지 못하는 바람에 실패했다.

영국 포로들은 이른바 〈화장실 굴〉에 노력을 집중했다. 많은 영국 장교의 식사 장소인 롱 룸 뒤편에는 독일군 막사 2층의 화장실이 맞닿아 있었다. 코만단투르 중 그쪽 구역에서 밤에 당직을 서는 병사는 이어폰을 낀 교환수뿐이었다. 45센티미터 두께의 벽을 뚫을 수만 있다면, 노동자 복장으로 꿈틀꿈틀 굴을 통과해 독일군 막사로 들어가서 그냥 걸어 나갈 수 있었다. 니브는 무의미한 짓이라고 생각하면서도 굴 파기에 동참했다. 〈지루함에 시달리다 미쳐 버리는 상황을 피하기 위해서〉였다. 7월 31일 점심시간에 탈출 모의자 열두 명이 담요를 꿰매 만든 작업복 차림으로 롱 룸에 모여 굴 안으로 기어들어 갔다.

하지만 이번에도 독일군이 미리 알고 기다리고 있었다. 그들의 계획은 처음부터 발각된 상태였다. 교환수가 화장실에 갔다가 긁히는 소리를 들은 탓이었다. 프리엠 하웁트만은 이렇게 지시했다. 「굴을 파게 둬. 바삐 움직이면서 즐거워하겠지.」 독일군은 화장실 입구 맞은편 문에 구멍을 하나 파고, 경비병(소리가 나지 않는 펠트 슬리퍼를 신었다)을 배치해 굴을 계속 감시하게 했다.

프랭크 〈에롤〉 플린이 가장 먼저 굴에서 나왔다. 그는 물탱크를 넘어가 화장실 문을 열고 몰래 모퉁이를 돌았다. 〈내 등에 곧바로 권총이 닿았다.〉 프리엠이 환하게 웃는 얼굴로 말했다. 「Hände hoch!* 이쪽이오, 신사들.」 열두 명 모두 감시 속에 독방으로 들어갔다. 다량의 탈출 장비도 몰수되었다. 가짜 신분증, 지도, 나침반, 식량, 돈, 민간인 옷 등이었다. 포로들은 같은 국적 사람끼리 뭉쳐서 열쇠 따기, 서류 위조하기, 그럴듯한 민간인 복장과 군복을 바느질해서 만들기 등 각자 장기를 발휘했다. 드물지만 다른 국적의 포로들이 뭉치는 경우도 있었다. 팻 리드는 원본을 베껴서 그린 지도와 독일 화폐 등 영국군 장교를 위한 개별 〈탈출 키트〉를 고안했다. 〈장교들은 각자 장기를 발휘하고, 여러 물건도 많이 내놓았다.〉 리드는 이렇게 썼다. 그러나 독일군도 무엇이든 알아내면 전부 자기들끼리 공유하고 있었다.

교사 역할에 집착해서 항상 가상의 칠판을 두고 강의하듯이 구는 라인홀트 에거스는 탈출 예방에 논리를 부여했다. 성공하든 실패하든 탈출 시도가 있을 때마다 대응 조치가 취해진다. 성

* 독일어로 〈손 들어〉.

의 보안에 구멍이 생길 때마다 계속 구멍을 메우다 보면, 나중에는 성 전체의 보안이 탄탄해질 것이다. 그가 발견한 모든 장비는 성 안에서 만들어진 것이든 밖에서 밀반입된 것이든 모두 포로들의 탈출 방법에 대한 단서를 제공했다. 에거스는 학자적인 정밀함으로, 몰수한 물건들을 자물쇠가 있는 방에 모아 두고 마을의 사진사 요하네스 랑게를 데려와 다양한 탈출 기법에 대한 시각적 기록을 만들었다. 사진사 앞에서 탈출 시도 모습을 재연해 달라는 요구에 응한 포로들도 있었다. 에거스는 포로들이 판 굴의 지도를 작성하고, 자신이 주석을 붙인 참고용 스크랩북도 만들었다. 이것은 〈콜디츠 박물관〉, 즉 일종의 교육 센터였다. 에거스는 〈콜디츠 탈출 아카데미〉라고 불렀다. 이 기록은 선전 도구도 되었다. 독일의 귀빈들이 수용소를 방문했을 때, 주둔군이 가장 까다로운 포로들을 성공적으로 가둬 놓고 있음을 피력해 감탄을 이끌어 내는 데 사용되었다.

보안이 또 강화되어, 독일군이 〈양 우리〉라고 부르는 운동 구역 주위에 경비병이 추가로 배치되고, 알자스 경비견 한 분대가 해자 남쪽의 개집에 배치되었다. 사냥터 산책 때 포로들은 탈출 장비를 옷 속에 숨기지 못하게 겉옷 자락을 열어젖힌 채 걸어야 했다. 사냥터 담장에 새로 문도 하나 만들었다. 그 덕분에 경비병들은 만약 그 방향에서 탈출 시도가 있을 경우 재빨리 그 문을 통과해 이동할 수 있었다. 수색도 전보다 더 많이, 더 불규칙하게 시행되었다. 신속 배치군, 즉 〈폭동 진압 기동대〉는 대기 상태를 유지하다가, 수용소 어디서든 문제가 생기면 재빨리 파견되었다.

에거스는 독일 수용소 경비대를 위한 내부 간행물인 『보안 뉴스』를 샅샅이 탐독했다. 각종 탈출 시도와 그것을 막기 위한 최신 방법이 거기에 실려 있었다. 〈홀린 듯이 읽게 되는 자료였다.〉 에거스는 이렇게 썼다. 그는 이 전문지에 자주 글을 쓰는 필자이기도 했다. 탈출하는 사람들의 심리를 분석한 글에서 그는 포로들도 일종의 방법론을 형성하고 있다는 결론을 내렸다. 예를 들어, 변장 방법을 고를 때 〈눈에 띄지 않으려고 불안해하기보다는 눈에 띄게 평범한 모습〉을 연출하려 한다는 것이다. 〈눈에 띄게 평범한〉 사람을 체포하는 것은 확실히 까다로운 일이었다. 그러나 탈출한 포로들이 어디로 향할 가능성이 가장 높은가? 가장 가까운 대도시 라이프치히에는 철도망이 사방으로 연결되어 있었다. 신분증 번호와 사진이 포함된 포로 전원의 명단이 라이프치히 경찰서로 발송되었다. 콜디츠성의 독방은 탈출을 시도하다 잡힌 사람들로 가득해서, 시내 감옥이 추가로 징발되었다. 탈출 시도의 빈도는 증가했으나, 성공 사례는 증가하지 않았다. 〈우리가 이기고 있다.〉 에거스는 1941년 여름에 이렇게 흡족해했다.

전쟁에서 가장 가치 있는 무기는 지식이다. 포로와 경비대 사이에서 점점 격화하고 있는 전투에 네덜란드 포로들이 비밀 무기에 비견될 만한 지식을 내놓았다. 바로 독일 국경을 넘어 스위스로 들어가는 법.

한스 라리버 중위는 암스테르담에서 생포되어, 독일 통치에 굴복하지 않은 죄로 구금되었다. 1940년 말 그는 이송 중 잠시 머무르던 수용소에서 탈출해 기차를 타고 가다가 징겐 근처 스위스 국경에서 붙잡혔다. 간첩 혐의를 받은 그는 인근 게슈타포 본부로 끌려가 〈엄청나게 큰 황소〉를 닮은 SS 장교에게 조사를 받았다. 그 장교는 성을 내며 그를 총으로 쏘아 버리겠다고 위협했으나, 그는 첩자가 아니라 네덜란드 해군 장교이며 제네바 협약에 의해 보호받을 권리가 있다고 강력히 주장했다. 이때 그 황소 같은 SS 장교의 태도가 갑자기 바뀌었다. 그는 전에 암스테르담의 호텔에서 요리사로 일한 적이 있다면서, 네덜란드 사람들을 좋아한다고 말했다. 자잘한 수다도 떨었다. 「왜 도보가 아니라 기차로 국경을 넘으려고 했습니까?」

「방어선을 뚫을 방법을 몰랐습니다.」 라리버가 대답했다. 그는 간첩은 아니지만, 방심한 사람에게서 유용한 정보를 빼내는 솜씨가 좋았다.

「방어선이라니! 그런 터무니없는 생각을. 그냥 쭉 걸어갔으면 넘을 수 있었을 거요.」 황소 장교가 코웃음 쳤다.

이제 정말로 수다스러워진 황소 장교가 지도를 펼쳤다. 독일은 어차피 크리스마스 때까지 승리를 거둘 것이고, 이 네덜란드 장교가 또 탈출을 시도할 염려는 없다는 생각 때문이었다. 자신이 지리에 관한 뛰어난 지식을 좀 보여 준다고 해서 잘못될 일이 있겠는가?

그는 두툼한 손가락으로 지도상의 어느 지점을 짚었다. 스위스가 독일 영토 안쪽으로 3백 미터쯤 툭 튀어나온 지점, 이른바 람젠 돌출부였다. 그는 이곳을 쉽게 찾을 수 있다고 설명했다. 숲 가장자리에 집이 한 채 있고, 그 너머에 급격히 꺾어지는 부분이 보이는 곳을 찾으면 되었다. 거기서 길을 따라 왼쪽으로 4백 미터쯤 뻗은 길이 스위스 땅으로 곧장 이어졌다. 「거긴 수비 시설이 전혀 없어요.」

라리버는 헤아릴 수 없이 귀한 이 정보를 네덜란드의 탈출 담당 장교인 마히엘 판 덴 호이벨 대위에게 전달했다. 그리고 〈밴디〉는 연대의 정신에 따라 이 기밀을 국제 탈출 위원회에 알렸다. 라리버가 우연히 알게 된 이 무방비한 뒷문, 어리석은 수다쟁이 SS 장교에게서 빼낸 이 정보는 나중에 콜디츠의 탈출 장비 중 가장 높은 가치를 증명했다.

탈출을 크게 좌우하는 것은 기만이었다. 누가 성공적으로 탈출한 뒤 그 사실을 단 몇 시간 만이라도 독일군에게 숨길 수 있다면, 탈주자가 붙잡히지 않을 가능성이 훌쩍 높아졌다. 또한 포로가 성 안에 숨을 곳을 확보한다면 독일군은 결국 그가 탈출했다고 가정할 테니, 나중에 그 포로가 실제로 탈주할 때 경보를 울리지 않을 것이다. 포로가 탈출했는데도 하지 않은 것처럼 보이기 위해, 그리고 탈출이 없었는데도 있었던 것처럼 보이기 위해 포로들은 엄청난 독창성을 발휘했다. 점호를 비트는 방법도 다양했다. 줄 앞쪽에서 이미 점호를 받은 장교가 고개를 숙이고 다른 사람들 뒤편으로 이동해서 반대편 끝에 나타나는 방법, 아니면 몸집이 작은 장교가 다른 장교의 외투 속에 들어가 몸을 숨기는 방법도 있었다. 그러면 점호에서 한 명이 비는 결과가 나온다. 폴란드 포로들은 숙소의 두 방 사이에 슬라이딩 패널을 만들었다. 그들이 네 명이 아파서 점호에 나가지 못할 것 같다고 보고하면, 독일 경비병이 확인하러 왔다. 먼저 한쪽 방을 확인하면 침대에 두 명이 누워 있고, 그 옆방에도 두 명이 있었다. 그 둘이 사실은 슬라이딩 칸막이를 〈토끼처럼〉 통과해 옆방에서 다시 머리 위까지 이불을 뒤

집어쓰고 누워 있었던 것이지만 경비병은 알아차리지 못했다. 이런 계책이 모두 효과가 있는 것은 아니었다. 그래도 독일군을 혼란스럽게 만드는 데에는 자주 성공했다. 독일군이 포로의 수를 한참 동안 다시 헤아리는 사이, 탈주자들은 도망칠 시간을 벌었다. 네덜란드 포로들은 심지어 찰흙, 긴 망토, 대롱거리는 군화로 포로 복제품을 둘이나 만들기도 했다. 그들은 점호 때 그 가짜 군인을 두 사람 사이에 똑바로 세워 두었다. 이 두 복제품들의 이름은 빌헬름 부슈가 지은 독일 이야기시(詩) 속의 말 안 듣는 소년들의 이름을 따서 〈막스〉와 〈모리츠〉로 지었다. 한 영국 장교는 네덜란드 포로들이 〈장난감 상자에서 나온 악단처럼〉 줄을 선다고 말했다. 에거스도 그들이 〈사열 때 마네킹처럼 꼼짝도 하지 않는다〉고 지적했다. 그런데 가끔 네덜란드 포로들 사이에 정말로 마네킹 둘이 섞여 있었다.

8월 16일 오후에 헤릿 다메스라는 네덜란드 장교가 운동 구역의 울타리에 기대서서 동료들이 네덜란드식 럭비 경기를 하는 모습을 지켜보았다. 스크럼을 아주 많이 짜야 하는 경기였다. 그렇게 경기를 구경하는 척하면서 다메스는 울타리 철망을 잘라 구멍을 만든 다음, 그곳으로 꿈틀꿈틀 빠져나가 나무가 자라는 곳을 향해 걷기 시작했다. 그가 능선을 절반쯤 올라갔을 때 경비병들이 그를 발견하고 호루라기를 불며 어깨에 멘 소총을 내렸다. 「뛰어! 뛰어!」 다메스는 대충 숲을 향해 이렇게 소리친 뒤 양손을 들어 올렸다. 포로들을 줄 세워 성으로 돌아온 독일군이 인원수를 헤아려 보니 두 명이 비었다. 다메스보다 먼저 도망쳐 누구에게도 들키지 않고 숲으로 도망쳤음이 분명했다.

그 순간 그 사라진 두 명은 운동 구역 한복판의 배수로에서 고인 물 속에 반쯤 벌거벗은 몸으로 목까지 잠긴 채로 덜덜 떨고 있었다. 스위스로 들어가는 징겐 루트를 알아낸 한스 라리버, 그리고 그와 마찬가지로 네덜란드 해군 장교인 프란시스 스테인메츠였다.

운동 시간에 네덜란드의 탈출 담당자인 판 덴 호이벨이 운동 구역 한복판에서 커다란 목제 맨홀 뚜껑을 발견했다. 커다란 볼트 두 개가 그것을 고정하고 있었다. 네덜란드 포로들은 맨홀 주위에 모여 성경을 읽는 척하면서 볼트를 빼내고 뚜껑을 열었다. 배수로는 어디로도 이어져 있지 않고 냄새도 역겨웠지만, 깊이가 3미터에 폭도 넓어서 두 사람이 충분히 숨을 수 있었다. 포로들은 너트와 볼트의 크기를 꼼꼼히 재서 색유리로 복제품을 만들었다. 그리고 8월 16일에 럭비 경기를 하던 사람들이 배수로 주위에서 스크럼을 짜고 맨홀 뚜껑을 들어 올린 뒤 라리버와 스테인메츠를 그 아래로 내려 주었다. 그리고 가짜 너트와 볼트로 뚜껑을 고정했다. 축축하고 어두운 맨홀 속의 두 사람은 다메스가 계획대로 교란 작전을 실행하면서 지르는 고함과 독일군의 호루라기 소리를 어렴풋이 들을 수 있었다. 일곱 시간 뒤 그들은 깊은 어둠 속에서 밖으로 나왔다. 〈우리가 나무 뚜껑을 위로 밀자 가짜 유리 볼트가 부러졌다. 우리는 깨진 유리 조각을 주워 모으고 진짜 볼트를 제자리에 끼웠다. 이제 맨홀은 나중에 다시 사용할 수 있는 상태였다.〉 동틀 무렵 그들은 라이스니히역에 도착해 드레스덴행 표를 샀다.

한편 성에서는 독일 주둔군 사이에 일종의 공황 상태가 번지고 있었다. 라리버와 스테인메츠뿐만 아니라 다른 네덜란드 장교 다섯 명도 사라졌다. 두 사람은 이미 이틀 전 배수로에 숨어 있다가 도망쳤으나 포로들이 그 사실을 공들여 감추었고, 나머지 세 명은 아직도 성 안에 숨어 있었다. 독일군은 또 사냥을 시작했다.

라리버와 스테인메츠는 이민 온 노동자 행세를 하며 드레스덴에서 뉘른베르크로 이동했다. 가장 난처했던 순간은 무덤에 숨었을 때였다. 알고 보니 그곳이 인근 젊은이들 사이에 인기 있는 데이트 장소였다. 두 사람은 그 분위기에 합세하기로 하고, 〈열정적인 키스를 하는 것처럼 커다랗게 쪽쪽거리는 소리를 냈다〉. 이틀 뒤 국경을 넘어 스위스로 들어갔다. 라리버가 SS의 〈황소〉에게서 알아낸 그 지점을 통해서였다. 넉 달 뒤 런던에서 영국 정보기관에 보고를 마친 그들은 놀랍게도 망명 중이던 네덜란드 빌헬미나 여왕에게 소개되었다. 〈자그맣고 볼품없는 여성, 예순한 살이고 옷차림이 형편없었다.〉 그러나 그녀는 나치의 지배에 대항하는 네덜란드 저항 정신의 살아 있는 화신이었다. 스테인메츠는 이렇게 썼다. 〈우리는 콜디츠에 있는 네덜란드 장교들의 충성 메시지를 여왕에게 전했다. 알현이 끝난 뒤 우리는 바로 옆 술집으로 들어가 독한 술을 마셨다.〉

이틀 전 똑같은 탈출 경로를 이용한 네덜란드 장교 두 명은 붙잡혔다. 성 안에 숨어 있던 세 명도 마찬가지였다. 그러나 한 달 뒤 배수로를 이용한 탈출에 두 사람이 더 성공했다. 〈우리 방어선의 어디가 뚫렸는지 알지 못하는 상황이었다.〉 자신감에 심한 상처를 입은 에거스는 이렇게 썼다. 독일군이 그 맨홀을 마침내 찾아내는 데에는 넉 달이 걸렸다. 〈관찰력이 좋은 경비병 한 명이 양 우리 안의 맨홀 뚜껑 주위에 포로들이 이렇다 할 이유 없이 잔뜩 모여 있는 것을 알아차렸다.〉맨홀 안에는 폴란드 장교 한 명과 영국 장교 한 명이 있었다. 네덜란드인들이 다른 나라에도 이 탈출 경로를 너그러이 알려 준 덕분이었다. 독일군은 맨홀을 콘크리트로 영구히 봉인해 버렸지만, 네덜란드는 이미 탈출 점수 판에서 선두로 훌쩍 도약한 뒤였다. 〈6주 만에 네덜란드 장교 네 명이 도망쳤다.〉에거스는 아주 말끔하고 예의 바르게 보이던 네덜란드 군인들이 다른 포로들과 똑같이 탈출에 진심이라는 사실을 드러낸 것에 실망해서 이렇게 썼다. 교사들이 전통적으로 되뇌는 말처럼, 그들은 에거스를 실망시키고 학교를 실망시켰지만, 무엇보다 더 크게 실망시킨 상대는 바로 그들 자신이었다.

4
얼간이 괴롭히기

에어리 니브는 정신없이 서두르면서 의상에 마지막 손길을 추가했다. 적십자사 초콜릿 한 달 치를 주기로 하고 구한 카키색 폴란드 튜닉은 독일 군복과 얼추 비슷한 모양이었다. 니브는 연극에서 나무 배경을 칠할 때 쓰는 페인트로 튜닉의 색을 바꾸었다. 폴란드 포로 중 옷을 만들 줄 아는 이가 어두운 초록색 천으로 만든 견장, 양철로 만든 은색 가슴 주머니 휘장을 그 옷에 꿰매서 붙여 주었다. 니브는 그 튜닉 아래에 영국 공군 바지를 입고, 초록색으로 물들인 체코의 작업모를 쓰고, 흰색 가두리 장식과 마분지 독수리와 스와스티카를 옷에 붙였다. 폴란드 당번병에게서 구입한 긴 장화가 옷차림을 완성했다. 마분지 허리띠에는 나무에 색을 칠해서 만든 대검 집을 찼다.

니브는 무리해서 서두르고 있었다. 변장한 모습은 독일군처럼 보이지 않았다. 길버트와 설리번의 코믹 오페라에 코러스로 출연하는 엑스트라 같았다.

직접 만든 군복은 실제 독일 군복의 색인 회색보다 완두콩 색에 더 가깝고, 불빛을 받으면 살짝 번들거렸다. 탈출 담당자인 팻 리드는 그의 옷차림을 보고 시큰둥한 표정을 지으면서도 탈출을 허락했다. 외부에서 온 독일군 노동자에게 담배를 뇌물로 주었더니, 그가 원반 모양의 놋쇠 통행증을 내놓았다. 니브는 비단에 그린 스위스 국경 지도, 위조 신분증, 약간의 돈, 아주 작은 나침반을 챙겼다. 그리고 이 물건들을 차마 입으로 이름을 말할 수는 없는, 〈길이가 7센티미터 남짓하고 정체를 알 수 없는 시가 모양의 통〉에 넣어 봉인했다. 이 통의 크기가 미래에 애빙던의 보수당 의원이 될 니브의 직장(直腸)에 아주 잘 맞았다. 〈엉덩이 덩굴〉이라고 불리는 이 통은 나중에 모든 탈출 키트에 꼭 필요한 물건이 되어, 가장 심한 몸수색을 받지 않는 이상 귀중품을 숨길 수 있게 해주었다. 또한 분변과 관련된 유머의 한없는 원천이기도 했다.

날씨가 따뜻하던 8월 23일 밤에 니브는 가짜 독일 군복 위에 영국의 군용 외투를 입고 저녁 사열에 나갔다. 엉덩이에는 상당량의 탈출 장비가 끼워져 있었다. 점호가 끝나자마자 누군가가 그의 외투를 획 벗겨 갔고, 니브는 모자를 쓴 뒤 독일 경비대 뒤로 빠져나와 최대한 군인다운 씩씩한 걸음으로 게이트를 향해 걸었다.

「프리엠 하웁트만이 코만단트에게 보내는 메시지를 갖고 있다.」그는 놋쇠 통행증을 내밀며 이렇게 말했다. 경비병은 그를 안마당에서 밖으로 보내 주었다. 니브는 계속 성큼성큼 걸었지만, 고작 스무 걸음 만에 누군가가 큰 목소리로 〈정지〉라고 외쳤다. 니브가 돌아서자, 아크등의 눈부신 빛 속에서 그의 모자가 〈에메랄드처럼 반짝였다〉. 몇 초 만에 경비병들이 그를 에워쌌다. 지휘관은 격노한 상태였다. 「이건 독일군에 대한 모욕이야. 넌 총살이야.」독일군은 탈출 시도보다는 그가 입은 어설픈 의상에 더 화가 난 것 같았다. 그들은 〈그것을 군복에 대한 모욕으로 보는 듯했다〉. 슈미트 코만단트 자신도 곧 나타나 〈크리스마스 팬터마임〉의 공연자처럼 〈우스꽝스러운 독일 군복〉을 입은 그를 살펴보고 코웃음을 쳤다.「이렇게 무례할 수가. 감방으로 데려가.」

니브가 이렇게 조롱의 대상이 된 것은 아마도 평생 처음이었을 것이다. 마을에서 랑게가 불려 와 초록색 의상을 입은 이상한 군인 엘프 같은 그를 사진으로 찍었다. 경비병들도 와서 킬킬거리거나 입을 헤 벌리고 바라보았다. 마치 〈새로 잡혀 온 동물〉을 보는 것 같았다. 그 군복은 박물관에 전시되었다. 저녁 점호 때 프리엠 하웁트만은 엄청나게 즐거운 얼굴로 어색한 농담을 던졌다. 그리고 그것이 프랑스어, 폴란드어, 네덜란드어로 통역되었다. 〈니브 게프라이터[상등병]를 러시아 전선으로 보낼 것이다.〉 니브는 감방에서 웃음소리를 들을 수 있었다.

이 일은 니브에게 굴욕감을 주었다. 콜디츠 내부에서 벌어지는 싸움 중 일부는 지위와 품위에 관한 것이었다. 그런데 그가 독일군에 쉬운 승리를 선물처럼 안겨 주었다. 독일군 자체가 잦은 조롱의 대상인데. 〈나는 탈출을 우스꽝스러운 소극(笑劇)으로 전락시켰다.〉 그는 이렇게 회상했다. 그래도 안마당을 나가서 경비병의 고함을 들을 때까지 20초 동안 그는 〈영혼의 짐이 놀라울 정도로 가벼워지는 것〉을 경험했다. 〈강렬한 기쁨〉이 몰려오고, 순간적으로 순수한 자유가 느껴졌다. 〈마치 마약 같았다. 중독성도 아주 높았다.〉 그는 나중에 이렇게 썼다. 니브는 이제 중독자였다.

콜디츠의 포로들은 전쟁이 끝난 뒤 그때를 돌아보면서, 구금 생활이 신나고 재미있었던 것처럼 묘사해야 한다는 집단적인 의무감을 느꼈다. 기분이 크게 들뜬 순간, 웃음이 나오는 순간이 있었던 것은 분명했다. 실패로 끝난 니브의 어리석은 탈출 시도 같은 것. 그러나 콜디츠의 포로 생활은 대부분 기가 막힐 정도로, 영혼이 부서질 정도로, 그래서 때로는 거의 참을 수 없을 정도로 지루했다. 장교가 아닌 포로들과 달리 장교들은 일을 할 필요가 없었기 때문에 포로로 갇혀 있다는 사실이 아닌 다른 생각을 하기가 어려웠다. 대부분의 포로는 하는 일이 별로 없었다. 책을 읽는 사람, 연극 공연이나 콘서트 등 다른 방식으로 자신을 향상시키거나 즐거움을 추구하는 사람, 리드와 니브처럼 깨어 있는 동안 항상 탈출 계획을 짜는 사람이 조금 있고, 나머지는 카드놀이, 편지 쓰기, 고향 그리워하기, 남몰래 자위행위 하기, 적십자사 구호품으로 새로운 요리법 개발하기 등을 했다.

특히 먹을 것을 생각하는 시간이 압도적으로 많았다. 음식은 그들의 생활에서 개조와 창조가 쉬운 소수의 분야 중 하나였다. 콜디츠의 독일군 주방에서는 포로들에게 양과 질 면에서 몹시 다양한 영양분을 제공했다. 하루에 검은 빵(로겐브로트) 5분의 1덩이, 즉 얇게 자른 빵 다섯 쪽, 소량의 설탕과 마가린과 기름. 일부 포로들은 이 기름이 말에게서 짜낸 것이라고 믿었다. 낮에는 묽은 수프가 나오고, 감자는 배급량이 엄격하게 정해져 있었다. 적십자사의 식량 소포가 부족한 것을 보충해 주었다. 이 식량 구호품 덕분에 포로들은 또한 새로운 요리의 가능성을 상상할 수 있었다. 대다수의 포로는 스스로 고른〈식사 친구들〉과 함께 식사했다. 저녁 식사를 기획하고 요리하는 일은 그들이 크게 몰두하는 일이자 중요한 유희였다. 고위 장교의 음식은 당번병이 요리했지만, 하급 장교들은 서로 번갈아 가며 자기들이 먹을 음식을 만들었다. 나중에는 적십자사 구호품에 땅콩버터, 쌀푸딩, 초콜릿, 소시지, 아르헨티나산 프라이 벤토스 쇠고기 통조림, 깡통 우유, 치즈 등도 포함되었으나, 구호품 중 대부분은 기본적인 것이었다. 따라서 스팸 한 조각이나 아니면 다른 고기 통조림에 감자를 섞고 마마이트로 풍미를 낸 것이 전형적인 저녁 식사였다. 포로들은 여기에 비스킷 가루를 넣어 양을 늘린 뒤 식사용 양철 그릇에 넣어 가열했다. 〈독일군의 배급 식량은 상당히 부실해서, 적십자사 구호품이 영양 면에서 부족한 부분을 메워 주었다. 그 덕분에 우리가 영양실조에 걸리지 않았던 거라고 거의 확신한다.〉 콜디츠의 포로 한 명은 이렇게 말했다. 전쟁은 가차 없이 이어졌지만, 콜디츠의 포로들은 자신을 가둔 사람들보다 더 많은 영양을 섭취하게 되었다.

구금 생활에서 느끼는 좌절감은 다양한 방식으로 표출되었다. 그중에 가장 눈에 띄는 것이 〈얼간이 괴롭히기〉였는데, 독일군을 폭발하기 직전까지 괴롭히는 일을 뜻했다. 여기서 〈얼간이 goon〉라는 단어는 경비병을 뜻하는 두루뭉술한 표현이었는데, 어쩌다 이렇게 쓰이게 되었는지는 불분명하다. 볼품없는 몸을 무겁게 움직이는 앨버트로스를 뱃사람들이 〈고니 gony 새〉라고 불렀는데, 어쩌면 거기서 유래했는지도 모른다. 〈얼간이〉는 만화 「뽀빠이」에서 머리 회전이 느린 인물들을 지칭하는 말이었다. 코미디언이자 참전 용사인 스파이크 밀리건은 전쟁이 끝난 뒤 진행하게 된 라디오 코미디 프로그램에 〈얼간이 쇼〉라는 이름을 붙였다. 얼간이 괴롭히기의 목표는 경비병들을 불편하고 당혹스럽게, 그래서 멍청이처럼 보이게 만드는 것이었다. 얼간이가 성질을 내거나 〈체면을 잃으면〉 그것이 포로들에게는 작지만 귀중한 도덕적 승리가 되었다. 에거스는 포로들이 〈온갖 방법으로 우리의 화를 자극하려〉 한다는 것을 알고 있었다. 그러나 자극이 지나치면 경비병이 폭력을 휘두를 가능성이 있었다.

경비병의 화를 부추기는 방법은 나라마다 달랐다. 폴란드인은 독일군이 그 자리에 없는 것처럼 굴다가 경비병과 우연히 몸이 닿으면 마치 나병 환자와 몸이 닿기라도 한 것처럼 공들여 몸을 닦았다. 프랑스인은 사열 때 입술을 전혀 움직이지 않은 채 노래하는 방법을 개발했다.

독일군은 어디에Où sont les Allemands?
똥통 속에Dans la merde!
밀어 넣을까Qu'on les y enfonce
귀까지 잠기게Jusqu'aux oreilles!

그러나 영국인은 얼간이 괴롭히기를 예술의 경지로 승화시켰다. 많은 장교가 사립 학교에 다녔기 때문에 심리적으로 상대보다 한발 앞서는 솜씨가 뛰어났다. 대단히 정교하면서 동시에 완전히 어린애 같은 일이기도 했다. 얼간이 괴롭히기는 대개 점호 때 경쟁적으로 벌어졌다. 포로들이 독일군에게 야유의 말을 외치거나, 휘파람을 불거나, 큰 소리로 방귀를 뀌거나, 독일인이 잘 알아듣지 못하는 영어로 이야기하거나, 고의로 인원 점검을 방해해서 처음부터 다시 세게 만드는 식이었다. 이보다 더 극단적인 방법으로는 사열 때 뜨개질하기, 머리를 이상한 모양으로 자르기, 독일군 장교의 바지 앞섶을 일부러 뚫어지게 보아서 그 장교가 당황해 확인하게 만들기 등이 있었다. 안마당을 굽어보는 높은 창문을 이용하면, 경비병에게 이런저런 물건을 던진 뒤 창문 아래로 고개를 숙여 들키지 않을 수 있었다. 포로들은 이런 방식으로 물 폭탄, 눈덩이, 불붙인 신문지를 던졌다. 가끔 배설물 봉지를 던지기도 했다. 이런 방식의 대결은 대개 농담 같은 분위기였으나, 일부러 위협적인 분위기를 연출할 때도 있었다. 명령 불복종이 사보타주로 변질될 가능성도 있었다. 포로들이 남긴 음식은 모두 마을에서 키우는 돼지의 먹이로 사용되었다. 그런데 한번은 여기서 부러진 면도날이 발견되었다.

또 다른 기법으로는 그냥 이상하게 행동하기가 있었다. 예를 들어, 아무것도 없는 데에서 당구를 치는 시늉을 하거나, 있지도 않은 개를 산책시키는 척하는 것이다. 포로들이 안마당에서 코로 작은 자갈을 밀어 댄 것은 아주 유명한 장난이 되었다. 이 게임의 목표는 단 하나뿐이었다. 경비병들을 불안하게 만들어서, 아무 의미도 없고 위험도 없는 활동을 금지하게 만드는 것. 독일군은 실제로 그렇게 했다.

옷차림도 저항을 표현하는 방법 중 하나였다. 에거스는 영국 장교들이 아침 점호 때 〈수염도 깎지 않고 잠옷 차림으로 슬리퍼를 신고 돌아다니는 것, 담배 피우는 것, 책을 읽는 것, 침대에서 일어나 가장 먼저 손에 닿은 옷을 주워 입는 것〉을 보고 크게 화를 냈다. 사로잡힐 때 입고 있던 군복의 낡은 잔해를 아직도 걸치고 있는 포로가 많았다. 스코틀랜드인들은 킬트를 입었다. 반면 왕의 생일처럼 국가적인 의미가 있는 날에는 포로들이 일부러 〈알아보기 어려울 만큼 말쑥하게〉 군복을 차려입었다. 단추와 허리띠 죔쇠가 하나도 빠짐없이 반짝거렸다.

〈무질서가 당시의 분위기였다. 상대에게 순전히 무례하게 굴 때가 많았다. 그 정도는 아니더라도 일부러 아무렇게나 굴기도 했다.〉 에거스는 이렇게 썼다. 그는 예의 바른 첼튼햄 시민들과 콜디츠에서 극단적으로 무례하게 구는 영국인들의 차이를 끝내 극복하지 못했다. 〈우리에게 이런 식으로 구는 것이 무슨 소용이 있는지 모르겠다. 포로들이 속에 억눌려 있던 것을 푸는 역할을 할 뿐이다.〉

영국군의 고위 장교 대부분은 얼간이 괴롭히기를 신나게 멋대로 굴면서 갑갑함을 푸는 행위로 묵인해 주었지만, 플랫 목사를 포함한 일부 고위 장교는 그것이 품위를 떨어뜨리는 유아적인 행동이며 독일인의 우월감을 강화하고 수용소 당국에 운동 금지 같은 집단 처벌을 실행할 빌미를 준다고 보았다. 경비병을 향해 비아냥거리는 것이 이처럼 엄청나게 어리석은 짓이긴 해도, 무력하게 붙잡힌 사람이 자신을 붙잡은 사람에게 굴욕을 줄 수 있다는 심리적인 지지대 역할을 했다. 경비병들이 대개 나이가 더 많았기 때문에, 젊은 포로들은 마치 기숙 학교 시절로 돌아가 짓궂게 교사를 괴롭히는 듯한 상상을 할 수 있었다. 얼간이 괴롭히기는 콜디츠라는 닫힌 공간에서 꾸준히 증가하던 불안감과 압박을 누그러뜨렸다. 콜디츠에서는 또한 나라, 인종, 계급을 경계로 틈이 점점 갈라지고 있었다.

구금 생활로 인한 정신적, 물리적 트라우마에 대해 포로들은 다양한 반응을 보였다. 분노, 저항, 용기뿐만 아니라, 낙담, 죄책감, 묵묵한 순종도 있었다. 어떤 사람들은 오락거리나 공부할 방법을 찾아내기도 했고, 차분하게 마음을 다스리며 적의 감옥 안에서 일종의 평화를 발견하기도 했다. 미친 듯이 날뛰는 사람도 있고, 아예 이성을 잃어버리는 사람도 있었다.

무의식적인 방어 기제는 아주 많은데, 그중 하나는 대다수가 중산층 출신이고 지루함에 지친 남자들 수백 명과 함께 우울한 중세 성에 갇혀 사는 삶이 원래 전혀 이상한 일이 아닌 것처럼 행동하는 것이다. 물론 콜디츠에는 조금이라도 평범한 부분이 전혀 없었다. 여자, 일, 어린이, 뉴스, 돈, 자유, 예측이 가능한 미래가 없이 고립된 곳이었으니까. 장교 포로 수용소 IV-C는 생긴 지 1년이 채 되지 않았는데도 벌써 세상에서 가장 이상한 장소 중 하나였다. 독특한 슬픔이 성 전체에 퍼져 있었으나, 성 안의 사람들은 그 슬픔을 무시하려 했다. 가끔 밤에 프랑스 숙소에서 으스스한 늑대의 울부짖음 같은 소리가 들렸다. 누군가가 말이 아닌 날카로운 소리로 탄식을 시작하면 사람들이 차례로 거기에 합류해서 창문마다 그 소리가 메아리치며 성벽에 부딪혀 반사되었다. 〈프랑스인들은 그렇게 한번 터뜨리고 나면 모두 기분이 한결 나아진다고 말했다.〉 언제나 지칠 줄 모르고 긍정적인 태도를 유지하는 팻 리드는 〈지루한 순간은 결코 안 돼〉를 수용소의 표어로 삼아야 한다고 주장했다. 하지만 이 문구는 콜디츠보다 리드 자신에게 더 잘 맞았다. 성에 잘 맞는 정확한 표어는 아마 다음과 같았을 것이다. 〈극도로 지루하지만 극도로 짜릿한 순간과 몸이 얼어붙는 두려움의 순간이 간간이 섞인 곳.〉

1941년 8월 폴란드 포로들이 첫 번째 〈콜디츠 올림픽 대회〉를 준비했다. 여자, 주점, 자유 없이 남자들이 살아남을 수는 있을 것이다. 적어도 한동안은. 그러나 스포츠 없이는 살 수 없다. 남성적 정체성의 핵심 요소인 스포츠는 그때나 지금이나 건강을 유지하는 수단일 뿐만 아니라 경쟁하고 감정을 드러내고 유대감을 쌓는 기회이기도 하다. 콜디츠 올림픽 종목은 럭비, 하키, 권투, 크리켓, 네트볼이었다. 네트볼은 여성들이 주로 하는 경기지만, 콜디츠에서는 여성적인 면을 찾아볼 수 없었다. 축구는 가장 인기가 높았고, 선수들의 승부욕은 살벌했다. 한 포로는 스포츠가 〈지독한 지루함의 치료제 역할〉을 했다고 썼다. 포로들은 열심히 경기하고, 열심히 구경한 뒤 한없이 경기에 대해 논했다. 선수에게도 구경꾼에게도 느리게만 흐르던 시간이 더 빨리 가는 것 같았다. YMCA는 적십자사를 통해 배트와 공 등 경기 용품을 보냈다. 축구와 권투는 물론 체스까지 종목에 포함된 이 대회에서 각국의 포로들은 국민성을 다시 한번 곰곰이 생각하게 만들었다. 〈폴란드인은 죽도록 진지하고, 프랑스인은 원기 왕성하고, 네덜란드인은 엄숙하고, 벨기에인은 프랑스인을 따라 하고, 영국인은 그냥 웃었다.〉 보통 영국인은 가장 못하는 선수에게 가장 큰 응원을 보내고, 모든 경기에서 꼴찌를 기록했다.

어둡고, 비좁고, 자갈이 깔린 콜디츠의 안마당은 현존하는 어떤 종류의 스포츠에도 잘 안 맞았기 때문에 새로운 종목이 창조되었다. 이튼은 그 학교 특유의 축구인 〈월 게임〉을 창조했고, 럭비는 럭비 스쿨에서 만들어졌다. 그리고 기묘하게 사립 학교를 닮은 수용소 분위기 속에서 포로들은 〈스툴볼〉을 만들었다. 콜디츠의 건물 구조와 분위기를 바탕으로 고안되었으며, 극도로 폭력적인 이 경기는 오로지 그곳에서만 벌어졌다. 럭비와 케이지 격투기의 혼종인 스툴볼의 경기 방식은 다음과 같다. 각 팀에서 한 명이나와 안마당 양 끝의 스툴에 앉는다. 그러면 최대 서른 명에 이르는 양 팀의 팀원들이 공을 놓치지 않은 채 스툴에 앉은 사람을 쓰러뜨리려고 수단과 방법을 가리지 않는다. 깨물고 발로 차는 행동은 허용되지 않았지만, 그 외에는 거의 모든 것이 허용되었다. 옷에 패딩을 넣을지는 선택 사항이었다. 〈모두가 너무 지쳐서 경기를 할 수 없게 될 때가 중간 휴식 시간이었다.〉 이것은 스포츠라기보다 남성 호르몬 분출을 위한 운동이었다. 〈누군가를 때려눕히고 싶다면, 스툴볼에서 하면 된다.〉 두 팀이 안마당 사방을 누비며 싸우는 동안 경비병들은 당혹스러운 시선으로 지켜보았다. 선수들은 울퉁불퉁한 돌바닥에서 발이 미끄러져 서로 부딪히기도 했기 때문에, 상당히 심각한 부상을 입을 때가 많았다. 〈독일군은 선수들이 제정신이 아니라고 확신했다.〉

9월에 새로운 포로들이 수용소에 도착했다. 그 누구와도 다른 포로 두 명이 거기 포함되어 있었다. 그 둘은 수용소에서 대조적인 대우를 받았는데, 그 이유가 서로 완전히 달랐다. 둘 중 한 명은 윈스턴 처칠의 공산주의자 조카였고, 다른 한 명은 인도인이었다.

비렌드라나트 마줌다르는 의사였다. 그것도 아주 실력이 좋은 의사였다. 인도 북동부의 가야시에서 저명한 외과의의 아들로 태어난 그는 영국의 인도 지배가 절정일 때 브라만 계급으로 태어나 훌륭한 교육을 받아서 태도가 우아하고 취향이 까다로웠다. 얼굴이 둥글고 목소리가 부드러운 마줌다르는 세련된 말씨의 영어뿐만 아니라 벵골어, 힌두어, 우르두어, 프랑스어, 독일어를 할 줄 알았다. 담배를 피울 때는 항상 장갑을 끼었고, 두툼한 하늘색 공책에 초록색 잉크로 글을 썼다. 그의 가문은 란치에 커다란 농장과 약국을 소유하고 있었다. 어렸을 때 신심이 깊은 어머니의 고집으로 그는 우파나야나, 즉 힌두교의 〈신성한 실〉 의식을 치렀다. 고립된 곳에서 금식을 해야 하는 통과 의례다. 영국 동인도 회사의 관리들을 환자로 만나기도 하는 아버지는 어머니보다 더 영국의 문물을 받아들였으므로 어린 비렌에게 매일 저녁 『더 타임스』를 소리 내어 읽으라고 권유했다. 비렌은 영국 교육 제도를 본뜬 엘리트 학교에 다니면서 빅토리아 시대 영국의 분위기를 띤 명예의 규칙을 배웠다. 〈의무, 충성심, 도덕, 진심. 이 원칙들을 지키면 길을 크게 잘못 드는 일은 없을 것이다.〉 아버지는 아들에게 이렇게 말했다. 영국의 지배하에서 마줌다르 가문은 번성했으나, 비렌은 자라서 헌신적인 인도 민족주의자가 되어 영국의 지배에 격렬하게 반대했다. 〈내 나라에서 나는 영국의 우월감, 억압을 보았다.〉 그는 인도 독립운동 지도자인 마하트마 간디와 급진적인 민족주의자인 수바스 찬드라 보스를 모두 지지했다.

마줌다르의 말씨와 행동은 영국인을 닮았으나, 많은 영국인은 그를 영국인으로 보지 않았다. 인도인들 사이에서 그는 단순한 존중의 대상이 아니라 위엄 있는 인물이었다. 부유한 가문에서 태어난 높은 계급의 힌두교 신자이며 교육을 많이 받은 사람이었다. 그러나 대다수의 백인에게는 그냥 인도인일 뿐이었다. 1931년에 그는 가야를 떠나 런던으로 왔다. 왕립 외과 대학의 연구원이 되고 싶어서였다. 〈성공하려면 다른 사람보다 10퍼센트 더 뛰어나야 할 것이다.〉 외과 분야의 개척자인 고든 고든테일러가 그에게 해준 말이었다. 젊은 인도인 의사 비렌은 자부심 높고, 재미있고, 포부가 있고, 가끔 통제 불능이고, 엄숙하고, 내적인 갈등이 있었다. 서로 섞여 있지만 뚜렷이 다르고, 점점 더 양립하기 힘들어지고 있는 두 문화의 산물이었다.

대영 제국에 반대하면서도 마줌다르는 전쟁이 선포되었을 때 영국을 지키기 위해 나섰다. 전쟁 중에 약 250만 명의 인도인이 연합군에 복무했는데, 그들 대부분이 영국 인도군 소속이었다. 그러나 마줌다르는 영국식 교육을 받고 런던에 살고 있었으므로, 영국군에 들어갔다. 백인이 거의 전부인 군대였다. 1939년 9월 그는 영국 육군 의무 부대에 자원해서 국왕 조지 6세에게 충성 맹세를 하고 대위로 프랑스에 파견되었다. 의무 부대에서 유일한 비(非)백인 장교이자 영국 육군에서 유일한 인도인 장교였다. 그는 에타플의 제17기지 병원에 일반 군의관으로 배치되었다. 1940년 5월 독일군이 점점 다가오고 있을 때 마줌다르는 부상병 5백 명을 실은 구급차 마흔 대를 이끌고 불로뉴쉬르메르로 향했다. 혹시 철수하는 행렬에 합류할 수 있을까 해서였다. 그런데 뇌샤텔앙브레 마을 밖에서 전차 스무 대가 그들의 앞을 막고 포격을 시작했다. 구급차 두 대가 포탄에 맞았다. 마줌다르는 불타는 구급차에서 다른 사람들과 함께 생존자를 끌어낸 뒤 자신의 지휘봉에 카키색 손수건을 묶어 머리 위로 들고 독일군 탱크를 향해 걸어갔다. 전차 부대 지휘관은 더할 나위 없이 정중했으며, 완벽한 영어를 구사했다. 「미안하지만, 당신들은 불로뉴까지 가지 못할 것 같습니다. 그러니 탈출 시도는 하지 말아 주세요.」그 뒤로 몇 해 동안 마줌다르는 이 말을 거듭 들었다.

포로들은 독일과 네덜란드 국경에 있는 도시 네이메헌까지 160킬로미터를 행군했다. 그다음에는 수백 명의 다른 포로들과 함께 더러운 석탄 바지선 선단에 빽빽하게 실렸다. 이틀 동안 그들은 운하를 따라 천천히 독일로 끌려갔다. 인간의 배설물이 그들의 발치에서 흘러 다녔다. 많은 포로의 몸에 이가 들끓고 벌써 설사병으로 고생하는 사람도 많았다. 배에서 내려 이틀을 더 행군한 끝에 카셀 포로 수용소에 이르렀다. 마줌다르는 여기서 금제 담배 케이스와 라이터, 파커 펜과 연필, 의료 가방과 타자기 등 소지품을 몰수당했다. 어느 독일군 장교가 이를 제거하기 전에 머리를 박박 깎아야 한다고 명령했지만, 마줌다르는 거절했다. 힌두교 문화에서는 〈아버지나 어머니가 돌아가셨을 때에만 머리를 모두 깎습니다. 나는 무슨 일이 있어도 머리를 깎지 않을 겁니다〉. 그와 독일군 장교는 서로 고함을 지르며 싸우기 시작했으나, 결국 마줌다르가 이발사에게 질질 끌려가 머리를 깎이고 독방에 갇히는 결말을 맞았다.

마줌다르는 이런 일을 겪고도 전혀 움츠러들지 않았다. 그 뒤로 1년 동안 수용소 당국과 끊임없이 갈등을 빚으며, 의료용품과 식량이 부족하다고 불만을 제기하고, 환자들을 위해 신선한 우유와 채소를 달라고 요구하고, 포로들의 옷이 〈찢어진 바지와 밑창 없는 군화〉뿐이라서 적절치 못하다고 지적했다. 수용소에는 결핵이 만연하고 있었다. 독일인들은 그에게 이렇게 말했다. 「너는 인도인이다. 이 사람들이 몇 명 죽든 말든 네가 왜 신경을 쓰나?」그러나 마줌다르는 고집을 꺾지 않았으므로 〈독일군 당국과의 관계는 계속 악화되었다〉. 그는 이 수용소 저 수용소로 계속 옮겨 다녔다. 다 합해서 열 군데가 넘었다. 그는 까다롭고 비정상적인 포로였다. 열심히 환자를 돌보며 독일군과 기꺼이 맞서는 자세에 동료 포로들이 호감을 보여야 마땅했을 텐데, 그들은 언제나 그와 거리를 두며 수상쩍게 바라보았다. 때로는 대놓고 그를 차별하기도 했다. 그는 이렇게 썼다. 〈어느 수용소를 가든 인도인은 나뿐이었다. 다른 포로들은 모두 영국인 아니면 네덜란드인이었다. 나는 제1차 세계 대전 때의 동료애를 다룬 책을 아주 많이 읽었는데, 여기에는 그런 것이 전혀 없었다.〉 적십자사 구호품이 왔을 때에도 마줌다르는 아무것도 받지 못했다. 〈그들은 그 식량을 가져가고 내게는 나눠 주지 않았다. 이른바 교육받은 사람들인데도 그랬다. 내 눈을 믿을 수 없었다.〉 다른 포로들은 그를 〈점보〉라고 불렀다. 그는 이 별명을 몹시 싫어했지만, 바꿀 수는 없었다. 점보라는 이름은 아마 과거 런던 동물원의 스타였고, 빅토리아 시대에 서커스단에 있었던 코끼리 이름에서 나왔을 것이다. 포로들은 점보가 인도코끼리였다고 생각했는지, 유일한 인도인 포로에게 그 이름을 붙여 주었다. 사실 점보는 아프리카코끼리였지만, 일부 백인들의 눈에 코끼리는 인도인과 마찬가지로 모두 똑같이 보였다.

나치 이념에서 백인이 아닌 사람은 모두 인간 이하의 존재, 즉 〈운터멘슈Untermenschen〉였다. 그러나 정치적인 이유로 인해 인도인은 파시스트의 인종 분류에서 변칙적인 위치를 차지했으므로, 독일은 나치를 돕는 인도인을 묵인했다. 심지어 환심을 사려고 애쓸 때도 있었다. 인도에서 민족주의 운동이 점점 힘을 얻으면서 영국의 힘을 직접적으로 위협하게 되었다. 독일의 관점에서 보면, 마줌다르는 그냥 이상한 존재가 아니라 무언가를 시도할 수 있는 기회였다. 영국 인도군 소속 군인 수천 명이 북아프리카 전투 때 사로잡혔다. 만약 이 포로들과 독일에 거주 중인 인도인들을 설득해서 나치 편으로 만들 수 있다면, 인도에서 영국의 지배권을 약화시키는 동시에 독일의 군사력을 강화하고 선전전에서 중요한 승리를 거둘 수 있을 것 같았다. 마줌다르는 자신의 민족주의 성향을 전혀 숨기지 않았으므로, 독일군은 영국군의 유일한 인도인 장교인 그를 설득하는 작업에 나섰다.

카셀 수용소에 오고 얼마 안 되어서 마줌다르는 코만단트의 집무실로 불려 갔다. 〈완전히 머리가 벗어진〉 독일군 장교와 젊은 인도인 남자가 그를 기다리고 있었다. 독일군 장교는 곧장 본론으로 들어가서 마줌다르에게 영국군과 싸울 새 부대에 합류해서 영국의 지배를 빨리 끝장내라고 다른 인도인들을 격려하는 라디오 방송을 해달라고 말했다. 「우리와 당신 동포들의 편에 합류한다면 편안한 생활을 할 수 있을 것이오.」〈호호 경〉으로 불리는 파시스트 윌리엄 조이스는 이미 베를린에서 영국을 향해 정기적으로 방송하면서 나치의 승리를 점치고, 영국인들에게 항복을 촉구했다. 세련된 말씨를 쓰는 이 인도인이 합류한다면 인도에서 비슷한 역할을 하면서 동포들에게 영국에 맞서 일어서라고 촉구할 수 있을 것 같았다. 마줌다르는 단호히 거절했다. 「나는 그런 일을 할 수 없습니다.」

이번에는 젊은 인도인이 나섰다. 그는 책상에 폭탄을 맞아 부서진 런던 시내 사진을 펼쳐 놓았다. 「전쟁은 사실상 끝났어요. 독일이 이겼습니다. 편안하고 자유롭게 살 수 있는데도 포로 수용소에서 고생하는 건 바보짓입니다. 독일을 위해 방송해 달라는 요청을 받아들이기만 하면 돼요.」이번에도 마줌다르는 거부했다.

1941년 여름 마리엔베르크 수용소에서 젊은 독일군 장교가 마줌다르를 불렀다.「그동안 생각이 바뀌었소? 무선으로 연설하겠소?」그가 물었다. 마줌다르는 이번에도 거부했다.「그럼 하다 못해 베를린에라도 가겠소?」마줌다르는 고개를 저었다.「뭐, 어차피 가게 될 거요.」마줌다르는 만약 자신이 강제로 이동해야 한다면 장교 신분인 만큼 짐을 들어 줄 당번병이 있어야 한다고 대꾸했다. 〈권총 두 정의 위협을 받으며 할 수 없이 짐을 직접 들고〉그는 기차에 올라 베를린의 어느 사무실 구역으로 끌려갔다. 마리엔베르크에서 만난 젊은 장교가 자신보다 계급이 높은 장교와 함께 그를 기다리고 있었다.

「방송에 대해 생각이 바뀌었소?」

「아뇨. 당신들은 나를 아주 중요한 인물로 보는 모양인데, 나는 그런 사람이 아닙니다. 나 스스로 그렇게 주장한 적도 없어요.」

장교는 방법을 바꾸었다.「여자와 마지막으로 만난 게 언제요?」

마줌다르는 분노했다.「내 명예를 여자로 살 수 있다고 생각했다면, 아주 잘못 안 겁니다.」

이번에는 계급이 높은 장교가 입을 열었다.「이자는 독일에 우호적이지 않군.」

「뭐, 그런 건 당신들이 가장 잘 판단하겠죠.」마줌다르가 쏘아붙였다.

그가 수용소로 돌아오자 독일군 장교 한 명이 화를 내며 펄펄 뛰었다. 「네놈은 어딜 가든 골칫덩이였어. 넌 네 나라의 배신자야.」 마줌다르가 항의하려고 입을 열자 장교는 그의 얼굴을 주먹으로 때렸다. 〈반(反)독일적〉인 태도를 뜻하는 빨간 탭이 그의 파일에 추가되었고, 마줌다르는 콜디츠로 끌려갔다.

그가 콜디츠에 도착한 때는 9월 26일 한밤중이었다. 성이 탐조등 불빛에 흠뻑 젖은 채 머리 위로 높이 솟아 있는 모습은 〈브램 스토커의 소설에 자연스럽게 잘 맞을 듯〉했다. 그는 경비병에게 고개를 돌려 독일어로 물었다. 「여긴 어딥니까?」 경비병은 아무 말 없이 손가락을 입술에 댔다.

비렌드라나트 마줌다르는 빈방으로 끌려가 갇혔다. 〈나는 거기가 어디인지 알지 못했다. 문이 닫히면서 열쇠가 찰칵 돌아가는 소리를 들은 것이 전부였다. 아무리 줄여서 말한다 해도 나는 비참하고 황망했다.〉

며칠 전 또 다른 독특한 포로가 자동차를 타고 성으로 이송되었다. 키가 작고, 머리는 검은색이고, 나이는 20대 중반인 그는 독일군 장교 두 명의 감시를 받고 있었다.

자일스 로밀리라는 이름의 이 청년은 민간인이었다. 『데일리 익스프레스』에서 파견한 기자이자 공산주의자로, 재앙으로 끝난 노르웨이 원정을 취재하다가 포로가 되었다. 로밀리가 콜디츠에 갇힌 이유는 딱 하나였다. 그의 어머니가 윈스턴 처칠의 아내인 클레멘타인 처칠의 여동생이라는 것. 이런 인적 관계 때문에 독일군은 그를 특별히 중요한 포로로 보았다. 잠재적인 가치를 지닌 자산이기도 했다. 만약 로밀리가 처칠의 조카가 아니었다면 거의 확실하게 영국으로 송환되었을 것이다. 그러나 그는 유용한 말로 간주되어 수용소에 갇혔다. 포로라기보다는 나중에 교환 가치가 있는 인질이었다. 몸값을 받거나, 영국 총리에게서 모종의 양보를 얻어 내는 데 이용될 것이다.

그러나 이것은 잘못된 전제를 근거로 한 계산이었다. 처칠은 로밀리를 거의 몰랐기 때문에 막연히 〈넬리의 아들〉이라고만 말할 뿐이었다. 게다가 로밀리는 딱히 그가 귀여워할 만한 조카도 아니었다. 자일스와 에스먼드 형제는 똑같이 반항적인 기질을 갖고 있어서 웰링턴에서 학교에 다니던 시절에 공산주의 전단을 배포했고, 〈모든 전선에서 반동 세력에 맞서 진보 세력을 옹호하기 위해〉 급진적인 신문사를 세웠다. 자일스는 자신이 평화주의자라면서 장교 훈련단에 들어가는 것을 거부했다. 1934년 『데일리 메일』은 공산주의자인 로밀리 형제에 관한 기사에 〈사립 학교의 붉은 위협! 소련이 소년들을 타락시키려 시도〉라는 제목을 붙였다. 자일스는 스페인 내전 때 스페인 현지에서 기자로 활동했고, 에스먼드는 프랑코의 국민파에 맞서 국제 여단과 함께 싸웠다. 1937년 소련 정보요원 발테르 크리비츠키가 영국으로 망명해, 소련이 젊은 영국인 귀족 한 명을 간첩으로 포섭했다고 MI5에 밝혔다. 그 귀족의 이름은 기억나지 않지만, 소련 정보 당국이 그를 기자로 위장시켜 스페인으로 파견했으며 프랑코 장군을 암살하라는 지령을 내렸다고 그는 단언했다. MI5는 사립 학교에서 교육받은 공산주의자이며 암살범이 되려 했다는 이 인물이 틀림없이 자일스 로밀리라는 결론을 내리고 그를 감시하기 시작했다. 그러나 MI5의 육감은 틀렸다. 소련이 포섭한 간첩은 킴 필비였기 때문이다. 필비는 나중에 영국 역사상 가장 악명 높은 간첩이 되었다.

로밀리는 나라를 배신한 공산주의자, 소련 간첩으로 의심되는 자, 귀족 가문의 골칫거리였다. 그러나 설사 그가 이런 사람이 전혀 아니었다 해도, 윈스턴 처칠이 인척이라는 이유만으로 그에게 특별한 가치를 부여하는 일은 결코 없었을 것이다. 그런 식으로 정실에 휘둘리기에 처칠은 정치적으로 너무나 빈틈이 없었다. 독일은 이 점을 알지 못해서, 신분이 높고 연줄이 좋은 포로가 다른 포로보다 더 가치가 높을 테니 더 엄중하게 감시해야 한다는 믿음을 버리지 않았다.

로밀리는 독일이 프로미넨테Prominente, 즉 〈두드러진 사람〉으로 지칭한 최초의 인물이었다. 〈두드러진 사람〉이란 타고난 신분이나 사회적 지위 때문에 콜디츠로 끌려와 가장 엄중한 감시를 받는 사람들을 지칭하는 말이었다. 나치는 이런 VIP 포로들을 납치범이 납치 피해자를 대하듯이 바라보았다. 거래를 통해 몸값을 받아 낼 대상, 꼼꼼하게 지켜야 할 대상, 쓸모가 사라지면 처리해야 할 대상으로 보았다는 뜻이다. 그들은 전쟁 포로들 중 으뜸 패였으며, 어떤 상황에서도 탈출하게 내버려둘 수 없었다.

다른 포로들은 로밀리가 도착했을 때 〈소년 같은 얼굴과 연한 파란색 눈을 지니고 있어, 그 유명한 이모부와는 인상이 완전히 다른〉 남자라고 보았다. 그는 영국 숙소에서 안마당을 사이에 두고 반대편에 있는 긴 석조 복도 끝의 방에 갇혔다. 〈사방이 막혀 있다는 느낌이 압도적이었다.〉 그는 이렇게 썼다. 아래쪽 안마당에서는 〈잡다하게 뒤섞인 사람들이 반 고흐의 정신 병원 그림속 인물들처럼 자갈 포장 위를 걸으며 안마당을 뱅뱅 돌았다〉. 창문에는 창살이 있고, 바깥쪽 창틀은 하얗게 칠해져 있었다. 그래서 콜디츠에서 가장 가치 높은 포로가 갇힌 방을 경비병들이 곧바로 알아볼 수 있었다. 그는 24시간 감시를 받았다. 낮에는 다른 포로들과 어울릴 수 있었지만, 수용소 당국은 시간마다 그의 위치를 확인했다. 밤에는 격리된 방에 갇혔다. 복도에는 언제나 경비병이 배치되었고, 두 시간마다 한 번씩 경비병 교대가 이루어졌다. 그들은 문에 난 엿탐 구멍을 통해 그를 지켜보았다. 그는 안마당을 나가 사냥터 산책에 합류할 수 없었다. 〈이렇게 경계하는 것이 처음부터 불길했다.〉 그는 이렇게 썼다.

이처럼 극단적인 보안 조치가 취해진 이유는 두려움이었다. 독일군 사령부에서 내려온 지시는 명확했다. 〈코만단트와 보안 장교가 로밀리를 지키는 데 목을 걸어야〉 하며, 그의 탈출을 막기 위해 〈모든 예외적인 조치를 가리지 않고〉 실행해야 한다는 것이었다. 에거스는 이것이 히틀러가 직접 내린 명령이라고 믿었다. 로밀리는 그렇지 않아도 골치 아픈 보안 관계자들에게 더 많은 두통을 안겨 주었고, 감옥을 지키는 자들에게 직접적인 위협이 되었다. 경비실에는 로밀리의 사진이 붙었다. 모든 경비병이 그의 외모를 숙지해야 하기 때문이었다. 경비병들은 자신의 근무 시간에 로밀리가 탈출할까 봐 두려움에 떨었으므로, 경비병이 감방으로 들어와 담요를 젖혀서 로밀리가 마법처럼 사라지지나 않았는지 확인하는 일이 하룻밤에 두세 번씩 있었다. 맞춤 감옥에 갇힌 귀한 표본이 된 로밀리는 콜디츠의 포로 중에서 유일하게 〈에밀〉이라는 암호명까지 따로 부여되어 있었다. 그래서 그의 문 앞

을 지키는 경비병은 에밀 감시자라는 뜻의 에밀 베오바흐터Emil-
Beobachter라고 불렸다.

처음에 로밀리는 자기만 이렇게 구금 생활을 하는 것에 몹시
화를 내며, 문에 신발을 던지고 염탐 구멍에 종이를 붙였다. 그러
나 이곳 생활에 점차 적응했다. 수용소 당국은 그에게 다른 포로
보다 더 훌륭한 음식을 주고, 전축을 갖는 것을 허락해 주었다. 그
래서 밤이면 모차르트의 하프너 교향곡*이 그의 방에서 흘러나왔
다. 그는 낡은 실내복 차림으로 철창 뒤에서 작고 외롭게 밖을 바
라보고 있었다. 플랫 목사는 몇 달에 걸친 로밀리의 태도 변화를
알아차렸다. 〈불안한 눈빛, 불만에 차서 늘어진 입꼬리.〉 로밀리
가 다른 포로들에 비해 안락한 생활을 누린 것은 사실이다. 그러
나 그의 회상에 따르면 그것은 〈특권이 있는 악몽〉이었다. 나중에
는 다른 프로미넨테가 들어와서 로밀리에게서 비롯된 엘리트 클
럽의 멤버가 되어 함께 독특한 구금 생활을 했다. 로밀리의 표현
처럼 그들은 《특별하게 특별한》 존재로 선택된〉 사람들이었다.
또한 그들의 가치가 유지되는 동안만 보호를 받는 것이니 남들과
는 다른 이유로 취약한 존재이기도 했다. 그들은 흥정의 수단이었
으므로 언젠가는 그 가치에 따라 이용될 터였다.

* 모차르트의 교향곡 35번.

5
발레 난센스

구금 생활을 경험한 적이 없는 사람이라면 아무 활동도 하지 않고 책임도 질 필요가 없는 것이 전쟁과는 대조적으로 긴장이 풀리는 상황이었을 것이라고 짐작할지도 모른다. 그러나 사실은 그 반대에 더 가깝다. 감옥이란 항상 강렬한 불안감과 긴장을 주는 곳이다. 독특한 구성원들, 즉 적극적인 행동을 하려고 나선 사람들이 아무것도 하지 않는 생활을 해야 하는 콜디츠에는 다른 어느 수용소보다도 강렬한 긴장감이 느껴졌다. 로밀리는 이 〈적극적이고 외향적인 인간들이 미처 해소하지 못한 이 강렬한 압박감이 밖으로 나오려다가 공간을 찾지 못해 다시 내면을 공격하고…… 때로는 압박감이 너무 강렬해서 틀림없이 성벽에 금이 갈 것 같았다〉고 생각했다.

　　외부 세계에서 찔끔찔끔 들어오는 모든 소식을 포로들은 게걸스레 집어삼켜 아주 세세하게 해부했다. 그들이 갈망하는 것은 즐거움과 지적인 자극, 아니 무엇보다 오락이었다. 그래서 그들은 오락거리를 스스로 만들었다. 포로 수용소의 괴상한 부산물 중 하나는 바로 연극 재능의 개화, 그리고 독특하게 어둡고 음탕한 유머 감각이었다. 덴홈 엘리엇(「인디애나 존스」와 「왕국의 비밀」), 클라이브 던(「노인 부대」), 도널드 플레전스(제임스 본드 시리즈 「두 번 산다」의 블로펠드 역)는 모두 전쟁 포로였다. 1941년에 격추되어 루프트 III 수용소에 구금된 영국 공군 장교 탤벗 로스웰은 나중에 영화 「캐리 온」 시리즈 중 스무 편을 집필했다.

콜디츠의 극장은 수용소 내 오락의 중심이었다. 콘서트, 연극, 팬터마임 등 모든 종류의 공연을 그곳의 무대에 올릴 수 있었다. 폴란드 합창단뿐만 아니라 다양한 음악 그룹이 생겨나 독일군 당국이 제공한 악기를 연주했다. 네덜란드 하와이안 밴드, 영국 재즈 앙상블, 프랑스 실내악단, 국제 오케스트라. 중앙 게이트 옆 잘하우스 3층에 있는 크고 화려한 공간인 극장에는 희미해진 웅장함과 어울리지 않는 예술적 허식이 느껴졌다. 1876년에 지어진 이 극장의 바닥에는 탄성이 있었고, 무대와 그랜드 피아노가 갖추어져 있었다. 연기 얼룩이 남은 벽을 장식한 것은 셰익스피어, 로시니와 더불어 위대한 독일 작가들의 이름이었다. 이들의 이름을 둘러싼 폭신한 구름은 이 천재들이 천국으로 올라갔음을 의미했다. 독일군은 포로들이 극장을 사용하는 것을 권리가 아니라 특권으로 보았다. 즉, 처벌이 필요하면 독일군이 극장 사용 허가를 철회할 수 있다는 뜻이었다. 그래도 그들은 연극과 음악 공연을 묵인하는 데에서 그치지 않고 격려하기까지 했다. 직접 공연을 보러 올 때도 많았다. 공연 프로듀서들은 분장용 화장품과 무대용 페인트를 베를린에서 주문할 수 있었고, 탈출에 사용하지 않겠다고 엄숙히 맹세한다면 세트를 지을 도구도 빌릴 수 있었다. 포로들은 손에 넣을 수 있는 모든 물건을 주저 없이 훔치면서도,

이 맹세만은 한 번도 깨뜨리지 않았다.

콜디츠가 수용소로 존재하는 동안 다양한 작품이 풍부하게 공연되었다. 셰익스피어, 코미디 쇼, 노엘 카워드와 조지 버나드 쇼의 희곡, 그리고 포로들이 직접 쓴 작품. 겨우 며칠에 불과한 공연에 포로들은 엄청난 노력을 쏟았다. 어떤 공연은 정말로 끔찍하기 짝이 없었지만, 거의 모든 공연이 엄청난 인기를 끌었다. 〈다른 관객에 비해 전쟁 포로에게 즐거움을 주기가 더 쉬운 것 같다.〉 자일스 로밀리는 오스카 와일드의 『진지함의 중요성』을 보고 나서 이렇게 표현했다. 〈정말로 레이디 브랙넬 같은 연기에 힘입어 연극은 무려 이틀 동안 공연되었고, 거의 150명이 극장을 빽빽하게 채웠다.〉

1941년 말 콜디츠의 영국 연극인들은 크리스마스 공연을 무대에 올리기로 했다. 「발레 난센스」라는 쇼였는데, 이 제목은 〈지독한 난센스bally nonsense〉를 살짝 변형한 것이었다. 일련의 토막극, 짧은 희극, 능숙한 재즈 음악가 지미 윤이 이끄는 콜디츠 악단이 반주하는 노래가 포함된 이 공연은 영국 아마추어 코미디의 완벽한 정수였다. 점잖지 못한 농담, 말장난, 화장실 유머, 슬랩스틱, 풍자, 소극(笑劇)의 집합체인 이 공연에는 로즈앤드크라운 주점과 학교 등이 배경으로 등장했다. 특히 가장 인상적인 프로그램은 〈프리마 발레리나〉 팻 리드가 이끄는 〈발레단〉의 공연인데, 〈누구보다 강해 보이고 가장 묵직한 콧수염을 기른 장교들로 구성되었으며, 프릴처럼 오글오글한 종이로 만든 발레 스커트와 브래지어를 입고 활기찬 은총의 기적과 세련되지 못한 우아함을 공연했다〉. 〈여주인공〉 중 한 명의 말처럼 〈우리 여자 파트의 유일한 문제점은 옷을 종이로 만들었기 때문에 겨울에 무지무지하게 춥다는 것이었다〉. 그들이 콜디츠 극장의 무대에서 쿵쿵 무겁게 걷다가 피루엣 동작을 할 때, 다른 단원들은 원기 왕성하게 노래를 불렀다.

> 발레 난센스, 발레 난센스,
> 오늘은 모든 게 그냥 미쳤어.
> 발레 난센스, 발레 난센스,
> 다 괜찮아질 거야…….

그때까지 연극에 이렇다 할 관심을 드러내지 않았던 에어리 니브가 「발레 난센스」제작에 몸을 던져, 「윔뱃 대학교의 미스터리」라는 제목의 토막극을 썼다. 칼로멜 박사라는 불쾌한 교장 선생이 등장하는 작품이었다(칼로멜은 변비약으로 쓰이는 염화수은의 일종이다). 니브는 스스로 칼로멜 역을 맡아 그루초 막스처럼 콧수염을 그리고 사각모를 썼다. 그러고는 이튼에 다닌 사람만 이해할 수 있는 농담을 던졌다. 니브 본인도 그것이 〈한심한 작품〉이라고 인정했다. 사실 그는 포로들이 공연에 기울이는 모든 노력을 〈우스꽝스럽다〉고 생각했다. 우울한 현실에서 주의를 돌리게 만드는 행위라고 본 것이다. 〈아무리 독창성을 발휘해도 그 무용함을 가릴 수 없다.〉 그는 이렇게 썼다. 그러나 크리스마스 공연에 대해서는 전혀 무의미하다고 생각하지 않았기 때문에, 열성적으로 연습에 임했다. 지미 율은 「발레 난센스」를 〈현실 도피〉라고 묘사했다. 도피야말로 정확히 니브가 마음에 둔 행동이었다.

전에 굴욕적인 탈출 실패 이후 독방으로 가는 길에 니브는 다리에서 작은 쪽문을 발견했다. 그 문을 통해 해자로 내려가면, 사냥터 뒤편의 숲으로 향하는 길이 있었다. 한편 팻 리드는 중앙 게이트 옆 잘하우스 건물의 벽을 물끄러미 보다가 극장 바로 아래층에서 창문을 하나 발견했다. 그런데 그 창문 자리에 방이 없는 것 같았다. 그래서 리드는 그것이 이른바 마녀의 길과 이어져 있을 것이라는 결론을 내렸다. 마녀의 길은 중앙 게이트 위를 넘어가 독일군 경비실의 다락과 연결되는 통로였다. 무대 바닥 널을 뜯어내 아래층 천장으로 뚫고 나갔더니, 아니나 다를까 좁은 길이 있었고 그 길 끝의 잠긴 문에서 자물쇠를 따고 들어가니 걸을 수 있는 길이 나왔다. 여기서부터 나선형 계단을 내려가면 경비실에 닿았다. 리드와 니브는 아주 간단한 탈출 계획을 짰다. 독일군 장교로 변장한 두 사람이 아주 당당하게 경비실을 통과해 밖으로 나간 뒤 쪽문으로 슬쩍 빠져나가 숲으로 들어간다는 계획이었다. 지난번 탈출 시도 때 니브는 안마당에서 나가려다가 발각되었다. 이번에는 독일군 장교 옷을 입고 아예 경비실에서 나가게 될 것이다.

이것은 영국과 네덜란드의 합동 작전이었다. 탈출하는 사람들은 영국인 한 명, 네덜란드인 한 명, 이렇게 두 명씩 짝을 지어 밤마다 연달아 빠져나갈 예정이었다. 첫 번째 탈출 결행 시각은 「발레 난센스」 공연이 끝나는 날, 막이 내린 직후였다. 니브는 환상에 빠진 듯 지나치게 흥분한 상태였다. 〈칼로멜 박사의 의상을 입은 채 무대 아래로 사라졌다가 독일 군복으로 갈아입고 경비실 바깥쪽에 다시 나타난다는 계획을 생각만 해도 즐거웠다.〉 그의 파트너는 네덜란드 동인도 군대 소속으로 독일어 실력이 아주 뛰어난 토니 뤼테인 중위였다.

　니브는 똑같은 실수를 두 번 되풀이할 생각이 전혀 없었다. 이번에는 콜디츠에서 해낼 수 있는 최고의 변장을 할 것이다. 독일군의 외투와 형태와 색깔이 몹시 흡사한 네덜란드 군용 외투 두 벌에 당구대 천으로 만든 초록색 옷깃을 달고, 각종 배지, 회색으로 칠한 단추, 납 파이프를 녹여서 만든 허리띠 죔쇠, 욕실 바닥에서 리놀륨을 잘라 내 만든 견장, 광이 나는 마분지로 만든 허리띠와 권총집도 마련했다. 영국군의 모자 두 개도 니스를 칠한 검은 종이를 뾰족하게 다듬어 붙여서 독일군 모자처럼 만들었다. 일단 밖으로 나간 뒤에는 네덜란드에서 이주한 노동자 행세를 할 예정이라서, 변장용 군복 아래에는 노동자 작업복을 입기로 했다. 뤼테인은 네덜란드 여권을 갖고 있었지만, 니브는 신분증을 완전히 가짜로 만들어야 했다. 어느 날 밤 그는 수용소 서류가 보관된 심문실에 침입해, 독일군 타자기로 아우스바이스(여행 허가증)를 위조했다. 네덜란드인 전기 기사 〈데 네버〉가 어느 공장의 전기 시스템 설치를 위해 라이프치히에서 울름까지 가는 것을 허가한다는 내용이었다. 그는 또한 뤼테인의 여권을 본떠서 타자기로 여권도 위조했다. 사진은 독일군 서류에서 떼어 붙였다.

　공연이 개막하는 날에도 그동안 정성 들인 탈출 준비는 아직 미완성이었다. 그래서 탈출이 연기되었다.

　「발레 난센스」 공연은 빽빽이 들어찬 관객 앞에서 막을 올렸다. 라인홀트 에거스는 독일군 장교들과 함께 공연을 본 뒤 이렇게 단언했다. 〈팬터마임은 대단한 성공이었다. …… 이 공연의 백미는 독일인 교사가 학생들에게 나치즘을 주제로 연설하는 장면이었다.〉 에거스는 영국의 유머 감각을 조금도 이해하지 못했다. 그래서 니브가 연기한 우스꽝스러운 교사를 보고, 에거스 자신을 히틀러의 캐리커처로 이용해서 놀리고 있다는 사실을 짐작도 하지 못했다. 프리엠 하웁트만은 이 공연을 하루 더 무대에 올려도 좋다고 허락한 뒤, 폐막 공연도 관람했다.

많은 찬사 속에서 유일하게 불만의 목소리를 낸 사람은 조크 플랫이었다. 언제나 죄악에 민감한 이 감리교 목사는 무대와 무대 뒤, 그리고 관객 사이에서 부정한 성적인 동요를 감지했다고 생각했다. 여자로 분장한 남자는 성적인 생각을 자극할 수밖에 없고, 결국은 자위를 부추기거나 심한 경우 동성애까지 부추기게 될 터였다. 「발레 난센스」는 두 가지 의미에서 확실히 수용소의 작품이었다. 〈일차적으로 그것은 성에 굶주린 한창때의 젊은 남자들이 만든 작품이었다. 그들의 마음은 이런 현실에 대한 해독제로 어쩔 수 없이 나쁜 짓에 기울어졌다.〉 플랫은 일기에 이렇게 썼다. 그는 또한 니브의 칼로멜 토막극에서 〈어린 소년들에 대한 교사의 도착적인 관심의 냄새〉가 난다고 걱정했다. 아무리 묵직한 콧수염을 길렀다 해도, 종이로 만든 튀튀를 입은 남자들의 모습은 〈어떤 젊은이도 겪지 말아야 할 전투에서 갈망으로 일그러진〉 포로들 사이에서 불순한 욕망을 부추기기만 할 것 같았다. 무대에 선 남자들 중 일부는 확실히 여자라고 보기 힘들었지만, 여성성을 묘사하기 위해 상당히 공을 들인 사람도 있었다. 〈주연 여배우들이 믿을 수 없을 만큼 진짜 같았기〉 때문에 상상 속에서, 때로는 혼란 속에서, 또 때로는 솔직하게 필연적으로 욕망의 대상이 되었다. 악단에서 우쿨렐레를 연주한 뤼테인은 〈그들에게서 손을 떼기가 정말 힘들었다〉고 말했다.

섹스에 대해 영국인은 솔직한 태도를 보인 적이 한 번도 없다. 그러나 콜디츠에서는 아주 독특하고, 고통스럽고, 복잡한 태도를 보였다.

포로들은 뻔하면서도 동시에 혁신적인 방식으로 억눌린 성욕을 해결했다. 좌절감에 지친 한 포로가 만들어 낸〈호색경〉. 일종의 수제 망원경인 이것을 사용하면, 마을의 젊은 여자들에게 추파를 던질 수 있었다. 몇몇 여자들은 아마도 알고서 그러는 것이겠지만 친절하게도 창문 앞에서 옷을 벗거나 사방이 트인 곳에서 일광욕을 했다. 한편 콜디츠의 한 의사는 이성애자의 성적 갈망 해소를 위해 다음과 같은 치료법을 처방했다.〈여성의 부재가 느껴진다면, 프랑스 사람들 중에는 항상 파리 고급 유곽의 즐거움을 생생히 말해 줄 수 있는 사람이 두세 명쯤 있습니다.〉포로들이 우연히 얻게 된 자극도 있었다. 한 장교가 한가한 시간에 미국 영화 배우 진저 로저스에게 편지를 쓴 것이 계기였는데, 그의 편지가 로스앤젤레스『옵서버』1면에 실리자 할리우드에서 배우를 지망하는 여성들이 콜디츠의 포로들에게 보내는 편지가 홍수처럼 쏟아졌다. 플랫 목사는 미국 배우 지망생에게서 온 모든 편지에〈파괴적으로 매력적인 수영복 차림의 예쁜 사진〉이 항상 들어 있었다고 말했다. 영국 숙소에는 이 사진들이 사방에 붙어 있었다.

포로들은 성적인 좌절감을 대수롭지 않게 취급하며 조롱거리로 삼거나 그런 좌절감이 아예 존재하지 않는 척하려고 애썼다. 그러나 강제적인 금욕 생활은 힘든 요소였을 뿐만 아니라, 금기시되는 주제라는 점 때문에 더욱 부담스러웠다. 전쟁 전 의대생이었던 피터 스토리 퓨는 의무실에서 일하면서, 성적인 억압이 오랫동안 지속되는 바람에 고통스러워하는 남자들이 얼마나 많은지 기록했다. 그러나 시간이 흐르면서 성적인 갈망은 줄어드는 경향이 있었다. 특히 굶주릴 때는 더했다. 〈세계에서 가장 아름다운 여자와 치즈롤 중 하나를 고르라면, 사람들은 치즈롤을 고를 것이다.〉 한 당번병은 이렇게 말했다. 고향의 아내와 연인이 어떻게 지내고 있는지 모른다는 괴로움은 더 깊은 불안감 때문에 증폭되었다. 감금 생활로 인해 콜디츠에서 거세를 당하기라도 한 것처럼 불능이 될지도 모른다는 비밀스러운 불안감이었다.

다른 수용소와 마찬가지로 콜디츠에서도 정식 무도회가 열리면 필연적으로 남자와 남자가 춤을 출 수밖에 없었다. 스코틀랜드 출신인 지미 앳킨슨 중위는 라우펜 수용소에 있을 때 신체 접촉을 최소화한 하이랜드 릴을 새로 만들어 내기까지 했다. 남자들이 서로 손을 잡고 적당히 정숙한 거리를 유지하며 추는 춤이었다. 앳킨슨은 어머니에게 보낸 편지에서 〈제51하이랜드 사단의 릴 춤〉을 설명했는데, 독일의 군 정보국인 아프베어가 이 편지를 중간에서 가로챘다. 아프베어는 이 춤에 관한 복잡한 설명에 비밀 메시지가 숨겨져 있다고 보고, 전쟁이 끝날 때까지 그 메시지 해독에 열중했다.

1941년 10월 7일 콜디츠 최초이자 유일한 수용소 결혼식이 열렸다. 프랑스 금융 가문의 후손인 엘리 드 로스차일드는 포로가 된 직후 어린 시절의 연인인 릴리안 폴드-스프링어에게 편지를 썼다. 그녀가 용기를 북돋우는 답장을 보내자, 엘리는 편지로 청혼했고 그녀는 청혼을 받아들였다(그녀의 어머니는 나치가 점령한 프랑스에서 로스차일드라는 이름을 갖는 것이 현명한 일인지 모르겠다고 말했다). 그렇게 그들은 서로 멀리 떨어진 상태에서 결혼식을 올렸다. 엘리는 콜디츠의 유대인 다락방에서 결혼 서약을 했고, 릴리안은 이듬해 4월에 1천9백 킬로미터나 떨어진 도시 칸에서 신랑의 사진을 탁자에 올려놓고 결혼 서약을 했다. 그녀 옆에는 빈 의자도 하나 있었다. 두 사람은 1945년에야 첫날밤을 보낼 수 있었다.

여성 파트너가 없으니, 성적인 대상으로 삼을 수 있는 사람이 남자뿐이었다.

남자끼리 성적인 매력을 느끼는 것은 콜디츠에서 입에 담을 수 없는 주제였다. 영국인들은 오랜 전통을 지닌 방법, 즉 아예 입에 올리지 않는 방법으로 그 문제를 처리했다. 동성과 성적인 행동을 할 가능성이 높은 남자의 비율은 다른 대안이 없을 때 급격히 높아진다. 낮에는 성에 포로들이 워낙 많아서, 누군가의 말처럼 〈차라리 지하철에서 동성애 관계를 맺는 편이 쉬울〉 것 같았다. 그러나 밤이 되어 성의 비밀스럽고 구석진 곳에 접근할 수 있게 되면 상황이 달라졌다. 프랑스 장교 중 소수는 자신의 성향을 결코 숨기지 않았다. 「Quel sont les garçon?」 도착하자마자 이렇게 묻는 사람도 있었다. 〈누가 그런 남자들이죠?〉라는 뜻이었다. 그러나 영국의 도덕 수호자들은 이렇게 느슨한 태도를 보이지 않았다.

플랫 목사에게 성적인 일탈(그는 이렇게 보았다)은 단순히 기율의 문제가 아니라 영원히 천벌을 받을 일이었다. 그는 1941년 봄에 처음으로 이 문제에 경각심을 느꼈다. 〈3월 초부터 동성애가 수용소 유머에서 점점 큰 부분을 차지하고 있다.〉 그는 불안한 마음으로 이렇게 지적했다. 〈도착적인 성(性)〉의 공급자인 오스카 와일드와 프랭크 해리스의 책을 포로들이 몰래 돌려보고 있었기 때문이다. 포로들 사이의 자위 성향을 언제나 경계하던 플랫은 〈자위에 대한 농담 같은 언급이 건강한 정신을 지닌 성인들 사이에서 평소보다 더 자유로이 오간다〉고 기록했다. 두 장교가 소년들과 성행위를 하던 고대 그리스의 취향에 대해 이야기하다가 들킨 적도 있었다. 〈그들은 자신이 플라톤 숭배의 창시자가 될 것이라고 예견했다.〉 플랫은 플라톤을 시작으로 사람들이 부자연스러운 악덕을 향해 미끄러질 것이라고 확신했다. 벽에는 추파를 던지는 그라피티가 나타나기 시작했다. 〈돈 도널드슨의 다음 생일에 휴 브루스가 아직 여기 있다면 돈은 휴에게 키스할 것이다.〉 그러다 크리스마스 직전에 플랫은 〈서로 자위를 해주는 소규모 집단이 비밀스러운 회합을 열고자 한다〉는 소문을 들었다. 4월에 그는 〈동성애 성향에 취약한〉 사람들의 시선을 끌 것 같은 젊은 장교가 도착했다고 기록했다. 이름을 밝히지 않은 이 장교가 그런 영향을 미칠 줄을 자신이 어떻게 알았는지는 설명하지 않았다. 따라서 플랫 자신도 그런 성벽에서 자유롭지 않았을 수 있다는 가능성이 제기된다. 이 주제에 대한 플랫의 관심이 성직자의 차원을 넘어서는 것이 아니었는지 의심하는 사람들은 그가 〈성직자의 방〉이라고 불리던 방에서 다른 성직자 단 한 명하고만 지내고 있었으므로 〈방해받지 않고 관계를〉 즐길 수 있는 소수의 사람 중 하나였다고 지적했다. 플랫의 성향이 어느 쪽이었든, 그는 이런 상황에 개입하는 것이 성직자로서 자신의 의무라는 결론을 내렸다. 성인 남자에게 자신과 타인의 몸에 손을 대지 말라고 말하는 것은 〈지금껏 내가 맞닥뜨린 적이 없는 어려운 일〉이라고 플랫 자신도 인정했다. 그는 〈당신은 당신 일이나 잘해! 이건 내 일이야!〉라는 말을 들을 것이라고 각오했다. 플랫 목사가 이런 예민한 문제에 정말로 끼어들었는지는 지금도 알 수 없다. 어떤 사람들은 서로 자위를 해주는 집단이 두 번 다시 그의 일기에 직접적으로 언급되지 않는 것으로 보아, 신의 대리자가 개입한 덕분에 그런 행위가 기적적으로 멈춘 것 같다고 짐작한다.

동성 관계가 아예 없는 척하는 편이 훨씬 더 쉬웠다. 아니면 한 고위 장교처럼 〈가끔 동성애 감정이라는 요소가 있을지도 모르지만 실행하는 사람은 없다〉고 인정해 버리거나. 물론 이것은 말이 되지 않는다. 콜디츠의 포로들은 사람들의 짐작보다 더 많지는 않을지언정 최소한 짐작만큼은 동성애 행위를 했을 가능성이 높다. 그러나 바깥세상에서 동성애가 아직 불법인 시대였으므로, 포로들도 항상 들킬 것을 두려워하며 몰래 숨어서 그런 행위를 했다.

가을이 겨울로 넘어가고 콜디츠에 눈이 내리기 시작했을 때, 라인홀트 에거스는 또 무언가 일이 벌어지고 있는 듯한 느낌을 받았다. 수용소가 너무 조용했다. 10월에 프랑스 숙소의 들보에 금이 가면서 그의 의심은 옳은 것으로 확인되었다. 들보 위의 다락방 바닥이 새로 땅을 파내면서 나온 파편들의 무게로 휘청거리고 있었다. 〈벽돌, 외장용 석재, 회반죽, 심지어 사용한 적 없는 반암 조각까지〉 있었다. 프랑스인들이 굴을 파고 있음이 분명했다. 그것도 성의 기초를 곧바로 파고들어 가〈그냥 긴 굴이 아니라, 아주 오래전부터 시작된 굴〉을 만들고 있었다. 프랑스 숙소 안에 상시 경비병을 배치하는 것은 수용소 규정에 어긋났다. 또한 굴을 파는 사람들이 에거스의 의심을 즉시 알아차릴 터였다. 훌륭한 사냥꾼이 모두 그렇듯이, 에거스는 계속 기다리며 지켜보았다. 자신이 그 파편의 출발점을 찾아내기 전에 천장이 무너지지 않기를 바랄 뿐이었다.

전쟁의 승패는 가늠하기 어려웠다. 1941년 6월에 히틀러가 소련을 침공하자, 소련이 연합군으로 참전했다. 12월에는 일본이 진주만을 공격했다는 소식이 들려왔다. 미국과 추축국 사이의 전쟁이 시작된 것이다. 그러나 로멜의 군대는 여전히 북아프리카에서 진군 중이었고, 유보트 무리는 연합국 선박들을 계속 유린했다. 에거스는 승리를 자신했으나, 적십자사 구호품은 계속 도착하는 반면 독일군의 배급 식량은 처음으로 줄어들었다. 〈포로들에게 제공되는 음식이 어떤 면에서는 우리 것보다 나았다.〉폴란드인들은 건포도와 서양자두로 조잡한 보드카를 주조했다. 〈효모는 어디서 얻은 거야?〉에거스는 이 점이 궁금했다. 〈분명히 우리 경비병에게서 얻었겠지.〉신년 전야에 수용소 당국은 특별히 양보해서 포로들에게 새벽 1시 30분까지 깨어 있어도 좋다고 허락했다. 그들은 안마당에서 「올드 랭 사인」을 부르고 눈덩이를 던지다가 저마다 자기네 국가를 불렀다. 나중에는 많은 사람이 애국심에 물든 눈물을 흘렸는데, 특히 폴란드인들이 눈물이 많았다. 그다음에는 2백 명의 포로들이 길게 늘어서서 콩가 춤을 추며 눈 쌓인 안마당을 사열하듯 지나가고 계단을 오르내렸다. 〈성의 숙소들을 모두 한 바퀴 돌았다.) 즐겁다 못해 광적인 이 축제가 자칫 통제를 벗어날 것 같았지만, 에거스는 폭동 진압 부대를 불러들이지 않고 문간에 서서 웃는 얼굴로 지켜보다가 조용히 말했다. 「자, 노래도 다 불렀으니 이제 숙소로 돌아갈 시간이다.」 포로들은 지친 얼굴로 조용히 계단을 올라갔다. 조금 낙담한 기색도 있었으나, 그것은 거의 매해 신년에 누구에게서나 볼 수 있는 표정이다. 에거스를 몹시 싫어하는 팻 리드조차도 그가 아주 고약해질 수 있었던 상황을 〈감탄스러운 솜씨〉로 잘 관리했다고 인정할 수밖에 없었다.

　그해 크리스마스에 에거스는 생각할 것이 많았다. 아직 찾아내지 못한 굴, 줄어드는 독일군 배급 식량, 뇌물에 잘 넘어가는 경비병, 아직 이기지 못한 전쟁. 그러나 그는 탈출 시도의 횟수를 헤아리며 약간 만족감을 느꼈다. 총 104명의 포로가 마흔아홉 번에 걸쳐 탈출을 시도했으나, 성공한 사람은 고작 열다섯 명이었다. 프랑스가 〈홈런〉 10회로 선두를 달리고, 그다음은 4회를 기록한 네덜란드, 그다음은 1회를 기록한 폴란드였다. 영국과 벨기에는 단 한 번도 성공하지 못해서 꼴찌였다. 영국인 포로 약 서른다섯 명이 탈출을 시도했으나, 성의 담장을 벗어난 사람은 고작 두 명이고, 끝까지 깨끗이 탈출에 성공한 사람은 하나도 없었다.

　1942년 1월 5일, 콜디츠 오케스트라가 베토벤의 1번 교향곡을 연주했다. 객석에는 포로와 경비병이 함께 앉아 있고, 공연은 「발레 난센스」보다 전체적으로 더 편안하고 품위 있었다. 토니 뤼테인은 더블 베이스를 연주하고, 에어리 니브는 무대 옆에서 기다렸다. 관객이 추운 밤 풍경 속으로 나간 뒤, 무대에 훨씬 더 소수의 사람이 모여 바닥 널빤지를 뜯어냈다. 그리고 의상을 차려입은 두 사람, 즉 영국인과 네덜란드인 각각 한 명이 관객도 없는 곳에서 홀쩍 사라지는 공연을 했다.

1940년

1941년

1942년

1943년

1944년

1945년

6
르메트로

여자는 그를 한참 바라보았다. 부끄러움을 타는 것 같으면서도 의심하는 표정이었다. 눈 내리는 라이프치히의 어느 공원에서 오전 중반에 그 젊은 금발 여자는 벤치에 그와 나란히 앉아 있었다. 손을 뻗으면 닿을 수 있는 거리였다. 그리고 그가 여자를 이렇게 가까이에서 본 것은 1년여 만이었다. 에어리 니브는 아무렇지 않은 표정으로 그녀의 시선을 맞받으려고 애쓰면서, 노동자 재킷의 옷깃에 턱을 더 깊이 묻었다. 프랑스 장교의 재킷에서 휘장을 떼어 내고 만든 옷이었다. 열여덟 살쯤으로 보이는 여자는 누더기가 된 외투와 무릎을 간신히 가리는 짧은 타이트스커트 차림이라 분명히 가난한 사람이었다. 여자는 계속 그를 강렬하게 바라보았다. 〈유난히 눈에 띄는 그 파란 눈은 가차 없었다.〉 그의 심장이 쿵쾅거렸다. 옆에서 토니 뤼테인도 긴장하고 있었다.

「구텐 모르겐Guten Morgen.」 여자가 말했다. 탐색의 기운이 목소리에 배어 있었다.

니브는 대답하지 않았다. 독일어 실력이 너무 초보적이라 대화를 하기에는 위험했다. 침묵이 그들 사이에 얼어붙었다. 여자는 화가 나서 뾰로통해졌다.

뤼테인이 일어서더니, 애써 태연한 척하며 천천히 걸어가기 시작했다.

니브도 일어섰다.

「무뚝뚝하네요.」여자가 날카롭게 말했다. 니브는 이번에도 여자의 말에 대꾸하지 않고 돌아섰다. 〈그녀의 푸른 눈이 의심과 짜증에 깊이 젖어 나를 지켜보는 것이 느껴졌다.〉

니브는 뛰고 싶은 충동을 억눌렀다. 〈낙담하고 당황해서〉여느 때처럼 걸음걸이가 기울어지는 것이 느껴졌다. 지난 열두 시간 동안 하마터면 일이 완전히 실패할 뻔한 순간이 몇 번이나 있었다. 그런데 지금은 공원에서 그에게 수작을 걸려던 어느 젊고 예쁜 여자 때문에 신분이 들통나서 콜디츠로 다시 끌려가기 직전이었다.

극장 탈출 직후에는 무서울 정도로 일이 잘 풀렸다. 가짜 군복으로 변장한 니브와 뤼테인은 석제 나선형 계단을 내려가 장교 식당을 지나서 경비실 복도에 들어섰다. 반쯤 열린 문으로 독일 군복이 언뜻 보이고, 라디오에서 흘러나오는 오르간 소리가 들렸다. 경비실에서 밖으로 나왔을 때 보인 하얀 눈에 그들은 순간적으로 눈이 부셨다. 바깥마당으로 나가는 아치 아래에 서 있던 경비병은 무심한 얼굴로 경례를 했다. 두 사람은 계속 걸어서 두 번째 아치를 지나갔다. 독일군 병장 두 명이 코만단투르에서 나와 두 사람의 뒤에서 걷기 시작했다. 니브는 자연스럽게 보이려고 애쓰면서 허리에서 손가락을 엮었다. 독일인들은 결코 하지 않는 영국인 장교의 자세였다. 「양손을 옆구리로 내리고 걸어, 이 멍청아.」뤼테인이 이를 악물고 속삭였다.

다리에서 뤼테인은 자신보다 계급이 높은 장교로 변장한 니브를 위해 쪽문을 열어 주었다. 병장들은 그들 앞을 지나쳐 계속 걸어가 다리를 건넜다. 물이 없는 해자를 지나면, 기혼자 숙소를 거쳐 계곡으로 길이 이어졌다. 상등병 한 명이 반대편에서 나타났다. 어깨가 스칠 정도로 가까운 거리에서 두 사람 옆을 지나가면서 그 상등병이 수상쩍은 시선을 보내는 것 같았다. 「왜 상급자에게 경례를 안 하나?」뤼테인이 연병장에서 들을 수 있는 딱딱한 독일어로 쏘아붙였다. 상등병은 화들짝 놀라서 손을 올리며 사과의 말을 중얼거렸다. 두 사람이 사냥터 담장에 도달했을 때는 눈이 심하게 내리고 있었다. 약 3.5미터 높이의 담장 위에는 얼음이 있었다. 〈그곳을 넘는 데 35분이 걸렸다.〉 니브는 이렇게 회상했다. 개 짖는 소리가 눈밭 너머에서 들려왔다. 〈사냥터 어딘가에서 개가 순찰을 돌고 있었다.〉 마침내 뤼테인이 담장 위로 올라가는 데 성공해서 니브를 끌어 올려 주었다. 두 사람은 담장 뒤편으로 묵직하게 뛰어내렸다. 〈나는 멍들고 겁에 질려서 얼이 빠진 상태였다.〉 니브는 이렇게 썼다. 하지만 그는 이제 콜디츠의 밖에 있었다.

추위와 어둠 속에서 한참 동안 터벅터벅 걸은 끝에 두 사람은 동이 트기 전 라이스니히에 도착해, 라이프치히행 노동자 표 두 장을 샀다. 그리고 노동자 무리와 함께 5시 45분 기차에 올랐다. 그들의 민간인 복장은 영국 공군 바지, 낡은 프랑스 재킷, 담요로 만든 스키 모자였다. 요기를 위해 가져온 것은 초콜릿, 건포도, 비타민 알약, 작은 육면체 모양으로 뭉친 고기였다. 돈은 각자 60라이히스마르크씩. 니브는 3등칸의 퀴퀴하고 연기 자욱한 곳에서 잠깐 졸다가 뤼테인이 정강이를 세게 차는 바람에 깨어났다. 그가 잠결에 영어로 중얼거리고 있었다고 했다. 뤼테인은 〈강하고 활기찬 성격〉이었으며, 자제력이 특히 뛰어났다. 그래서 니브의 무모한 성격을 점점 부담스러워하고 있었다.

　라이프치히에서 두 사람은 대합실로 들어갔다. 울름행 기차를 타려면 저녁 10시 30분까지 기다려야 했다. 니브는 조심스럽게 다른 여행객들을 살펴보았다. 〈추레하고 초췌해〉 보였다. 그들의 주름진 얼굴에 어두운 전쟁의 여파가 드러나 있는 것 같았다. 갑자기 허기가 진 니브는 초콜릿 바의 포장을 벗겨 크게 한 입 물었다. 〈사납고 히스테리가 느껴지는 눈빛의 여자가 마치 유령을 본 사람처럼 초콜릿을 응시했다.〉 그녀가 성난 표정으로 옆 사람의 옆구리를 찌르더니 손가락질을 했다. 전쟁 배급제가 실시되던 당시의 독일에서 초콜릿 같은 음식은 거의 접할 수 없는 진미였다. 심지어 적십자사가 보내 준 것은 두툼하기까지 했다. 뤼테인도 소스라치게 놀라서 입을 다물지 못하고 니브를 보았다. 〈내가 무서운 실수를 저질렀다.〉 그는 너무 급하게 초콜릿 바를 주머니에 다시 쑤셔 넣었다. 그러고는 둘이 함께 일어서서 어색한 걸음으로 대합실을 나왔다. 다른 승객들의 시선이 두 사람을 쫓아왔다.

　그들은 몇 시간 동안 라이프치히의 오래된 거리들을 돌아다녔다. 한때는 상업과 문화의 훌륭한 중심지였고, 히틀러가 등장하기 전에는 유대인들이 모여 살면서 번성하던 곳이었다. 지금은 유대인들이 추방된 뒤였다. 문이 판자로 막힌 상점이 많았다. 자그마한 공원에서는 보잘것없는 화단 사이로 몇 명밖에 안 되는 사람들이 정처 없이 돌아다녔다. 날이 몹시 추웠다. 니브는 벤치에 무겁게 앉아 자신의 몸을 끌어안았다. 밤이라서 불안한 심정이 그를 휩쓸었다. 〈나는 마치 구경꾼 같았다.〉처음에는 옆에 앉아 날카로운 파란 눈으로 그를 지켜보는 여자의 존재를 알아차리지 못했다.

니브는 뤼테인을 따라 최대한 아무렇지 않게 공원 출구로 향했다. 혈관에서 맥박이 뛰는 것 같았다. 공원을 나선 뒤 두 사람은 뛰었다.

그 후 24시간은 앞뒤가 안 맞는 일들의 연속이었다. 공기 나쁜 영화관에 몸을 숨긴 두 사람은 아프리카에서 로멜이 승리를 거두었다는 뉴스를 보고, 다른 관객들과 함께 〈우리는 영국으로 행군한다〉를 불렀다. 티끌 하나 없는 군복을 입고 저녁 기차에 오른 SS 장교는 두 사람을 자신의 좌석으로 불러 다그치듯 물었다. 「유대인가?」 뤼테인이 대답했다. 「그럴 리가요. 우리는 네덜란드인입니다.」 기차를 갈아타려고 내린 레겐스부르크의 매표소 홀에서 〈매콤한 소시지와 마늘 냄새를 풍기는 남자와 여자가 서로 꼭 끌어안고 우리 근처에 누워 있었다〉. 눈에 뒤덮인 바이에른의 시골 풍경이 남쪽으로 향하는 기차의 김 서린 차창을 스쳐 지나갔다.

울름의 매표소에서 뤼테인이 징겐행 편도 표 두 장을 달라고 하자 매표원이 파란색 제복을 입은 철도 경찰관을 불렀다. 경찰관은 두 사람의 신분증을 확인한 뒤 어깨를 으쓱하며 그 지역 노동 사무소로 가서 시 당국에 등록하라고 말했다. 권총을 찬 다른 경찰관이 그들과 동행하며 노동 사무소 건물 안까지 안내해 주었다. 「2층이오. 22호실.」그는 이렇게 말하고 나서, 두 사람을 기다리겠다고 했다. 경찰관이 두 사람을 의심해서 그러는 것인지, 아니면 그냥 시간을 보내려는 것인지 도저히 알 수 없었다. 두 사람은 아무렇지 않게 보이려고 애쓰면서 꼭대기 층까지 천천히 올라간 다음, 뒷계단으로 지하실까지 내려가 석탄 창고를 통해 뒤뜰로 나가서 나지막한 울타리를 넘었다. 그리고 뛰었다. 아직도 남쪽으로 160킬로미터나 떨어진 스위스 국경을 향해서.

한편 콜디츠에서는 장교 네 명이 사라진 것으로 판명되었다. 그다음 날 밤에 극장을 통해 장교 두 명이 더 탈출한 것이다. 에거스는 겉으로는 차분했지만, 속으로는 분노했다. 점잔 빼는 영국인과 속을 알 수 없는 네덜란드인은 심지어 탈주자의 신원을 위장하려는 시도조차 하지 않았다. 〈자기들의 실력과 그 신비로운 도피 구멍에 대해 얼마나 자신이 있었으면.〉에거스는 펄펄 뛰었다. 울름의 철도 경찰관에게서 네덜란드인 전기 인부 두 명이 기차를 타고 왔다가 사라졌다는 보고가 왔다. 같은 경로를 통해 도착한 또 다른 영국인-네덜란드인 조는 즉시 체포되었다. 〈우리는 간신히 한 점을 회수했다.〉에거스는 이렇게 썼다. 그러나 니브와 뤼테인은 발견되지 않았다. 심지어 그들의 탈출 경로도 밝혀지지 않았다. 이 점이 더 중요했다. 독일군은 체계적으로 성을 샅샅이 뒤지기 시작했다.

1월 8일 저녁, 즉 탈출한 지 사흘째 되던 날에 니브와 뤼테인은 삽으로 무장하고 징겐으로 가는 도로에 서 있었다. 스위스 국경까지는 고작 4.8킬로미터가 남아 있었다. 그들의 앞을 막은 것은 히틀러 유겐트의 10대 청소년 두 명이었다. 녀석들은 손에 곤봉을 들고 있었다. 「이름과 가는 곳을 밝혀라.」 두 아이가 다그쳤다.

니브는 나중에 뤼테인에게 그 순간 머릿속에 무슨 생각이 지나갔느냐고 물었다.

「내가 삽으로 한 놈을 죽이고, 자네가 나머지 한 놈을 죽이면 되겠다는 생각. 자네는 어쩔 작정이었는데?」 그가 대답했다.

「자네랑 아주 똑같았지.」

그날 낮에 두 사람은 숲에서 빈 양봉 오두막을 발견했다. 〈날씨가 끔찍해서 기온이 영하 17도였다.〉 니브는 이렇게 썼다. 기진맥진하고 배도 고파서 니브는 헛것을 보기 시작했다. 설맹 현상도 몇 번이나 그를 괴롭혔다. 한 시간 전에 두 사람은 수상쩍은 나무꾼 무리에게 발목을 잡혔으나 냅다 도망치는 데 성공했다. 하지만 지쳐서 쓰러진 뒤 니브가 비틀거리기 시작했다. 〈숨을 쉴 때마다 아프고 머리가 빙빙 돌았다. 주위의 하얀 눈을 볼 때마다 몸이 아팠다.〉 멀리서 개 짖는 소리가 들려오는 것을 보니, 나무꾼들이 국경 경비대에 신고한 모양이었다. 〈개들이 우리를 사냥하고 있었다.〉 니브는 이렇게 썼다. 두 사람은 밤이 될 때까지 오두막에서 자고 일어나서 이제 얼마 남지 않은 건포도를 먹고 다시 출발했다. 오두막에서 찾아낸 삽을 들고, 몸에는 어떻게든 변장을 해보려고 하얀 재킷을 걸쳤다.

그런데 지금 제복을 입은 히틀러 유겐트 두 명이 위협적인 얼굴로 서서 자유를 향한 길을 막고 있었다.

「도망친 영국인 포로 두 명을 찾아보라는 말을 들었어. 오늘 밤에 국경을 넘으려 할 것 같다고 말이야.」

「그 사람들은 멀리 못 갈걸. 전쟁 포로한테는 너무나 추운 날 씨거든.」뤼테인이 말했다.

히틀러 유겐트 소년들에게는 다행히도, 완전히 비논리적인 이 대화로 의심이 조금 가라앉은 모양이었다. 아이들은 두 사람이 필사적으로 휘두르는 삽에 머리가 깨질 위기에서 아슬아슬하게 벗어나 자전거를 타고 가버렸다.

새벽 3시쯤 니브와 뤼테인은 철도를 건너 남서쪽의 숲으로 향했다. 그곳이 람젠 돌출부 방향이기를 바랄 뿐이었다. 동쪽에서 사람들 목소리가 들리고, 나무 사이 틈으로 국경 지대 오두막이 언뜻 보였다. 도로가 국경과 평행으로 50미터쯤 뻗어 있는데, 양 편 끝에 경비 초소가 있었다. 두 사람은 길가 도랑 안에 웅크리고 앉아서 숨을 죽였다. 독일군 경비병이 쿵쿵거리며 지나갔다. 길옆 서쪽에는 아무도 밟지 않은 눈밭이 펼쳐져 있었다. 기온이 빠르게 떨어졌다. 경비병의 발소리가 점점 희미해졌다.

「이제 넘어갈까?」뤼테인이 속삭였다.

「그래, 지금이야.」

두 사람은 빠르게 도로를 건너 눈밭으로 뛰어들었다. 〈우리는 손과 무릎으로 깊은 눈에 고랑을 만들며 계속 기었다. 하얀 겉 옷이 위장에 도움이 되었다. 영원처럼 느껴지는 시간이 흐른 뒤 우리는 두 발로 일어나 스위스 땅으로 뛰어갔다.〉아니, 이것은 그 들의 희망 사항이었다. 눈을 헤치며 2백 미터쯤 걸어오면서 두 사 람은 완전히 방향 감각을 상실했다. 금방이라도 쓰러질 것 같았 다. 침착한 뤼테인조차 네덜란드어로 혼자 중얼거리고 있었다. 동쪽에서 불빛 하나가 깜박였다. 니브는 자신이 〈무력감과 괴로움 으로 허우적거리기〉 시작했음을 느꼈다. 얼음에 뒤덮인 군화가 조금 전까지는 부드러운 눈을 밟았는데, 이제는 딱딱한 포장도로 가 밟혔다. 교회 종이 5시를 쳤다. 자그마한 농가들이 줄지어 있 는 곳을 지나 어둠 속에 시계탑의 검은 그림자가 솟아 있었다. 〈한 가지 의문이 우리를 괴롭혔다. 여기는 스위스인가?〉 마을 길에는 아무도 없었다. 인적이 끊긴 곳 같았다. 그런데 그때 한 사람이 산 책하듯 시야에 나타났다. 어깨에 총을 메고 있었다. 〈심장이 두근 거려서 숨을 쉬기도 힘들었다.〉 니브는 이렇게 썼다. 야간 경비병 은 두 사람을 발견하고 어깨에서 소총을 내렸다. 긴 초록색 외투, 뾰족한 모자 차림의 그가 환한 미소를 지었다. 니브는 그의 미소 를 보고 마음을 탁 놓았다. 〈우리는 환성을 지르며 그에게 달려들 었다.〉

세 사람은 서로를 부둥켜안고 〈눈 속에서 춤을 추었다. 이쪽 으로 빙글 돌았다가 저쪽으로 빙글 돌았다가. 경비병은 세상에서 가장 기쁜 사람처럼 행복하게 소리쳤다〉. 스위스의 어느 텅 빈 거 리, 얼어붙을 듯이 추운 새벽에 두 탈주 포로는 굶주리고, 기진맥 진하고, 반쯤 앞이 보이지 않았다. 그들은 30초 전에 그들과 마주 친 스위스 경비병과 기묘한 자유의 춤을 추었다.

영국군 숙소의 사기가 치솟았다. 플랫 목사는 〈수소로 부풀린 풍 선 같았다〉고 표현했다. 시간이 흐르면서 니브와 뤼테인이 성공 했음이 확실해지자, 영국군 포로들은 거의 영적인 경지의 낙관주 의에 사로잡혔다. 〈방주에서 풀려나 육지를 발견한 비둘기 같았다.〉 희망을 상징하는 올리브 가지를 입에 문 비둘기.

비둘기들이 어떻게 도망쳤는지 에거스가 알아내는 데에는 일주일이 채 걸리지 않았다. 오래전부터 그는 극장이 〈취약 지점〉인 것 같다고 의심했다. 공연 외에 다른 일도 거기서 벌어지고 있을 것 같았다. 무대로 올라가는 계단의 널빤지를 하나 떼어 내고 몸집이 작은 독일 군인이 꿈틀꿈틀 아래로 내려가 그 아래 공간으로 내려가는 데 사용한 침대보 밧줄을 발견했다. 독일군은 극장 출입을 막고, 콘크리트로 구멍을 메웠다. 나선형 계단으로 통하는 문에는 이중 빗장을 달았다. 코만단트는 에거스에게 축하한다며 샴페인 한 병을 선물했다.

그러나 에거스는 불안해서 이 선물을 즐길 수 없었다. 니브와 뤼테인이 이용한 탈출 방법은 독창적이었으나, 프랑스인들은 이보다 훨씬 더 대단한 일을 꾸미고 있는 것 같았다. 다락방 들보가 휘어지게 만들었던 흙을 조사해 보니 갓 파낸 진흙이 발견되었다. 굴을 파는 사람들이 성 밖이나 아래로 뚫고 들어가는 데 성공했음을 짐작할 수 있었다. 밤이면 안마당 북서쪽에서 땅을 파는 소리가 선명하게 들려왔으나, 몇 번이나 수색해도 그 소리의 근원을 찾아낼 수 없었다. 게다가 커다란 굴을 파는 데 필요한 물건들이 성의 여러 곳에서 체계적으로 도난당하고 있었다. 금속 침대 틀, 전선, 다락방에 보관해 둔 침대에서 떼어 낸 널빤지 3백 개. 〈분명히 무슨 일이 벌어지고 있다.〉 새들리히 운터오피치어는 일기에 이렇게 썼다. 커다란 철제 벽 선반이 잘하우스의 벽에서 사라진 뒤였다. 〈사라지는 물건이 너무 많다.〉 아직 발견하지 못한 굴은 독일군 경비실의 화젯거리였고, 에거스는 동료들에게 놀림을 당했다.「구멍을 못 찾겠어? 응? 그게 해협 터널이라도 되나?」설상 가상으로 베를린에도 이 정보가 전달되었기 때문에 당국은 아직 발견되지 않은 이 터널이 수용소의 가장 중요한 포로를 탈출시키는 데 사용될까 봐 점점 불안해졌다. 그들은 한밤중에 전화를 거는 버릇이 생겼다.「로밀리 있나?」게슈타포 보안 전문가들도 도착해서 수색과 관련한 조언을 했다. 에거스는 이런 간섭에 분개했다. 〈그곳은 우리 세계였다. 그곳에 대해서는 우리가 누구보다 잘 알았다. 반드시 조치를 취할 필요가 있었다.〉 그는 이렇게 썼다. 그들의 발아래 깊은 곳에서 엄청난 규모의 굴이 만들어지는 중이었다. 그것을 빨리 찾아내지 못한다면, 수백 명까지는 아니더라도 최소한 수십 명의 포로들이 탈출할 가능성이 있었다. 그러면 에거스와 코만단트는 동부 전선으로 가게 될 것이고, 아마도 영영 돌아오지 못할 가능성이 높다는 사실을 아주 잘 알고 있었다.

프랑스의 대형 터널, 르메트로라고 불리게 된 그 굴은 그때까지 콜디츠의 포로들이 시도한 건설 프로젝트 중 가장 야심 찬 것이었다. 굴을 파는 작업은 1941년 3월, 안마당에서 약 25미터 높이로 솟은 시계탑 꼭대기에서 시작되었다. 그 뒤 10개월 동안 지하에서 15미터를 나아간 끝에 굴은 성의 북쪽과 접한 가파른 계곡 면까지 고작 1미터 남짓한 곳에 이르렀다. 이미 오래전에 시간을 알리는 기능을 잃은 시계의 내부 장치는 시계탑 꼭대기의 작은 방에 있었다. 거기서부터 폭이 고작 40센티미터밖에 안 되는 긴 수직굴이 지상까지 쭉 뻗어 있는데, 원래는 시계에 동력을 제공하는 추와 밧줄이 있던 공간이었다. 프랑스 장교 아홉 명은 터널 유한 회사La Société Anonyme du Tunnel라는 이름으로 뭉쳐서 먼저 시계 위의 다락방으로 들어간 다음 임시변통으로 만든 사다리를 이용해 수직굴을 타고 한 번에 한 층씩 내려왔다. 그렇게 지상에 이르자 아치형 벽돌 지붕을 뚫고 수직굴을 파서 지하의 켈러하우스Kellerhaus*로 들어갔다. 작업에 사용한 드릴은 임시변통으로 만든 용광로에서 시계의 강철 액슬 끝부분을 단련해서 만든 것이었다. 굴 파기 작업에 가장 능숙한 사람은 근육질의 외인부대원 베르나르 카조마유였다. 그의 별명은 두더지를 뜻하는 〈라토프〉였다. 1941년 8월에 지하로 뚫고 들어간 그들은 예배당의 칸막이벽 아래 건물 기초를 뚫기 시작했다. 바깥으로 통하는 출구가 있는 지하 납골당을 찾을 수 있을까 해서였다. 굴을 파는 구멍은 원래 그곳을 덮었던 돌에 흙을 공들여 뿌려서 위장했다. 독일군이 계속 지하실을 이용했기 때문이다. 그런데도 굴을 파는 사람들은 전혀 거리낌 없이 지하실에 보관된 술을 가끔 즐기고는 병에 물을 채워 코르크를 다시 끼워 놓았다. 〈우리가 멋대로 술을 마신 흔적은 전혀 남지 않았다.〉 카조마유는 이렇게 회상했다. 〈심지어 병의 개수도 그대로였다.〉 어떤 바위는 너무 커서 그들은 등불의 열기로 돌을 데운 뒤 차가운 물을 붓는 방식으로 쪼갰다. 프랭크 〈에롤〉 플린이 외부에서 온 독일인 인부에게서 커다란 쇠지레를 훔쳐 프랑스인들에게 선물한 뒤로는 작업이 훨씬 더 쉬워졌기 때문에 그는 탈출 팀에서 한자리를 차지할 수 있었다. 예배당 아래의 땅은 단단한 바위였다. 그리고 예배당 바닥을 떠받치는 것은 중세에 만든 떡갈나무 들보였다. 모두 두께가 30센티미터 이상이었다. 프랑스인들은 부엌칼을 톱니 모양으로 만든 미니 톱으로 들보를 하

---

* 〈켈러Keller〉는 독일어로 〈지하실〉이라는 뜻이다.

나씩 잘랐다. 카조마유는 이렇게 말했다. 〈어둡고, 비좁고, 지옥 같은 환경이었다. 이 일이 이렇게 힘들 줄 미리 알았다면 시작조차 하지 않았을 것이다.〉 저 위에서는 프랑스 성가대가 소음을 가리기 위해 기운차게 노래를 불렀다. 아주 공들여 구축한 첩보망은 경비병이 다가올 때 미리 경고해 주었다. 프랑스 종군 신부는 장교 세 명이 성물실의 퓨즈 박스에서 전선을 끌어와 굴에 전기를 연결하는 동안 그들의 고해를 받는 척했다. 프랑스인들은 〈성가대 연습과 종교적 가르침이라는 영적인 위안이 필요하다〉면서 예배당 문을 잠그지 말라고 요구했다. 에거스는 이것이 굴을 파기 위한 계략이었음을 나중에 알고 그들이 비겁한 짓을 했다며 화를 냈다. 〈문화와 종교에 대한 우리의 양보를 무엇보다 상스럽게 악용한〉 사례라는 것이다.

파낸 흙은 매트리스 커버로 만든 자루에 담아 전선으로 묶어서 힘겹게 수직굴로 끌어 올렸다. 약 1천2백 세제곱미터의 흙, 콘크리트 조각, 돌, 나무 조각이 다락방 여기저기에 뿌려졌다. 9월까지 그들은 들보 열두 개를 잘랐다. 예배당 바닥이 뚫리기 전에 천장이 흙과 파편 무게로 먼저 내려앉을 수도 있는 도박이었다. 카조마유와 동료들은 마침내 성의 외벽에 이르렀다. 두께가 2미터가 넘어서 전동 드릴이나 폭약이 없으면 뚫는 것이 불가능했다. 건물의 기초 아래로 파 들어가는 방법밖에 없었다. 훨씬 더 많은 사람의 노동이 필요한 작업이었다. 터널 유한 회사의 규모가 확대되어 프랑스 장교 서른한 명과 영국인 한 명이 3교대로 굴을 파게 되었다. 담장 아래로 4.5미터 깊이까지 수직으로 내려간 뒤에야 다시 수평으로 굴을 파기 시작했다. 1942년 1월 중순에 성 여기저기에서 가져온 널빤지로 벽을 보강한 굴이 테라스의 통로 아래를 통해 철조망 너머까지 도달했다. 여기서부터 절벽 면까지는 부드러운 흙이 몇 미터쯤 있을 뿐이었다.

여기서 그들은 실행을 선택했다. 프랑스 포로들이 모두 탈출하되, 굴을 판 사람들이 먼저 나갈 것이다. 그들의 탈출 순서를 제비를 뽑아 결정하기로 했다. 그다음에는 30분 간격을 두고 나머지 포로들이 모두 둘씩 짝지어서 나가는데, 각자 민간인 복장을 하고 돈, 지도, 가짜 신분증을 지참할 예정이었다. 그들이 한 명씩 차례로 침대보 밧줄을 타고 절벽 면을 내려가 계곡에 이른 다음, 개울을 건너 흩어지는 것이 계획이었다. 이 대규모 탈출 날짜는 1월 17일로 정해졌다.

에거스는 마치 자신의 목숨이라도 걸린 것처럼 그 비밀의 굴을 찾는 데 혈안이 되었다. 아니, 실제로 그의 목숨이 걸린 일일 수도 있었다. 타고난 관료인 그는 모든 각도에서 문제를 평가하기 위해 〈개인 수색 위원회〉를 만들었다. 이 비밀 위원회의 멤버는 그가 신뢰하는 부사관 두 명, 일기를 기록한 마르틴 〈딕슨 호크〉 새들리히 운터오피치어, 에른스트 〈무솔리니〉 게파르트 슈탑스펠트베벨이었다. 수용소 주둔군 중 최고의 탐정들만 모은 셈이었다. 에거스는 자신이 하는 일을 상급자들에게 알리지 않았다. 〈코만단트와 보안 장교는 당황하고 있었다.〉 그는 이렇게 결론지었다. 따라서 그들의 지나친 상상을 부추길 필요는 없었다. 에거스는 동료들 중에 정말로 그 굴이 성공하기를 바라는 사람이 일부 있는 것 같다고 짐작했다. 그래야 더 엄중한 방침을 도입해야 한다고 주장할 수 있기 때문이었다. 포로들이 탈출 위원회를 만든 것처럼, 독일군 측에서도 이제 그 위원회만큼 비밀스러운 반(反) 탈출 위원회가 돌아가고 있었다.

에거스의 개인 위원회가 성에서 사람이 없는 구역에 주의를 집중하자는 계획을 내놓았다. 〈아무리 평범해 보일지라도〉 포로들의 말 중에 관련이 있을 듯한 것을 서로 대조해 보고, 〈탈출구가 만들어졌을 가능성이 있는 모든 장소를〉 탐사해 보자는 의견도 내놓았다.

이 탐정들은 하나같이 진지한 사람들이었다. 그리고 그때만큼 분주히 움직인 적이 없었다. 1월 중순까지 그들은 지하실, 다락방, 예배당, 극장을 꼼꼼히 수색했다. 에거스는 안달했다. 〈여전히 굴이 발견되지 않았다. 방, 여러 층, 층계참, 복도, 버팀벽, 입구 등 우리가 아주 잘 아는 곳들이 계속 머릿속을 돌아다녔다. 그러다 갑자기 시계탑이 생각났다.〉 1월 15일 아침에 게파르트 슈탑스펠트베벨은 수용소의 전기 기술자인 빌리 푀네르트를 데리고 시계탑으로 가서 좁은 수직굴 중 한 곳에 불빛을 비춰 보았다. 그다음에는 돌멩이 하나를 그곳에 떨어뜨렸더니, 묘하게 텅 빈 것 같은 소리가 났다. 게파르트는 없어도 되는 시계추 하나를 들었다. 무게가 18킬로그램이나 나가는 쇳덩이였다. 그것을 구멍 안으로 떨어뜨리자, 프랑스인들이 굴 입구를 숨기려고 세워 둔 판자가 부서지면서 엄청난 소리가 났다. 〈무언가를 찾아냈다는 생각이 들었다.〉 게파르트는 이렇게 회상했다. 수직굴로 직접 들어가기에는 몸이 너무 뚱뚱했던 그는 전기 기술자의 도제인 깡마른 10대 소년을 불렀다. 그는 아이의 허리에 소방 호스를 맨 다음 아이를 천천히 굴 안으로 내려보냈다. 12미터쯤 내려갔을 때, 허공에 대롱대롱 매달린 도제의 발아래에 화들짝 놀란 프랑스 장교 세 명의 머리가 나타났다. 시계추가 판자를 박살 내며 내려왔을 때 그들은 굴에서 파낸 흙을 담은 자루를 꿰매던 중이었다. 「여기 누가 있어요!」 겁에 질린 소년이 소리를 지르자, 위에서 그를 재빨리 끌어 올렸다. 〈아이는 상당히 충격을 받은 모양이었다.〉 게파르트는 이렇게 썼다. 에거스가 폭동 진압반과 함께 달려오고, 궁지에 몰린 프랑스 장교 세 명은 회피 기동을 했다. 예배당 바닥에 있던 나무 들보를 공성 망치로 이용해서 벽을 뚫고 2층 화장실로 들어간 것이다.

벨기에 왕가의 후손이며 지금은 육군 소령인 필리프 드 리드케르케 백작은 욕실에서 조용히 책을 읽고 있었다. 그런데 갑자기 벽에서 벽돌 하나가 튀어나와 그의 배에 떨어졌다. 〈쇠막대가 구멍을 부수었다.〉 백작이 벌떡 일어나 수건을 쥐자마자 구멍을 통해 한 사람, 두 사람, 세 사람이 차례로 기어 나왔다. 리드케르케는 벨기에 레지스탕스의 일원으로 대단히 용감한 사람이었으며, 나중에 수용소를 탈출해 영국의 특수 작전부(SOE)에 들어가서 나치가 점령한 벨기에에 낙하산으로 세 번이나 침투했다. 그러나 순전히 충격만 따진다면, 땀과 먼지로 범벅이 된 반라의 프랑스인 세 명이 아침 목욕 중이던 욕실로 뛰어든 사건은 타의 추종을 불허했다.

에거스는 마침내 찾아낸 굴의 기술적 수준에 놀라움과 깊은 감탄을 느꼈다. 성의 꼭대기에서 출발해 협곡에서 1미터 남짓한 곳까지 44미터나 뻗은 굴에는 불빛이 번쩍이는 조기 경보 시스템, 깡통을 연결해 파이프처럼 만든 펌프식 환기 시스템, 흙을 내가기 위한 궤도와 트롤리까지 갖추어져 있었다. 〈끝까지 기어가 작업 중인 곳까지 가보았다. 머리 위에서 경비병들이 왔다 갔다 하는 소리가 들렸다. 조금만 늦었으면 큰일 날 뻔했다.〉 그의 개인 수색 위원회 멤버들에게는 포상 휴가가 주어졌다. 에거스는 이번 에도 영어의 구어체 표현을 축하의 말로 꺼냈다. 〈우리 모두 의기 양양cock-a-hoop했다.〉 다음 날, 작센의 나치 유력자인 마르틴 무치 만이 성을 방문해, 의기양양한 슈미트 코만단트의 안내로 굴을 둘 러보았다. 약 1천2백 세제곱미터의 잡석과 흙을 일일이 수레에 실어 다락방에서 가지고 나와야 하는 상황이었다.

〈우리는 250일 동안 44미터 길이의 굴을 만드는 데 성공했 다. 초인간적인 노력이 마지막 순간에 박살 났다.〉 카조마유는 이 렇게 말했다. 우울한 기분에 빠져서 내부 변절자가 있는지 의심했 다. 탈출하기 겨우 이틀 전에 독일인들이 어떻게 알고 그곳을 살 펴보았겠는가? 나중에 에거스는 꼼꼼하고 근면한 노력, 직관, 행 운 덕분에 굴을 발견했다고 강력히 주장했다. 〈사람이 오랫동안 건전한 원칙을 따르면 가끔 찾아오는 행운 중 하나〉였다는 것이 다. 그는 제보를 받은 적은 없다고 말했다. 하지만 굴을 발견한 타 이밍이 너무 공교로웠다. 독일인들이 〈갑자기〉 문제의 지점을 정 확히 들여다보게 되다니, 배신의 냄새가 났다.

모든 교사에게는 학생들 중에 정보원이 필요하다. 에거스는 처음부터 포로들 사이의 끄나풀을 찾아 나섰다. 그들은 자신이 속 한 사회의 충실한 구성원인 척하면서 정보를 제공하는, 첩자 중에 서도 특히 혐오스러운 부류다. 영국 장교와 당번병 사이의 대립이 절정에 이르렀을 때, 에거스는 한 병사가 집으로 보낸 편지에 심한 불평을 늘어놓은 것을 눈여겨보았다. 〈그는 장교의 하인 노릇을 하는 것에 진저리를 치고 있었다.〉 이야기를 엿들을 사람이 주위에 전혀 없는 틈을 노려 에거스는 슬그머니 그에게 다가갔다.

「내가 널 다른 곳으로 보내 줄 수 있다. 그 대가로 네가 나한테 정보를 좀 준다면.」

병사는 무뚝뚝하게 대답했다. 「에거스 대위님, 내가 여기를 싫어하기는 해도, 영국인입니다.」

그 병사에게 접근한 일은 실패로 돌아갔으나, 다른 사람들에게서는 성공을 거두었다. 에거스는 자신이 명예를 아는 사람이라고 생각하고 싶어 했다. 그래서 첩자를 포섭하는, 도덕적으로 수상쩍은 임무의 성과를 회고록에서 깎아내렸다. 〈배신자는 두 명뿐이었다. 둘 다 스스로 나서서 자발적으로 정보를 제공했다.〉 그는 이 변절자들의 이름을 밝히지 않고, 〈포로들에게서 정보를 얻어 내려는 시도가 성공한 적은 거의 없다〉고 주장했다. 에거스가 이 글을 쓴 시점은 전쟁 이후, 즉 수용소 내부의 첩자를 밝히는 것이 그에게는 별로 이득이 되지 않고 첩자들에게는 엄청난 재앙이 될 수 있는 때였다. 전쟁 후에 알려진 콜디츠의 신화와 내부 변절은 잘 어울리지 않았으므로 모두 대충 얼버무리고 넘어갔으나, 모든 나라에서 변절자가 발생한 것은 사실이었다. 그들은 물질적인 이득, 자유를 누리고 싶다는 희망, 이념 때문에 기꺼이 정보를 제공했다. 전쟁이 독일의 승리로 끝날 때를 대비해서 일종의 보험처럼 정보를 제공한 기회주의자도 있었다. 폴란드 포로들의 가족은 나치가 점령한 곳에서 잔혹한 통치에 시달리고 있었다. 만약 포로가 협조한다면 가족의 안전을 확보할 가능성이 있었다. 게다가 폴란드 포로 중 일부는 〈폴크스도이체Volksdeutsche〉, 즉 독일 혈통이었으므로 다른 사람들보다 더 독일에 우호적이라고 간주되었다. 프랑스 포로들은 독일에 우호적인 비시 정부 추종자와 드골 지지자로 깊이 분열되어 있어서 침투가 쉬웠다. 에어리 니브에 따르면, 〈독일 선전물로 훈련시킨 프랑스인들을 수용소에 침투시켰으나, 곧 빼내는 수밖에 없었다. 그들이 린치를 당할 위험이 있기 때문이었다. 실제로 부상을 입은 사람도 있었다. 프랑스인 밀고자가 탈출에 관한 정보를 알린 사례도 있는 것으로 짐작되었다〉. 영국 포로들 중에도 나치 동조자가 있었다. 그런 사람을 찾아내서 뇌물을 주거나 협박을 하는 등의 방법으로 동료를 배신하게 유도하는 일은 에거스가 자신의 임무 중에 가장 싫어한 부분이었으나, 그는 그 일에 극도로 유능했다.

폴란드 포로들은 1941년 4월에 처음으로 배신자가 있는 것 같다고 의심하기 시작했다. 그들의 탈출 계획이 차례로 실패했기 때문이다. 폴란드 장교 네 명이 매점을 통해 탈출할 계획을 세웠으나 마지막 순간에 한 명이 앓아눕는 바람에 세 명만 탈출을 시도했다. 그런데 그 세 명이 안마당을 벗어나기도 전에 그들을 붙잡은 경비병 중 한 명이 〈세 명뿐?〉이라고 말했다. 「나머지 한 명은 어디 있어?」 프랑스 포로들은 이미 첩자로 의심되는 장교 한 명을 쫓아낸 적이 있었다. 독일군이 그를 조용히 데려갔다. 프랑스 포로들 중 일부는 르메트로의 비밀이 에거스에게 넘어간 것은 고의적인 변절의 결과거나 아니면 무심코 나온 〈부주의한 말〉 때문일 것이라고 계속 확신했다. 의심의 초점은 얼마 전 콜디츠에서 다른 수용소로 이송된 장교들이었다. 불신에는 전염성이 있다. 영국 포로들은 자기들이 파던 굴 여러 개가 유난히 쉽게 발각된 적이 있는데도 배신을 의심하게 만든 구체적인 사건을 콕 집어 말할수 없었으나, 독특한 정치적 견해와 급한 성질을 지닌 포로 한 명주위에 의심의 안개가 고운 독가스처럼 몰리기 시작했다. 그의 피부는 흰색이 아니었다.

비렌드라나트 마줌다르는 포로들 사이에서 결코 자리를 잡지 못했다. 그것은 그에게 허락된 일이 아니었다. 콜디츠에 도착하고 이틀 뒤, 영국 선임 장교인 가이 저먼이 이 인도인 의사를 불렀다.

「자네는 아직 왕의 군대 소속이야.」 저먼 중령이 쏘아붙였다.

마줌다르가 혼란스러워서 경례를 잊어버린 탓이었다.

저먼의 태도는 우호적이지 않았다. 「포로가 된 뒤 어디에서 뭘 했나?」

마줌다르는 당혹스러웠다. 「뭘 했냐고요? 무슨 일을 당했냐고요?」

저먼은 일장 연설을, 아니 경고를 했다. 〈어떤 이유로든 독일인과 친하게 지내면 안 된다〉는 내용이었다. 이 말은, 인도 민족주의자인 그가 독일인들에게서 자신과 통하는 부분을 찾으려는 유혹에 빠질 것이라고 분명하게 암시했다. 마줌다르는 애써 분노를 억눌렀다. 〈그는 대단한 사람이 아니었다. 나는 그 순간부터 그가 싫었다.〉

영국 숙소에서 가장 높은 다락방 뒤쪽의 가장 높은 침상이 마줌다르에게 배정되었다. 밤에 소변이라도 보러 가려면, 나무 신발을 신고 나무 바닥을 걸어가면서 나는 시끄러운 소리 때문에 같은 방의 동료들이 모두 잠에서 깨어 그에게 욕을 해대는 것을 참아야 했다. 「너는 도대체 뭐가 문제야, 마줌다르?」 사람들은 인도인인 〈점보〉가 카레를 만들 수 있을 것이라고 생각했지만, 그는 평생 요리를 해본 적이 거의 없었다. 한번은 실수로 카레에 〈민스미트〉라고 적힌 통조림을 넣은 적도 있었다. 그것이 파이에 넣는 달콤한 과일 소가 아니라 정말로 다진 고기minced meat인 줄 알았기 때문이다. 그렇게 만들어진 카레는 도저히 먹을 수 없는 음식이어서 맹렬한 조롱의 대상이 되었다. 마줌다르에게는 그 〈민스파이 카레〉를 잊는 것이 허락되지 않았다. 곧 그가 〈한때 우리 모두 그랬던 것처럼 독일에 반대했는지는 몰라도, 영국의 통치에 반대했던 것만은 분명하다〉는 소문이 퍼졌다. 그는 성에서 자신을 빼면 한 명뿐인 유색 인종 포로와 자연스럽게 가까워졌다. 인도네시아인의 피가 섞인 네덜란드 동인도 군대의 에두아르드 엥겔스였다. 그러나 이렇게 아웃사이더끼리 가까워지면서, 영국 장교들은 그를 더욱 싫어하게 된 것 같았다.

마줌다르는 수용소의 가장 중요한 화제에서 제외되었다. 〈프랑스인과 네덜란드인은 내게 탈출 계획에 대해 이야기해 주었지만, 영국인은 말해 주지 않았다.〉 그는 이렇게 회상했다. 그가 저 먼 중령에게 다가가 앞으로 탈출 시도를 할 때 자신도 후보로 끼워 주면 좋겠다고 말했을 때 돌아온 반응은 〈조롱〉이었다. 「자네가? 여기서 도망친다고? 그 갈색 피부로?」 그는 독일에서 피부가 하얀 사람들도 다시 잡히는 것을 피하기 어렵다고 말했다. 그러니 눈에 띄는 갈색 피부는 말할 필요도 없다는 것이었다. 맞는 말일 수도 있지만, 대단히 차별적인 말이기도 했다. 그가 얼마나 소외되어 있었는지를 보여 주는 말이기도 하다. 독일군의 수용소 의사보다 더 실력 좋은 의사인데도 그는 장교라서 일하는 것이 허용되지 않았다. 의술을 펼칠 수도 없고, 그를 보증해 줄 사람도 없고, 친구도 거의 없는 마줌다르는 마음을 닫아 버렸다. 그래서 배신의 증거를 반드시 찾아내겠다고 나선 사람들의 눈에 한층 더 낯설고 수상쩍게 보였다. 〈나는 길을 잃었다. 그래서 주로 그냥 혼자 있었다. 콜디츠 전체가 뿔뿔이 흩어진 것 같았다. 각자도생이었다.〉 그는 이렇게 회상했다. 어느 날 프랑스 장교 한 명이 그를 한쪽 옆으로 따로 데려갔다. 「영국 장교들이 자네를 첩자라고 부르는 거 알지? 우리더러 자네를 멀리하라고 말했어.」 마줌다르는 굴욕감을 느꼈다. 높은 카스트의 인도인이 불가촉천민이 되었으니까.

7
MI9의 클러티

1940년 말에 도도 배리는 남편 루퍼트에게서 지극히 이상한 편지를 받았다. 맨 처음 콜디츠로 이송된 영국 장교 중 한 명인 남편의 편지 첫머리는 다음과 같았다. 〈당신이 강아지를 살 생각이라는 말을 듣고 기뻤어. 각각 다른 세 어미에게서 난 강아지 중 첫째가 가장 좋을 거야.〉도도는 강아지를 살 생각이 없었다. 각각 다른 어미의 강아지 세 마리를 사는 것은 말할 필요도 없었다. 처음에 그녀는 남편이 갇혀 있다가 미쳐 버린 것이 틀림없다고 생각했다. 무슨 생각이었을까? 그녀는 심지어 개를 좋아하지도 않았다. 하지만 십자말풀이는 좋아했으므로, 남편의 편지를 자세히 살피다가 그가 간단한 암호를 사용했음을 알아차렸다. 단어를 두 개씩 건너뛰어서 읽는 방법. 이 편지의 내용은 개에 관한 것이 아니었다.

현실이든 상상이든 수용소에는 첩자 노릇을 하는 끄나풀뿐만 아니라, 그보다 더 훌륭한 종류의 첩보원도 있었다. 기밀 정보를 수집해서 영국으로 보내는 사람. 포로들이 세상과 단절되어 갇혀 있는지는 몰라도, 적의 영토 안에 있으니 중요한(또는 최소한

홍미를 끌 만한) 첩보에 접근할 수 있었다. 게다가 새로 붙잡힌 장교나 다른 수용소에서 이송되는 사람 등 포로들이 꾸준히 콜디츠에 유입되고 있었으므로 유용한 정보의 양도 꾸준히 늘어났다. 독일군의 이동 상황, 방어 능력, 폭탄으로 인한 피해, 잠재적인 과녁의 위치, 민간인과 포로의 사기, 식량 공급량 등에 관한 정보였다. 이런 정보를 넘기려면 독일 몰래 런던과 연락을 주고받을 방법이 필요했다. 성을 드나드는 편지는 비밀 메시지를 가려내기 위해 꼼꼼한 검수와 심한 검열을 당했다. 사람 이름과 장소가 언급된 부분은 체계적으로 삭제되었다. 고향으로 보내는 편지는 반드시 반짝이는 종이에 연필로 써야 했다. 비밀 잉크의 사용을 막기 위해서였다. 그러니 런던으로 기밀을 보내는 방법은 암호뿐이었다. 그리고 암호에 대해 쌍방의 동의가 이루어진다면, 런던에서도 답장을 보낼 수 있었다.

도도는 암호를 찾아낸 뒤 겨우 몇 분 만에 루퍼트 배리의 메시지를 읽어 냈다. 〈전쟁부에서 미국 여권 스웨덴 비자 받을 것.〉 도도는 관청으로 달려가 남편이 스칸디나비아를 통해 탈출할 계획이며, 스웨덴 입국 비자가 있는 가짜 미국 여권을 원한다고 관리에게 설명했다. 관리는 여권을 구해 주지 못했다. 그러나 몇 주 뒤 배리는 리즈에 미혼으로 살고 있는 친척 크리스틴 실버먼에게서 두 통의 편지를 받았다. 몇 년 동안 소식을 주고받은 적이 없는 그 친척은 배리와 똑같이 단어를 두 개씩 건너뛰는 암호를 사용해, 포로 복지 기금에서 콜디츠로 보낸 소포 두 개가 곧 도착할 것이라고 말했다. 손수건 한 세트와 설탕을 뿌린 다양한 색의 아몬드 한 봉지가 든 소포였다. 이 〈친척 아주머니〉의 지시에 따라 배리는 노란색 아몬드를 물에 녹인 다음 가장자리가 초록색인 손수건을 넣었다. 그러자 사진을 현상할 때처럼, 그의 눈앞에서 〈HK〉, 즉 〈5-6-O 암호〉가 상세히 모습을 드러냈다. 영국인 포로들과 연락을 주고받기 위한 암호였다. 간단하면서도 해독하기 어려운 이 암호(473면 참조)는 전쟁이 끝날 때까지 깨지지 않았다. 포로들이 제공한 정보 중 일부는 런던에 도착했을 때 이미 뒤떨어진 정보가 되어 있었으나, 전쟁부와 수용소가 연결되어 있다는 사실이 지닌 심리적 가치는 어마어마했다. 포로들은 암호 편지를 통해 정보를 보내고, 필요한 요청을 하고, 지시를 받을 수 있었다. 독일인들은 이런 일이 있을지도 모른다고 강하게 의심했으나 시끄럽게 떠들지는 못했다. 믿을 만한 통신 수단이 생기자 콜디츠와 런던 사이의 거리가 예전만큼 멀어 보이지 않고, 무력하게 갇혀 있는 생활도 덜 답답해졌다. 그들은 비록 무기를 빼앗기고 구금당한 포로 신세지만 여전히 군인으로 싸우고 있었다. 한편 런던의 전쟁부도 전쟁 포로를 다른 시각으로 보기 시작했다. 전체적인 전쟁의 판도와 상관없는 비전투원이 아니라, 잠재력을 지닌 군사적 자산으로 보게 된 것이다.

리즈에 사는 크리스틴 아주머니는 사실 적의 영토에서 격추되거나 실종된 군인과 전쟁 포로를 돕는 데 전념하는 영국 정보기관의 새로운 지부 중 일부였다. 이 지부는 리스본 도서 기금, 웰시 선견지명 모임, 주류 판매 면허가 있는 음식점 주인들의 스포츠 협회, 영국 지역 숙녀들의 위로 모임, 직소 퍼즐 클럽 등 다양한 이름으로 위장하고 활동했다. 그러나 공식적인 이름은 MI9으로, MI5와 MI6를 포함한 군사 정보기관들 중 가장 최근에 생긴 기관이었다. 처음에는 런던 메트로폴 호텔의 방 하나에서 시작한 최고 기밀 부서가 급속히 확대되어, 1942년 초에는 영국에서 콜디츠 탈출에 대해 직접적으로 알고 있는 유일한 인물을 직원으로 채용했다.

에어리 니브는 스위스에 도착하자마자 기밀 세계의 괴상한 의식에 입문했다. 베른의 영국 공사관에서 그가 들은 말은 이러했다. 「MI9이 당신을 원합니다.」(그때 그는 처음으로 이 이름을 들었다.) 공사관에서는 제네바에 가면 어떤 남자가 기차역 서점에서 『주르날 드 주네브』를 읽으면서 기다리고 있을 것이라고 말했다. 정말로 〈가는 세로줄 무늬 정장을 입은 호리호리한 영국 남자〉가 〈로버트〉라고 자기소개를 했다. 그는 MI6의 니컬러스 엘리엇으로 스위스에서 빠져나오는 루트를 관리하고 있었으며 터무니없는 일에 관심이 많은 베테랑 첩보원이었다. 엘리엇은 니브를 데리고 호텔 유곽으로 가서 파티를 즐기다가 위조 신분증을 건네주었다. 그를 체코 난민으로 표시한 신분증이었다. 하필 체코를 택한 것이 이상했다. 니브는 신분증에 적힌 이름을 발음조차 할 수 없었다. 그는 국경을 넘어 프랑스로 들어간 뒤, 다른 영국인 탈주자와 함께 나이가 지긋한 남자를 만났다. 노동자들의 작업복을 입고 토기 파이프로 담배를 피우던 그 프랑스인이 말했다. 「안녕하신가, 신사분들. 나는 전에 런던 리츠 호텔에 있던 루이 시몽이오.」 이 전직 웨이터는 두 사람을 〈슬픈 표정의 젊은 프랑스 여자〉에게 소개해 주었고, 그녀는 그들을 마르세유의 암시장 상인에게 넘겼으며, 그 상인은 팻 오리어리가 운영하는 피레네 탈출 경로인 〈팻 라인〉에 그들을 넘겼다. 오리어리는 이름과 달리 벨기에 출신인 의사였다. 중립 지대인 스페인에서 니브는 모든 연합국 출신의 탈출 군인 20여 명과 함께 버스로 지브롤터까지 가서, 영국행 군 수송선에 올랐다.

2주 뒤 그는 코번트 가든의 룰스 식당에서 타탄체크 바지 차림의 중년 남자와 점심 식사를 했다. 과거에는 런던 증권 거래소 소장이었고 지금은 MI9 소장인 노먼 크로캣 대령이었다. 그는 아주 단순한 철학을 갖고 있었다. 포로로 잡히지 않도록 군대 인력을 훈련시키고 수용소 탈출을 돕는 일을 통해 MI9이 적의 자원을 묶고, 포로와 민간인의 사기를 모두 높이고, 전쟁 수행 능력을 북돋는다는 것이었다. 육해공군 군인들은 반드시 〈탈출 정신〉을 배양해야 하며, 포로가 되는 것을 피하는 일과 만약 사로잡히는 경우 탈출하는 일을 애국적인 의무로 생각해야 했다. 갇혀 있다가 자유를 찾은 포로는 모두 되돌아온 군인이었다. 크로캣은 니브에게 곧장 본론을 꺼냈다. MI9의 내 팀에 합류하겠는가? 「그런 경험을 한 사람은 아주 드물다네.」 니브는 주저 없이 이 제안을 받아들였다. 「저는 이미 탈출 분위기에 익숙합니다. 그쪽에 있는 사람들을 돕기 위해 무슨 일이든 하겠습니다.」

MI9은 영국 정보기관 중에서 가장 작고 가장 비밀스러우며 가장 이상한 곳이었다. 운영자는 크로캣이었지만, 일을 주도하는 사람은 크리스토퍼 클레이턴 허턴이라는 천재였다. 그는 역사상 가장 천재적인 탈출 장비 발명가다. 전쟁이 일어나면, 평화 시에는 괴짜나 사회 부적응자로 취급당할 사람들에게 유용한 일자리가 생긴다. 〈클러티〉라고 불리는 허턴도 그런 사람이었다. 머리가 점점 벗어지는 중이고, 안경을 썼고, 군대식 규율에 격렬한 알

레르기 반응을 보이는 그는 전쟁 수행에 대부분의 장군보다 더 많은 기여를 했다. 방해받는 것이 싫어서 벌판 한복판의 커다란 지하 벙커에서 일하며 거둔 성과였다. 그가 탈출에 매혹되기 시작한 때는 1913년이었다. 당시 열아홉 살이던 그는 버밍엄에서 삼촌이 운영하는 제재소에서 일하다가 미국의 마술사 해리 후디니를 만났다. 그리고 그가 봉인된 나무 포장 상자에서 탈출하지 못할 것이라고 내기를 걸었다. 후디니는 이 내기에서 이겼지만, 순전히 공장 노동자들에게 몰래 뇌물을 주고 상자 뚜껑에 가짜 못을 박아 달라고 부탁한 덕분이었다. 젊은 클러티에게 이것은 유레카의 순간이었다. 그러나 그때부터 27년 동안 그는 두 번의 세계 전쟁을 겪고, 신문 기자, 영화 홍보 직원, 군인으로 일하다가 실패한 뒤에야 천직을 찾았다. MI9이 사용할 탈출 장치와 회피 장치를 발명하는 일. 이 일에서 그는 가히 기함할 만한 에너지와 독창성을 보여 주었다.

가장 먼저 클러티는 격추된 공군을 위한 탈출 키트를 발명했다. 그리고 나서 포로 수용소 안으로 장비를 몰래 들여보내는 훨씬 더 어려운 일로 점차 옮겨 가, 유난히 창조적인 두뇌의 힘을 남김없이 사용했다.

적지의 지도를 확보하는 것이 무엇보다 중요했다. 클러티는 생전 처음 보는 방식으로 지도를 제작했다. 먼저 비단에 영구적인 잉크로 인쇄한 지도는 아주 작게 접어서 체스 말이나 구두 뒷굽 안에 숨길 수 있었다. 또한 뽕나무 이파리로 만들어 먹을 수 있는 종이에 찍은 지도는 포로가 몸수색을 당하더라도 바스락거리는 소리가 나지 않고, 물에 젖어도 풀어지지 않고, 공처럼 구겼다가 다시 펴도 형태가 무너지지 않았다. 그 밖에도 군복 안감 속에 꿰매 넣은 지도, 책이나 음반이나 담배통이나 트럼프 카드 속에 숨긴 지도가 있었다. 클러티는 자성(磁性)을 띤 면도날로 나침반도 발명했다. 이것을 실에 걸어 두었을 때 질레트Gillette의 G가 가리키는 방향이 북쪽이었다. 음식, 통조림, 비누, 옷깃의 징, 몽당연필, 엉뚱한 방향으로 돌려야 열리는 단추(독일인들은 논리적이라서 무언가를 시계 방향으로 돌려야 열린다는 발상을 결코 하지 못할 것이라는 완벽한 이론을 바탕으로 만든 것)에 숨기는 소형 나침반도 있었다. 보드게임판에 돈을 숨기는 방법, 소포를 묶은 실에 쇠톱을 숨기는 방법, 크리켓 배트 손잡이에 드라이버를 숨기는 방법, 머리빗에 돈을 비롯한 금지 물품을 숨길 비밀 칸을 만드는 방법 등을 고안해 냈다. 소포에 통조림이 있으면 독일군이 뒤와 아래를 찔러서 내용물을 조사한 뒤에야 포로에게 넘겨주었다. 그래서 클러티는 외피가 이중으로 된 통조림통을 발명했다. 바깥층과 안층 사이의 얄팍한 공간에는 지도와 돈은 물론 적 비행기의 도면까지도 숨길 수 있었다. 물론 포로가 된 조종사가 탈출하면서 그런 도면을 훔쳤을 때의 이야기였다. 격추된 조종사를 위해 그가 발명한 물건 중에는 가짜 뒷굽에 식량과 벤제드린 알약(피로를 쫓아 주는 일종의 각성제) 등 비상 물품이 들어 있는 신발, 민간인 신발로 변신할 수 있는 비행용 군화, 각반을 떼어 내면 따뜻한 가죽조끼가 되는 옷 등이 있었다. 어떤 포로들은 콜디츠에 올 때부터 탈출하는 데 도움이 되는 많은 장비를 이미 비밀리에 몸에 지니고 있기도 했다.

변장은 필수였으므로, 클러티는 남다르게 돌아가는 머리로 의상을 고민했다. 전쟁 포로는 새 군복을 지급받을 권리가 있었으므로, 그는 뒤집어 입을 수 있는 군복을 디자인했다. 안감이 어두운 색이라서 뒤집으면 평범한 민간인 재킷처럼 보였다. 모직 협회에 자문을 구해 딱 맞는 소재를 찾아낸 그는 평범한 담요처럼 보이는 천에 보이지 않는 잉크로 재단선을 표시했다. 수용소에 이 천이 도착하면, 포로들 중 옷을 만들 줄 아는 사람이 사진을 현상하듯 잉크 자국이 드러나게 한 뒤 그 표시대로 재단해서 독일군 또는 독일 공군의 군복 모조품을 만들었다. 별도로 우송된 염색약으로 염색까지 마치면, 이 옷은 진짜 군복과 거의 구분이 가지 않았다.

크로캣은 클러티에게 실험할 자유를 허용했다. 클러티가 명령에 따르는 능력이 별로 없는 편이니 다행한 일이었다. 〈이 장교는 괴짜다. 이 친구가 평범한 군대 규율을 따를 것이라고 기대하면 안 된다.〉 크로캣은 자랑스럽게 말했다. 이로 인해 클러티는 자주 문제에 휘말렸다. 프랑스 레지스탕스를 위해 SS 장교의 얼굴에 독을 바른 전축 바늘을 입으로 불어서 쏠 수 있는 대롱을 만들어 주었더니, 너무 정정당당하지 못하다고 거절당했다. 일클리 무어에서는 담뱃갑에 숨긴 소형 무전기를 시험하다가 체포되었다. 그의 운전 솜씨도 워낙 괴상해서 기사가 배정되었다. 기사에게는 그가 태우고 다닐 사람이 제정신이 아니라는 말을 미리 해두었다.

배우 데즈먼드 루엘린은 라우펜의 장교 수용소에 있으면서 이런 기발한 탈출 장치를 일부 다뤄 보았음이 분명하다. 나중에 루엘린은 제임스 본드 영화 열일곱 편에서 MI6의 성마른 발명가인 〈Q〉를 연기했는데, 그는 클러티를 모델로 한 인물이었다.

적십자사 구호품 소포는 탈출 장비를 밀반입하는 데 이용된 적이 없다. 그런 행동은 적십자사의 중립성을 해치기 때문에, 포로들의 복지에 반드시 필요한 물품의 공급이 위태로워질 수 있었다. 그래서 MI9은 가족들이 보내는 소포나 다양한 가짜 자선 단체가 가짜 주소로 보내는 소포에 탈출 장비를 끼워 넣었다. 이런 소포는 〈가짜〉, 〈폭약〉, 〈못된 것〉이라고 불렸다. 독일군은 심지어 이런 소포를 받고 발송자에게 되돌아갈 영수증에 서명하는 것까지 허락해 주었기 때문에, MI9은 어떤 은밀한 장비가 수용소 안으로 들어갔는지 짐작할 수 있었다. 앞으로 언제, 어떻게 무슨 물건이 소포로 도착할지를 알리는 데에는 암호 편지가 사용되었으나, 이 시스템은 완벽하지 않았다. 음반 안에 지도가 숨겨져 있는 것을 들킨 뒤 영국 포로들은 갖고 있던 음반을 대부분 부수어서 폐기했다. 금지된 물품을 숨긴 음반에는 라벨의 정해진 자리에 점이 찍혀 있다는 사실을 아직 몰랐기 때문이었다.

클러티는 지치지도 않고 영국 회사들을 다그쳐서 자신을 돕게 만들었다. 리즈의 존 워딩턴은 포로들에게 보내는 모노폴리 게임 속 돈에 실제 현금을 섞을 수 있게 해주었다. 브리스틀의 담배 회사 윌스는 탈출 장비를 감추기 위해 담배통을 따로 제작해 주기로 했다. 에든버러의 지도 제작 회사인 존 바살러뮤 앤드 선스는 다양한 재질로 제작한 초소형 지도를 대량 생산해 주었다. 런던 올드 켄트 로드의 자그마한 장비 회사인 블런트 브라더스는 한때 소형 나침반을 일주일에 5천 개나 만들어 냈다. 포로로 잡히거나 격추되었다가 무사히 탈출한 연합국 군인 3만 5천 명 중 약 절반이 이런 허튼 지도를 갖고 있었다.

크리스토퍼 클레이턴 허턴의 괴상한 업적은 전쟁에서 중요한 것이 폭탄, 총알, 전장에서 보여 주는 용맹함만은 아니라는 사실을 증명한다. 호두 속에 나침반을 숨기는 법을 찾아내는 사람도 중요하다.

무엇보다도 중요한 지도는 영국이 아니라 독일에서 제작된 것이었다. 탈출 위원회는 수백 년 동안 콜디츠를 지은 사람들이 틀림없이 이 성의 모든 방과 모든 층을 일일이 그린 평면도를 만들었을 것이라고 보았다. 그래서 이런 기록이 있는지 알아봐 달라는 요청이 암호 편지로 런던에 전달되었다. 그런 기록을 보면 〈육중한 벽에 어쩌면 벽돌로 막아 버린 공간이 있을 가능성이나 과거의 하수도〉가 드러날지도 모른다고 생각했기 때문이다. MI9은 전국의 도서관을 뒤져, 영국 박물관 깊숙한 곳에서 코르넬리우스 구를리트가 19세기에 콜디츠를 그린 자료를 마침내 찾아냈다. 〈강한 아우구스투스〉가 이곳을 지배하던 시기인 1696년에 만들어진 물품 목록을 바탕으로 상세하게 그린 평면도도 포함되어 있었다. 17세기에 이 성에 존재했던 모든 방, 계단, 창문, 벽 수납장, 반침이 표시되어 있었으나, 그중에 많은 곳이 그 뒤로 벽에 가려졌다. 런던에서는 이 지도의 사본을 만들어, 소포에 숨겨서 콜디츠로 보냈다. 이 소포는 〈못된 것〉이 아니라 헤아릴 수 없을 만큼 귀한 것이었다.

영국에서 오는 소포에는 때로 뜻밖의 사치품이 들어 있었다. 팻 리드는 대학 시절 친구에게서 우프만* 아바나 시가 두 상자를 받고 몹시 기뻐했다. 50개의 시가가 마개가 있는 알루미늄 튜브

* 쿠바의 고급 시가 브랜드.

안에 한 개씩 신선하게 보관되어 있었다. 이 튜브는 그때까지 항문에 물건을 넣어 운반할 때 사용하던 마분지 칫솔 상자보다 훨씬 더 튼튼해서 완벽했다. 공간도 넓어서, 리드의 표현에 따르면 〈단추 나침반, 다양한 단위의 돈으로 1백 라이히스마르크, 콜디츠에서 징겐까지의 경로를 표시한 지도, 노동자 통행증, 대판 양지에 적은 휴가증〉을 다 넣을 수 있었다. 브랜드의 이름에도 시적인 정의가 있었다. 헤르만과 알베르트 우프만이 지난 전쟁 중 쿠바에서 독일 첩보망을 운영할 때 H. 우프만 시가 유한 회사를 신분 위장용으로 이용했기 때문이다.

콜디츠로 무사히 밀반입된 금지 물품이 얼마나 되는지, 그리고 클러티의 발명품이 얼마나 많은 탈출 시도를 만들어 냈는지를 정확히 파악하기는 불가능하다. 그러나 전쟁 초기에 수용소로 흘러 들어간 돈, 지도, 기타 발명품은 거의 들키지 않았다. 독일군이 해외에서 온 소포를 안마당 1층에 있는 소포실에서 수신자에게 건네기 전에 미리 조사하기는 했지만, 조사가 엄격하지는 않았다. 새로 도착한 포로의 몸수색도 제대로 이루어질 때가 드물었다.

그러나 1942년 초에 지칠 줄 모르는 에거스가 아주 고약한 냄새를 맡았다. 세계적으로 종이가 부족한 현실을 감안할 때, 포로들이 소포로 받는 하드커버 책 중 일부의 표지가 이상하게 두꺼워 보였다. 특히 리스본의 〈포로 여가 시간 기금〉에서 보내는 책의 하드커버가 유난히 두꺼웠다. 독일군이 하드커버를 잘라서 열어 보니 1백 마르크 지폐, 스위스, 네덜란드, 벨기에, 유고슬라비아의 국경 지도가 들어 있었다. 심지어 유난히 묵직한 책 한 권에서는 쇠톱까지 나왔다. 〈코앞에서 벌어지는 일을 발견하는 데 우리가 조금 늦었다.〉 에거스는 이렇게 썼다. 그러나 그는 잃어버린 시간을 재빨리 벌충했다. 하드커버 책을 금지하고, 음식 소포도 수신자에게 건네기 전에 열어 보고, 통조림도 그릇에 내용물을 쏟은 뒤 깡통 안쪽을 조사했다. 이렇게 수용소로 반입되는 물건들을 꼼꼼하게 조사했더니 놀라운 사실이 몇 가지 발견되었다. 〈서양자두 안에 20마르크 지폐가〉 있었다고 새들리히 운터오피치어는 감탄했다. 포로가 새로 오면 반드시 알몸 수색을 하고, 옷가지와 소지품도 따로 분리해서 보았다. 한 신참 포로가 지니고 있던 체스 세트에서 에거스는 〈1천 라이히스마르크, 나침반 세 개, 지도 일곱 장〉을 발견했다. 적십자사 구호품이 아닌 모든 소포가 이제는 철저한 수색의 대상이었다. 나중에는 라이프치히에서 가져온 X선 기계가 소포실에 설치되었다. 〈우리는 외부에서 들어오는 모든 물건에 예외 없이 그 광선을 쬐었다.〉 에거스는 이렇게 썼다. 그 기계는 아주 빠르게 결과를 내놓았다. 손잡이 속을 파서 톱날, 지도, 돈을 숨긴 배드민턴 라켓 한 세트가 발견된 것이다. 클러티가 물건을 숨기는 데 더욱더 독창성을 발휘하고 있었다.

콜디츠의 두 번째 겨울은 기온이 영하 30도까지 떨어질 정도로 추웠다. 그런데 1월 말에 석탄 부족으로 2주 동안 뜨거운 물이 공급되지 않았다. 더러운 몸으로 추위에 떨던 포로들은 반항심과 체념 사이를 급작스럽게 오가곤 했다. 영국 포로들이 탈출에 성공하면서 들떴던 분위기는 프랑스의 굴이 발견되면서 금방 가라앉았다. 〈수용소 전체가 상실감에 속으로 부글거리고 있었다.〉 슈미트 코만단트가 예배당 바닥 수리비를 장교 봉급에서 제하겠다고 발표한 것이 이 분노를 더욱 부추겼다. 프리엠 하웁트만은 점점 더 술에 취해 괴팍한 행동을 일삼다가 무의미한 차석 코만단트로 승진했다. 에거스는 그의 뒤를 이어 선임 당직 장교가 되었다. 〈이제 《나쁜 놈들》과 접촉하면서 최고의 공격을 견뎌 내는 일이 내 몫이 되었다.〉 그는 이렇게 썼다. 그가 안마당에 들어설 때마다 〈아우성과 야유〉가 그를 맞이했다. 그보다 더 심한 일을 당할 때도 있었다. 나치가 주장한 지배 민족의 대표치고 에거스는 극도로 민감한 사람이었다. 〈그렇게 커다란 증오의 대상이 된 것에 당연히 기분이 나빴지만, 내가 맡은 일 때문에 생기는 일이었으므로 나는 그것을 성공의 척도로 받아들였다.〉 에거스는 포로 숙소에 약 9미터 간격으로 마이크를 설치하게 했다. 경비병들에게는 밤에 조용히 건물 안을 돌아다닐 수 있게 고무 밑창 신발을 지급했다. 예배당 이용은 금지되었다. 사냥터 산책도 제한되었다. 1월 말에는 가이 저먼이 〈장교들의 탈출 선동뿐만 아니라 전쟁 포로들 사이에서 파괴적이고 비협조적인 행동을 공모하는 데 전적으로 골몰〉했다는 이유로 다른 수용소로 이송되었다. 저먼 대신 선임 장교 역할을 맡은 사람은 데이비드 스테이너 중령이었다. 저먼보다 비교적 외교적인 인물인 그는 머리가 희끗희끗하고 성격이 진지했다. 포로들이 보기에 강화된 보안 조치는 정말로 쪼잔한 처벌이자, 앙심 때문에 실시된 굴욕적인 규제였다. 특히 경례 규칙이 무엇보다 싫었다.

제네바 협약에 따라 포로는 독일군 상급 장교들에게 경례를 해야 했다. 바이에른 출신인 수용소 의사가 특히 이 규칙을 고집스럽게 주장해서, 독방에는 그에게 하는 경례를 거부하거나 건방지게 경례한 포로들이 가득했다. 1월 말의 어느 날 저녁 점호 때 22세의 벨기에 장교 베르케스트 중위가 일부러 보란 듯이 주머니에 손을 넣고 구부정하게 걸어갔다. 에거스가 그에게 경례하라고 말하자 그는 거부했다. 그 결과 열린 군사 재판에서 베르케스트는 직접적인 명령에 불복종한 죄가 인정되었다. 그런데 그가 이제 서른세 명 규모인 벨기에 군인들을 조직해서 대규모로 경례를 거부하려 했다는 사실이 그 자신의 증언으로 밝혀지자 그의 혐의가 사형 선고까지 가능한 반란으로 바뀌었다. 상관에게 건방지게 구는 별것 아닌 행동이 목숨이 오가는 대결로 격상된 것이다. 포로들 전원이 격분해서 단결하여 항의에 나섰다. 문제의 의사가 얼마 뒤 안마당에 나타나자 포로들은 창문에서 합창하듯 야유를 던지고 〈Tierarzt!(말 의사!)〉라는 모욕적인 말을 외쳤다. 폭동 진압반이 총검을 장착하고 나타나 안마당을 확보했다. 사형 선고는 나중에 히틀러 본인에 의해 감형되어, 베르케스트의 파일에 간결한 메모(《충분한 처벌》)로 표시되었다. 그러나 이 이른바 〈경례 전쟁〉은 양편의 감정이 얼마나 거칠어지고 있는지를 보여 주었다.

간헐적으로 끓어오르는 반란의 기운은 탈출과 마찬가지로 조금 계절적인 성격을 띠었다. 여름에는 심각하고 겨울에는 덜 맹렬했다. 때로는 포로들이 탈출 계획과 얼간이 괴롭히기를 그만두고 심술궂은 얼굴로 마지못해 복종하기도 했다.

우울한 유령이 콜디츠를 돌아다녔다. 이 문제를 터놓고 이야기하는 경우는 거의 없었지만, 유령은 항상 존재했다. 전쟁 소식이나 탈출 시도, 극장 무대에 오른 최신 공연, 아니면 단순히 스툴볼 경기의 승리에 따라 사기가 오르락내리락했다. 적십자사 소포가 도착하면 기분이 들떴다가, 더운물 공급이 중단되거나 탈출에 실패하면 기분이 곤두박질쳤다. 날씨만큼이나 변덕스러웠다. 아내나 여자 친구가 있는 포로들은 연락을 기다리고 또 기다렸지만, 결별을 고하는 편지가 올까 봐 두려워했다. 고향 소식을 궁금해하고 상상했으나, 민간인 죄수들과 달리 그들의 감금 생활에는 눈에 보이는 끝이 없었다. 분필로 흐르는 시간을 표시한다 해도, 자유의 날이 조금이라도 가까워지는 것은 아니었다. 한 포로는 이렇게 회상했다. 〈아침에 일어나 혼자 시간을 보내는 것 외에는 할 일이 전혀 없는 긴 하루와 마주하는 기분을 상상도 못 할 것이다.〉 작은 방으로 이루어진 토끼 굴 같은 곳에 비좁게 살고 있기 때문에 포로들이 서로 대략 1미터 이상 떨어져 있을 때가 거의 없었다. 공기는 퀴퀴하고, 대화는 김이 빠졌다. 사소한 의견 불화가 금방 분노와 싸움으로 이어질 수 있었다. 다들 성질이 급하고, 주의를 기울일 수 있는 시간은 그보다도 더 짧았다. 지금 같으면 틀림없이 외상 후 스트레스 장애로 진단받을 증세를 겪는 사람도 있었다. 그런 사람 중 몇 명은 벽에 걸린 작은 수납장 앞에 서서 몇 개 되지도 않는 소지품의 위치를 계속 이리저리 바꾸고 정리하면서 몇 시간을 보내기도 했다. 이 강박적인 행동을 리드는 〈사물함 시간 때우기〉라고 묘사했다. 시간이 점점 흐르면서 더욱 극적인 심리적 증상들이 나타났다. 〈제정신을 유지하는 것이 정신적인 전투였다.〉 재즈 밴드 리더 지미 율은 이렇게 말했다.

콜디츠 생활의 심리적 부담감 때문에 고통받는 것은 포로들만이 아니었다. 그들을 감시하는 간수들도 비좁은 곳에서 지루한 생활을 하며 향수와 불안감에 시달렸다. 2월 8일에 젊은 독일군 병사의 시신이 사냥터에서 발견되었다. 권총으로 스스로 머리를 쏘아 자살한 시신이었다. 그 이유는 끝내 밝혀지지 않았다.

의사든 성직자든 포로들은 모두 남자들만 있는 기숙 학교에서 향수(鄕愁)를 대하듯이 우울증을 대하는 경향이 있었다. 그 사람이 약하다는 징표이니 무시하는 편이 가장 좋다고 생각했다는 뜻이다. 그들은 지나치게 떠받들어 주면 불행한 감정이 더 깊어지기만 할 뿐이라고 믿었다. 〈윗입술을 딱딱하게 굳히면 감정을 숨기기 좋다.〉한 포로는 이렇게 말했다. 그래도 그들은 혹시 심각한 정신적 문제가 나타나지 않는지 서로를 주의 깊게 살펴보았다. 에거스도 비슷하게 신경을 썼다. 〈우리는 그들이 미치는 것을 원하지 않았다.〉그는 이렇게 썼다.

현학적이고 가끔 간계를 쓰기는 해도, 에거스는 인간적인 사람이었다. 그는 프랭크 〈에롤〉 플린이 상당히 이상하게 굴기 시작했다는 것을 알아차렸다. 플린은 반복적으로 탈출을 시도하고 실패했다. 「난 다시 날고 싶습니다. 아직 전쟁을 충분히 경험하지 못했어요.」그는 이렇게 간단히 말했다. 그는 토룬 수용소에서 탈출해 하인켈 폭격기를 훔치려다 콜디츠로 보내졌다. 7월에는 〈화장실 굴〉에서 나오다가 또 붙잡혔다. 프랑스인들이 굴을 팔 때는 〈프랭크 쇠지레〉를 내놓았는데 그 계획도 무위로 돌아갔다. 소포실에서 밖으로 나가는 소포 자루에 숨으려고 한 적도 있으나, 소포실을 벗어나지도 못하고 붙잡혔다. 그리고 독방으로 가는 길에 또 감시병을 따돌리고 도망치려 했다. 4월 3일에 에거스는 영국 숙소를 급습했다. 아무도 예상하지 못한 이 급습에서 플린이 열심히 새 굴을 파고 있는 것이 발견되었다. 예전의 탈출 시도에 대해 각각 28일 구금형을 받은 그가 형기와 형기 사이 사흘간의 휴가를 받아 독방에서 나온 틈에 일을 벌인 것이다. 그의 형기가 또 늘어났다. 〈모두 합해 170일이었다.〉 리드는 이렇게 적었다. 그때까지 모든 포로의 기록 중 최장기간이었다. 〈어떤 동물이든 갇혀 있으면 밖으로 나가려고 점점 더 몸부림친다.〉 그는 이렇게 말했다. 플린은 살이 빠지고(적십자사 구호품은 독방에 허용되지 않았다), 격심한 천식에 시달렸다. 그래서 자기만의 생존 전략을 개발했다. 〈아침마다 항상 침상을 정돈하고, 그다음에 할 일을 생각한다. 뇌를 항상 활발하게 유지한다.〉 건강을 잃지 않기 위해 그는 요가를 했다. 정신과 몸을 다스리는 요가는 당시 영국에는 거의 알려져 있지 않았다.

사립 학교에 다니지 않은 그는 1939년까지 부사관 조종사로 있다가 장교가 되었기 때문에 항상 조금 동떨어져 있었다. 처음에는 강제적인 독방 생활을 시련으로 보았으나, 나중에는 무심해졌다가, 마지막에는 그냥 건강하지 못한 습관으로 생각했다. 〈독방 구금에는 좋은 점이 많았다. 어떤 면에서는 끊이지 않는 소음, 탈출하는 사람, 가끔 울리는 총성에서 벗어난 휴가였다.〉 그는 이렇게 썼다. 그는 고립된 생활을 하면 〈생각을 정리할 수 있다〉는 결론을 내렸다. 그러나 생각이 뜻밖의 방향으로 흘렀다. 〈나는 로마 가톨릭 신자였다. 혼자 있으면 신학이나 뭐 그런 것들이 마음에 들어온다. 종교를 새로운 시각으로 볼 수 있게 되는 것이다. 나는 종교를 바꾸고 나만의 철학을 갖게 되었다. 하느님이 전체의 선을 위해 노력하며 스스로를 통제하는 지성이라는 결론을 내렸다.〉 여위고 강렬한 표정으로 독방에서 나올 때마다 플린은 좀 더 괴팍

하고, 좀 더 편집적으로 보였다. 그는 누군가가 자신을 배신했다고 확신했다.

니브의 〈홈런〉으로부터 5개월 동안 콜디츠 포로들은 스물두 번 탈출 시도를 했다. 개중에는 국제적인 협력이 이루어진 사례도 있었다. 그중에 성공 사례는 하나뿐이었다. 벨기에 장교가 군사 병원으로 이송된 뒤 탈출해서 스페인 알헤시라스 앞바다에 정박한 영국 선박까지 헤엄쳐 가서 화물칸에 숨어 밀항한 사례. 다른 탈출 시도는 모두 실패했다. 네덜란드인 두 명은 노동자로 변장하고 걸어 나가려다 붙잡혔고, 프랑스인 장교 한 명은 다락방에서 굴을 파면서 나온 잔해를 운반하는 수레 속에서 반쯤 질식한 상태로 발견되었다. 의무실 침대 밑에서는 국제적인 협력으로 만들어지던 굴이 발각되었다. 네덜란드인 한 명은 사냥터의 나뭇잎 더미 아래에 숨어 있다가 들켰다. 네덜란드 포로들은 성에 빠져나갈 구멍이 있는지 여기저기 기웃거리다가 자기네 숙소와 인접한 버팀벽의 속이 비어 있는 것을 알아냈다. 옛날에 용변을 위에서부터 그냥 떨어뜨리던 시절의 용변 통로로, 한때 현명한 선거후 프레데리크가 사용한 적도 있는 그 수직굴은 지면에서 1.8미터 아래까지 뻗어 있었다. 거기서부터 협곡을 향해 수평으로 파고 있던 굴이 완성까지 겨우 약 15미터를 남겨 두었을 때 에거스가 현장을 급습해 굴을 파던 사람 두 명과 엄청난 규모의 탈출 장비를 끌어냈다. 〈보물의 양이 어마어마했다.〉그가 이렇게 놀라움을 드러낸 노획물 중에는 사열 때 탈출한 포로의 자리를 메우는 데 사용된 네덜란드 마네킹 막스와 모리츠가 포함되어 있었다. 에거스는 그 굴의 존재를 어떻게 알게 되었는지 끝까지 밝히지 않았다.

팻 리드는 어느 날 저녁 눈보라를 빤히 내다보다가 영국 숙소 2층과 코만단투르의 버팀벽 사이 평평한 지붕에 눈이 1미터 넘게 쌓인 것을 알아차렸다. 그는 톱니 모양 면도날로 만든 톱으로 창살을 자르고 지붕으로 내려간 뒤, 눈 속에 굴을 뚫었다. 〈아치형 굴로, 높이는 50센티미터가 조금 넘었다.〉 폭은 아래에 있는 경비병에게 들키지 않고 꿈틀거리며 나아갈 수 있는 정도였다. 그가 독일군 숙소 벽에 막 구멍을 팠을 때, 새들리히 운터오피치어가 권총을 빼 들고 갑자기 나타났다. 리드는 안마당에 쌓인 눈 위로 반은 스스로 뛰어내리고 반은 추락해서 재빨리 달아났다. 실패한 탈출 시도가 하나 더 늘어났다.

철학적인 포로들은 연속되는 실패를 불운의 탓으로 돌렸다. 에거스는 자신의 독창성 덕분이라고 보았다. 그러나 그보다 불길한 요인을 감지한 사람들이 있었다.

폴란드 선임 장교인 브로니스와프 코발체프스키가 어느 날 저녁 동료들에게 군복을 완전히 갖춰 입고 비상 회의에 나오라고 지시했다. 폴란드 장교 마흔여덟 명이 폴란드 회의실에 모였다. 젊은 육군 소위 리샤르트 베드나르스키도 그 자리에 있었다.

원래 직업이 삼림 관리인인 베드나르스키는 폴란드인 사이에서 일종의 유명 인사였다. 1941년 4월에 그가 병든 시늉을 해서 콜디츠에서 군사 병원으로 이송되는 도중 탈출한 경력이 있기 때문이었다. 그와 함께 탈출한 장교는 금방 붙잡혔지만, 베드나르스키는 크라쿠프까지 가는 데 성공해서 몇 주 동안 버티다가 게슈타포에게 체포되었다. 그리고 〈많은 구타〉 끝에 콜디츠로 되돌아와 영웅처럼 환영받았다.

선임 장교의 부관이 주목하라고 외치고 나서, 코발체프스키 대령이 베드나르스키에게 앞으로 나오라고 지시했다. 「베드나르스키 소위, 자네는 첩자이자 반역자다. 폴란드 군복과 기장을 걸칠 자격이 없어.」

짧은 군사 재판이 시작되었다. 베드나르스키는 독일군과 공모한 혐의를 받았다. 그가 탈출을 허락받은 것은 크라쿠프에서 폴란드의 지하 레지스탕스에 침투하기 위해서이며, 이곳으로 다시 끌려온 뒤에도 동료들의 탈출 계획을 알리면서 배신행위를 계속했다는 것이다. 한 폴란드 장교는 군사 병원에 있을 때 베드나르스키가 독일 군사 정보기관인 아프베어와 한패임을 증명하는 문서를 보았다고 주장했다.

이 특별 법정이 내릴 평결에 대해서는 의심의 여지가 없었다. 어떤 사람들은 베드나르스키를 폴란드 숙소 꼭대기 층으로 끌고 가 창문에서 내던지는 즉결 처벌을 해야 한다고 주장했다. 자살로 위장한 처형이었다. 그러나 부관은 엄숙하게 분노를 드러내며 베드나르스키의 견장을 뜯어내고 그에게 나가라고 명령했다. 언제 린치를 당할지 몰라 공포에 떨며 밤을 뜬눈으로 지새운 뒤 그는 아침 사열을 위해 안마당으로 갔다. 「장교 마흔일곱 명.」 코발체프스키 대령이 소리쳤다. 「그리고 반역자 한 명.」 그날 병사들이 와서 베드나르스키를 감옥에서 데리고 나갔다.

이 일화는 진위를 파악하기 힘들다. 에거스는 최근에 실패한 탈출 시도 중에 밀고자의 정보가 있었던 사례는 하나뿐이라고 강력히 주장했다. 그는 베드나르스키가 폴란드에서 게슈타포의 손에 떨어졌던 사실은 확인해 주었지만, 그 젊은 장교가 동료들을 배신하기는커녕 폴란드 탈출 지하 네트워크에 관한 〈귀중한 정보〉를 갖고 돌아와 〈포로들이 그것을 이용할 수 있었다〉고 말했다. 그를 콜디츠에서 데리고 나간 것은 그가 부역자라는 증거가 아니라, 그를 부당하게 비난하는 사람들로부터 보호하기 위한 조치였다는 것이다. 베드나르스키가 하마터면 동료들에게 살해당할 뻔한 그날로부터 며칠 뒤 독일군은 그가 〈수용소 당국자에게 전쟁 포로에 관한 비밀을 전혀 밝히지 않았다〉고 점호 때 발표하는 전대미문의 조치를 취했다. 새들리히는 베드나르스키가 단순히 독일군에게 〈잘 보여서 더 쉽게 탈출할 생각〉이었을 뿐이라고 일기에 기록했다. 프랭크 플린은 베드나르스키가 자신의 탈출 계획을 에거스에게 알렸다고 확신했으나, 폴란드 포로들 중 일부는 베드나르스키에 대한 동정심을 드러냈다. 만약 그가 독일군과 협력했다 해도 틀림없이 협박 때문에 어쩔 수 없는 상황이었을 것이라고 보았기 때문이다. 〈독일군이 그의 가족에게 손을 뻗을 수 있었다.〉 콜디츠에 있던 폴란드 장교 안토니 카르프는 이렇게 말했다. 〈그런 상황에서 사람의 행동을 평가하기는 쉽지 않다.〉

리샤르트 베드나르스키가 콜디츠의 수많은 동료 포로를 배신한 무자비한 반역자일 가능성은 있다. 하지만 그가 전적으로 무고한 사람이었을 가능성 또한 존재한다.

전쟁이 끝나고 몇 년 뒤, 과거 콜디츠의 포로였던 사람이 바르샤바 거리에서 베드나르스키를 알아보고 공개적으로 비난한 뒤, 악명 높은 전쟁 범죄자가 거리를 돌아다니고 있다고 폴란드 당국에 알렸다. 경찰이 베드나르스키의 아파트에 도착했을 때, 그는 스스로 목숨을 끊은 뒤였다.

8
길을 찾아서

비렌드라나트 마줌다르는 슈미트 코만단트의 집무실로 불려 갔다. 거기에 중간 키와 검은 피부의 젊은 인도인이 웃는 얼굴로 서 있었다. 콜디츠에 인도인이 또 왔다는 것만으로도 놀라운데, 더욱 더 이상한 것은 그의 옷차림이었다. 그 젊은 청년은 독일군의 회색 야전 군복을 입고 있었다. 다른 것은 배지뿐이었다. 영국을 상대로 한 독립운동을 이끄는 단체인 인도 국민 의회의 주황색, 하얀색, 초록색 깃발에 뛰어오르는 호랑이가 그려진 배지였다.

그가 영어로 말했다. 「수바스 찬드라 보스의 메시지를 가져 왔습니다. 선생이 베를린으로 오기를 바라십니다.」

수바스 찬드라 보스는 인도 민족주의자이자 나치 협력자, 군인이자 정치가였으며, 예나 지금이나 20세기 역사에서 가장 논란이 많은 인물 중 하나다. 많은 인도인이 보기에 그는 애국적인 자유 투사였으나, 영국인이 보기에는 반역자이자 매국노였다.

보스의 유년 시절은 그보다 열일곱 살 연하인 마줌다르와 비슷했다. 벵골의 부유한 집안에서 태어나고 영국에서 교육을 받아 똑똑하고 교양이 있었으며, 영국의 인도 통치에 맹렬히 반대하는 카리스마적인 지도자였다. 인도 국민 의회의 의장 자리까지 올라간 그는 마하트마 간디와 달리 독립을 앞당기기 위해 폭력을 사용할 준비가 되어 있었다. 추종자들은 그를 〈네타지〉, 즉 〈존경받는 지도자〉라고 불렀다. 영국은 그를 위험한 파괴 분자로 보고, 1940년에 캘커타에서 가택 연금에 처했다. 1년 뒤 그는 아프베어의 도움을 얻어 아프가니스탄 보험 영업 사원으로 변장하고 탈출했다. 독일 요원들은 그를 페샤와르로 데려간 뒤 아프가니스탄을 가로질러 소련으로 갔다. 그리고 거기서 그는 이탈리아의 귀족 오를란도 마초타 백작이라는 새 신분을 얻었다. 독일은 그를 베를린으로 데려오기 위해 비밀리에 비행기를 보냈다.

독일의 후원을 받으며 제3제국에 들어온 보스는 영국과 맞서 싸울 동포들을 물색해서 끌어들이기 시작했다. 먼저 자유 인도 센터를 설립하고, 반영-친추축국 선전을 인도에 방송하는 라디오 방송국을 만들고, 자유 인도 군단을 구성했다. 호랑이 군단으로도 불리던 이 군대는 수용소에서 찾아낸 전쟁 포로와 국외 추방자 중 자원자로 결성된 인도인 보병 부대였다. 부대원들은 아돌프 히틀러와 수바스 찬드라 보스에게 모두 충성 맹세를 했다. 1942년 무렵 호랑이 군단의 병력은 1천 명이었다.

마줌다르가 극동에서 영국과 싸우려고 군대를 모으고 있는 인도인 매국노에게 불려 갈 것이라는 말이 콜디츠에 금방 퍼졌다. 포로들은 그를 조롱했다. 「잘 가, 점보. 버마에서 전쟁 잘하고.」그 인도인 의사가 벌써 저쪽 편이 되었으며, 이로써 그의 충성을 의심한 자신들의 생각이 확인되었다고 보는 사람이 대부분이었다. 〈우리는 두 번 다시 그를 만나지 못할 것이라고 생각했다.〉한 포로는 이렇게 말했다. 떠나는 날 아침, 마줌다르가 세면실에서 이를 닦고 있는데 누군가가 큰 소리로 말했다. 「그 마줌다르 새끼는 첩자야. 베를린으로 간대.」

콜디츠에 가장 먼저 온 영국 장교 중 한 명인 해리 엘리엇 대위의 목소리였다. 마줌다르는 차가운 분노에 휩싸여 돌아섰다.

「해리, 나더러 첩자라고 한 것 맞나? 5분 줄 테니 그 말 취소해.」

두 남자는 서로 대결할 자세를 갖추었다. 근위병인 엘리엇은 키가 187센티미터 정도여서 170센티미터가 안 되는 양말 바람의 인도인 의사를 내려다보며 웃음을 터뜨렸다. 〈발끝에서 머리까지 혈관이 따끔거렸다. 내가 놈의 턱에 정통으로 강한 훅을 먹이자, 놈이 납작하게 쓰러졌다.〉 마줌다르는 나중에 이렇게 썼다. 마줌다르는 엘리엇의 가슴을 타고 앉아 계속 주먹질을 하며 소리쳤다. 「죽여 버리겠어. 내가 어떤 일을 겪었는지 알지도 못하면서.」 분노로 얼굴이 창백해져서 가쁘게 숨을 몰아쉬는 그를 다른 장교들이 끌어내, 상급자를 공격한 혐의로 스테이너 중령에게 데려갔다. 〈나는 그에게 이유를 설명했지만 내 말을 믿지 않았다.〉 마줌다르가 말했다.

6월 23일 마줌다르는 기차 1등칸에 실려 베를린으로 끌려갔다. 역에는 기사가 딸린 메르세데스 벤츠가 기다리고 있다가 그를 태워 베를린의 티어가르텐 구역 리히텐슈타인 알레에 있는 자유인도 센터로 데려갔다. 옷을 잘 차려입은 인도인 남자 10여 명이 로비에서 담배를 피우며 이야기를 나누고 있었다. 놀랍게도 그들이 마줌다르의 이름을 부르며 맞이했다. 1분 뒤 안내된 커다란 방에서, 머리가 벗어지고 안경을 쓴 민간인 정장 차림의 남자가 책상에서 일어나 한 손을 내밀었다. 어렸을 때부터 보스를 우러러보던 마줌다르는 갑자기 스타를 만나서 말을 잃어버린 사람이 되었다.

보스가 부드러우면서도 권위 있는 목소리로 자신의 주장을 펼쳤다. 「우리 군단에 들어오게. 와서 우리 조국 인도의 자유를 위해 싸우는 거야.」

마줌다르가 아무 말도 하지 않자, 보스가 말을 이었다. 「나는 내 나라의 자유를 위해 지금까지 항상 싸워 온 사람이야. 내 손을 잡게.」

마줌다르는 자신이 영국 왕에게 충성 맹세를 했다는 사실을 지적했다. 「명예를 걸고 한 서약을 어길 수는 없습니다.」

보스가 빙긋 웃었다. 「같이 점심이나 들지.」

보스는 자신의 개인 숙소에서 하얀 장갑을 낀 웨이터의 시중으로 느긋하게 식사를 하면서 마줌다르를 계속 압박했다. 두 사람은 벵골어를 쓰다가 가끔 영어를 사용했다. 보스는 몇 주 전 총리 관저에서 히틀러를 만난 이야기를 했다. 총통이 독일 유보트로 그를 방콕까지 데려다주겠다고 제안했다면서, 〈거기서 인도 혁명을 지휘할 수 있을 것〉이라고 말했다.

「나도 나치 철학에 전적으로 동의하지는 않아. 그들에게도 솔직하게 말했네. 하지만 나치의 도움으로 인도의 독립을 얻을 수 있을 것 같다는 희망이 있어.」 보스가 마줌다르에게 말했다. 그는 영국 인도군(軍)에서 수백 명의 인도인을 모집했으나, 영국군에서 왕의 임관을 받은 장교는 아직 한 명도 없다고 말했다. 마줌다르가 최초의 사례가 될 수 있었다.

「나는 15년 전부터 영국과 싸우고 있어. 구금 생활이 어떤 것인지 자네만큼 잘 알고 있네. 그래서 자네의 상황에도 공감하고 있지.」 보스가 열심히 말했다.

두 사람은 오후를 지나 저녁이 될 때까지 한참 동안 이야기를 나누었다. 이렇게 훌륭한 사람이 자신을 데려가려 한다는 사실에 마줌다르는 기분이 좋았으나 뜻을 굽히지 않았다. 「영국이 인도를 지배하는 것에 저는 반대합니다. 그 결과를 봤으니까요. 하지만 저는 영국에 충성 맹세를 했습니다.」

새벽 2시에 두 사람은 마침내 자리를 파했다. 「잘 생각해 보게. 아침에 다시 만나지.」 헤어지면서 보스가 말했다.

2년 만에 처음으로 깨끗한 침대보가 덮인 편안한 침대에 누웠는데도 마줌다르는 잠을 이루지 못했다. 어떤 선택을 해야 할지 마음을 정하지 못했기 때문이었다. 매력적인 지도자 밑에서 인도의 독립을 위해 싸우며 자신도 자유를 되찾을 기회를 잡을 것인가. 갑갑한 콜디츠뿐만 아니라, 구금 생활의 고통을 두 배로 가중시키는 인종적 편견에서도 자유로워질 기회였다. 하지만 다른 한편에는 그가 영국에 한 충성 맹세, 몸에 밴 의무감, 신사의 말은 곧 그의 증서라는 아버지의 가르침이 있었다.

다음 날 아침 마줌다르는 보스의 인내심이 얇아지고 있음을 느꼈다. 「마음을 정했나?」

마줌다르는 보스의 주장에 강력히 공감하며 영국에 반대하지만, 호랑이 군단에 합류할 준비는 아직 되지 않았다고 대답했다. 「제 대답은 거절입니다.」

보스는 책상에 달린 버튼을 누르고 일어섰다.「나는 내 길을 택했고, 자네는 자네 길을 택했지. 잘 가게. 행운을 비네.」방을 나서는 마줌다르를 향해 보스가 소리쳤다.「생각이 바뀌면, 여기로 오게.」

갈 때는 1등칸에 탔던 것과 달리, 올 때는 더러운 3등칸이었다. 〈나는 옳은 일을 했다고 전적으로 확신했다.〉그는 이렇게 회상했다. 이제 다른 영국 장교들이 반드시 그를 받아들여야 할 것이다.

콜디츠로 돌아온 그는 새로운 조롱과 맞닥뜨렸다.

「그놈이 널 원하지 않았어?」

「아니, 당연히 날 원했지. 손을 잡자는 그 제안을 나도 정말 받아들이고 싶었고, 굉장히 훌륭한 사람이었거든. 하지만 그럴 수는 없지, 안 그래?」

「도대체 왜?」

「난 영국 장교니까. 그러니 내 정치적 견해나 개인적인 감정과 상관없이 왕에게 충성할 의무가 있어.」

그는 스테이너 중령에게 베를린에서 있었던 일을 설명했다.「저더러 그쪽에 합류해서 독일과 협력하라고 했습니다. 저는 할 수 없다고 말했고요.」중령은 시큰둥한 기색이었다.

「중령님, 저는 언젠가 탈출할 겁니다.」마줌다르가 말을 이었다.

「음, 우리가 자네한테 뭐든 줄 거라는 기대는 하지 말게. 지도든 돈이든.」

「그럴 줄 알고 있었습니다, 중령님. 나중에 제 소식을 듣게 될 겁니다.」마줌다르가 조용히 말했다.

보스의 제안을 마줌다르가 거절했어도, 다른 장교들이 그를 보는 시각은 바뀌지 않았다. 오히려 틈이 더 벌어졌다. 그는 탈출할 기회를 거절했다. 그들은 낮이고 밤이고 탈출을 모의하며 상상하는데. 그들은 마줌다르가 한마디만 하면 언제든 여기서 자유로이 걸어 나갈 수 있다고 여겼다. 그는 다른 인종이니까. 마줌다르는 예전보다도 더 외로워졌다. 그와 같은 고통을 겪는 포로는 전혀 없었다. 콜디츠에 계속 갇혀 있겠다고 선택한 포로가 없는 것처럼. 다른 포로들 대부분은 냉담하게 거리를 유지했고, 때로는 적극적으로 적대감을 드러냈다. 〈나는 유일한 인도인이었다. 내 모국어로 대화를 나누는 것조차 불가능했다. 평범한 상황에서는 그것이 장애가 되지 않았지만, 여러 제한이 있는 구금 생활에서는 두 배나 더 심각한 장애가 되었다.〉 마줌다르가 자신의 상황을 축소해서 표현한 것이 묘하게 영국인처럼 보인다. 콜디츠에서 겪은 결핍과 고생을 〈여러 제한〉이라고 표현할 사람은 영국인밖에 없다. 밤이면 그는 불편한 침상의 꺼끌꺼끌한 매트리스에서 벵골어로 시를 쓰며 이 곤경에서 빠져나갈 길을 모색했다.

어두워진 빛 속에서 깨어난 영혼은
길을 구한다
어느 방향으로 가야 하나
마음이 어지러워서 생각한다
무엇을 해야 하나
그러다 동료의 필요성을 깨닫는다

그런 사람을 어디서 찾을까

그런 존재는 너무나 귀한데

결국 그는 그런 사람을 찾아 달라고 신들에게 간청한다.

*

콜디츠에는 숨을 곳이 아주 많았다. 그래서 탈출 장비와 돈을 필요해질 때까지 그런 곳에 안전하게 숨겨 둘 수 있었다. 벽 속의 빈 공간, 바닥 널 아래, 천장. 〈흰족제비〉로 불리는 경비병들은 금지 물품을 찾기 위해 반복적으로 막사를 기습해 자주 성공을 거두었다. 식량, 지도, 돈, 문서, 나침반, 펜치, 배터리, 드릴, 열쇠, 드라이버, 밧줄, 가짜 군복, 위조 서류 등이 그들에게 발각되었다. 때로는 물건 감추기에 얼간이 괴롭히기가 결합되기도 했다. 지칠 줄 모르는 흰족제비 새들리히 운터오피치어는 영국 숙소 구석의 바닥 널이 〈깔끔하게 잘린 것〉을 발견했다. 그래서 바닥 널을 들어 올렸더니 〈Leck mich im Arsch〉라고 적힌 종이 한 장이 있었다. 〈내 엉덩이에 입을 맞추어라〉(모차르트의 여섯 목소리를 위한 캐논, Bb장조의 원래 제목)라는 뜻이다. 수색이 성공할 때마다 콜디츠 박물관에 전시할 압수 탈출 장비가 늘어 갔지만 에거스는 걱정스러웠다. 이런 물건들을 어디서 구했을까? X선 기계가 효과적으로 작동하고 있으므로, 수용소 내로 반입되는 모든 꾸러미는 꼼꼼한 수색을 거쳤다. 〈고약한〉 꾸러미의 양이 줄어든 것 같았는데, 망치나 납땜인두처럼 상당한 크기의 도구까지 포함해서 이런저런 물건들이 여전히 밀반입되고 있었다. 에거스는 적십자사에서 보내 주는 사치품과 담배를 받고 금지 물품을 기꺼이 눈감아 주는 부패한 경비병들을 탓했다. 그래서 민간인 사복형사를 독일군 상등병으로 변장시켜 수용소에 들였다. 범인을 찾아내기 위해서였다. 〈이 모든 연극이 결국 소용없었다.〉 경비병들은 교체되었다. 그런데도 금지 물품은 여전히 경계를 통과했다.

에거스는 세월이 흐른 뒤에야 물건의 반입 경로를 찾아냈다. 이집트의 피가 절반 섞이고 알제리에서 태어났으며 뺨에 검에 베인 흉터가 있는 프랑스 장교가 있었다. 목에 빨간 비단 스카프를 두르고 다니는 그는 강도 짓에 무서울 정도로 재능이 있었다. 프레데리크 〈흉터〉 기그라는 이름의 그는 악당 같은 외모와 달리 파리에 있는 엘리트 학교인 에콜 데자르 에 메티에에서 공학을 공부한 사람이었다. 하지만 콜디츠에서 가장 뛰어난 자물쇠 따기 기술자이기도 했다.

수용소로 반입되는 꾸러미를 받아서 지키고 있다가 나눠 주는 시스템에는 정해진 패턴이 있었다. 안마당에서 소포실로 통하는 문은 잠겨 있었으며, 경비병이 지켰다. 그 안쪽에도 문이 두 개 더 있는데, 그것도 모두 잠겨 있었다. 소포가 도착하면 장부에 등록되고 밤새 소포실에 보관된다. 당국은 다음 날 소포를 조사하고 X선 기계로 살핀 뒤 수신자에게 직접 전달한다. 금지 물품을 확실하게 받으려면 소포가 수신자에게 전달되기 전에 먼저 소포에 접근하는 방법뿐이었다. 그 안에 숨겨진 물건을 꺼낸 뒤 아무런 문제가 없는 물건으로 바꿔치기해야 하기 때문이다. 이 방법을 쓰려면 누구에게도 들키지 않고 소포실에 접근할 수 있어야 하는데, 바깥쪽 문에 최신 독일 제품인 십자형 자물쇠가 달려 있어서 작업이 더욱더 어려웠다. 차이스 이콘이 만든 이 자물쇠의 열쇠는 십자가 모양이며, 1천분의 1인치 굵기로 정밀하게 새겨진 홈이 자물쇠 안의 핀과 맞아떨어지면, 핀이 원형 드럼을 돌려 빗장이 열리는 원리였다. 독일인들은 누구도 이 자물쇠를 딸 수 없다고 믿었다. 그러나 실제로는 딸 수 있었기 때문에, 독일인들의 믿음이 엄청나게 유리하게 작용했다.

　　여러 달에 걸친 실험 끝에 기그는 시계탑 시계의 기계 장치에서 훔쳐 온 굴대로 홈이 새겨지지 않은 십자형 열쇠를 만들었다. 그다음에는 독일 장군의 방문으로 인해 어수선한 틈을 타서 그의 팀이 자물쇠를 몰래 가져와 홈의 크기를 측정한 뒤 제자리에 돌려놓았다. 기그는 면도날로 만든 초소형 톱으로 열쇠에 홈을 새겨서, 속이 빈 침대 기둥 안에 숨겼다. 소포실에 들어가는 데에는 미끼, 망보는 사람, 기그가 안으로 들어가 문을 잠글 때까지 경비병의 주의를 돌릴 조수 등 열일곱 명이 필요했다. 안쪽 문에 설치된 구식 레버 자물쇠를 여는 것은 상대적으로 쉬웠다. 이제 프랑스 포로들은 프랑스의 친구와 가족에게 암호 편지로 구체적인 물건을 주문해서, 당국이 소포를 열어 보기 전날 밤에 소포실에 들어가 가져올 수 있었다. 공구가 들어 있어서 무게가 각각 5킬로그램인 소포 두 개, 현금, 2리터 깡통에 든 술, 페인트, 서류, 그리고 마지막으로 라디오 두 대를 만드는 데 필요한 부품을 이렇게 구했다. 라디오의 동력은 햄 통조림 깡통 안에 설치한 크랭크를 수동으로 돌리는 방식의 작은 발전기로 해결했다. 새로운 〈폭발물〉 소포가 도착할 때마다 프레도 기그는 몰래 소포실에 들어가 금지 물품을 꺼내 소포의 〈신관을 제거〉했다. 소포 안에 들어 있는 깡통에는 보통 〈sanglier en sauce〉, 즉 〈소스에 잠긴 멧돼지〉라고 적혀 있었다.

에거스는 포로들이 소포실에 어떻게 들어가는지 끝내 알아내지 못했지만, 어느 날 아침 소포실의 잠긴 안쪽 문 앞에서 수용소 고양이가 발견되자 부쩍 의심하기 시작했다. 그 문의 뒤편에는 고양이 새끼들이 있었다. 안쪽 문에도 십자형 자물쇠가 설치되고, 바깥쪽 문에는 전기 경보 시스템이 연결되었다. 놀랍게도 기그는 밤에 소포실에 침입하면서 이 시스템의 전선을 중간에서 잘라 추가 회로를 만들어서 위층에 스위치를 설치했다. 이로써 필요에 따라 경보를 켤 수도 있고 끌 수도 있게 되었다. 프랑스 포로들은 또한 자기들 외에도 소포실에 침입해서 소포를 몰래 조사하는 사람이 있다고 의심했다. 독일이 프랑스와 분쟁을 벌이다가 1940년에 병합한 알자스로렌 출신인 독일군 경비병 한 명이 밤늦게 소포실 주위에서 어른거리는 모습이 목격되었다. 독일인이지만 알자스 출신이라는 점에서, 프랑스인들은 벌써 그를 협력자로 점찍고 있었다. 기그는 자기 부하 한 명을 소포실 안에 배치했다. 이브 데마르슐리에라는 이름의 강인한 젊은 장교였다. 아니나 다를까, 의심스러운 경비병이 소포실에 들어와 소포를 뒤지기 시작했다. 그러다 뒤에서 움직임을 감지하고 돌아선 그는 우편물 자루 더미 뒤에서 포로가 자신을 지켜보는 것을 발견했다. 곧 필사적인 싸움이 벌어졌다. 마침내 데마르슐리에의 손에 목을 붙들린 그가 헐떡이며 프랑스어로 말했다. 「멍청하게 굴지 마!」 이것이 그의 마지막 말이었다. 〈그는 반역자였다.〉 데마르슐리에는 이렇게 말했다. 그의 시체는 다음 날 아침 서까래에 목을 맨 모습으로 발견되었다.

에거스는 당황했다. 이 친구는 왜 하필 소포실 안에서 자살한 것인가? 〈우리는 자살이라고 생각할 수밖에 없었다.〉 그는 이렇게 썼다.

프랑스 포로들은 다른 나라 포로들에게 필요한 물건도 기꺼이 주문해서 가져다줄 용의가 있었다. 결국 네덜란드와 영국 포로들이 이 비밀에 동참해서, 십자형 열쇠 따기라는 비밀스러운 재주를 익혔다. 영국 포로들 중 강도 임무는 오스트레일리아 퀸즐랜드 타운즈빌 출신으로 스물네 살의 원기 왕성한 전투기 조종사인 〈부시〉 파커의 나긋나긋한 손에 맡겨졌다. 아마추어 마술사인 그는 파티에서 성냥을 소매 위에 놓고 〈손을 놓으면 성냥이 공중으로 60센티미터쯤 뛰어오르는〉 재주를 부렸다. 그가 어떻게 이런 재주를 부리는지 아무도 알아내지 못했다. 파커는 수제 도구를 이용해서 성 안의 모든 자물쇠를 열 수 있다고 주장했다. 자물쇠의 날름쇠가 올라가면, 치약 튜브를 이용해서 자물쇠가 다시 잠기지 않게 했다.

팻 리드는 〈소포실을 자유로이 드나들 수 있다는 것은 헤아리기 힘든 축복〉이었다고 썼다. 그러나 1942년 5월에 영국의 한 장교가 하마터면 이 시스템을 망가뜨릴 뻔했다. 바로 독방에서 얼마 전 풀려난 프랭크 〈에롤〉 플린이었다. 어느 날 오전 그는 느닷없이 소포실 바깥문으로 달려가 철사 고리로 자물쇠를 열려고 시도했다. 그가 상당히 마구잡이로 힘을 썼는데도 효과는 전혀 없었다. 독일 경비병들은 그의 행동을 금방 알아차리지 못했지만, 기그는 알아차리고 경악했다. 만약 독일군이 저 자물쇠가 약하거나 손상되었다는 결론을 내린다면 자물쇠를 교체할 것이고, 그러면 다시 처음으로 돌아가 새로운 열쇠를 만드는 힘겨운 과정을 거쳐야 했다. 플린은 〈악마처럼 힘이 셌지만 모종의 심리적 위기를 겪는 중〉이었다고 기그는 썼다. 그는 프랑스 숙소 1층의 공범에게 경보를 켜라고 신호했다. 리드는 이렇게 썼다. 〈몇 초 뒤 얼간이 한 분대가 안마당으로 뛰어 들어와 플린을 데려갔다.〉 그렇게 그는 다시 독방에 갇히게 되었다. 독일군 중 일부는 처음에 플린의 갑작스러운 행동이 미리 계획한 것이라고 보았다. 〈그는《정신병자》행세를 한다. 스테이너 중령은 이 〈병〉이 진짜인 것처럼 보이게 최선을 다하고 있다.〉 새들리히는 일기에 이렇게 적었다. 그러나 리드는 이것이 연기가 아님을 확신했다. 〈슬프게도 이 즈음에 플린은《선을 넘어가고》있었다.〉 콜디츠에서 가장 고독한 남자가 동료들의 짐으로 변하는 중이었다.

마이클 싱클레어는 1942년 3월에 콜디츠에 도착했다. 그의 머릿속에는 폴란드로 가서, 자신이 한때 어머니 같은 존재로 여겼던 뛰어난 영국인 여성 레지스탕스 전사와 재회해 그녀의 도움으로 도망친다는 계획이 이미 마련되어 있었다. 이 계획은 나중에 집착이 되었다.

1년 전 더럽고 지친 영국 군인 세 명이 바르샤바의 흐미엘나 거리에서 방이 두 개인 평범한 아파트의 문을 두드렸다. 세 사람은 폴란드 중부의 포즈난에 있는 수용소에 갇혀 있다가 쓰레기가 가득한 손수레에 숨어 도망쳐 나온 참이었다. 그들은 국경을 넘어 소련으로 들어갈 계획이었으나 독일과 소련 사이의 선전 포고로 불가능해지자 걸어서 바르샤바로 돌아와 여러 레지스탕스 조직을 전전했다. 그러다 수많은 영국군 탈주자와 마찬가지로 결국 흐미엘나 거리에 있는 이 아파트까지 오게 되었다.

이 세 사람 중에서 리더 역할을 하는 싱클레어는 붉은 머리의 스물세 살 청년으로, 제60소총 연대 소속 중위였다. 됭케르크 철수 때까지 싱클레어의 인생은 그를 포함한 모두가 기대했던 그대로 흘러갔다. 장교의 아들인 그는 런던 크리켓 경기장에서 윈체스터 소속으로 뛰고, 학교에서 공연한 모든 연극에 출연하고, 케임브리지에서 여러 언어를 공부하며 우수한 성적을 기록하고, 골프 종목의 대학 대표 선수로 뽑히고, 일요일마다 교회에서 열심히 기도하고, 아버지가 근무하던 연대에 들어갔다. 그러나 포로가 된 뒤 싱클레어가 운명이라고 생각하던 인생 경로가 갑자기 산산이 부서졌다. 제복을 벗고, 가족의 뒷받침도 없고, 연대와 종교도 잃어버린 싱클레어는 자신이 누구인지 전혀 알 수 없었다. 그의 탈출 욕구는 단순히 모든 것을 집어삼키는 다급한 수준을 넘어서서 병적인 수준에 이르렀다. 〈마이크 싱클레어에게 처음에는 신이 있었고, 그다음에는 제60연대가 있었다. 그것이 전부였다. 그의 인생에서 유일한 목표는 자신의 연대로 돌아가는 것이었다.〉

야니나 마르코프스카 부인이 문을 열고 세 영국인을 뒷방으로 안내했다. 〈훌륭한 점심 식사〉가 이미 차려져 있었다. 그들이 한 달 만에 처음으로 맛보는 좋은 음식이었다.

마르코프스카 부인은 스무 살 연상인 남편과 함께 살았다. 폴란드 공무원으로 일하다 은퇴한 남편을 〈아빠〉라고 부르면서 그녀는 〈경멸을 잘 감추지 못했다〉. 수많은 바르샤바 주민과 마찬가지로 그녀는 상점이나 암시장에서 조금이라도 음식을 구하려고 애쓰며 하루를 보냈다. 나치 치하에서는 일상이 되어 버린 갑작스러운 일제 단속 때 붙잡힌 그녀는 신문을 당한 뒤 〈무해한 노부인으로 판명되어 석방되었다〉. 마르코프스카 부인이 완벽하게 평범한 폴란드 주부인 것 같기는 했다. 스코틀랜드 말씨가 강한 영어를 쓴다는 점만 제외하면.

마르코프스카 부인은 사실 영국 정보 요원 제인 워커였다. 폴란드 지하 군대의 고위급 인물이며, 탈출한 영국 전쟁 포로들을 보호하고 안전한 곳으로 몰래 보내 주는 비밀 레지스탕스 조직인 〈영국-폴란드 모임〉의 코디네이터 역할도 하고 있었다.

제인 워커는 1874년에 에든버러 서쪽의 달메니에서 태어났다. 10대 때 그녀의 가족은 베를린으로 이주했다. 아버지가 영국 대사관의 무관으로 임명되었기 때문이었다. 잠시도 가만히 있지 못하는 성격이고 머리가 똑똑한 그녀는 어쩌다 보니 첩보 세계로 흘러 들어와 〈왕의 전령〉이 되었다. 비밀스러운 연락을 전하는 외무부 밀사를 부르는 이름이다. 제1차 세계 대전 이전에 그녀는 독일과 스위스 사이에서 영국 정부를 대신해 수십 건의 메시지를 전달했다. 독일어, 프랑스어, 폴란드어를 유창하게 구사하는 덕분에 빈에서 합스부르크 왕가 방계 가문의 가정 교사로 한동안 일하기도 했다. 1920년에 그녀는 결혼해서 바르샤바에 정착한 뒤, 겉으로 보기에는 완벽한 폴란드인이 되었다. 그러나 한 탈출 전쟁 포로의 말처럼 그녀는 여전히 〈뼛속까지 영국인, 구식 애국자, 숨을 쉴 때마다 영국의 적에게 불길을 내뿜고, 그들을 죽이고, 그들과 맞서는 사람이었다. 그녀는 폭군 같고, 고집스럽고, 아량이 없었다. 하지만 커다란 애정, 연민, 이타심도 베풀 줄 알았다〉. 그녀의 아파트는 도망자 신세인 영국 군인들의 피난처였다. 그녀는 그들을 도시 여기저기의 안가로 보냈다가 며칠 만에 한 번씩 위치를 바꿔 주었다. 여기에 필요한 물자는 폴란드 레지스탕스의 정치·군사 조직인 폴란드 지하 국가와의 협력을 통해 조달되었다. 나치에 점령된 다른 나라들과 달리 폴란드는 한 번도 공식적으로 항복한 적이 없었다. 폴란드 망명 정부가 런던에 본부를 차렸지만, 망명 정부와 맞먹는 지하 국가는 폴란드에서 결성되어 비밀 의회, 집행부, 사법부, 군대를 갖추었다. 심지어 교육부, 선전부, 복지부까지도 갖추고 있었다.

1940년 9월부터 1942년 5월 사이 영국-폴란드 모임의 탈출 네트워크는 도주 중인 영국 군인 예순다섯 명을 받아들여 쉰두 명을 안전한 곳으로 몰래 보내는 데 성공했다. 배에 태워 중립국 스웨덴으로 보내기도 하고, 헝가리, 루마니아, 유고슬라비아 등 발칸 지역을 지나 중립국 터키로 보내기도 하고, 독일로 다시 들여보냈다가 스위스를 통해 빼내기도 했다. 〈강렬하고 압도적인〉 마르코프스카 부인은 군인들에게 엄격한 애정을 보여 주었다. 그녀 자신은 아이를 낳은 적이 없지만, 군인들을 자식처럼 대하며 먹을 것과 쉴 곳을 주고, 애국적인 격려도 하고, 심지어 위험을 무릅쓰고 탈출한 포로들을 봐주는 의사에게 그들을 보이기도 했다. 이 손님들을 위해 〈그럭저럭 정식 만찬〉을 차려 주는 것도 그녀가 좋아하는 일이었다. 이런 자리에서는 영국 왕실을 위한 건배가 수도 없이 이루어졌다. 포로들은 그녀를 두려워하고, 존경하고, 사랑했다. 한 탈출 포로는 이렇게 썼다. 〈어둡고 위험한 때에 우리는 그녀를 사랑했다.〉 그들은 그녀를 〈M 부인〉이라고 불렀다.

제인 워커의 탈출 네트워크는 바르샤바 암시장에서 여성 스타킹을 팔아 자금을 마련했다. 폴란드 레지스탕스는 가짜 신분증, 추가로 필요한 돈, 안내인을 제공했다. 이것은 말도 못 하게 위험한 일이었다. 연합국 군인들을 위한 지하 탈출 경로가 있다는 사실을 게슈타포도 알고 있었으므로, 이 조직을 부수기 위해 상당한 노력을 기울였다. 이 비밀 국가를 위해 활동하는 밀사의 평균 기대 수명은 고작 몇 달이었다. M 부인은 만약 자신이 게슈타포에 붙잡힌다면 고문 뒤 처형당할 것을 알면서도 무심하게 굴었다. 왜 안전한 조국으로 돌아가지 않고 폴란드에 남아 있느냐는 질문을 받을 때마다 그녀는 상대를 쪼그라들게 만드는 눈빛으로 뚫어져라 바라보며 자신이 보기에는 너무나 뻔한 대답을 했다. 「영국 여자는 도망치는 걸 좋아하지 않아.」

마이클 싱클레어와 동료 두 명은 이제 유난히 사나운 이 어미 닭의 보호를 받고 있었다. 〈우리의 기묘한 폴란드 수도 체류가 그렇게 시작되었다. 우리를 돕기 위해 온갖 위험을 기꺼이 감수하는 용감하고 관대한 사람들의 임시 손님으로……. M 부인은 우리에게 어머니 같은 존재가 되었다.〉

군인들을 고향으로 돌려보내는 것은 어려운 일이라고 미리 경고하면서도 그녀는 길을 찾아 주겠다고 약속했다. 「공식적으로든 비공식적으로든 지하 조직과 선이 닿아 있어.」 그녀는 이렇게 말했다. 도망자들은 흩어져서 M 부인의 조직원들 집에 머물렀다. 싱클레어는 자신을 받아 준 폴란드 가족과 즉시 가까워져서, 그들의 우정, 친절, 놀라운 용기에 감동했다. 한 안가는 유대인 게토 근처에 있었는데, 밤이면 SS가 〈기관총을 드르륵〉 쏘아 대며 대량 학살을 하는 소리가 들렸다. 어느 날 저녁 싱클레어는 M 부인의 불법 라디오로 BBC 방송을 듣다가 〈격려와 희망의 메시지〉를 접했다. 바르샤바에서 하루하루 시간이 흐를 때마다 나치에 대한 싱클레어의 혐오감이 계속 커졌다. 그들과 단호히 싸우는 스코틀랜드 여성과 폴란드 레지스탕스를 우러러보는 마음도 함께 커졌다.

늦여름에 M 부인이 계획을 내놓았다. 「기차로 크라쿠프까지 가면 안내인이 기다리고 있다가 산을 넘어 슬로바키아로 데려다줄 거야. 거기서부터는 자동차를 타고 남쪽의 헝가리 국경으로 가서, 기차로 부다페스트까지 가. 거기서 친구들이 기다리고 있을 거야.」 그다음에는 유고슬라비아와 불가리아를 거쳐 중립국 터키까지 안전하게 이동하게 될 터였다. 터키에 도착하면 영국 대사관에 연락할 수 있었다. 1941년 8월 말에 싱클레어는 M 부인과 애정 어린 작별 인사를 나눈 뒤, 포즈난에서 같이 탈출한 로니 리틀데일과 길을 떠났다. 이것이 〈길고 복잡한 여행〉이 될 것이라던 M 부인의 말은 현실을 과소평가한 것이었다. 기차와 도보로 힘겹고 지치는 여행을 한 끝에 그들은 10월에 마침내 부다페스트에 도착했다. 그리고 한 달 뒤, 반(反)나치 레지스탕스가 만들어 준 가짜 신분증을 들고 베오그라드행 기차에 올라 11월 16일에 불가리아 국경에 이르렀다. 그때 재앙이 닥쳤다. 관찰력이 좋은 국경 관리가 그들의 가짜 유고슬라비아 신분증에서 실수를 찾아낸 것이다. 거기서 체포된 두 사람은 소피아의 독일 경찰로 넘겨져 빈으로 끌려가서 게슈타포에게 무지막지한 신문을 받았다. 군 감옥에서 두 달을 보낸 두 사람은 무장 경비병의 감시를 받으며 드레스덴행 기차에 실렸다. 프라하 외곽 어딘가에서 싱클레어는 좁은 화장실 창문으로 몸을 빼내 달리는 기차에서 뛰어내렸다. 그러나 비틀린 발목으로 절룩거리며 고작 몇백 미터를 가다가 다시 사로잡혀 콜디츠로 보내졌다.

싱클레어의 도착으로 탈출 공동체는 새로운 활기를 띠었다. 자유를 향한 그의 일편단심에는 피를 향한 굶주림이 묻어 있었다. 자유를 찾으면 복수할 가능성이 생겼다. 왕과 나라뿐만이 아니라 M 부인과 그녀의 폴란드 조직을 위해서도 싸움을 계속할 기회가 생겼다. 〈그는 히틀러에게 점령당한 유럽 전역과 자신 사이에서 개인적인 십자군 운동을 하는 것 같았다.〉 팻 리드는 이렇게 말했다. 그는 싱클레어의 흔들리지 않는 결의에 약간의 경외와 감탄을 느꼈다. 독방 수감 기간 기록 보유자인 프랭크 플린조차 콜디츠에서 탈출하겠다는 결의 면에서는 싱클레어에 비해 얌전해 보일 정도였다. 싱클레어는 성벽을 몇 시간이고 성난 사람처럼 뚫어져라 바라보며 담배를 피우고, 탈출을 꿈꾸고, 경비병의 움직임을 외우고, 세세한 부분을 미리 연습하고, 담장의 빈틈을 찾으려 했다. 그가 도착한 지 겨우 몇 주 만에 기회가 생겼다. 6월에 그는 비강 수술 때문에 라이프치히로 이송되었다. 병원에서 창문으로 기어 나온 그는 쾰른까지 갔으나, 무슨 불행인지 마침 비행기가 격추된 뒤 낙하산을 타고 인근 숲으로 떨어진 영국 공군 폭격기 승무원들을 찾으려는 수색이 맹렬하게 전개되던 중이었다. 싱클레어는 붙잡혀서 근처 수용소로 끌려갔으나 즉시 탈출했다가 또 즉시 붙잡혔다. 그렇게 콜디츠로 돌아와 창가에서 다시 성벽을 지켜보기 시작했다. 〈가엾은 마이크는 이곳 생활을 한시도 빼놓지 않고 모두 증오했다. 탈출 외에는 무엇에도 흥미를 보이지 않았다. 그는 결코 패배를 인정할 것 같지 않았다.〉한 포로는 이렇게 썼다.

콜디츠 수용자들의 면면은 계속 바뀌었다. 전쟁 포로 관리자들이
어떤 결정을 내릴지 예측할 수 없으므로, 포로들은 자신이 언제
다른 수용소로 이송될지, 그 이유는 무엇인지 결코 알지 못했다.
그래서 또 불안감이 조성되었다. 폴란드 포로들 중 3분의 2가 5월
에 다른 곳으로 옮겨지면서 약 마흔 명의 장교만 남았다. 리드의
평가에 따르면, 〈대부분 탈출 시도로 단련된 사람들〉이었다. 프랑
스 장교 중 서른한 명(유대인도 많았다)이 뤼베크의 다른 수용소
로 끌려가고, 새로운 포로들이 들어왔다. 영국 포로들은 다른 수
용소에서 탈출을 시도한 장교들이 새로 들어오면서 점차 수가 늘
었다. 새로운 사람들이 대형을 지어 들어오면, 창가에서 포로들이
크게 환호하며 맞아 주었다. 때로는 물 폭탄이 우박처럼 떨어지기
도 했다. 영국 사립 학교의 고약한 전통 중에 상급생이 〈신참〉에
게 굴욕을 주는 의식이 있었다. 콜디츠에도 이것에 상응하는 의식
이 있었다. 팻 리드는 람스도르프에서 온 해군 장교 열여섯 명이
어떤 입회식을 치렀는지 설명했다. 콜디츠에 온 첫날 그들은 가
짜 검진을 위해 영국 숙소로 불려 갔다. 가짜 독일 군복을 입고 수
용소 의사 행세를 하는 장교가 청진기까지 들고서 그들에게 바지
를 내리라고 명령하더니, 독일어로 그들 모두 성병에 감염되었다
고 크게 말했다. 하얀 가운을 입은 〈의사 조수〉는 좋아 죽겠다는
기색을 거의 감추지 못하고, 물감과 〈냄새가 강한 화장실 소독제〉
로 만든 파란색 〈워드〉*로 그들의 고환에 색을 칠했다. 리드는 〈신

* woad. 청색 물감.

참들을 희생시켜 즐거운 시간을 보낸〉사건이었다고 묘사했지만, 사실은 두말할 것도 없는 괴롭힘이자 영국 사립 학교 학생들이 항상 서로를 상대로 시행하던 잔인한 힘의 과시였다.

7월에 슈미트 오버스트로이난트가 일흔 살이 되어 은퇴하고, 그와는 성향이 다른 에드가 글라에슈 오버스트(대령)가 코만단트로 취임했다. 에거스는 그가 〈개혁에 아주 열심인 신임〉코만단트였다고 썼다. 제네바 협약을 꼼꼼히 지키면서도 동부 전선에서 막 돌아와 규율을 엄격히 강조하던 글라에슈는 새로 임명되어 개혁에 열심인 사람들이 으레 그렇듯이 수용소를 반드시 깨끗이 청소하겠다고 부임 전부터 마음먹고 있었다. 그는 자신을 존중할 것을 요구했으나 그런 대접을 받지 못했다. 그에게는 사시가 있었는데, 못되게 굴기 좋아하는 포로들은 그가 나타날 때마다 필연적으로 눈동자를 모아 사시 흉내를 냈다. 〈그의 권위라는 후광은 간단히 무시되었다. 그는 자신이 지금 어떤 상황에 빠져들고 있는지 전혀 몰랐다.〉에거스는 이렇게 지적했다.

탈출 시도는 7월과 8월 내내 거의 일주일에 두 번꼴로 계속 있었다. 유망해 보이는 것도 있고, 터무니없는 것도 있었으나, 거의 모두 열매를 맺지 못하고 구금 생활에서 일종의 구두점 역할을 했다. 누군가 사라지고 몇 시간, 며칠이 흐르면 포로들의 희망이 서서히 부풀어 오르다가 탈주자가 다시 잡혀 오면 희망은 좌절로 변했다. 한 영국 포로는 시내 감방 옆의 운동장 담에서 뛰어내려 자전거를 훔쳐 타고 켐니츠까지 갔다가 체포되었다. 어떤 포로들은 M 부인이 운영하는 영국-폴란드 탈출 네트워크에 대한 싱클레어의 이야기에 고무되어 스위스 국경 대신 폴란드로 가야겠다고 결심하기도 했다. 네덜란드와 영국 포로들은 중앙 하수도관에 침입하려다가 현장에서 들켰고, 폴란드 포로들의 굴은 쯤 파 들어간 상태에서 발각되었다. 그 안에는 공구와 함께 수제 타자기가 있었다. 한 프랑스 포로는 페인트공으로 변장하고 사냥터에서 걸어 나가려고 시도했다. 글라에슈 코만단트가 시행한 새 규칙 중에는 개인 소지품을 제한하는 것도 있었다. 경비병들이 상자를 들고 와서 제한을 벗어난 잉여 물품을 담아 가져갔다. 영국 공군 장교 도미닉 브루스는 콜디츠 포로들 중 몸집이 작은 편에 속했는데, 〈잉여 물품〉이라고 적힌 캐나다 적십자사의 차(茶) 상자에 몸을 구겨 넣었다. 침대보를 이어서 만든 12미터 길이의 밧줄과 칼을 갖고 있었다. 그는 다른 잉여 물품들과 함께 화물차에 실려, 독일군 코만단투르 3층에 있는 어떤 방으로 운반되었다. 그날 밤 상자에서 나와 창문을 넘어서 벽을 타고 해자로 내려갔다. 빈 상자에는 독일어로 메모를 한 장 남겨 두었다. 〈콜디츠의 공기가 이제는 나와 맞지 않아. 안녕.〉 그는 자전거를 훔쳐 타고 단치히까지 갔으나, 밀항을 시도하다가 붙잡혔다.

그해 여름 영국 포로들이 기록한 승리는 딱 한 건이었다. 6월에 영국 공군 장교 브라이언 패튼이 콜디츠에서 토룬의 수용소로 이감되었다. 경비병을 모욕한 혐의로 거기서 군사 재판을 받을 예정이었다. 그는 들판으로 일하러 나가는 무리에 합류해 건초 더미 뒤에 숨어 있다가, 발틱 해안까지 가서 스웨덴 상선의 석탄 창고에 숨었다. 배가 출항한 뒤에는 스톡홀름에서 북쪽으로 160킬로미터 떨어진 예블레까지 데려다 달라고 선장을 설득했다. 예블레의 영국 영사는 그를 영국으로 실어 갈 비행 편을 마련해 주었다.

패든의 탈출은 아주 비범한 사례라서, 그 소식을 전해 들은 콜디츠 포로들의 사기를 크게 올려 주었다. 그러나 그의 탈출은 이미 수용소 담장에서 한참 멀리 떨어진 곳에서 시작되었다.

글라에슈 코만단트가 새로 시행한 많은 보안 조치 중에는 한밤중의 점호, 몸수색, 새로운 암호 시스템, 금지 물품을 찾기 위한 갑작스러운 기습 등이 있었다. 〈책, 문서, 화장실 필수품, 작은 벽장, 탁자, 의자를 뒤집고, 침대를 들추고, 침구를 치우고, 바닥 널을 뜯었다.〉 신임 코만단트는 독일군이 식당에서 마실 수 있는 주류 양을 줄이고, 사냥터에 인계 철선이 있는 새 경보 시스템을 설치하고, 12미터 높이의 나무 감시탑과 철망 통로를 지어 경비병이 테라스를 감시할 수 있게 하라고 지시했다. 안마당을 굽어보는 곳에 기관총이 설치되고, 아래에서 일어나는 일을 감시하고 기록하며 사진으로 찍는 사람도 배치되었다. 〈거의 매시간 경비병 무리가 성을 순찰하거나 확인 작업을 했다.〉 새들리히는 이렇게 적었다. 포로들은 항상 감시당하면서, 역으로 간수들을 항상 감시했다. 이 〈망보기〉 시스템은 전혀 느슨해지지 않았다. 그들은 창가에 서서 책을 읽거나 무심히 담배를 피우는 척하면서, 아래에서 일어나는 일을 주의 깊게 관찰했다. 그리고 독일군이 나타나면 신호를 보냈다. 모자를 벗거나 책을 덮는 것이 신호였다. 〈우리 수색대가 가까이에 나타나는 순간, 그들의 뛰어난 경보 시스템이 작동했기 때문에 우리는 못된 미소를 짓고 있는 전쟁 포로들의 얼굴만 볼 수 있었다.〉 게파르트는 이렇게 썼다. 지칠 줄 모르는 양측의 상호 감시, 수색, 희망과 절망이 밀물과 썰물처럼 나타났다 사라지는 상황이 독특한 분위기를 만들었다. 이 긴장감이 점점 폭동 직전까지 고조되어 금방 통제할 수 없는 야단법석이 되었다.

6월에 영국 숙소 계단 아래에 누가 일부러 불을 질렀다. 불은 금방 진화되었지만 매캐한 냄새가 며칠 동안 계단통과 복도에 남았다. 〈얼마나 오락거리가 없었으면 다 큰 남자들이 화재를 기분 전환 거리라며 반겼을까.〉 플랫 목사는 이렇게 회상했다. 더운 안마당에서 벌어지는 물싸움은 어찌나 사나워졌는지 폭동 진압반이 출동할 정도였다. 포로들은 창가에서 야유를 합창하며 진압반을 맞이했다. 결국 한 병사가 방아쇠를 당겼고, 총알이 창가에서 구경하던 프랑스 중위의 목을 파고들었다. 그는 나중에 회복되었지만 왼손이 마비되었다. 몇 주 뒤 글라에슈는 프랑스 숙소에만 밤 1시와 1시 30분에 점호를 실시하는 처벌을 내렸다. 다른 나라 포로들은 창가에 서서 그 지시를 존중할 수 없다는 뜻을 드러냈다. 〈그들은 동물과 새의 소리를 크게 흉내 내는 방법을 썼다. 여기서는 수평아리 울음소리, 저기서는 암소 울음소리. 이런 소리가 왱왱 울어 대는 사이렌 소리와 섞였다.〉 소음이 계속 커졌다. 경비병들은 줄을 맞추어 늘어서서 위층에 소총을 겨누었다. 그러다 갑자기 사격을 개시했다. 총알이 한꺼번에 쏟아져 유리창을 파고들었다. 나중에 에거스는 발사 명령이 의도한 것이 아니었다고 주장했다. 다친 사람은 없었지만 갈등은 커졌다. 〈거의 반란에 가까운 규율 무시 상태가 사방에서 감지되었다.〉 에거스는 이렇게 썼다. 하지만 때로는 아주 갑작스레 분노가 흩어지는 것처럼 보이기도 했다. 〈가끔 저항이 무너졌다.〉 혼자서만 〈특별 대우〉를 받고 있던 자일스 로밀리의 지적이다. 〈늙은 사람은 늙어 보이고, 젊은 사람은 건강해 보이지 않던 시기가 있었다. 언제나 강요 속에 성장하던 저항의 열정은 밖으로 터져 나오지 못했다. 독일군은 곧 사열이 조용했음을 깨닫게 되고, 줄지어 걷는 우리 옆에서 거의 보모처럼 따라 걸었다.〉

독일군과 대결하며 즐거워하는 겉모습 아래에는 절망이 있었다. 때로는 정신적 압박이 겉으로 과격하게 드러나기도 했다. 프랭크 플린의 경우가 그랬다. 그러나 겉으로 드러날 때보다는 속에 숨겨져 있을 때가 더 많았다. 콜디츠에 가장 먼저 들어온 포로 중 캐나다 공군 한 명은 아내를 결혼의 제약에서 풀어 주는 데 집착하다 못해 손목을 그으려고 했다. 친구의 회상에 따르면 그는 점호 도중 〈정말로 미쳐 날뛰면서 경비병에게 총으로 자기를 쏴 달라고 울며 애원했다〉. 결국 그는 깨진 유리병으로 목을 그어 정신 병원으로 이송되었다. 스스로 거세하려고 시도한 장교도 있었다. 성적인 좌절감이 얼마나 깊었는지를 보여 준 사건이다. 대부분의 포로는 슬픔을 몰래 간직하거나, 적극적으로 억압했다. 〈내가 선을 넘어가고 있음을 갑자기 깨달았다. 은유적으로 말하자면, 나는 나 자신을 방구석으로 데려가 제대로 혼을 내주었다.〉 한 장교는 이렇게 썼다. 그러나 수용소에 들어와 몇 달이 흐르면 아무리 낙천적인 사람도 기분이 처지기 시작하는 것을 느꼈다. 팻 리드는 탈출 담당 장교 자리에서 물러났다. 자유의 가능성을 다시 상상할 필요가 있었다.

9
도그스보디

8월 중순에 걸음걸이가 어색하고 확실히 권위적인 분위기를 지닌 포로 한 명이 새로 성에 들어오면서, 수용소 전체에 흥분이 잔물결처럼 퍼졌다.

더글러스 베이더 공군 중령. 그는 나중에 콜디츠에서 가장 유명한 포로가 되었다. 사실 수용소에 들어오기 전에도 전쟁을 통틀어 양편에서 모두 가장 유명한 군인이기도 했다. 그는 어느 날 갑자기 경악스러운 사건 때문에 명성을 얻었다. 그리고 그 사건으로 인해 평생 극심한 통증에 시달렸다. 세월이 흐른 뒤에는 장애인 자선 단체를 위해 거액을 모금했다. 그는 누구보다 용맹했으며, 남들에게까지 한 번도 꿈꿔 보지 못한 용기를 불어넣을 수 있었다. 하지만 동시에 거만하고, 남을 휘두르려 하고, 이기적이고, 놀랄 만큼 무례한 성격이기도 했다. 특히 자신보다 지위가 낮은 사람들에게 그런 성격을 드러냈다. 가까운 동료들은 그를 사랑했다. 전쟁은 그를 영웅으로 만들어 주었으나, 또한 참을 수 없는 사람으로 바꿔 놓았다.

베이더는 어렸을 때 냉담한 어머니 밑에서 방치되어 자랐다.

아버지는 참호에서 입은 부상 때문에 아들이 열두 살 때 세상을 떠났다. 베이더는 괴롭힘에 시달리며 분노 속에 유년 시절을 보냈다. 사립 학교에서는 로런스 올리비에에게 구타를 당한 적도 한 번 있었다. 크리켓 경기에서 그가 이 미래의 배우를 아웃시킨 다음의 일이었다. 그는 외로움을 감추려고 허세를 부리고, 공격성을 드러내고, 자신을 과시했다.

1928년에 영국 공군에 들어간 그는 2년 뒤 조종사가 되었다. 그리고 규정에 반항하듯, 브리스틀 불도그 복엽기를 몰고 공중 묘기 경기에 출전했다. 1931년 12월에는 레딩 근처의 우들리 에어로드롬 상공에서 감히 슬로 롤을 시도했다. 고도가 너무 낮아서 왼쪽 날개가 지면을 깎듯이 지나가고 비행기는 공중제비를 돌았다. 그때 어느 민간인이 베이더의 파열된 오른쪽 넓적다리 동맥에 매달려 계속 눌러 주지 않았다면, 그는 파괴된 비행기 잔해에서 끌려 나온 뒤 죽었을 것이다. 그가 병원에 실려 갔을 때 선구적인 외과 의사 레너드 조이스가 마침 퇴근하기 직전이었다는 점도 또 하나의 행운이었다. 베이더는 일지에 이 사건을 간결하게 적었다. 〈지면 근처에서 슬로 롤 중 추락. 망친 공연.〉 그는 조이스가 자신의 두 다리를 모두 잘랐다는 사실을 언급하지 않았다. 한쪽은 무릎 위, 다른 한쪽은 무릎 아래에서 다리가 절단되었다.

의족(원래 다리보다 살짝 길어서 그의 키가 커졌다)을 사용하면 거기에 맞게 개조된 자동차를 운전하고, 골프와 크리켓을 치고, 수영을 하고, 심지어 춤도 출 수 있었다. 그러나 영국 공군이 그에게 비행을 허락하지 않는 것 때문에 그는 불같이 분노했다. 결국 석유 회사에 사무직으로 취직했다.

베이더는 다시 조종석에 앉기 위해 끊임없이 공군에 로비를 했다. 의족으로도 예전과 똑같이 비행기를 조종할 수 있다는 것이 그의 주장이었다. 〈안으로 들어갈 수 있을 때까지 나는 맹세코 그들의 문 앞에 앉아 있을 것이다.〉 그는 이렇게 다짐했다. 전쟁이 벌어지자 당국이 뒤로 물러선 덕분에 그는 다시 하늘을 날게 되었다. 프랑스 전투와 영국 전투 때 그는 전투기 조종사로서 무모한 기술과 뛰어난 용기를 보여 주었다. 대규모의 전투기 대형을 전개하는 데 찬성하고, 태양과 고도를 이용해 적기를 매복 공격하는 기법을 개발했다. 〈도그스보디(그의 이름 이니셜인 DB에서 유래한 호칭)〉를 콜 사인으로 사용하며 그는 2년 동안 적기 스무 대를 격추하고, 네 번의 항공전 승리에 기여하고, 〈승리가 거의 확실한〉 전투에 여섯 번 참여했다. 수훈 십자장과 수훈 비행 십자장을 차례로 수상했다.

공중전에서 수많은 사람이 아주 소수의 사람에게 신세를 졌다. 그리고 그 소수의 사람은 또한 더글러스 베이더 같은 사람에게 많은 신세를 졌다. 그래도 전쟁부가 황금 같은 선전 기회를 포착하지 않았다면, 베이더는 그냥 평범한 전투기 조종사로 남았을 것이다. 두 다리를 모두 절단한 영국 공군 에이스 이야기는 전쟁 중 가장 암울했던 시기에 국민들의 사기를 북돋우기에 딱 맞았다. 그래서 항공부는 세심하게 계획된 홍보 캠페인을 통해 베이더를 전설로 탈바꿈시키기 시작했다. 그들의 수단은 연달아 실린 신문 기사였다. 『데일리 메일』은 베이더의 어머니를 인터뷰했는데, 어머니는 이렇게 단언했다. 〈아들이 두 다리 없이 어떻게 인생을 다시 마주하게 되었는지 충분히 이야기할 수 있으면 좋을 텐데요……. 아들의 밝은 성격이 점차 되살아나는 모습이 정말 놀라웠습니다.〉(베이더의 성격에 대한 묘사가 현실과 너무 심하게 어긋나서, 어머니가 아들에 대해 아는 것이 얼마나 적었는지를 더욱 강조해 준다.)『데일리 미러』는 〈가장 위대한 영웅……. 영국 공군의 가장 놀라운 전투기 조종사〉라고 찬사를 보냈다. 1941년 초에 그는 영국 최초로 공식 승인을 받은 포스터의 주인공이 되었다. 스핏파이어호와 나란히 찍은 사진 속의 그는 각진 턱의 호전적인 전사였다. 주먹에는 파이프를 쥐었다. 지상에서든 하늘에서든 모든 역경을 극복하겠다는 결의의 화신 같았다. 신문들은 그의 무모한 모험을 앞다투어 실었다. 그리고 베이더는 사람들의 관심을 게걸스레 받아들였다. 대중은 그를 무조건적으로 사랑했으나, 다급히 만들어진 전설 이면의 진실을 아는 동료들은 깊이 분개했다. 동료 조종사 한 명은 이렇게 말했다. 〈그는 과시하기를 좋아한다. 그렇게 젠체하는 친구는 본 적이 없다.〉〈조용하고 외로운 또 다른 베이더〉를 조금이라도 알아차린 사람은 거의 없었다. 그가 지상 요원들 앞에서 우월감을 드러내며 그들의 기를 죽였기 때문에, 그들은 그를 몹시 싫어했다. 어떤 사람들은 그가 무모한 것이 순전히 상상력이 없기 때문이라고 주장했다. 베이더는 용감하고 유명한 장애인이면서 동시에 상당히 불쾌한 사람이 될 수 있음을 보여 주는 살아 있는 증거였다.

　　1941년 8월 9일 베이더의 616 비행 중대는 프랑스 해안에서 공격을 위해 출격해 비행 중이었다. 베이더가 아래쪽에서 대형을 이루어 날고 있는 메서슈미트 109기 열두 대를 발견했다. 「도그스보디 공격한다. 모두에게 돌아갈 만큼 많아. 놈들이 오는 대로 잡아라.」 그가 무전으로 알렸다.

그는 급강하하며 독일 비행기 한 대를 격추하고, 또 다른 비행기를 향해 사격을 개시했다. 그때 엄청난 충격이 느껴져서 살펴보니 스핏파이어호 기체 뒤편의 꼬리 날개와 수직 안전판이 뜯겨 나간 상태였다. 베이더는 공중에서 독일군 전투기와 충돌한 모양이라고 생각했지만, 그보다는 아군 전투기의 〈오인 사격〉에 맞았을 가능성이 더 높았다. 그는 이 주장을 결코 받아들이지 않았다. 조종석 캐노피를 버리고 하니스 핀을 풀었으나, 몸이 엄청난 바람에 실려 기체에서 빨려 나가는 와중에 오른쪽 의족이 조종간 아래에 끼어 버렸다. 시속 640킬로미터의 속도로 뱅글뱅글 떨어지며 후류에 얻어맞아 점점 의식을 잃어 가면서도 그는 낙하산 줄을 잡아당겼다. 낙하산이 펼쳐지면서 격렬하게 몸이 휙 잡아당겨지자 의족을 고정하던 가죽 끈이 끊어져 베이더는 공중으로 떠올랐다.

독일군 순찰병이 낙하산을 타고 착지한 그를 몇 분 만에 발견해 생토메르의 병원으로 데려갔다. 다리는 한쪽밖에 없고, 갈비뼈 두 대가 부러진 상태였다. 손상된 의족은 인근 벌판에서 발견되었다.

독일군은 이 유명한 조종사를 예의 바르게 대우했다. 무슨 기괴한 의협심의 발로였는지, 베이더의 오른쪽 의족이 이제 사용할 수 없는 상태임을 영국 측에 알리고, 새 의족을 보내 달라고 영국 공군에 요청했다. 그리고 제국 원수 헤르만 괴링의 공식적인 승인을 받아, 상상력이라고는 전혀 없는 〈다리 작전〉으로 명명된 작전이 8월 19일에 시작되었다. 그날 영국 공군 폭격기 한 대가 생토메르 상공의 안전 운항을 약속받고 들어와 나치 점령하의 프랑스에서 독일 공군 기지에 낙하산으로 새 의족을 떨어뜨렸다. 잘린 부위에 씌울 양말, 파우더, 담배, 초콜릿도 함께 들어 있었다.

이제 두 다리를 쓸 수 있게 된 베이더는 즉시 탈출을 시도했다. 병원 창문을 넘어 침대보 밧줄로 지상까지 내려가서 절룩거리며 도망친 것이다. 그리고 몇 시간 뒤 정원에 숨어 있다가 붙잡혔다. 뤼베크 수용소로 이송된 뒤에도 그는 또 탈출했다가 붙잡혔다. 람스도르프의 포로 수용소 VIII-B에서도 또 탈출을 시도했으나 역시 실패로 끝났다. 의족뿐만 아니라 베이더의 명성도 탈출에 방해가 되었다. 그가 가는 수용소마다 코만단트에게는 〈그를 만나고 싶다는 지역 거물들의 요청이 홍수처럼 들어왔다〉. 베이더 특유의, 다리가 뻣뻣한 걸음걸이를 묘사한 포스터도 만들어졌다. 그가 또 탈출할 때를 대비해서였다. 그는 자신이 떨친 악명의 포로였다. 누구보다 심하게 독일에 비우호적이었고, 포로로서는 구제 불능이었지만, 귀한 선전 도구이기도 했다. 그러니 독일에서 가장 경비가 엄중한 포로 수용소로 당연히 그를 보내야 할 것 같았다.

그렇게 해서 그는 1942년 8월 18일에 자신을 우러러보는 독일군 경비병들의 경례를 받으며 콜디츠로 걸어 들어왔다. 양철 다리, 떡갈나무 심장, 점토 발을 지닌 남자였다.

해자에서부터 자갈로 포장된 오르막길이 베이더의 뻣뻣한 다리로 오르기에는 너무 가팔랐으므로, 당번병이 그를 부축했다. 몸집이 작고 안경을 쓴 스코틀랜드인으로 렌프루셔 출신의 위생병인 알렉스 로스가 그의 당번병이었다. 로스는 베이더의 짐 가방과 여분의 의족도 들고 있었다. 두 사람 모두 콜디츠에 오기 전에는 람스도르프에 갇혀 있었다. 〈그는 나더러 콜디츠로 같이 가겠느냐고 물으면서, 그곳이 《나쁜 녀석들》의 수용소라고 미리 말해 주었다.〉 로스는 이렇게 회상했다. 로스가 그때까지 경험한 다른 수용소에 비하면, 콜디츠는 〈엄청나게 좋은 곳〉이었다. 〈베이더의 당번병이 24시간 동안 일해야 하는 자리라는 점을 나는 몰랐다. 다른 당번병들이 왜 그를 꺼렸는지 나는 곧 깨달았다. 항상 그가 부르면 달려가야 하는 생활을 직접 해보고서야 알았다. 그가 아주 용감한 사람이라는 것은 알지만, 괴물처럼 굴 때도 있었다.〉

로스가 맡은 일 중에는 아침마다 침대로 베이더의 식사를 가져다주는 것도 있었다. 식사가 끝나면 베이더를 등에 업고 구불구불한 계단으로 두 층을 내려가 목욕을 마친 뒤 다시 올라왔다. 〈그는 결코 가볍지 않았다. 양팔로 내 목을 감고 매달리기도 하고, 뭉툭하게 잘린 다리로 내 몸을 세게 누르며 매달리기도 했다. 나는 매일 그 일을 했다.〉 로스는 이렇게 말했다. 베이더는 자신의 당번병 겸 운송 수단인 로스를 〈다스 로스〉라고 즐겨 불렀다. 기사가 전투에 나갈 때 타는 말, 즉 군마를 뜻하는 옛 독일어였다.

콜디츠에서 베이더는 눈에 띄는 자리 여러 개를 스스로 차지했다. 오케스트라 지휘자, 스툴볼 골키퍼, 얼간이 괴롭히기 최고 사령관. 성벽 밖에서 오래 산책할 수 있게 허락해 달라는 캠페인도 성공으로 이끌었다. 자신의 다리에 아직 남아 있는 근육을 운동시키기에는 안마당 공간이 좁다는 것이 그의 주장이었다. 일주일에 두 번씩 베이더는 감시를 받으며 〈가석방 산책〉에 나섰다. 그리고 그 기회를 이용해서 인근 농부들과 물물 교환을 했다. 적십자사가 보내 준 초콜릿을 신선한 달걀 같은 사치품과 바꾸는 식이었다. 의족은 콜디츠 마을 대장간에서 정기적으로 손봐 주었다. 독일 측이 이렇게 신경을 써주었는데도 베이더는 욕설 가득한 말로 그들을 무시했다. 〈기회가 생길 때마다 무자비하게 독일군을 괴롭혔다.〉 경비병의 얼굴에 파이프 담배 연기를 내뿜고, 자기보다 계급이 낮은 독일군에게는 경례를 거부하고, 반(反)독일 합창을 이끌고, 경비병들이 행군하며 지나갈 때마다 포로들이 곡조가 없는 휘파람을 부는 시스템을 만들어 경비병의 걸음이 어긋나게 했다. 한번은 로스가 목욕을 마친 그를 업고 계단을 올라가던 중에 위에서 내려오는 독일 장군 한 명, 대령 두 명과 맞닥뜨렸다. 「저 새끼들 때문에 멈추지 마.」 베이더가 뭉툭한 다리로 로스의 몸을 더욱 세게 누르면서 소리쳤다. 〈그들은 상당히 충격을 받은 표정이었지만 우리가 지나갈 수 있게 뒤로 물러났다. 그는 그들을 노려볼 뿐이었다.〉

언제나 그렇듯이 여기서도 베이더는 대조적인 감정을 자극했다. 젊은 장교들은 그의 끊임없는 도발에 즐거워하며 영감을 얻었다. 〈더글러스는 재미있었다.〉 그가 독일군에게 무례하게 굴수록 젊은 장교들의 존경심이 커졌다. 〈기묘하고 예측할 수 없는 그의 성격은 수용소에서 가장 매력적이었다.〉 한 동료 장교의 말이다. 심지어 에거스도 이 유명 인사에게 조금 기가 죽었다. 반면 그를 몹시 짜증스럽게 여기는 사람들은 그가 독일인을 자꾸 찔러 대는 바람에 포로들이 단체로 처벌을 받게 되면서 수용소 내의 모든 사람이 나쁜 영향을 받는다고 지적했다. 그의 무례함은 전설적이었다. 〈그와 함께 지낸 기간 동안 내내 그가《부탁한다》거나《고맙다》고 말한 적이 없었던 것 같다.〉 로스는 이렇게 회상했다. 밖에서 산책하며 구한 달걀을 당번병에게 주는 법도 없었다. 〈그가 내게 달걀을 하나라도 주었다면, 난 기절했을 것 같다.〉

베이더는 양철 다리 때문에 탈출에 필요한 민첩함, 즉 굴을 파거나 지붕 위를 기어갈 때 필요한 민첩함이 없었다. 그래도 그는 탈출 계획이 마련될 때마다 자신의 자리를 요구했다. 탈출 위원회가 거절하면 그는 분노했다. 「고국의 정부가 당신들 모두를 합한 것보다 나를 더 원한다는 걸 모르겠어?」 엄청나게 오만한 말이었지만, 사실일 가능성이 높기도 했다. 한번은 탈출 위원회가 런던에 보낸 비밀 메시지에서 〈콜디츠 근처의 아우토반에 경비행기를 착륙시켜 더글러스 베이더를 구출해 간다면 화려한 선전 효과를 얻을 수 있을 것〉이라고 제의하기도 했다. MI9도 이 괴상한 제안을 즉석에서 내치지 않았다. 정부는 베이더가 영국으로 돌아오기를 원했고, 콜디츠에는 그가 떠나면 좋아할 사람이 많았다.

9월 10일 아침 점호에서 포로가 무려 열 명이나 사라진 것이 발각되었다. 곧 혼란이 벌어졌다. 영국 장교 두 명이 네덜란드 포로 사이에서 발견되었기 때문이다. 에거스는 네덜란드 포로들을 사진과 대조해서 세 명이 사라졌음을 밝혀냈다. 설상가상으로, 인원수를 다시 헤아리는 사이 영국 장교 한 명이 창가에서 물 양동이를 쏟았다. 수용소 당국이 알고 있던 신원이 완전히 다른 사람의 것으로 밝혀진 영국 포로도 한 명 있었다. 다락에서는 〈유령〉 네 명이 숨어 있다가 발각되었다. 혼란이 가라앉은 뒤 포로 여섯 명(네덜란드인 세 명, 영국인 한 명, 캐나다인 한 명, 오스트레일리아인 한 명)이 탈출했음이 드러났다. 에거스는 그들의 탈출 방법을 금방 알아냈다. 그들은 독일군의 사무실 중 포로들의 안마당에 면한 유일한 곳의 십자형 자물쇠를 열고, 책상 아래 바닥을 파서 아래층 창고로 들어간 뒤, 경비병 교대 직후 독일군 부사관의 지휘를 받는 폴란드 일꾼 제복으로 위장하고 밖으로 나왔다. 그리고 사냥터와 통하는 문 앞의 독일군 경비병이 다행히 이 변장에 속아 문을 열어 주었다. 그들 중 네 명은 금방 붙잡혔지만 건축학과 학생행세를 한 네덜란드인과 벨기에 노동자 행세를 한 오스트레일리아 공군 장교는 수색대를 회피하는 데 성공했다. 두 사람은 콜디츠를 나선 지 여든일곱 시간 뒤 민간인 복장으로 징겐에서 국경을 넘어 스위스로 들어갔다.

사무실 바닥에 난 구멍이 메워지고, 훨씬 더 많은 보안 조치가 실시되었다. 성의 북쪽과 서쪽까지 시야가 깨끗하게 확보되는 테라스의 북서쪽 귀퉁이 탑에 기관총이 설치되고, 동쪽의 가시철망 게이트 위 통로에는 경비병이 배치되고, 안마당에는 강력한 조명등이 더 많이 설치되었다. 포로 숙소가 독일군 숙소와 만나는 〈이음매〉는 항상 보안에 가장 취약한 지점이었는데, 회벽 안에 경보 장치가 그물처럼 설치되었다. 성공하든 실패하든 탈출 시도가 한 번씩 있을 때마다 다음 탈출 시도를 조금씩 더 어렵게 만드는 조치들이 이렇게 실행되었다.

라인홀트 에거스 하웁트만에게 그때까지 전쟁은 딱히 즐거운 일은 아니어도 참고 견디는 데에는 아무런 문제가 없는 일이었다. 할레에 있는 아내가 그립고, 두 아들의 안전이 걱정스럽기는 했다. 아들 한 명은 북아프리카에서, 다른 한 명은 나치가 점령한 노르웨이에서 참전 중이었다. 포로들은 때로 극도의 짜증을 부채

질하고, 그들의 건방진 태도에도 화가 났다. 그래도 그는 탈주자들과 재치를 겨루는 상황이 즐거웠다. 그의 표현을 따르자면, 그것은 〈영원한 등 넘기 놀이였다. 처음에는 우리가 설치한 보안 장벽이 앞서 있지만, 그 뒤에는 그들이 그 장벽을 에두르는 방법을 찾아내 우리를 앞섰다〉. 에거스는 독일군 수용소 관리 분야에서 상당한 명성을 쌓아 가고 있었다. 프랑스와 폴란드의 고위 장교들을 수용한 작센의 쾨니히슈타인 성에서 앙리 지로 장군이 탈출하자 에거스가 조사를 위해 파견되었다. 〈아니나 다를까, 내가 콜디츠에서 쓰던 방법이 바람직한 결과를 낳았다.〉 그는 지로 장군이 아내가 커다란 햄 안에 숨겨 몰래 보내 준 전화선을 이용해 요새 외벽을 내려가 탈출했다는 결론을 내렸다. 수용소 당국이 빈에 중앙 탈출 박물관을 열었을 때, 에거스는 〈굴, 금지 물품, 가짜 통행증, 열쇠, 변장 용품 등을 찍은 우리 사진 중에 최고의 탈출 용품 견본〉을 제공해 달라는 부탁을 받고 우쭐해졌다. 독일에서 경비가 가장 엄중한 수용소에 귀빈이 방문하면 그가 수용소 안내를 맡았다. 10월에는 드레스덴에서 열리는 수용소 정책 회의에 초대받고 엄청난 만족감을 느꼈다. 〈드디어 명성을 얻었다!〉 그는 이렇게 썼다. 풍자가 아니라 순수하게 이런 뜻이었다. 〈콜디츠 탈출 아카데미가 이제 조금 인정을 받고 있다.〉 〈박물관〉을 채우는 일이 그에게 점점 집착이 되었다. 그는 독일군 경비병 여섯 명에게 폴란드인 일꾼 옷을 입혔다. 9월의 탈출 시도를 재현해서 사진으로 찍기 위해서였다. 프랑스 장교 한 명이 위아래가 붙은 작업복을 입어, 수용소의 민간인 전기 기사 빌리 쾨네르트로 변장하고 수용소에서 걸어 나가려다가 붙잡혔을 때, 에거스는 그를 쾨네르트와 나란히 세워 두고 사진을 찍었다. 점점 늘어나고 있는 그의 수집품에 훌륭한 사진 한 장이 이렇게 추가되었다.

이제 쉰두 살인 에거스는 천직을 찾았다고 생각했다. 독일에서 가장 유명한 탈출학 전문가로서 그의 명성이 빠르게 높아졌다. 강제 수용소의 셜록 홈스인 셈이었다. 독일이 승리할 때마다 밝은 미래가 손짓했다.

그러나 한때는 금방 실현될 것 같았던 독일의 승리가 1942년 가을 무렵에는 더 멀어진 듯했다. 독일 군인들이 동부 전선의 벌판에서 살육당하는 속도가 무서울 정도였다. 전쟁의 흐름은 북아프리카에서도 변하는 중이라서, 로멜이 두 번째 엘알라메인 전투 이후 후퇴 중이었다. 전선에 보낼 군대가 점점 더 많이 필요해지면서 콜디츠 주둔군의 규모도 줄어들었다. 석탄 배급량은 3분의 2로 깎였다. 감시하는 자와 감시당하는 자 사이에 적의가 존재하긴 했지만, 콜디츠 내부에서는 군인으로서 비슷한 명예의 규칙을 지키는 사람들 사이에 아직 신사적인 전쟁이 벌어지고 있었다. 그러나 에거스의 지적처럼, 〈바깥의 전쟁이 좋지 않은 방향으로 변하고〉 있었으므로, 그 고약함이 수용소에도 스며들었다.

독일군 최고 사령부는 나치가 점령한 유럽 내의 과녁들을 상대로 벌인 연합군의 특공대 작전에 점점 크게 분노했다. 디에프 기습, 영불 해협 사크섬에서 포로들이 잡힌 일, SS의 잔인한 폭군 라인하르트 하이드리히가 체코슬로바키아에서 암살당한 일. 나치는 범죄자 무리가 이런 짓을 저질렀다고 주장하면서, 비무장 포로들을 포박하고 처형했다. 7월에는 낙하산을 타고 내려오다 잡힌 포로들을 반드시 게슈타포에 넘겨야 한다는 명령이 내려왔다.

격추된 폭격기 승무원들이 분노한 자경단원들에게 린치를 당할 위험도 점점 높아졌다. 〈조종사들은 독일군의 손에 들어왔을 때에만 안전했다. 비교적 안전했다는 뜻이다.〉 에거스는 이렇게 썼다. 탈출도 점점 위험해졌다. 수용소 담장 밖에서 민간인 복장이나 독일군 군복으로 변장하고 붙잡힌 포로는 간첩 혐의로 게슈타포나 SS에 넘겨질 가능성이 더 높아졌다. 게슈타포와 SS는 전쟁의 가장 기본적인 규칙조차 따를 생각이 없는 잔인한 광신도들이었다. 전쟁의 흐름이 바뀌면서 나치당의 통제도 심해졌다. 콜디츠 마을의 당 지도자들은 성 안에서 벌어지는 일에 예전보다 더 관심을 보였으며, 보안 조치를 점검하기 위해 게슈타포 요원들이 방문하는 일도 더 잦아졌다. 독일군 사이에서도 에거스처럼 규칙에 따라 포로를 대우해야 한다고 생각하는 사람들과 더 무자비한 방법으로 포로를 얌전하게 만드는 편을 선호하는 매파 사이의 틈새가 더욱 벌어졌다.

10월 7일 새로운 포로 일곱 명이 콜디츠에 도착해 사진이 찍힌 뒤, 다른 포로들과 격리되어 시내 감옥으로 재빨리 옮겨졌다. 그들이 누구인지, 어디서 왔는지 아는 사람이 전혀 없었다.

도미닉 브루스는 차(茶) 상자에 숨어 탈출하려다 실패한 뒤 줄곧 시내 독방에 있었다. 어느 날 운동 시간에 그는 새로 온 포로 일곱 명 중 대장과 몇 마디 말을 나누는 데 성공했다.

「당신들 누구야?」 브루스가 속삭였다.

「당신은 누군데?」 그가 대꾸했다.

「난 영국 공군 장교야.」

「어디 출신?」

「타인사이드 사람인데, 거기 가본 지 좀 됐어. 당신은?」 브루스가 말했다.

남자는 잠시 침묵하다가 대답했다.

「노르웨이.」

「음, 영국으로 연락을 보내고 싶다면 우리가 보내 줄 수 있어.」

「노르웨이에서 일이 잘 풀렸다고 전해 줘.」

남자의 이름은 그레임 블랙. 온타리오 출신인 서른한 살의 캐나다인 대위로, 전쟁 중의 가장 대담한 비밀 사보타주 작전 중 하나였던 〈머스키툰 작전〉의 대장이었다.

2주 전 블랙은 영국인 아홉 명과 노르웨이인 두 명으로 구성된 특공대를 이끌고 나치가 점령한 노르웨이의 글롬피오르 발전소를 공격했다. 독일군에 중요한 전쟁 물자를 공급하는 알루미늄 공장에 이 대규모 수력 발전소가 동력을 공급하고 있었다. 잠수함을 타고 노르웨이 해안까지 간 특공대원들은 한밤중에 구명보트를 저어 상륙했다. 소총, 스텐 기관 단총, 권총, 전투용 나이프로 무장한 상태였다. 그들의 소지품 중에는 말린 고기, 철사 절단기, 넙치 기름, 설맹에 대비해서 색을 입힌 안경, 홀릭스,* 쌍안경, 벤제드린 알약도 있었다. 깎아지른 절벽을 올라 발전소에 도착한 그들은 노르웨이인 야간 근무자들을 안전한 곳으로 보내고, 기계, 파이프라인, 발전기에 플라스틱 시한폭탄을 붙인 뒤 내륙으로 향했다. 그들이 발전소에서 1.6킬로미터 떨어진 지점까지 갔을 때 폭탄이 터져 〈엄청난 폭음이 사방의 모든 산에서 메아리쳤다〉. 한 시간 뒤 그들은 수색대와 마주쳐 총격전을 벌였고, 독일군 두 명

* 가루 형태로 만든 맥아음료

과 특공대원 한 명이 목숨을 잃었다. 그 뒤 특공대원들은 둘로 갈라졌다. 네 명이 한 무리가 되어 움직인 일행은 중립적인 스웨덴에 무사히 도착했지만, 나머지 일곱 명은 포로가 되어 콜디츠로 끌려왔다.

그들이 도착하고 사흘 뒤 에거스가 게슈타포 장교 네 명과 함께 시내 감옥으로 가는 모습이 목격되었다. 블랙과 그다음으로 계급이 높은 장교가 사라졌다. 사흘 뒤 그들이 있던 감방을 평소처럼 조사하는 과정에서 쇠창살 세 곳이 톱으로 절단된 것이 발견되었다. 〈씹은 빵으로 자른 부위를 아주 깔끔하게 메워 놓아서, 거의 눈에 띄지 않았다.〉 새들리히는 그 솜씨에 감탄해서 이렇게 썼다. 〈그들은 정말 잘 훈련된 부대였다.〉 특공대원 한 명의 빗 케이스 안에서 강철 톱날이 발견되었다. 그들 중 한 명인 스물한 살의 에릭 커티스 이등병은 일기에 다음과 같이 갈겨썼다. 〈우리는 정말 행복하다. 마치 휴가를 온 것 같다. 적십자사 소포에 영국 음식, 초콜릿, 차, 우유, 설탕이 있다. 오늘 밤에는 기분이 정말 끝내준다. …… 적십자사 마멀레이드 덕분에 고향의 빵 맛이 난다.〉 커티스의 일기는 여기서 끝났다. 새들리히는 이 일기장을 그의 감방에서 발견했다. 다음 날 커티스는 동료 네 명과 함께 엄중한 감시를 받으며 대기 중이던 버스에 실려 갔다. 그들 중 세 명은 고작 스무 살이고, 가장 나이가 많은 사람도 스물여덟 살이었다. 당번병 솔리 골드먼이 독방에 갇힌 그들에게 아침 식사를 가져다주며 알아낸 그들의 이름과 계급이 암호 편지로 MI9에 전달되었고, 이것이 나중에 뉘른베르크 재판에 증거로 제출되었다. 콜디츠의 영국 선임 장교가 그들이 어떻게 되었는지 알아야겠다고 다그치자, 글라에슈는 모호하게 얼버무렸다. 〈그들은 자기가 잘 모르는 곳에서 역시 자기가 잘 모르는 곳으로 가는 길에 이 수용소를 거쳤을 뿐이라고 했다.〉

10월 18일에 히틀러가 특공대 명령Kommandobefehl을 발표했다. 연합국의 모든 특공대 포로는 제복을 입었든 입지 않았든, 설사 항복하더라도 재판 없이 즉결 처형해야 한다는, 제네바 협약을 정면으로 위반한 내용이었다. 〈이른바 특공대 기습 작전으로 독일군에 대항하는 자는 모두 최후의 한 명까지 전멸시켜야 한다. …… 어떤 사유로도 사면은 불가하다.〉 이 명령에는 이 처형 명령을 실행하지 않는 독일군 장교도 처벌받을 것이라는 경고가 포함되어 있었다. 나치가 국제법을 존중하는 시늉을 하던 마지막 흔적이 증발해 사라졌다.

머스키툰 작전의 생존자들은 베를린의 국가 보안 본부 지하 감방에 수감되었다. 히틀러의 부하 직원 중 가장 잔인한 자인 하인리히 뮐러 게슈타포 국장이 그들을 직접 신문했다(뮐러는 전쟁 후 어떤 운명을 맞았는지 끝내 확인되지 않은 소수의 사람 중 하나다). 10월 22일 특공대원 일곱 명은 함께 사슬에 묶인 채 트럭에 실려서 작센하우젠 강제 수용소로 끌려갔다. 시내에서 차를 타고 북쪽으로 한 시간 거리에 있는 곳이었다. 다음 날 동틀 무렵 그들은 끌려 나와 한 명씩 차례로 살해되었다. SS 경비병들이 그들의 뒷목에 권총으로 딱 한 발씩 총을 쏘았다.

독일 당국은 적십자사와 〈이익 대표국〉 스위스에 특공대원들이 탈출했다고 알렸다. 콜디츠에 그들 일곱 명의 이름으로 도착한 편지는 뜯지도 않은 채 〈geflohen(탈주)〉이라는 표시를 달고 반송되었다. 글라에슈 코만단트는 이것이 모두 거짓임을 틀림없이 알았을 것이다. 에거스도 알았을 것으로 보인다. 콜디츠의 삶을 그는 항상 포괄적으로 기록해 두는 편이었으나, 이 끔찍한 사건은 언급하지 않았다. 죄책감에서 우러난 불안한 침묵이었다.

몇 주 뒤 나치의 악행을 보여 주는 또 다른 증거가 콜디츠에 도착했다. 킷 실버우드-코프는 M 부인의 〈청년들〉 중 한 명이었다. 그는 바르샤바에서 제인 워커의 영국-폴란드 모임의 보호를 받으며 14개월 동안 여러 안가를 옮겨 다녔다. 그곳에서 처음 맞는 겨울에 그가 티푸스에 걸리자 유대인 의사가 그를 치료해 살려 주었다. 그러나 마이클 싱클레어가 불가리아 국경으로 가려다가 실패한 직후 M 부인의 네트워크에 적이 침투해 네트워크를 파괴해 버렸다. 도중에 붙잡힌 전쟁 포로 두 명을 신문하는 과정에서 핵심적인 주소 여러 곳이 노출된 탓이었다. 독일 편에서 일하는 폴란드인 한 명이 탈주자들을 스위스를 통해 탈출시켜 주겠다고 제안하며 M 부인의 신뢰를 얻었다. 그리고 게슈타포가 달려들어 실버우드-코프를 포함한 10여 명의 탈출 포로를 체포했다. 그를 치료해 준 유대인 의사는 가족과 함께 아우슈비츠로 끌려갔다. M 부인은 직전에 정보를 얻어 농부로 변장하고 폴란드 시골에 숨었다. 제인 워커의 1인 레지스탕스 캠페인은 끝났지만, M 부인은 놀라운 유산을 남겼다. 헤아릴 수 없이 많은 탈출 포로의 체력을 길러 주고, 수십 명의 탈출을 돕고, 마이클 싱클레어의 마음에 날이 갈수록 더 다급해지는 탈출 욕망을 심어 주었다.

게슈타포는 실버우드-코프에게 첩자 혐의를 씌워 파비아크 민간 감옥에 구금했다. 굶주린 상태에서 반복적으로 신문을 당하며 얼어붙을 듯이 추운 감방에 갇혀 지내다 보니 3개월 만에 몸무게가 4분의 1이나 빠졌다. 그곳 감옥은 이루 형언할 수 없을 만큼 잔혹한 곳이었다. 〈낮에는 구타당하는 포로들의 비명이 끊이지 않았다.〉 독일군은 아직 가능한 한 규칙을 지키고 있었다. 군대가 개입해서 실버우드-코프를 콜디츠로 데려온 덕분에 그가 목숨을 건졌다고 보아도 될 것이다. 그는 정신적 충격에 시달리는 쇠약한 유령의 모습으로 콜디츠에 도착했다. 처음에 에거스는 파비아크 감옥에 대한 그의 설명을 믿지 않으려 했다. 〈무엇보다 무시무시한 이야기였다. 유대인들을 맨홀 뚜껑 아래 더러운 하수도로 억지로 내려보내 익사하게 내버려 둔다고, 개들이 포로를 뒤쫓고, …… 포로를 손목으로 매달아 두고 구타한다고.〉 많은 독일인이 그랬듯이, 에거스도 그때까지 나치의 만행과 대량 학살에 관한 이야기를 연합군의 선전으로 치부했다. 그래서 심대한 충격을 받았다. 〈직접 경험한 사람에게서 처음으로 직접 들은 정보였다. 이런 이야기가 내게는 그때까지 소문에 불과했다.〉 에거스는 깐깐했지만, 무정하거나 어리석지는 않았다. 의심이라는 작은 벌레가 그의 영혼에 파고들었다. 독일이 전쟁에 패할 수도 있겠다는 수준이 아니라, 어쩌면 패해야 마땅한 것인지도 모르겠다는 의심이었다.

팻 리드는 영국 포로들이 조직한 거의 모든 탈출 시도를 계획하거나, 돕거나, 승인하거나, 참여했다. 그러나 2년 동안 포로 생활을 하면서 그가 관여한 모든 탈출 계획 중 어떤 것도 1942년 11월에 제안받은 계획만큼 무모하지는 않았다. 따라서 이 계획은 실패할 가능성이 아주 높았다. 그를 찾아온 포로 네 명은 포로 주방의 창문으로 나가 코만단투르의 창문에서 훤히 보이는 독일군 주방의 평평한 지붕을 기어가서 경비병이 등을 돌렸을 때 몰래 뒤로 빠져나간 다음 독일군 마당의 남쪽에 있는 얄팍한 구덩이로 기어가자고 제안했다. 거기 구석에 쓰지 않는 계단으로 통하는 문이 있는데, 그 계단이 독일군 숙소에서 비어 있는 위층으로 이어져 있을 가능성이 있으니 거기서 침대보 밧줄로 외벽을 타고 내려가면 된다는 것이었다. 그렇게 해자로 내려가려면 독일군이 가득 잠들어 있는 방들을 지나야 했다. 해자에 도착하면 밖으로 나가서 플랑드르 노동자로 변장하고 스위스 국경까지 기차를 타자고 했다. 그러나 그들은 마당 구석의 문 뒤에 무엇이 있는지, 그 문을 열 수는 있는지 전혀 몰랐다. 〈정신 나간 계획이었다.〉리드는 이렇게 단언했다. 하지만 그는 주저 없이 그들의 권유를 받아들였다. 이번이 그의 여섯 번째 탈출 시도인데, 마지막 시도가 될 것이라는 확신이 들었다. 〈다시 탈출한다면 결코 여기로 돌아오지 않겠다고 마음을 다졌다.〉

10월 14일에 리드는 영국군 장교 세 명과 함께 민간인 옷으로 변장하고 추가로 여행 가방까지 든 모습으로 독일군 숙소 지붕으로 올라갔다. 〈수백 개의 창문이 굽어보고, 조명이 환히 켜진 무대〉에 오른 것 같았다. 그 순간 더글러스 베이더가 콜디츠 오케스트라의 지휘자로서 모차르트의 오보에 콘체르토 연습을 이끌고 있었으므로, 독일군 마당에서 음악 소리가 또렷이 들렸다. 조력자들이 지켜보고 있다가 경비병이 등을 돌리는 순간 베이더에게 신호를 해주면, 그가 지휘봉을 아래로 내리기로 되어 있었다. 경비병이 다시 돌아서면 베이더는 지휘를 다시 시작하고 오케스트라도 연주를 이어 갈 것이다. 리드는 이 음악 신호를 놓치지 않으려고 잔뜩 긴장했다. 음악은 계속 삐걱거리며 멈추었다가 서투르게 다시 시작되었다. 대부분의 오케스트라 단원이 지금 벌어지는 일을 모르기 때문에 베이더의 괴상한 지휘를 잘 따르지 못해 벌어진 현상 같았다. 리드는 운을 걸고 도박을 해보기로 했다. 일행이 한 명씩 차례로 아래로 내려가 꽃밭에 뛰어든 다음, 얄팍한 구덩이까지 기어갔다. 누구든 창문에서 밖을 흘깃 내다보기만 하면 그들이 보일 터였다. 계단으로 통하는 문의 구식 레버 자물쇠는 오랫동안 열린 적이 없었던 탓인지 무슨 짓을 해도 열리지 않았다. 한 시간 뒤 리드는 포기했다. 오케스트라 단원들은 해산했고, 마당은 조용했다. 몇 미터 앞에서 경비병이 오락가락했다. 벌써 밤 11시였다. 구덩이에 있는 리드의 눈에 지하실로 이어진 돌계단과 아치가 보였다. 그 문은 잠겨 있지 않았다. 일행은 슬쩍 안으로 들어갔다. 지하실 저편에서 아주 살짝 새어 들어온 외부 조명등 불빛에 환기 통로인지 사용하지 않는 굴뚝인지 알 수 없는 수직 통로가 드러났다. 리드는 그 안을 올려다보았다. 〈그것이 건물 저편의 쇠창살까지 이어져 있는 것이 보였다. 해자가 있는 곳이었다.〉 리드는 옷을 벗고 그 좁은 벽돌 통로를 꿈틀꿈틀 올라갔다. 쇠창살 한 개가 헐거웠다. 리드는 그것을 비집어 올린 다음 뒤로 구부려서 조금씩 몸을 빼냈다. 그가 마침내 외부 테라스에 털썩 떨어진 뒤 다음 차례로 올라온 행크 위들은 리드보다 몸집이 있었다. 내뻗은 그의 손을 리드가 끌어 올렸다. 아래에서는 나머지 일행이 그를 밀었다. 〈20분 만에 마침내 그를 빼낼 수 있었다. 그는 온몸에 멍이 든 채로 땀을 줄줄 흘렸다.〉 이제 새벽 3시였다. 네 사람은 재빨리 옷을 입고, 3.6미터 높이의 테라스 세 개를 내려가 해자에 도착해서, 사냥터로 출발했다. 그리고 덤불 속에서 악수를 하며 작별 인사를 속삭이고 둘씩 짝을 지어 헤어졌다.

3주 뒤 암호 제작자인 루퍼트 배리는 스위스에서 온 엽서를 받았다. 〈우리는 여기서 휴가를 즐기고 있어. 자네가 없는 것이 아쉽군. 자네 친구 딕에게 깊은 사랑을 보내네.〉 딕 하우는 리드의 뒤를 이어 탈출 장교가 된 사람이었다. 엽서에는 〈해리엇과 필리스 머거트로이드〉라는 이름이 서명되어 있었다. H와 P의 잉크가 특히 짙었다. 행크 워들과 팻 리드가 스위스에 있다는 뜻이었다. 그들과 함께 탈출한 두 명도 하루 뒤 안전한 곳에 도착했다. 그때까지 모든 탈출 시도를 통틀어 가장 성공적인 탈출 사례였다.

리드는 전쟁이 끝날 때까지 스위스에 남아 MI6를 위해 다른 탈주자들에게서 정보를 수집하는 일을 했다. 영국으로 돌아온 뒤에는 콜디츠를 직접 경험한 중요 증인으로서 그곳의 역사를 기록해 놀라울 정도로 성공을 거두었다. 그러나 그와 함께 갇혀 있던 포로들 중 일부는 그가 콜디츠에 수감된 기간이 그곳이 포로 수용소로 쓰인 기간의 절반이 채 되지 않는다는 점을 심술궂게 지적하기도 했다.

1년 만에 일곱 건의 〈홈런〉을 기록한 영국 포로들은 이제 1942년 비공식 탈출 리그의 선두에 서 있었다. 마이클 싱클레어는 다음 차례는 반드시 자신의 몫이라고 마음을 다졌다. 국제 탈출 위원회의 승인을 받은 그는 샤를 클랭이라는 프랑스 장교와 팀을 이루어, 11월 25일 점심 식사를 마친 뒤 벌건 대낮에 극장의 채광 통으로 기어나가 독일군 주방을 통과해서 코만단투르 마당으로 들어간 다음 문을 걸어 나갔다. 너무 뻔뻔한 방법이라 오히려 효과가 있었다. 밖으로 나간 두 사람은 각자의 길을 갔다. 클랭은 플라우엔에서 다시 붙잡혔고, 싱클레어는 M 부인의 폴란드 네트워크가 사라진 뒤라서 남쪽의 징겐으로 향했다. 그리고 스위스 국경까지 겨우 몇 킬로미터를 남겨 두고 붙잡혔다. 에거스가 바인스베르크 경찰서로 그를 데리러 갔더니, 그는 단답형 대답만 하면서 고약하고 비협조적으로 굴었다. 나중에 싱클레어는 에거스가 포로에게 함께 식사하겠느냐고 권하지도 않고 경찰서 식당에 식사를 주문하는 〈비신사적인〉 행동을 했다며 공식적으로 불만을 제기했다. 〈최악이다. 이렇게 오만하다니!〉 에거스는 이렇게 썼다. (언제나 꼼꼼한 그는 자신이 싱클레어에게 〈레모네이드 한 병과 수프 약간〉을 주었다고 공식적으로 기록했다.) 싱클레어는 사실 오만하다기보다 너무 좌절해서 사나워진 상태였다. 그는 탈출하기에 이상적인 조건을 갖추고 있었다. 젊고, 활기차고, 상상력 넘치고, 용감했으니까. 다만 탈출에 성공하는 데 필수적인 자원인 행운이 부족할 뿐이었다. 싱클레어는 다시 전투에 나서기를 갈망했지만, 한 번 실패할 때마다 전쟁에서 유용한 역할을 할 가능성이 조금씩 멀어지는 것 같았다.

콜디츠 포로들은 원래 전쟁 상황을 몰라야 했다. 수용소로 오는 편지는 엄격한 검열을 받았고, 수용소에 허용된 독일 신문은 하나같이 상황을 장밋빛으로 그릴 뿐이었다. 그러나 포로들에게는 확실히 다른 소식통이 있었다. 그래서 가끔 그들은 경비병들에게 사기가 떨어지는 말을 툭툭 던졌다. 독일의 전쟁이 나치 선전처럼 진행되지 않아서, 연합군이 북아프리카에서 진군하고 있고, 독일군은 러시아의 겨울에 발목을 붙잡혔다는 내용이었다. 특히 프랑스 포로들이 정보에 밝은 것 같았다. 〈소문으로도, 새로 도착하는 포로로도 그들이 가끔 드러내는 지식을 설명할 길이 없었다.〉 에거스는 이렇게 지적했다. 프랑스 포로들은 전쟁에 대해 에거스보다도 더 많은 것을 알고 있었는데, 12월 초에 그들 중 변절자가 나타나 이유를 밝혔다. 그들이 BBC 방송을 듣고 있다고. 창의적인 열쇠 따기 전문가 프레도 기그의 아내가 음식 상자에 라디오를 몰래 숨겨서 보내 주었고, 〈아서〉라는 암호로 불리는 그 라디오는 프랑스 숙소 맨 꼭대기 층의 벽 뒤편에 숨겨져 있었다. 종군 사제가 사용하는 방이었다. 그들은 라디오를 숨기기 위해 벽에 커다란 아프리카 지도를 그려 놓았다. 〈지도에서 마을을 표시한 검은 점이 사실은 헤드폰 플러그 구멍이었다. 주파수를 맞추는 손잡이는 다카르 아래에 있었다.〉 그들은 밤에 BBC 프랑스어 방송으로 들은 정보를 다른 나라 포로들에게 퍼뜨리면서, 라디오의 행방에 대해서는 알리지 않았다.

에거스는 일상적인 수색 중에 라디오를 발견한 것처럼 꾸미기 위해 일부러 공들여 건물을 조사한 끝에 12월 15일에 라디오(〈런던에 주파수가 맞추어진 프랑스제 라디오〉)를 〈발견〉했다. 그러나 그의 부하들은 속지 않았다. 새들리히는 일기에 이렇게 썼다. 〈밀고가 없었다면 그렇게 영리하게 숨겨 두고 위장한 라디오를 발견하지 못했을 것이다.〉 세월이 흐른 뒤 에거스는 프랑스 정보원의 귀띔이 있었다고 인정했다. 또한 전쟁 뒤 그 첩자의 이름을 기그에게 알려 주면서 2000년까지 공개해서는 안 된다고 주장했다. 드디어 2000년에 첩자의 이름이 쥘리앵 케리냐르라는 것이 밝혀졌다. 마르세유 출신의 부사관으로 보조 사제였던 케리냐르는 라디오의 위치를 알려 준 대가로 석방되었다. 〈의심을 사지 않기 위해 우리는 그를 다른 포로들과 함께 다른 수용소로 옮겼다.〉 에거스는 그 프랑스인이 곧 〈건강상의 이유〉로 석방되었다고 말했다. 케리냐르는 전쟁 뒤 사제직을 버렸으며, 배신 사실이 밝혀지기 전에 세상을 떠났다.

〈수용소에 더는 라디오가 없습니다.〉 에거스는 베를린 당국에 이렇게 강조했지만, 틀린 정보였다. 기그가 〈보험〉 삼아 이미 두 번째 라디오를 만들어 두었기 때문이다. 부품은 수완 좋고 마음씨 좋은 기그 부인이 여러 소포로 나누어서 보내 주었다. 다락방에서 깨진 타일 더미 아래에 숨겨 둔 이 라디오 아서 2세는 아서 1세가 몰수당하던 바로 그날 저녁에도 잘만 돌아가고 있었다. 〈우리 라디오 방송은 끊기지 않았다.〉 기그는 이렇게 썼다.

탈출 시도가 여러 번 성공한 뒤의 혼란 속에서 고무적인 전쟁 소식도 알려지자 그해 크리스마스에는 때 이르게 낙관적인 분위기가 퍼져서, 포로들은 구금 생활이 곧 끝날지도 모른다고 믿게 되었다. 자신들이 언제 전쟁에 승리할지를 놓고 내기를 벌이기도 했다. 코만단트는 크리스마스 하루 동안 휴전을 하자는 제의를 받아들였다. 〈포로들은 탈출하지 않고 독일군은 오전 1시까지 불을 켜놓는다〉는 조건이었다. 시간이 아코디언처럼 움직이며 한 해가 다음 해로 넘어가는 시기였다. 〈오늘 밤의 축하 의식에는 새로운 점이 전혀 없었다.〉 플랫 목사는 이렇게 말했다. 〈지난해와 지지난해의 반복일 뿐이었으나…… 희망이 늘어났다.〉 그해 콜디츠의 크리스마스가 다른 해의 크리스마스와 다른 점은 또 하나 있었다.

포로들이 술에 취해 아주 볼 만한 꼴이 되었다는 것.

불법적인 밀주 제조는 초창기 폴란드 포로들이 만든 조잡하고 무서운 독주 이후로 많은 진전을 보았다. 수용소의 밀주 제조 과정은 다음과 같았다. 과일이나 채소를 으깨서 만든 잼 대용품에 설탕과 효모를 섞은 뒤 따뜻한 벽 수납장 안에서 6주 동안 숙성시키고, 화장실에서 훔친 파이프로 만든 리비히 응결기로 그 결과물을 증류해 맑은 120도 알코올을 얻었다. 물론 이것을 그대로 마실 수는 없고, 과일이든 흑설탕이든 구할 수 있는 재료를 가미해야 했다. 한번은 구호품에 들어 있던 샤넬 No. 5 애프터셰이브 크림을 넣은 적도 있었다. 이렇게 만들어진 술 〈잼 앨크〉는 무서운 물건이었다. 술에 취하는 것은 당연한 일이고, 시야가 흐릿해지는 현상, 구토, 악몽, 까맣게 변색된 치아, 혀 부종 등의 증상을 일으켰다. 술기운이 점점 떨어지는 동안에는 자연재해만큼 격렬한 두통이 일었다. 콜디츠에서 밀주를 제조하던 한 포로는 자신의 〈위스키〉에 〈글렌버킷〉이라는 이름을 붙였다. 에나멜 컵에 하룻밤 술을 담아 두면, 아랫부분이 부식되기도 했다. 이 술에 지나치게 탐닉하는 포로들을 보고 사람들은 〈잼 해피〉하다고 말했다.

처음에 독일군은 술 제조를 막으려고 했지만, 나중에는 반가운 기분 전환 거리로 묵인해 주었다. 술에 절여진 포로들이 멀쩡한 포로들에 비해 말썽을 덜 부리는 편이었기 때문이다. 비록 한 술꾼은 간경변에 걸리고 몇 명은 일시적으로 시력을 잃었지만, 알코올 중독으로 죽은 사람은 없었다. 의대생이었던 피터 스토리 퓨의 말처럼 적절한 알코올 섭취는 사기에 〈엄청나게 좋은 영향〉을 미쳤다. 수용소 내에서 포로들이 직접 만드는 술의 품질은 꾸준히 향상되었다. 호커스 진을 소유한 집안 출신으로 포도주 양조업자이자 애호가인 마이클 파가 콜디츠에서 포도주와 독주의 주요 공급원으로 떠오르자 에거스는 그를 격려했다. 그는 〈우리에게 양조를 계속 허락해 주었을 뿐만 아니라, 찰흙으로 거칠게 만든 포도주 항아리까지 제공해서 사실상 우리를 도왔다〉. 파는 수용소에 갇혀 있는 동안 살구, 말린 자두, 건포도, 씨 없는 포도 등 다양한 건과일을 재료로 순수한 흰색 슈냅스와 슬로 진 한 종, 〈놀라울 정도로 훌륭한〉 로제와인과 화이트와인을 개발했다. 파의 술 중 최고급품은 17세기 후반 샴페인의 최고 여성 장인 뵈브 클리코가 발전시킨 샴페인 발효법을 이용한 드미 섹 스파클링와인인 〈샤토 콜디츠〉였다. 에거스가 준 항아리에 건포도, 물, 설탕을 넣고 발효시켜 숯으로 맑게 거른 뒤 병에 담아 코르크가 아래로 가게 2주 동안 놓아 두면 모든 침전물이 병목에 모였다. 그다음에 이것을 눈, 얼음, 소금이 담긴 쟁반에 거꾸로 놓고 코르크와 와인 2.5센티미터가 꽁꽁 얼 때까지 기다렸다가 얼음이 된 침전물과 코르크를 빼내면, 〈효모가 모두 제거된 밝고 맑은 와인〉이 남았다. 파는 여기에 설탕을 조금씩 추가해서 다시 코르크로 봉했다. 〈이렇게 만들어진 훌륭한 스파클링와인을 차갑게 마셨다.〉

크리스마스 만찬 메뉴는 토마토수프, 양파를 곁들인 스테이크, 정어리 토스트, 커스터드가 들어간 크리스마스 푸딩이었다. 포로들이 엄청나게 마셔 댄 입가심용 술은 파의 스파클링와인과 다양한 종류의 디제스티프*였다. 영국 장교들은 식사 친구들끼리 따로 모이지 않고 롱 룸에 비좁게 앉아서 만찬을 즐겼다. 따로 식

* 식후에 마시는 술.

사한 당번병들의 식탁도 장교들의 것 못지 않게 호화로웠다. 〈샤토 콜디츠 포도주가 사방에서 풍부하게 흘렀다.〉 플랫은 이렇게 썼다. 트리폴리가 언제 연합군의 손에 떨어질지를 두고 내기도 벌어졌다. 안마당에서는 각국의 노래가 우렁차게 울려 퍼졌다. 파는 술을 마시고 〈아주 즐겁게 기분이 들떴기 때문에 우리는 여기가 어디인지를 잠시나마 잊어버렸다〉고 적었다.

1943년은 머리를 쿵쿵 때려 대는 숙취와 함께 시작되었다. 잼 앨크의 효과가 점차 사라지면서, 어쩌면 다음 크리스마스까지도, 또 그다음 크리스마스까지도 전쟁이 계속될지 모른다는 우울한 생각이 되살아났다. 평범한 죄수들과 달리 전쟁 포로에게는 판사나 배심원이 정해 준 석방 날짜가 존재하지 않는다. 멀리서 벌어지는 분쟁의 결과가 그들의 운명을 정할 뿐이다. 자유의 날은 금방 올 수도 있고, 언젠가 올 수도 있고, 영영 오지 않을 수도 있었다. 콜디츠의 포로 중에는 시인이 여러 명 있었는데, 그중 한 명인 앨런 캠벨은 다음과 같이 썼다. 〈우리의 십자가는 기다림이라는 저주.〉 좌절감이 점점 높아지고 있었다.

소포실에서 일어났을지도 모르는 살인 사건을 제외하면, 콜디츠에서 포로가 경비병을 공격한 적은 한 번도 없었다. 그러나 새해가 밝고 며칠 뒤 에거스가 안마당에 서서 다른 독일군 장교와 이야기를 나누고 있는데, 커다란 눈덩이가 그의 머리 옆으로 슉 날아가 매점 문에 쾅 하고 부딪혔다. 결코 평범한 눈덩이가 아니었다. 에거스는 이렇게 썼다. 〈어찌나 세게 던졌는지 문에 부딪혀 곤죽이 된 눈덩이 속에서 나는 아주 커다란 유리병 조각 하나가 나무에 박혀 있는 것을 발견했다.〉 그 눈덩이를 던진 사람은 심각한 부상을 입힐 의도를 갖고 있었다. 콜디츠 밖에서도 안에서도 전쟁이 점점 고약해졌다.

1940년

1941년

1942년

1943년

1944년

1945년

10
프로미넨테 클럽

전쟁 이야기는 주로 실제 벌어졌던 일을 다룬다. 반면 콜디츠 이야기에서는 대부분 아무 일도 일어나지 않는다. 이렇다 할 일이 없어서 하루하루가 똑같이 흘러가는 긴 세월 중에 가끔 강렬하게 들뜨는 순간이 있을 뿐이다. 이런 권태는 포로들에게만 국한된 것이 아니었다. 〈수용소 안에서는 심심했다. 프랑스 포로들은 쥐를 잡아 4층에서 낙하산에 태워 내려보냈다.〉 새들리히는 일기에 이렇게 썼다. 포로들의 생활은 정해진 패턴을 따랐다. 아침 점호, 숙소에서 아침 식사, 설거지와 정리, 일부 포로는 공부 조금(서로 언어를 가르쳐 주는 일이 계속 호황을 누렸다), 취사장 종이 점심 식사를 알리면 당번병들이 독일군 주방에서 배급 식량 수령. 그다음에는 침대에 누워 오후 점호 때까지 책을 읽거나 카드놀이를 했다. 점호 뒤에는 스툴볼 같은 스포츠 경기, 또 카드놀이, 탈출 계획 짜기, 이런저런 도구 만들기, 4시의 티타임, 안마당에서 〈영원히 원을 그리며〉 터벅터벅 돌고 또 도는 시간. 식사와 점호 사이의 시간은 〈담배 피우기, 수면, 자기 학대〉의 사이클 속에서 닳아 갔다.

콜디츠는 대단히 문학적인 곳이었다. 정기적인 문학 토론과 강연이 있고, 몹시 다양한 책을 구할 수 있었다. 여기에는 니체의 철학책에서부터 히틀러의 연설문 번역서까지 수많은 독일어 책도 포함되었다. 읽을거리는 적십자사를 통해 공급되었는데, 펭귄 북스도 연회비 3기니를 내면 매달 열 권의 책을 소포로 받을 수 있는 시스템을 만들었다. 이 책들은 먼저 영국에서 (중대한 정보가 적에게 전달되지 않게) 검열을 거치고, 독일에서도 (책장에 탈출을 도울 비밀 정보가 숨어 있을지도 모르니까) 또 검열을 거쳤다. 소수지만 언젠가 고향으로 돌아갔을 때 유용할 만한 자격증을 따기 위해 통신 강의를 듣는 사람도 있었다. 에거스는 자랑스러운 마음으로 포로 도서실을 만들었다. 플랫 목사가 사서로서 포로들의 〈독서 습관〉을 도덕적으로 조정하는 역할을 했다. 〈좋은 문학 작품을 읽는 사람은 소수지만, 소설 외에는 아무것도 읽지 않는 사람이 지나치게 많다.〉 그는 이렇게 결론지었다.

어떤 사람들은 계속 독창적인 얼간이 괴롭히기 방법을 고안하며 시간을 보냈다. 담쟁이덩굴로 뒤덮인 담에서 커다란 말벌집이 발견되자 영국 포로들은 독일군을 괴롭힐 새로운 방법을 생각해 냈다. 말벌들을 일일이 덫으로 잡은 뒤, 〈독일은 끝났다!〉고 쓴 담배 종이를 실로 한쪽 다리에 조심스레 묶었다. 그리고 성난 말벌이 독일인을 쏘아 이 메시지를 전달해 주기를 바라며 놓아주었다. 한번은 점호 때 곤충을 이용한 독특한 선전전이 벌어졌다. 메시지를 매단 말벌 수십 마리를 동시에 풀어 버린 것이다. 〈말벌들이 맹렬히 날갯짓하며 날아오르는 모습이 마치 눈보라를 거꾸로 뒤집은 것 같았다.〉 한 목격자는 이렇게 회상했다.

이런 오락거리는 오래가지 못했다. 새로운 이야깃거리가 거의 없기 때문에 포로들은 똑같은 사람에게 똑같은 이야기를 몇 번이고 되풀이하곤 했다. 아무리 재미있는 사람도 감옥에서는 미칠 듯이 지루한 사람이 된다. 밤 9시 30분 소등 시간은 〈축복이자 안도였다. 쓸모없이 허비한 하루가 또 끝났다는 뜻이니까〉. 많은 포로는 〈사립 학교 생활의 가혹한 측면〉 덕분에 이런 생활을 견딜 수 있었다고 한 포로는 썼다. 가장 나쁜 것은 〈운동과 섹스 부족〉이었다.

콜디츠에서 여자와 성관계를 한 포로는 전혀 없었다. 예외로 짐작되는 딱 한 경우만 빼고.

체코 전투기 조종사 체네크 할로웁카(영국인들은 필연적으로 그에게 〈첵코〉라는 별명을 붙였다)는 그럴듯한 태도와 멋진 콧수염을 지닌 쾌활한 사람이었다. 할로웁카 공군 대위는 체코슬로바키아 공군에서 비행기를 몰다가, 독일이 조국을 침공한 뒤에는 프랑스 군대의 조종사가 되었으며, 나중에는 영국으로 건너가 영국 공군에 들어갔다. 그는 세 나라의 공군에서 받은 훈장들을 헤아리며, 마치 연애의 훈장처럼 이야기하곤 했다. 「이건 금발을 사랑해서 받은 것, 이건 갈색 머리를 사랑해서 받은 것, 이건 빨간 머리를 사랑해서 받은 것.」 615 비행 중대에 배속된 그는 호커 허리케인 전투기를 몰다가 1941년 10월 6일 벨기에 해안에서 격추되어 포로가 되었다. 〈장난기 많고, 역동적이고, 소란스럽고, 폭발적인〉 할로웁카는 가장 다루기 힘든 포로였기 때문에 1943년 1월 콜디츠로 이송되었다.

장교 포로 수용소 IV-C로 향하는 기차 안에서 할로웁카와 경비병들은 지극히 매력적인 젊은 여성과 같은 칸에 앉게 되었다.

이름이 이름가르트 베르니케인 그녀는 네 살 아래인 열아홉 살이었다. 독일어가 유창한 할로웁카는 나중에 이렇게 회상했다. 〈길고 굉장한 여행이었다. 우리는 서로를 알아 가는 시간을 가졌다.〉 이르마는 콜디츠 마을 치과 의사인 에른스트 미하엘 박사의 조수라고 자신을 소개했다. 그녀의 아버지인 리하르트 카를 베르니케는 인근 농업 학교의 교장이자 지역 나치당의 고참 당원이며, 그의 집은 콜디츠성과 등을 맞대고 있었다. 할로웁카는 체코슬로바키아에서 비행기를 몰고 온 일, 조종사로서 겪은 모험, 포로 생활에 대해 이야기해 주었다. 첵코처럼 이르마도 낭만적인 반항아였다. 기차가 콜디츠에 들어설 무렵 그녀는 첵코에게 완전히 홀딱 반한 상태였다.

차에서 내리면서 이르마는 첵코에게 급한 치과 질환이 생긴 척하면 다시 만날 수 있다고 속삭였다. 몇 주 뒤 할로웁카는 일부러 치아 하나를 깨뜨렸다. 그 결과로 치과에 갔던 일은 몹시 스릴 넘치는 순간이 되었다. 그가 치과에 머플러를 두고 나왔기 때문에 이르마가 그것을 돌려주겠다며 뛰어나와 콜디츠로 가는 도로에서 그와 키스했다. 독일군 경비병이 재미있다는 듯이 옆에서 지켜보고 있는 상황이었다. 수용소에 갇힌 체코인 전투기 조종사와 독일인 치과 조수 사이에 불가능할 것 같았던 열정적인 사랑이 시작된 것이다.

콜디츠 수용소 초창기에 미하엘 박사와 그의 어여쁜 조수는 일주일에 한 번씩 성에 와서 포로들의 치아를 봐주었다. 그러나 1942년 초, 벽 수납장에 넣고 잠가 두었던 의사의 겨울 외투와 메스, 드릴, 수술복이 몽땅 사라지는 바람에 치과 진료가 중단되고 말았다. 그 일이 있은 뒤로 미하엘 박사는 치료가 필요한 포로가 반드시 시내의 진료실까지 와야 한다고 고집을 부렸다. 동료 포로에 따르면, 〈첵코는 돌멩이를 세게 씹어서 치아 몇 개를 심하게 깨뜨려 여러 차례 치료를 받아야 했기 때문에 치과에 다섯 번 갈 수 있었다〉. 첵코가 〈성에서 유일하게 여자와 키스한 포로〉가 되었다는 소문이 금방 퍼졌다. 할로웁카는 자신이 이르마와 키스보다 더한 일을 많이 한 것처럼 암시했다. 만약 미하엘 박사가 묵인해 주지 않았다면 성행위는 불가능했다. 어쩌면 첵코가 자신의 중요한 재능 중 하나인 뇌물 주기로 이루었는지도 모른다.

도착한 지 몇 주도 안 되어서 할로웁카는 수용소 내의 불법적인 물물 교환 시스템을 조정하고 통제하는 주요 인물이 되었다. 그는 담배를 유인책으로 사용해서, 경비병 여러 명과 친해졌다. 이 이른바 〈무른 얼간이들〉을 통해 첵코는 거의 모든 물건을 구하는 것 같았다. 기차 시간표, 달걀, 공구, 신선한 양파, 그리고 정보까지. 여기서 협박까지는 금방이었다. 뇌물을 받은 경비병을 밀고하겠다고 협박하면, 더 효과적으로 그를 계속 매수할 수 있었다. 첵코는 뛰어난 거래인이었다. 이르마와 성적인 관계를 즐기는 대가가 손상된 치아 몇 개와 치과 의사에게 들어간 대량의 담배라면, 첵코가 보기에는 값이 싼 편이었다.

〈상당한 매력과 존재감, 저항할 수 없는 풍요로움을 지닌〉 첵코는 또한 암시장 거간꾼 겸 난봉꾼이라는 평판을 즐기며 자신을 과시하는 솜씨도 환상적이었다. 나중에 그는 당시 자신의 전형적인 하루를 다음과 같이 묘사했다. 느지막이 일어나 개인 요리사가 준비해 준 아침 식사를 한가로이 즐기고, 동관 2층으로 한가로이 올라가 호색경으로 〈자신이 가장 좋아하는 아가씨가 팬티 바람으로 옷을 입는 모습〉을 지켜본다. 그다음에는 가벼운 점심을 먹고, 경비병들과 수지가 좋은 거래를 조금 하고, 카드 게임을 하고, 다시 2층으로 올라가 침실에서 옷을 벗는 이름가르트를 지켜보고, 〈훌륭한 저녁 식사〉를 하고, 전쟁 상황에 대한 대화를 나누고 잠자리에 든다. 이 묘사 중에 진실의 비중이 얼마나 되는지는 아마 영영 알 수 없겠지만, 어쨌든 성(性)에 굶주린 포로들은 바로 이런 이야기에 부러움과 찬탄을 느꼈다.

할로웁카처럼 운을 시험하는 사람들은 격변기에 번성한다. 그가 콜디츠에 온 시기는 마침 수용소 내에서 다시 정권 교체가 이루어진 시기이기도 했다. 2월에 코만단트가 우크라이나 수용소들의 행정 담당자로 임명되었다. 글라에슈는 콜디츠의 전투적인 문화를 끝내 이해하지 못했기 때문에 몇 달 전부터 개인 숙소에 거의 틀어박혀 있었다. 그의 후임이자 콜디츠의 제3대 코만단트 겸 마지막 코만단트인 게르하르트 프라비트 오버스트로이트난트(중령)는 동부 전선에 있다가 이곳으로 재배치된 〈전형적인 프로이센 군인〉이었다. 마흔네 살인 그는 자기 휘하의 군인 대부분보다 젊고 더 활동적이었다. 그가 부임한 뒤 가장 먼저 한 일 중 하나는 태평한 술꾼 프리엠 하웁트만을 제대시킨 것이었다. 프리엠은 이렇게 일찍 은퇴한 지 얼마 안 되어서 술 때문에 죽음에 이르렀다. 기관총 포대도 새로 세워지고, 콜디츠의 비탈길 주위에는 철조망도 새로 깔렸다. 규율을 다잡기 위해 점호를 하루에 4회로 늘렸으므로, 포로들은 아침 7시, 11시, 오후 4시, 저녁 10시에 줄지어 늘어서서 점호를 받아야 했다. 「이 방법이 효과가 없으면 점호를 하루에 6~8회로 늘린다.」프라비트는 각국의 선임 장교들에게 이렇게 경고했다. 처음부터 그는 글라에슈 시절 뿌리를 내린 반항적인 분위기를 묵인하지 않고, 경비병들에게 이렇게 말했다. 「전쟁 포로가 명령에 복종하지 않는다면, 명령을 반복하면서 소총으로 등을 찔러라. 그래도 명령에 불복종하면 그 자리에서 쏴버려.」에거스는 이보다 좀 더 섬세한 방법을 선호했기 때문에 일기에 속내를 털어놓았다. 〈프라비트는 내가 지금까지 겪은 코만단트 중 가장 무지하다.〉얼마 지나지 않아 아주 뜻밖의 계기로 그가 코만단트의 권위에 도전하는 상황이 발생했다.

비렌드라나트 마줌다르는 지금도 결정을 내리기가 가장 힘든 고민과 남몰래 씨름하고 있었다. 에거스와 신중하게 대화를 나눈다면 다시 베를린행 기차 1등칸에 몸을 실을 수 있을 것이다. 어쩌면 곧 저 위대한 수바스 찬드라 보스의 지휘하에 인도의 자유를 위해 싸우는 군대의 고위급 군의관이 될지도 몰랐다. 고통스러울 정도로 유혹적인 가능성이었으나, 그쪽으로 발걸음을 내딛는다면 자유를 위해 자신의 의지를 내놓는 꼴이 될 터였다. 마줌다르는 그렇게 할 수 없었다. 〈명예와 충실함은 변하지 않는다. 힘들지 않은 시기에는 명예로운 사람일지라도, 구금 생활 같은 위기가 닥쳐서 명예로운 의도가 변하면 그 사람은 더 이상 명예로운 사람이라고 할 수 없다. 충실함도 마찬가지다. 자신의 약속을 명예롭게 지키는 것은 모든 사람의 필수적인 의무다. 무슨 일이 있어도. 이유가 무엇이든 이 신성한 길에서 벗어나는 사람은 경멸과 멸시의 대상이 된다. 명예를 잃은 사람은 인간이 아니므로, 네발짐승으로 분류되어야 할 것이다.〉

그는 고독 속에서 자신의 이러한 원칙을 간직했다. 1942년 말에 아일랜드인 의사인 이온 퍼거슨이 의사로서는 두 번째로 콜디츠에 도착하자 마줌다르는 우울한 인사를 건넸다. 「이 정신 병원에 온 날을 한탄하게 될 겁니다. 여기 사람들 대부분은 여기서 미쳐 버렸으니, 당신도 오래지 않아 남들과 똑같아질 겁니다.」

콜디츠 생활이 이제는 〈참을 수 없게〉 변해 버렸다는 생각이 들었다. 여기서 나가야 했다. 〈지긋지긋했다. 내가 탈출할 수 있다는 것을 증명해야 했다.〉

종족을 계층으로 나누는 나치의 고집에 따라 독일은 독일과 점령지 프랑스에 인도인만 수용하는 수용소를 몇 군데 만들었다. 대부분 북아프리카에서 사로잡힌 영국 인도군 소속이었다. 이런 수용소의 경비는 콜디츠 수준보다 한참 아래였다. 마줌다르는 만약 이런 수용소로 옮겨질 수만 있다면 탈출 가능성이 높아질지도 모른다고 생각했다. 적어도 콜디츠에서 그를 따라다니는 첩자 소문에서는 벗어날 수 있을 것이다. 다른 사람과 벵골어로 이야기를 나누고, 환자 진료를 다시 시작할 수도 있었다. 그래서 그는 동포들과 함께 수감될 권리가 있다고 주장하며 신임 코만단트에게 이송을 요구했다. 채식주의자 행세를 하면서, 수용소 음식이 자신의 종교에 어긋난다는 주장도 했다. 스위스 관리들이 이익 대표국의 권한으로 조사하러 올 때마다 수용소 당국에 자신의 이송을 부탁해 달라고 로비도 했다. 그 무엇도 효과가 없었다. 「나는 수용소에서 다시 일을 할 수 있게 해달라고 계속 독일군에 압력을 넣고 있습니다만, 그들은 나를 알은체도 하지 않습니다.」 그는 퍼거슨에게 이렇게 말했다. 독일군은 마줌다르가 독일에 비우호적인 사람으로 공식 분류되었으므로 지금 딱 맞는 수용소에 있다고 지적했다.

2월의 어느 날 아침에 마줌다르는 퍼거슨과 대화하다가 이렇게 선언했다. 「퍼거슨, 나는 여기에 더 이상 머무르지 않기로 했습니다. 인도인이 독일을 통해 탈출하는 방법은 효과가 없으니, 그냥 정문을 통해 나가는 방법을 찾아봐야겠습니다. 2주 뒤에는 내가 여기 없을 거라고 당신과 내기도 할 수 있어요.」

퍼거슨은 깜짝 놀랐다.

「내가 농담하는 것 같죠, 퍼기? 음, 그게 아니라는 걸 보여 주겠습니다.」

마줌다르는 〈내가 사용할 수 있는 유일한 무기〉를 사용하기로 했다. 바로 단식 투쟁이었다.

1930년대에 마줌다르의 정치적 우상인 마하트마 간디는 영국의 인도 점령 종식을 요구하며 여러 차례에 걸쳐 유명한 단식 투쟁을 벌였다. 1943년 2월 10일에 아무런 혐의도 없이 영국 당국에 의해 구금된 간디는 석방될 때까지 아무것도 먹지 않겠다는 선언과 함께 열다섯 번째 단식 투쟁을 시작했다. 이틀 뒤 마줌다르도 자기 나름의 단식 투쟁을 시작했다. 그는 퍼거슨에게 이렇게 말했다. 「인도인이 굶어 죽는 걸 방치했다는 소식이 새어 나가면 극동에서 선전 활동에 별로 좋지 않을 겁니다.」 그러고 나서 그는 침대에 누워, 코만단트가 고집을 꺾고 자신을 다른 수용소로 보내 줄 때까지 물과 소량의 소금 외에는 아무것도 먹지 않겠다고 선언했다.

콜디츠에서 음식은 탈출 다음으로 널리 입에 오르내리는 주제였다. 포로가 자발적으로 음식을 거부할 수 있다는 생각이 다른 사람들에게는 기괴하게 보였다. 영국 장교들은 그를 조롱했다. 「점보가 간디 흉내를 내네.」 그러나 이 자그마한 의사는 그저 빙긋 웃으며 이렇게 말할 뿐이었다. 「나는 괜한 짓을 하는 게 아닙니다. 어떻게 될지는 두고 봐야죠.」

처음에 독일군은 마줌다르의 1인 단식 투쟁에 깜짝 놀랐다가 그다음에는 재미있다는 반응을 보였으나, 결국은 크게 걱정하게 되었다. 일주일이 지난 뒤 마줌다르의 몸무게가 3킬로그램 남짓 줄었다. 퍼거슨은 단식을 그만두라고 촉구했으나, 마줌다르는 정중히 거부했다. 독일군 의사가 그를 진찰해 보고, 프라비트 코만단트에게 그의 건강이 빠르게 악화하고 있다고 보고했다. 〈그의 목소리에 불안감이 역력했다.〉 에거스도 점점 걱정이 깊어졌다. 영국 선임 장교는 코만단트에게 〈이 인도인 의사가 자초한 운명으로부터 그를 구해 달라〉고 호소했다. 콜디츠와 베를린 사이에 바삐 메시지가 오갔다. 2주가 다 되어 갈 무렵에는 마줌다르의 몸이 너무 쇠약해져서 침대에서 일어나지도 못했으나 그의 결심은 흔들리지 않았다. 〈무엇에 대해서든 그렇게 단호한 사람은 본 적이 없다.〉 퍼거슨은 이렇게 썼다. 그는 네 시간마다 한 번씩 마줌다르의 건강 상태를 사람들에게 알렸다. 새들리히 운터오피치어는 일기에 이렇게 썼다. 〈그 영국계 인도인 의사는 14일 동안 아무것도 먹지 않았다. 차를 마시고 담배만 피울 뿐이다.〉 눈이 점점 침침해지고, 심장 박동도 느려졌지만, 〈그는 계속 웃는 얼굴로 같은 말을 반복했다.《어떻게 될지는 두고 봐야죠.》 너무 굶어서 헛것이 보이기 시작하자 마줌다르는 어렸을 때 치른 〈신성한 실〉

의식, 즉 우파나야나의 힌두식 금식에 초점을 맞추려고 애쓰며, 의지력으로 싸움을 이어 가려 했다. 〈나는 점점 약해졌다.〉 그는 이렇게 회상했다. 예전에 아버지가 해준 말이 자꾸 생각났다. 〈네가 누구인지, 어떻게 자랐는지, 얼마나 행운을 누렸는지 결코 잊지 마라.〉

16일째 되던 날 독일군이 움직였다. 베를린의 본부에서 도착한 메시지의 내용은 이러했다. 〈의사 마줌다르는 즉시 단식 투쟁을 멈추고, 기운이 돌아오는 즉시 수용소를 떠날 준비를 하라.〉

마줌다르의 단식 투쟁이 결실을 맺었다. (간디의 저항은 그렇지 못했다. 영국은 그의 투쟁을 무시했고, 그는 21일이 지난 뒤 다시 음식을 먹기 시작했다.)

다른 포로들은 과거에 자기들이 마줌다르를 얼마나 형편없이 대했는지 금방 잊어버렸다. 〈그 인도인 의사는 그 순간의 영웅이었다.〉 항상 그에게 달라붙어 있던 의심과 편견이 하루아침에 증발하듯 사라졌다. 쇠약하고 수척하지만 환히 웃는 얼굴로 안마당에 나타난 그를 커다란 환호가 맞이했다. 그를 따돌리던 사람들이 이제는 예전부터 항상 그를 좋아했다고 선언했다. 〈그토록 단호한 사람이 우리들 사이에서 사라지는 것을 모두 안타까워했다.〉 그들은 기운을 차릴 수 있는 음식을 그에게 계속 권했다. 〈영국 장교들이 호화로운 음식을 내게 먹였다.〉 그를 첩자로 몰았다가 화장실 바닥에서 얻어맞은 적이 있는 해리 엘리엇은 그에게 사과했다. 「정말 미안해. 전쟁이 끝나면 우리 집에 한번 와주게. 식구들도 같이 있을 거야.」

마줌다르는 피부색 때문에 탈출 논의에서 제외되어 있었으나, 그가 떠날 준비를 하는 지금은 탈출 위원회가 독일 지폐가 가득한 새 항문 삽입 통을 선물로 주었다. 다소 이례적이기는 해도, 마음으로 느껴지는 인종 연대의 제스처였다.

1943년 2월 26일, 마줌다르는 스스로 예언했듯이 콜디츠의 정문을 걸어서 나갔다.

프랑스 남서부의 바욘에서 과거 폴로 경기장이었던 곳에 만들어진, 악취 나는 인도인 수용소에서 일주일을 보낸 뒤 그는 다른 포로들과 함께 또 기차를 타고 북쪽으로 향했다. 「당신은 미쳤어.」 마줌다르가 기차에서 뛰어내릴 생각이라고 밝혔을 때, 어느 인도인 장교가 그에게 한 말이다. 앙굴렘 근처에서 그는 인도인 두 명의 도움을 얻어 열차 창문을 비집어 열고 뛰어내렸다. 기차는 〈상당히 빠른 속도로〉 달리는 중이었다. 손가락이 부러지는 부상을 입은 그는 피레네산맥을 넘어 중립국 스페인으로 들어갈 계획으로 남쪽을 향해 걷기 시작했다. 프랑스 농부들이 그에게 먹을 것과 옷을 주고 방향도 가르쳐 주었다. 그러나 툴루즈 근처의 작은 마을에서 그의 운이 끝났다. 〈내가 멍청하게 어느 프랑스 노인에게 다리의 위치를 물었다.〉 노인은 그를 어느 건물로 데려갔는데, 알고 보니 경찰서였다. 거기서 체포된 마줌다르는 독일군에 넘겨졌다. 〈게슈타포와의 첫 접촉은 유쾌한 것과는 거리가 멀었다.〉 그는 당시 상황을 이렇게 한참 줄여서 표현했다. 〈그들과 거친 시간을 보냈다.〉 처음에는 아쟁에서, 그다음에는 툴루즈의 게슈타포 본부에서 심하게 구타당하며 신문을 받았다. 어느 날 유독 잔혹하게 구타당한 뒤 한 시간 동안 코피가 흘렀지만, 그는 자신을 도운 〈프랑스 민간인들의 이름을 절대 밝히지 않겠다고 버텼다). 게슈타포는 수바스 찬드라 보스와 그의 만남에 대해 자세히 알고 있는 것 같았다.

「우리 편이 될 기회를 한 번 더 주지.」 그들이 말했다.

「난 그런 짓은 안 합니다.」 그가 이렇게 대꾸하자, 그들은 그를 또 때렸다.

마줌다르는 게슈타포가 결국 인내심을 잃고 자신을 죽일 것이라고 생각했다. 최선의 경우라고 해보았자, 콜디츠로 돌려보내는 정도일 것이다. 그러나 4월 17일에 그들은 프랑스 중부 샤르트르의 프론트슈탈라그 153으로 그를 데려갔다. 〈식민지 포로〉를 수용한 이곳에는 인도인 5백 명이 독일군의 지휘를 받는 프랑스-알제리 주둔군의 감시를 받으며 갇혀 있었다. 영국에서 임관된 유일한 장교인 마줌다르는 그곳에서 계급이 가장 높았다. 〈나는 동포들과 합류했으니 기뻐해야 마땅했다.〉 그는 다음 탈출 계획을 짜기 시작했다. 〈무슨 일이 있어도 반드시 도망칠 결심이었다.〉

같은 시기에 콜디츠에서는 마줌다르처럼 고독한 생활을 하던 다른 포로도 동료를 발견했다. 처칠의 조카인 자일스 로밀리는 밤에는 독방에서 자고, 낮에는 항상 감시를 받는 생활을 했다. 그런데 2월에 또 다른 VIP 포로가 등장했다. 가짜 이름을 대는 영웅적인 행동으로 처형을 면한 특공대원이었다. 독일군은 그가 중동에 파견된 연합군의 영국군 지휘관 해럴드 알렉산더 장군의 조카인 줄 알았지만, 사실은 아니었다.

스물두 살의 마이클 알렉산더 중위는 1941년에 데이비드 스털링이 창설한 공군 특수 부대(SAS)의 해병대 버전인 특수 보트 부대(SBS) 소속이었다. 아직 햇병아리 단계인 SAS가 북아프리카에서 리비아 사막을 건너 해안의 추축국 비행장을 공격해 전쟁을 수행하는 새로운 방식을 개척했다면, SBS는 바다에서 SAS와 비슷한 비밀 파괴 작전을 수행했다. 알렉산더는 1942년 여름에 알렉산드리아에서 테니스를 치다가, 적의 영역에 침투해 무기고를 파괴하는 임무를 받았다. 군복으로 갈아입을 여유도 없었다. SBS 대원 스무 명으로 이루어진 팀은 고속 어뢰정을 타고 해안을 따라 64킬로미터를 이동한 뒤 어둠 속에서 고무보트를 저어 상륙했으나, 그곳은 원래 목적지가 아니었다. 독일군 아프리카 군단의 정예 부대인 제90경보병 사단의 숙영지였다. 임무는 중지되고 다른 사람들은 알렉산드리아로 돌아갔으나, 알렉산더는 피터 거니 상등병과 함께 계속 임무를 수행하겠다고 주장했다. 이것이 실수였다.

두 사람은 어둠 속에서 도보로 독일군 숙영지를 통과하며 전차 수송차 두 대, 장갑차 한 대, 탄약 저장고 한 곳에 시한폭탄을 설치하고 동쪽으로 약 40킬로미터 떨어진 영국군 전선을 향해 출발했다. 동이 틀 무렵 두 사람은 허기와 굶주림에 시달리며 또 다른 숙영지 한복판에 있었다. 그대로 어느 텐트에 들어가 독일군 여섯 명을 총으로 위협해 사로잡은 뒤 포박하고, 그들의 루거 권총을 훔치고, 그들의 아침 식사인 볼로네즈 스파게티와 커피를 먹었다. 그리고 곧 포로가 되었다. 알렉산더는 특공대원 군복이 아니라 테니스를 칠 때 입었던 개버딘 바지와 실크 셔츠를 그대로 입고 있었다. 거기에 아프리카 군단에서 훔친 모자가 추가되었을 뿐이다. 〈1938년에 옥스퍼드에 있었다면서 완벽한 영어를 구사하는) 젊은 독일군 장교가 이제 두 사람은 처형될 것이라고 정중하게 알렸다. 그들로 인해 전차 수송차에서 잠자던 독일군 두 명이 죽었고, 그들이 (적어도 부분적으로나마) 독일군 군복을 입었으므로 첩자로 의심된다는 것이었다. 히틀러의 특공대 명령에 따라 그들은 즉결 처형을 당할 수 있었다.

알렉산더에게 마침 묘안이 떠올랐다. 〈독일 군대 전통의 일부인 계급 속물주의를 이용할 생각으로〉 그는 거니를 부추겨 자신이 〈그저 천박한 파괴 분자〉가 아니라 알렉산더 장군의 조카라고 말하게 했다. 카이로에 주둔한 연합군의 신임 사령관인 장군은 이미 독일군 사이에서 명성을 누리고 있었다. 사실 알렉산더 장군은 알렉산더와 7촌뻘인 먼 친척이었으나, 알렉산더는 그 집안에 대해 어느 정도 아는 것이 있으니 신문 때 들키지 않고 잘 버틸 수 있을 것이라고 계산했다. 로멜에게서 직접 처형을 중지하라는 명령이 내려왔다. 히틀러가 사로잡은 특공대원은 모두 처형하라고 명령했다는 점을 보좌관이 지적하자, 로멜은 이렇게 대답했다. 「뭐? 알렉산더 장군의 조카를 죽이라고? 이 멍청아.」 알렉산더와 함께 붙잡힌 거니는 그렇게 화려한 친척을 불러 낼 수 없었다. 〈거니 상등병은 다른 곳으로 끌려갔다.〉 알렉산더는 그가 어떤 끔찍한 운명을 맞았는지 죽을 때까지 평생 궁금해했다. 그 뒤로 거니의 소식은 어디서도 들리지 않았다.

알렉산더는 여러 수용소를 전전하다가 1943년 2월에 콜디츠로 와서 안마당을 지나 작은 방으로 안내되었다. 〈쇠창살이 달린 창문 옆에 땅딸막한 사람이 낡은 갈색 실내복 차림으로 파리를 잡으려고 애쓰고 있었다.〉

「로밀리 씨. 당신에게 동료가 생겼습니다.」 경비병이 말했다.

두 사람은 나중에, 알렉산더의 표현에 따르자면 〈다소 특별한 감시를 받는〉 중요한 포로들의 모임인 프로미넨테의 핵심이 되었다. 두 사람에게는 공통점이 많았다. 잘 알지 못하는 〈삼촌〉의 명성 덕분에 콜디츠로 오게 되었다는 것도 공통점 중 하나였다.

나중에는 전국의 포로 수용소에서 가려낸 〈엘리트〉 포로들이 콜디츠에 더 들어왔다. 영국 귀족, 정치가, 고위 장교, 왕실 일원 등의 아들들이었다. 독일군은 이 작은 집단에 들어올 수 있는 사람과 없는 사람을 구분할 때 절충적인 기준을 따랐다. 콜디츠에 수감된 존 아룬델은 워도어의 16대 아룬델 남작으로 명실상부한 푸른 피의 귀족이었으나, 정말로 두드러진 인물로 평가하기에는 정치적 영향력이나 왕가와의 관계가 부족했다. 1944년에 프로미넨테의 일곱 번째 멤버가 된 전차 부대 지휘관 맥스 드 해멀은 자신에게 이런 이상한 특권이 부여된 이유를 전혀 몰랐으나 얼마 전 할머니가 보낸 편지에 〈처칠 선생의 손주 몇 명을 만났다. 너랑 친척이야〉라는 구절이 있었음을 기억해 냈다. 이건 드 해멀도 처음 듣는 사실이었고, 독일군의 편지 검열관에게도 상당히 흥미로운 소식이어서 당국에 통보되었다. 드 해멀이 생각하기에 처칠 총리와 자신은 아마 8촌 관계인 것 같았다. 모든 사람에게는 8촌 지간인 사람이 평균 850명쯤 있으나, 영국 총리와의 이 빈약한 혈연만으로도 제3제국의 아마추어 계보학자에게는 충분한 근거가 되었다. 맥스 드 해멀이 콜디츠로 보내진 것은 할머니의 편지에 적힌 〈소박한 잡담〉 한마디 때문이었다.

그루초 막스의 말을 살짝 비틀어 표현하자면, 프로미넨테는 구성원들이 합류하고 싶어 한 적이 없는 클럽이었다. 그러나 이 클럽에 가입하면 특권이 따라와, 사생활을 더 보장받고, 더 큰 공간을 사용하고, 축음기와 더 나은 식사를 즐길 수 있었다. VIP에게는 사냥터 운동이 허락되지 않기 때문에, 코만단트는 더글러스 베이더처럼 경기관총으로 무장한 경비병 네 명을 동반해서 〈가석방 산책〉을 허락해 주었다. 「아름다운 시골입니다. 당신 나라의 코츠월즈와 좀 비슷해요.」에거스가 말했다. 프로미넨테 멤버들과 함께 콜디츠 주변의 길을 걸어 다니는 동안 마이클 알렉산더는 산울타리에서 타임을 따서 나중에 프랑스 군인들의 쇠고기 통조림과 바꾸었다. 프로미넨테 회원들이 딱히 다른 포로들을 깔보지는 않았지만, 민간인 시절과 마찬가지로 서로 지위가 달랐다. 프로미넨테의 한 멤버는 콜디츠 생활이 〈시골 신사 생활〉과 비슷했다면서, 〈나와 같은 환경에서 온〉 사람이 너무 많아서 깜짝 놀랐다고 말했다. 맥스 드 해멀은 예외였다. 그들과 같은 계급이라고 하기는 어려운 처지였기 때문이다. 〈그는 황제를 찾아다니는 시종 같은 분위기를 갖고 있었다.〉마이클 알렉산더는 이렇게 오만한 평가를 내렸다. 자일스 로밀리는 공산주의자였지만, 사회적인 배경을 지닌 상류층 공산주의자라는 점이 중요했다. 중간 계급 포로들에 비해 콜디츠의 최하층 계급과 최상층 계급의 탈출 시도는 걱정할 필요가 적었다. 당번병들이 탈출할 것이라고 생각하는 사람은 없었고, 콜디츠의 귀족들은 감시 때문에 탈출이 불가능했다. 로밀리가 쓰레기를 가지러 온 사람으로 변장하고 탈출하려다 붙잡혔을 때 사람들은 그를 감방으로 돌려보내면서 처칠 선생의 조카가 이런 식으로 〈손을 더럽히면 안 된다〉고 조롱 섞인 훈계를 했다. 프로미넨테 회원들은 자신이 특수한 특권을 누리기는 해도, 그런 예외적인 대우는 정중함의 표현이 아니라 냉소적인 계산의 결과라는 사실을 알고 있었다. 그들은 히틀러가 필요할 때 흥정에 이용할 패였다.

클럽은 예나 지금이나 영국인들이 기묘하게 집착하는 대상이다. 영국인은 세 명 이상 한자리에 모이기만 하면, 최소한 두 명이 다른 사람을 배제하는 클럽을 만들려고 한다. 축구팀이든 폴몰의 신사 클럽이든 특정한 부족에 충성하는 경향은 대리석의 무늬처럼 영국(남성) 문화 속에 깊이 배어 있다. 흔히 터무니없는 의식을 치르고, 엄격한 위계 구조를 유지하며, 혹독할 정도로 배타적이면서 구성원들의 정체성을 규정해 주는 이런 작은 집단이 그 구성원들에게는 엄청난 의미를 지닐 수 있다. 클럽 활동을 잘하는 영국인 중 일부는 생각이 통하는 사람을 클럽에 받아들이거나 그렇지 않은 사람을 배척할 때 무엇보다 큰 행복을 느낀다. 콜디츠에서도 또렷이 구분되는 집단들이 각각 작은 클럽으로 진화했다. 〈상원〉, 〈유치원〉, 포커 모임인 〈화이츠 클럽 타입〉. 〈학창 시절의 유대감〉을 중시하는 경향도 단순히 끈질기게 유지되는 수준을 넘어 더욱 강화되었다. 구금 생활 중인 포로들이 전쟁 전에 알던 삶을 다시 구현하려 했기 때문이다. 플랫은 이튼 스쿨 출신들이 특히 부족에 집착해서, 신체 기능까지 조절할 정도라고 지적했다. 〈그들은 함께 먹고, 운동 시간에는 삼삼오오 짝을 지어 걸어 다니고, 같은 강연을 듣고, 같이 속을 비우러 [화장실에] 갔다.〉

콜디츠에는 심지어 불링던 클럽도 있었다. 남성으로만 구성된 옥스퍼드 대학교 다이닝 클럽을 모델로 한 것인데, 이 클럽은 엘리트 속물근성의 동의어로 통한다. 21세기만 보아도, 불링던 동문 중에는 보수당 총리 두 명, 재무 장관 한 명이 포함되어 있다. 콜디츠의 불링던은 〈대부분 꼭 필요한《옛 학교》의 특징과 말(馬)을 좋아하는 성향을 지닌 이튼 출신〉으로 구성되었다. 한 멤버는 이렇게 회상했다. 〈우리는 정말 놀라울 정도로 사이가 좋았다.〉 불링던은 술에 취해 식당을 엉망으로 만드는 버릇과 노숙자 앞에서 50파운드 지폐를 태우는 절차가 포함되어 있다는 입문식으로 악명이 높다. 콜디츠에는 식당도 없고 진짜 돈이나 말도 없었지만, 불링던 클럽의 존재 자체가 전쟁 전의 사회 규범을 수용소라는 인위적인 세계에 옮겨 놓겠다는 결의가 얼마나 단단했는지를 보여 주는 또 하나의 증거다. 장교 수용소인 콜디츠는 그 자체로서 〈나쁜 녀석들의 클럽〉이었다. 그리고 프로미넨테는 그 안에서도 더욱더 선별된 사람들의 모임이었다(〈우리는 거기서 다소 파벌 중심적이었다.〉 마이클 알렉산더는 이렇게 말했다). 한편 콜디츠 불링던은 모든 집단 중에서 가장 배타적인 곳으로, 클럽 안의 클럽 안의 클럽이었다.

전쟁이 끝난 뒤, 과거 콜디츠에 갇혔던 사람들은 그곳의 포로들이 계급을 따지지 않고 형제처럼 끈끈하게 지낸 것처럼 묘사하는 경향이 있다. 탈출하겠다는 공통의 결의 덕분에, 바깥에서 사람들을 갈라놓는 차이와 불화가 무의미해졌다는 것이다. 하지만 사실은 정확히 정반대였다. 〈콜디츠의 계급 구조는 당시의 계급 구조와 같았다. 일반 병사는 노동 계급으로, 반드시 일해야 하는 당번병이었다. 중간 계층은 이런저런 사립 학교 출신 장교들이고,

그 위에 프로미넨테나 《영주》 같은 상류층이 있었다.〉 한 신참의 말이다. 베이더에게 혹사당하는 졸병 알렉스 로스는 이 특별한 포로들을 〈높은 양반들〉로 지칭하면서 〈그들은 당번병과 이야기를 나누지 않았다〉고 지적했다. 장교와 하인 간의 이런 사회적 거리는 엄격하게 지켜졌다. 로스는 밴드에서 클라리넷을 연주할 때만 빼면, 다른 당번병들과 마찬가지로 장교들과는 몹시 다른 생활을 했다. 그들만의 숙소가 따로 있고, 탈출할 기회는 없었다. 〈언제 탈출 시도가 시행되는지도 우리는 알지 못했다. 그들은 결코 우리를 끼워 주지 않았다.〉 로스는 이렇게 말했다. 당번병들은 축구를 했지만, 장교들의 게임인 스툴볼에는 참여할 수 없었다. 〈그건 진짜 너무 거칠었다.〉 로스의 말이다. 그는 크리켓 경기 참가를 허락받았으나, 그것도 베이더가 출전할 때에만 가능했다. 〈나는 크리켓이 너무나 싫었다. 베이더는 공을 치고, 달리는 건 내 몫이었으니까.〉

사회적 계급 외에 군대 계급, 근무 연차, 국적, 나이, 소일거리로 선택하는 다양한 일 등도 포로들을 구분하고 가르는 역할을 했다. 한 참전 군인에 따르면 포로들은 〈크게 대략 다섯 가지 범주로 스스로를 나누었다. 탈주자, 창조자, 행정가, 학생, 잠꾸러기였다. 많은 사람이 구금 생활을 이겨 내기 위해 이 다섯 중에 두세 개를 조합해서 시행했다〉. 학교와 마찬가지로 신참들은 스스로 가치를 증명할 때까지 놀림과 무시를 당했다.

초여름에 영국 장교 일흔여섯 명이 바이에른의 아이히슈테트 수용소에서 굴을 통한 대량 탈주를 시도했다가 콜디츠로 이송되었다. 콜디츠에 원래 있던 포로들은 그들을 〈아이히슈테트 무리〉라고 부르며 깔보았다. 그들은 신참들이 예의를 보여야 마땅하다고 생각했으나, 신참들은 생각이 달랐다. 〈우리는 그들이 모두 미친 줄 알았다. 같은 곳에 너무 오랫동안 갇혀 있어서 자기 과시가 지독했다.〉〈아이히슈테트 무리〉 중 한 명은 이렇게 말했다. 신참 중 일부는 콜디츠의 전통인 얼간이 괴롭히기를 유치하고 비생산적이라고 생각했으며, 또 다른 일부는 탈출 시도를 할 때마다 위원회의 승인을 받아야 한다는 조건에 분개했다. 심지어 탈출에도 내부 위계질서가 있어서, 탈출 베테랑들이 꼭대기를 차지하고 있었다.

그런 베테랑 중에서도 최고는 마이클 싱클레어였다. 그는 탈출에 집착하는 사람들 중에서도 가장 집착적이었다. 5월에 그는 포즈난에서 함께 탈출했던 장교인 그리스 데이비스-스쿠어필드와 함께 또 탈출 계획을 짰다. 사냥터에서 운동 중에 구석에 앉아 울타리 쪽으로 몸을 기대고 철망을 조금씩 자른다는 계획이었다. 톱니 모양 면도날로 만든 톱을 등 뒤로 돌려 〈은밀하게 작업〉해서 철조망의 일부를 떼어 내면, 다른 사람들이 주의를 끄는 사이 두 사람이 빠져나갈 것이다. 〈가시덤불로 뒤덮인 둑을 기어 올라가, 재빨리 담을 넘어 자유의 세계로 나간다.〉데이비스-스쿠어필드는 이 계획의 성공 가능성이 별로 없다는 사실을 알았지만, 〈마이크의 열정에 휩쓸렸다〉. 독일군은 곧 잘린 철조망을 발견하고 울타리를 수리한 뒤, 포로들이 울타리에 기대는 것을 금지했다. 이것은 싱클레어의 다섯 번째 탈출 시도였다. 〈무슨 일이 있어도 흐트러지지 않는 탈출 욕망 덕분에 그는 1943년 콜디츠에서 탈출하려던 영국 포로 중 지배적인 인물이 되었다.〉로밀리는 이렇게 썼다. 그러나 싱클레어는 모든 계획에 관여하면서도 여전히 고독한 인물이었다. 〈마이크 싱클레어는 말이 없었다. 걸을 때도 혼자였다.〉 심지어 독일군도 그에게 감탄했다. 〈빨간 머리와 가차 없는 용기로 그는 독일인들에게서 존중의 뜻을 담은 별명을 얻었다. Rote Fuchs.〉 빨간 여우라는 뜻이었다. 에거스는 무거운 아이러니를 담아 그를 〈위대한 탈주자〉로 불렀으나, 싱클레어의 꺾이지 않는 의지에 감탄했다. 〈그가 탈출을 시도한 횟수, 그 다양성과 독창성, 철저한 준비와 정확한 실행, 이 모든 것이 합쳐져 비교할 수 없는 성취가 되었다.〉 또한 독특한 실패의 기록이기도 했다.

　아이히슈테트 무리의 도착으로 콜디츠의 기본적인 성격이 변했다. 이곳을 수용소로 만든 지 2년 반이 지난 뒤에야 독일군은 모든 연합국의 가장 말 안 듣는 포로들을 한곳에 몽땅 몰아넣은 것이 실수였다는 뒤늦은 결론을 내렸다. 이 방법은 반항을 꺾지 못하고, 오히려 포로들 사이의 국제적인 경쟁과 협동으로 훨씬 더 단속하기 힘든 환경을 만드는 결과를 낳았다. 그래서 앞으로는 장교 포로 수용소 IV-C에 영국과 영연방 포로들만 수용할 작정이었다. 나중에는 미국 포로도 이곳으로 보냈다. 네덜란드 포로들은 6월에 콜디츠를 떠났다. 이곳의 포로 전원이 나와서 그들에게 손을 흔들어 주었다. 프랑스와 벨기에 포로들은 몇 주 뒤 뤼베크 수용소로 옮겨졌다. 자일스 로밀리는 콜디츠역 플랫폼에서 프랑스 포로의 짐 상자에 시커먼 얼굴로 숨어 있다가 발각되었다. 비스킷 한 봉지와 톱을 소지하고 있었는데, 상자가 거꾸로 놓여 있었던 탓에 그는 기절하기 직전이었다. 〈많은 여행 가방이 그 위에 쌓여 상자에 뚫어 놓은 공기 구멍이 일부 가려졌기 때문에, 그는 틀림없이 기차가 출발하기도 전에 질식했을 것이다.〉 섀들리히는 이렇게 썼다. 만약 〈에밀〉이 탈출했다면 목이 날아갔을 프라비트 코만단트는 불같이 화를 내면서 보안 담당을 해임했다. 마지막으로 남은 폴란드 포로들도 8월에 슐레지엔의 수용소로 떠나자, 영국 장교 228명만 남았다. 이 숫자는 그 뒤 몇 달 동안 꾸준히 늘어났다. 영국, 프랑스, 폴란드, 벨기에, 네덜란드 포로들이 섞여 있을 때에는 독특하게 국제적인 분위기가 있었다. 〈나는 떠나는 것이 조금 유감스럽다.〉 네덜란드 탈출 장교 판 덴 호이벨은 이렇게 말했다. 그가 포함된 예순여덟 명의 네덜란드 장교들은 그때까지 무려 열세 번이나 〈홈런〉을 기록했다.

프랑스 포로들은 가치를 헤아리기 어려운 유산을 남겼다. 라디오 아서 2세를 〈고스란히〉 넘겨주고 간 것이다. 영국 포로들은 프랑스 포로들에게 라디오가 있다는 사실만 알았을 뿐, 그것이 어디에 있는지는 알지 못했다. 자물쇠 따기 전문가이자 천재적인 라디오 기술자인 프레도 기그는 뤼베크로 떠나기 전 영국 탈출 장교인 딕 하우를 데리고 라디오를 숨겨 둔 곳으로 갔다. 켈라르하우스 다락 바닥과 아래층 천장 사이의 비밀 공간인데, 책상, 의자, 추위에 대비한 담요까지 갖추어져 있었다. 벽에는 모직을 둘렀고, 전기는 중앙 공급선에서 끌어왔으며, 비밀리에 라디오를 듣는 사람들이 전황을 이해할 수 있게 지도도 마련되어 있었다. 〈프랑스인들에게는 편안함과 편리함에 대한 감각이 있다.〉 하우는 바닥널 아래에 마련된 이 훌륭한 비밀 공간에 감탄했다. 그때부터 라디오를 작동하는 사람과 〈서기〉로 이루어진 영국 라디오 팀이 매일 저녁 7시에 다락으로 올라가 BBC 뉴스를 들었다. 그동안 정교하게 구축된 망보기 시스템이 가동되었다. 방송이 끝난 뒤 서기는 숙소로 돌아와 속기로 기록한 방송 내용을 옮겨 적었다. 그리고 이 회보를 모두에게 나눠 준 뒤, 저녁 식사 때 소리 내어 읽었다. 독일군도 라디오가 있다는 사실을 알았다. 〈그들은 아무리 수색해도 실패하자 얼굴이 퍼렇게 되었다.〉 불링던 클럽은 다락 아래의 방을 자신들의 공간으로 삼았다. 콜디츠의 엘리트가 차지한 공간을 독일군이 기습할 가능성이 다른 곳에 비해 아주 조금이나마 낮다는 논리를 기반으로 내린 결정이었다. 라디오의 정확한 위치를 아는 사람은 소수에 불과했다. 아서 2세는 전쟁이 끝날 때까지 발각되지 않고 계속 기능하면서, 믿을 만한 정보를 꾸준히 제공해 주었다. 포로들에게 아직 고향이 살아 있으니 언젠가 돌아갈 수 있음을 알리며 매일 사기를 유지하는 역할도 했다.

콜디츠 내부의 전투가 이제는 영국과 독일 사이의 갈등이 되었다. 한 나라가 비밀리에 시행 중인 탈출 계획이 다른 나라의 탈출 계획을 방해할 위험은 사라졌다. 콜디츠가 영국군 포로 수용소가 되면서 계급의 위계 구조가 더 강조되고, 탈출 위원회의 통제력도 강화되었다. 따라서 누군가가 혼자서 모험에 나설 기회가 줄어들었다. 네덜란드 하와이언 밴드, 프랑스 요리, 폴란드 합창대는 사라졌다. 여러 나라의 문화가 비공식적으로 서로에게 조금씩 스며들던 시절도 끝났다. 많은 성과를 올린 영국-네덜란드의 파트너십, 안마당에서 매일 들려오던 다양한 언어도 사라졌다. 플랫 목사는 영국인만 남은 수용소가 더 파벌 중심이 된 것 같다고 생각했다. 〈친한 사람끼리 모인 소규모 무리들은 그들만으로 완전해서 거의 배타적〉이었다. 극장에서 공연되는 연극도 모두 영국 것이었다. 「진지함의 중요성」, 「가스등」, 「피그말리온」.

  국제적인 취향을 지닌 라인홀트 에거스는 〈콜디츠가 국제적인 수용소이던 시절이 끝난 것〉을 한탄했으나, 그 결과로 이곳이 〈조용해질 것〉이라고 예측했다. 하지만 나중에는 이것이 〈희망 사항〉이었음을 인정했다. 에거스는 비록 드러내 놓고 말하지는 않았지만, 전쟁이 끝나기를 진심으로 바랐다. 그를 포함한 여러 고위 장교들은 〈우리 군사들의 사기가 어떻든, 어떤 소식이 들려오든 흐트러진 모습을 보이지 말라〉는 명령에 따라 움직였다. 하지만 그 명령을 수행하기가 점점 힘들어졌다. 그도 몰래 BBC를 듣고 있으므로. 1943년 5월 독일 공군 조종사인 스물세 살의 아들이 격추되어 전사했다. 에거스는 이 사실을 누구에게도 말하지 않았다. 교사이자 수용소 간수로서 그의 모토는 〈감정을 드러내지 말자〉였다. 겉으로는 무표정하게 자신 있는 모습을 유지했으나, 윗입술에는 영국 포로들과 마찬가지로 힘이 들어가 있었다.

11
샤바시

침대보 밧줄, 비밀 굴, 정교한 변장이 있어야만 콜디츠를 빠져나
갈 수 있는 것은 아니었다. 전쟁이 계속되면서 양측은 모두 중립
국을 통해 포로들을 돌려보내는 데 더 적극적인 태도를 보였다.
북아프리카에서 독일군이 대규모로 사로잡힌 뒤, 포로 교환 협상
이 본격적으로 시작되었고, 1943년 무렵 위생병을 포함한 영국
병사 몇 명이 송환 대상으로 선정되었다.

더글러스 베이더에게 혹사당하는 당번병 알렉스 로스에게
도 8월에 친절한 독일군 장교 한 명이 접근했다.

「좋은 소식이다, 로스. 고향으로 가게 됐어.」

스코틀랜드 출신의 로스는 기뻐서 어쩔 줄 몰랐다. 〈고향에
돌아간다니 마음이 너무 들떴다. 베이더에게서 최대한 멀어질 수
있다는 뜻이기도 했으니까.〉 그는 안마당으로 달려가 그 유명한
공군 에이스에게 숨찬 목소리로 그 소식을 전했다. 자신이 곧 영
국으로 돌아갈 것이라고.

「아니, 넌 안 갈 거야. 봐라, 로스. 넌 내 하인으로 여기 왔으니
까 우리 둘이 모두 해방될 때까지 내 옆에 하인으로 있어야지. 그

런 거다.」 베이더가 말했다. 그러고 나서 그는 말문이 막힌 로스를 버려두고 〈쿵쿵거리며 가버렸다〉.

〈내가 집에 가는 걸 그가 막으려 한다니, 믿을 수가 없었다. 그는 자신만 생각했다. 그에게 나는 아무것도 아니었다. 그저 그의 하인일 뿐이었다.〉

다른 당번병들이 영국 선임 장교에게 호소해 보라고 로스에게 권했지만, 복종의 습성에 너무나 길든 그는 그 부당함을 그냥 받아들였다. 〈지금 생각하면 그때 불만을 제기했어야 하는 건데, 하지 않았다. 당시에는 장교의 말을 누구도 거스르지 않았다.〉

로스는 다리가 없는 베이더가 목욕할 수 있게 그를 업고 계단을 오르내리며 2년을 더 보냈다.

몇 주 뒤 프랭크 〈에롤〉 플린이 정신을 놓고 자살을 시도했다. 적어도 그렇게 보였다. 독일군에게도 다른 포로들에게도. 나중에 플린은 자신이 탈출이 좀 더 쉬운 다른 수용소로 옮겨질 수 있을까 싶어서 미친 척을 했을 뿐이라고 강력히 주장했다. 그러나 플린의 행동 중 무엇이 미친 척이고 무엇이 정말로 광기인지는 언제나 불분명했다. 플린 자신도 알지 못했다. 정신 질환자 흉내를 내다가 실제로 그렇게 되어 버렸을 가능성도 있다. (사회 전체와 마찬가지로) 콜디츠에서 정신병은 약해서 걸리는 병으로 취급되었다. 독방에서 170일을 보낸 플린이 점점 정신이 이상해지는 것을 느끼고 일부러 연기를 하는 것처럼 굴었을 가능성도 있다. 벌건 대낮에 소포실 자물쇠를 열려고 시도한 뒤로 그의 행동은 계속 괴팍해졌다. 명상, 산스크리트어 암송, 물구나무서기를 하며 많은 시간을 보냈다. 〈당시 사람들은 요가를 살짝 정신 나간 짓으로만 보았다.〉(선수들이 서로를 곤죽이 되도록 두들겨 패는 스툴볼이 훨씬 더 정신적으로 건강한 운동으로 여겨졌다.) 때로 플린은 자신이 새로 만든 종교에 대해 자세히 설명하며 수다를 떨었지만, 그보다는 말없이 혼자 있을 때가 훨씬 더 많았다. 〈똑같은 사람들과 몇 년이고 똑같은 식탁에 앉는다면, 흥미로운 이야깃거리가 별로 없다. 할 수 있는 말을 모두 했으니 그냥 앉아 있을 뿐이다. 조금 뒤 상대가 무슨 말을 할지, 무슨 행동을 할지 우리는 정확히 안다. 그런 상황에서는 무슨 일에도 별로 관심이 생기지 않는 상태로 쉽사리 빠져든다.〉때로는 플린이 폭발해서 폭력을 휘두르기도 했다.〈플린 중위가 또 정신 발작을 일으켜 동료들의 목숨을 위험에 빠뜨렸기 때문에 감금되었다.〉섀들리히 운터오피치어는 이렇게 썼다. 그는 특히 이상한 장면을 목격한 적이 있었다.〈그가 다른 사람들과 함께 탁자에 앉아 있다가 갑자기 일어서서《실례합니다》라고 말하며 옆 탁자로 갔다. 사람들이 체스를 두고 있는 그곳에서도 또《실례합니다》라고 말하더니 체스 판을 들어 체스를 두는 사람의 머리를 내리쳤다. 그 머리가 체스 판을 뚫고 튀어나올 정도였다. 그러고 나서 플린은 눈 하나 깜짝하지 않고 자기 자리로 돌아가 또 아주 예의 바르게《실례합니다》라고 말하고는 의자에 앉았다.〉

어느 날 저녁 플린이 화장실에서 목을 맨 상태로 발견되었다. 〈나는 목에 밧줄을 두르고 수조에 건 뒤, 한 발은 바닥에, 다른 발은 변기에 놓았다. 내가 밧줄을 느슨하게 하고 싶으면 그럴 수 있게. 그리고 내 목에 확실하게 붉은 자국을 만들었다.〉플린이 발견된 뒤 비상이 걸렸다.〈얼간이들이 계단을 뛰어 올라와서 빨간 자국을 보고 내가 자살하려 했다고 생각했다.〉그는 나중에 이 일 역시 연기였다고 주장했으나, 다른 포로들은 그가 정말로 자살하려 했다고 믿었다. 프라비트 코만단트도 마찬가지였다. 일주일 뒤 플린은 다른 포로 수용소가 아니라 강제 수용소로 이송된 경험을 묘사했다. 감방에서 기가 막히게 잔혹한 모습들이 보였다. 〈철조망과 굶주린 사람들을 보았다. 그들은 비쩍 마른 몸에 줄무늬 제복을 걸친 채 도와 달라며 손을 뻗었다. 덫에 붙잡혀 죽을 운명을 예감한 짐승처럼 눈빛이 번들거렸다. 그들 중 일부는 실제로 죽어 가고 있었다. 여긴 뭐지? 이 사람들은 누구야?〉몇 주 뒤에 그는 콜디츠로 돌아왔다. 그 뒤 몇 달 동안 플린의 광기는 진짜든 연극이든 (또는 둘 다이든) 극도로 악화되었다.

인도인만 수용된 샤르트르의 프론트슈탈라그 153에서 비렌 마줌다르는 독일 당국을 혼란스럽게 만들기 위해 수용소 환경에 대해 끊임없이 불만을 제기하고 기회가 생길 때마다 탈출을 시도했다. 〈거의 매일 나는 독일군 수용소장과 언쟁을 벌였다.〉그는 창문 쇠창살을 톱으로 썰고, 깨진 유리가 맨 위에 박혀 있는 외벽을 6미터나 내려갔다가 조명등에 포착되어 탈출을 포기했다. 6주 동안 독방에 갇혀 있다가 나온 마줌다르는 해가 떠 있는 동안 개인 감시병이 붙는 독특한 대우를 받았다. 〈감시병 때문에 견디기가 힘들었다. 그는 내가 어디를 가든, 심지어 화장실까지도 따라왔다.〉밤에는 말썽꾼 몇 명과 함께 3층 건물의 한 구역에 갇혔다. 알제리인 경비병 다섯 명이 기관총을 들고 그곳을 감시했다. 여기서 마줌다르는 포로가 된 뒤 처음으로 진정한 친구를 사귀었다. 제

2왕실 기병 연대 소속인 다리아오 싱이었다. 펀자브 출신의 자트 시크교도인 싱은 키가 180센티미터를 훌쩍 넘는 거인이었으며, 수염을 길게 길렀고, 손은 수프 접시만 했다. 두 사람은 만나자마자 서로에게 유대감을 느꼈다.

1943년 6월 3일 두 사람은 프론트슈탈라그 153에서 탈출했다. 먼저 싱이 60센티미터 두께의 벽을 뚫어 건물의 빈 곳으로 구멍을 냈다. 〈임시변통으로 만든 도구만으로 벽에 구멍을 뚫는 모습이 정말로 놀라웠다.〉 마줌다르는 이렇게 썼다. 그 구멍으로 나온 두 사람은 못을 박고 두꺼운 양철 판까지 덧대 놓은 창문으로 힘겹게 빠져나왔다. 수용소 정문까지는 약 5백 미터. 철조망과 탐조등이 있는 땅을 가로질러야 했다. 〈대낮처럼 밝았다.〉 두 사람은 첫 번째 철조망까지 기어갔다. 굵은 가시철사가 일곱 가닥이고, 〈사이에 느슨한 부분이 있었다〉. 싱이 금속 침대 기둥으로 만든 커터로 아래쪽 가시철사를 소리 없이 자른 뒤, 두 사람은 그 아래로 꿈틀꿈틀 빠져나갔다. 10미터쯤 더 가면 또 울타리가 있었다. 그다음에도 또 울타리. 탐조등이 한번 훑고 지나갈 때마다 두 사람은 땅에 몸을 납작 붙였다. 가랑비가 계속 굵어지면서 땅은 진흙탕으로 변했다. 마줌다르는 갑자기 희망이 솟았다. 수용소 양편 끝에서 기관총대를 지키는 경비병들이 빗줄기 때문에 앞을 잘 보지 못할 것이다. 독일군 막사로 이어지는 길 끝에 또 가시철사 네 줄이 있었다. 싱이 그 울타리를 소리 없이 차례로 잘랐다. 마침내 높이가 약 5미터인 철문에 다다랐다. 문 꼭대기에도 또 철조망이 있었다. 탐조등이 지나간 뒤 싱이 문 위로 올라가 가시철사를 자르고 마줌다르를 끌어 올렸다. 「샤바시, 사히브 박사.」 그가 속삭였다. 인도어로 〈브라보〉라는 뜻이었다. 두 사람은 문 뒤편으로 쿵 뛰어내려 어둠 속으로 들어갔다. 수용소 경내를 끝에서 끝까지 가로질러 기어 오는 데 세 시간이 걸렸다. 달빛 속에서 마줌다르는 활짝 웃는 친구의 얼굴을 보았다. 「샤바시.」 싱이 다시 이렇게 말하면서 마줌다르의 손을 잡고 뛰기 시작했다. 두 사람은 한 시간 동안 쉬지 않고 달렸다. 땅딸막한 벵골인 의사와 거대한 시크 교도 기병대원이 비 내리는 밤에 쿵쿵거리며 뛰었다. 〈그는 정말 굉장했다. 내가 무슨 말을 해도 그의 대담함, 용기, 끈기를 충분히 표현할 수 없다.〉 마줌다르는 이렇게 말했다. 싱은 직접 만든 도구들을 연못에 던졌다. 동이 트자 두 사람은 덤불에 숨어 다시 밤이 되기를 기다리며 계획을 짰다. 다른 사람들과 최대한 대화를 피하면서 스위스 국경으로 간다. 밤에만 걷는다. 〈우리는 전투복 차림이었고, 가진 거라고는 담배 몇 개비와 신발뿐이었다. 지도도 나침반도 없었다.〉

두 사람은 도시 외곽을 돌면서 남쪽으로 향했다. 낮에는 숲속이나 산울타리 아래에서 잤다. 결국 굶주림을 견디지 못한 두 사람은 마음을 다잡고 외딴 농가에 접근했다. 주인은 그들을 안으로 들여 먹을 것과 옷을 주고 보내 주었다. 안전한 곳까지 길을 가르쳐 주기도 했다. 마줌다르는 이곳 사람들이 목숨을 걸고 기꺼이 자신을 돕는 것에 놀라고 감동했다. 〈갇혀 있을 때와는 완전히 다른 음식을 먹을 수 있었다. 어디에 머무르든 사람들은 먹을 것을 충분히 내주었다. 우리는 항상 중심 도로에서 떨어진 외딴 농가를 골랐다. 심지어 작은 도로도 피했다.〉 마줌다르는 프랑스어로 그럭저럭 의사소통을 할 수 있었으므로, 〈인구의 80퍼센트가 독일과 페탱 정권을 싫어한다〉는 사실을 알게 되었다. 〈이곳 사람들은 불만이 많다. 평범한 프랑스인은 연합군의 프랑스 침공을 애타게 기다리고 있다. 프랑스 민간인들은 최선을 다해 우리를 도왔다.〉 농민들은 그들을 환영하고, 격려하고, 먹을 것을 주고, 라디오 주파수를 BBC에 맞추어 도망자들이 나치에게서 자유로운 세계의 소식을 들을 수 있게 해주었다. 물론 모든 프랑스인이 그렇게 친절한 것은 아니었다. 〈부자들은 피하라고 사람들이 말해 주었다. 그 말은 사실이었다.〉 피부가 검은 외국인 두 명이 성에 나타나 도움을 요청했을 때, 댕플리 백작 부인은 〈경찰에 신고하겠다고 위협〉하더니 문을 쾅 닫아 버렸다.

　비렌 마줌다르와 다리아오 싱이 프랑스를 가로질러 이동한 이야기는 제2차 세계 대전에서 사람들이 미처 알지 못한 위대한 이야기 중 하나다. 누가 보아도 인도인인 군인 두 명이 나치 점령지에서 6주 만에 9백 킬로미터를 터벅터벅 걸어서 이동했다. 나중에 마줌다르는 자신들이 통과한 프랑스 마을의 이름들을 마치 시를 읊듯이 열거했다. 〈루아레, 니에브르, 셰르, 손에루아르, 쥐라, 앵.〉 그들은 강을 세 개 건너는 동안, 손강(江)의 다리를 지키는 민간인들에게 붙잡힐 위기를 아슬아슬하게 넘기기도 하면서 마침내 쥐라산맥 기슭에 이르렀다. 쥐라산맥은 프랑스와 스위스 사이에 있다. 두 사람이 마지막으로 머무른 집의 주인은 독일군이 국경 지역을 엄중히 지키고 있다고 경고했다. 〈여기가 가장 어려운 지점이었다.〉 마줌다르는 이렇게 썼다. 그는 기절하기 직전이었다. 바위 같던 싱도 점차 허물어지기 시작했다. 폭우 속에서 두 사람은 터벅터벅 걸어 사흘 만에 마지막 1백 킬로미터를 지나갔다. 돌의 국경 근처에서 어느 농가의 문을 두드렸더니, 문을 열어 준 노부인이 굶주린 두 사람을 안으로 들여 자리에 앉히고 빵, 치즈, 포도주를 내놓았다. 〈사흘 동안 먹지 못해서 기운이 없었다. 부인의 눈에는 완전히 탈진한 것처럼 보였을 것이다. 부인은 하루만이라도 머물다 가라고 간청했다.〉 그녀는 스위스 국경이 동쪽으로 몇 킬로미터 거리에 있다고 설명하면서, 경비병이 없는 산속 국경 초소까지 그들을 데려다줄 믿을 만한 안내인을 구해 주겠다고 제안했다. 마줌다르는 머뭇거렸다. 〈전쟁 포로를 도왔을 때 받을 벌을 알기 때문이었다.〉 하지만 부인은 뜻을 굽히지 않았다. 다음 날 해질 무렵 마을에서 소년이 왔고, 〈몹시 친절한 노부인〉은 점점 짙어지는 어스름 속에서 그들에게 손을 흔들어 주었다. 마줌다르는 그 부인의 이름을 끝내 듣지 못했다.

1943년 7월 13일 저녁 9시, 두 사람은 말콩브 마을 근처에서 국경을 넘었다. 세 시간 뒤인 자정 무렵 스위스의 라리프 마을에 도착한 두 사람은 휘청휘청 경찰서로 걸어 들어갔다.

3년의 구금 생활 끝에 마줌다르는 마침내 자유를 찾았다. 그의 해방은 끈기와 행운, 그리고 낯선 이들의 친절 덕분이었다. 마줌다르의 탈출 오디세이는 끝났지만, 시련은 끝나지 않았다.

1943년 9월 3일 마이클 싱클레어는 자전거 핸들 모양의 가짜 콧수염과 독일군 원사의 가짜 군복으로 변장하고 불안한 얼굴의 경비병에게 유창한 독일어로 욕설을 퍼부으며 가짜 내부 보안 통행증을 흔들어 댔다. 그런데 그 통행증의 색깔이 진짜와 달랐다. 위층의 방에 모인 영국 장교들은 싱클레어가 점점 분노가 높아지는 구스타프 로텐베르거 슈탑스펠트베벨을 흉내 내느라 점점 언성을 높이는 것을 들었다.

이 〈프란츠 요제프〉 계획은 프랑스의 메트로 이후 가장 정교한 탈출 계획이었다. 50명이 넘는 장교가 준비에 참여해, 소규모 군대가 쓸 수 있을 만한 탈출 장비를 만들어 냈다. 핵심적인 참여자를 위한 완벽한 군복 세 벌과 모사품 총 세 개, 싱클레어가 문을 열면 벽을 타고 내려가 뛰쳐나갈 사람들을 위한 서른다섯 개의 가짜 신분증과 민간인 복장. 과거 영국 포로들이 숙소로 사용했지만 지금은 인적이 끊긴 동관 6층의 창문 쇠창살은 여러 달 동안 조심스럽게 절단해서, 군화를 닦는 검은색 구두약을 발라 들키지 않게 위장해 두었다. 싱클레어는 로텐베르거 슈탑스펠트베벨의 버릇, 태도, 강한 작센 사투리를 몇 달 동안 공부하며, 콜디츠의 공연 제작자 중 한 명인 테디 바턴의 지휘하에 자신이 맡은 역할을 연습했다. 로텐베르거의 빨간색 콧수염은 열다섯 번이나 제작한 뒤에야 비로소 이만하면 통할 것 같다고 탈출 위원회의 승인을 받았다. 첵코 할로웁카는 〈무른 얼간이〉 한 명을 매수해서 일련번호가 있는 통행증을 한 시간 동안 빌려 왔다. 포로들은 그것을 재빨리 베낀 뒤 돌려주었다.

이날의 탈출 시간은 〈유난히 멍청해 보이는〉 경비병이 문을 지키는 시각에 맞추어 결정되었다. 저녁 점호 뒤에 로텐베르거가 경비실에 안전하게 들어가 있다는 보고가 들어왔다. 탈출 예정자들은 옛 영국 숙소의 자물쇠를 억지로 열고, 6층으로 살금살금 올라갔다. 자정까지 몇 분이 남았을 때 싱클레어가 〈호위병〉 두 명과 함께 의무실 창문을 통해 테라스로 나갔다. 탈출 예정자들은 세 사람이 자갈길을 걸어가는 소리와 싱클레어가 고함치듯 지시를 내리는 소리에 열심히 귀를 기울였다. 마지막 문에서 경비병 한 명이 열쇠를 건네고 경비실로 걸어갔으나, 남은 경비병 한 명은 지시대로 위치를 이탈하기가 내키지 않아서 머뭇거렸다. 이 〈얼간이〉가 보기보다 덜 멍청하거나, 아니면 너무 멍청해서 로텐베르거 슈탑스펠트베벨이 전에는 하지 말라고 한 짓을 지금은 하라고 지시하면서 화를 내는 이유를 이해하지 못하는 것 같았다. 「저놈은 안 갈 거야.」6층의 어둠 속에서 누군가가 속삭였다. 「도대체 왜 안 가?」경비병은 통행증을 뚫어지게 보다가, 콧수염을 기른 붉은 얼굴로 자신에게 호통치는 사람을 보았다. 그러고는 소총을 들어 올리고 경보를 울린 다음 세 사람에게 손을 들라고 말했다. 그다음에 벌어진 일에 대해서는 진술이 엇갈린다.

싱클레어가 계속 큰소리로 경비병을 질책하고 있을 때 당직인 〈빅 범〉필츠가 테라스 모퉁이를 돌아 전속력으로 뛰어왔다. 경비실에 있다가 경보를 듣고 달려온 것이다. 경비병 두 명이 그의 뒤를 따라왔다. 이제 모두가 고함을 질러 댔다. 〈필츠가 권총을 빼 들었다.〉영국 선임 장교는 그가 〈무모하게 몹시 기쁜 기색〉으로 총을 꺼냈다고 나중에 묘사했다. 사실 그는 소란과 혼란 속에서 당황하고 있었다. 영국 포로들은 나중에 싱클레어가 이미 항복한다고 손을 든 뒤였다고 주장했다. 독일군은 싱클레어가 자신의 (가짜) 권총을 향해 손을 뻗고 있었다고 주장했다.

필츠가 총을 겨냥하고 쏘았다. 약 1미터 거리에서 9밀리미터 총알 한 개가 마이클 싱클레어의 가슴에 박혔다. 그는 털썩 무릎을 꿇었다가 옆으로 쓰러졌다. 「세상에.」독일군 경비병 한 명이

기겁했다. 그는 지금 벌어지는 일들을 잘 이해할 수 없었다. 「우리 원사님을 쐈어.」 그런데 바로 그때 진짜 로텐베르거가 심하게 숨을 몰아쉬면서 모퉁이를 돌아 이 초현실적인 장면에 나타났다. 탐조등의 인공적인 빛이 그의 몸을 흠뻑 적시고 있었다. 독일군 경비병 여섯 명 중 두 명은 손을 든 상태고, 상등병 한 명의 총에서 연기가 피어올랐다. 그리고 로텐베르거 자신처럼 보이는 사람이 죽어서 테라스에 쓰러져 있었다. 위층에서 분노의 아우성이 일었다. 「독일군 살인자! 이 못된 살인자!」

프란츠 요제프 사건의 여파가 콜디츠 전체를 몇 달 동안 떠돌아다녔다. 에거스에 따르면, 프라비트는 〈거의 제정신이 아니었다〉. 영국 선임 장교는 무장하지 않은 사람을 쏜 필츠를 군사 재판에 부치라고 요구했다. 프라비트는 그의 행동이 정당방위였다고 주장하며 거부했다. 그래도 내부 조사가 실시되어, 〈빅 범〉 필츠는 동부 전선으로 배치되었다. 에거스는 〈경비병이 모처럼 지시대로 행동한 것〉에 말없이 흡족해했다. 이 사건이 있은 뒤 그는 전형적인 교사 같은 태도로, 가짜 프란츠 요제프의 콧수염이 약점이었다고 주장했다. 그리고 핏자국과 총탄 자국이 있는 싱클레어의 독일 군복을 박물관에 전시했다.

마이클 싱클레어는 죽지 않았다. 이 사실에 싱클레어 본인보다 더 놀란 사람은 없었다. 총알은 갈비뼈를 스치며 허파를 뚫고 지나가 왼쪽 어깨뼈 아래로 나갔다. 겨우 약 7센티미터 차이로 심장은 무사했다. 바트 라우직의 병원에서 고작 일주일 동안 몸을 회복한 뒤 이 붉은 여우는 팔걸이로 팔을 고정한 채 다음 탈출을 계획하며 콜디츠로 돌아왔다.

*

성벽 밖에서는 전쟁이 점점 가까이 다가오고 있었다. 이제는 포로들에게도 그 소리가 들렸다. 라디오에서도, 밤하늘에서도. 연합군 폭격기가 독일의 주요 도시들을 전략적으로 폭격하고 있었다. 7월의 〈고모라 작전〉에서는 함부르크에 9천 톤의 폭탄이 떨어져 3만 7천 명이 죽었다. 그때까지 전 세계가 한 번도 본 적이 없는 지독한 공습이었다. 10월에는 겨우 80킬로미터 떨어진 할레 차례였다. 여기는 라인홀트 에거스의 고향이기도 했다. 콜디츠에는 24시간 동안 전기가 끊겼다. 〈우리가 겪은 것 중 우리와 가장 가까운 폭격의 증거였다.〉 에거스는 이렇게 썼다. 12월 초 하룻밤 동안 영국 폭격기들이 라이프치히 주민 1천8백 명을 죽였다. 북쪽으로 고작 48킬로미터 떨어진 이 역사 깊은 도시가 대부분 파괴되었다. 플랫 목사는 멀리서 〈불빛이 꾸준히 밝아졌다〉고 적었다. 지평선이 불타오르는 동안 포로들은 흥분, 경탄, 두려움이 뒤섞인 감정으로 그 살육의 소리를 들었다. 라디오의 저녁 뉴스에서는 시칠리아 침공, 연합군의 이탈리아 본토 상륙, 그리고 마침내 이탈리아의 항복과 무솔리니의 도주 소식을 알려 주었다. 포로들은 독일을 상대하는 〈두 번째 전선〉을 향한 공격이 어디서 시작될지를 놓고 내기를 벌이기 시작했다.

전쟁 상황은 그보다 덜 눈에 띄는 다른 방면에서 짐작할 수 있었다. 8월 말 적십자사 소포 2천 개가 도착했다. 지금까지의 구호품 중 가장 대규모인 이 소포 중에는 담배, 베네수엘라산 커피, 아르헨티나산 설탕이 들어 있는 꾸러미 마흔다섯 개도 포함되어 있었다. 포로들이 보기에는 지금까지 모인 식량만으로 5개월을 충분히 버틸 수 있을 것 같았다. 그래도 적십자사가 물자를 더 이상 보내 줄 수 없게 될 때를 대비해서 필수품을 저장해 두라고 부추기는 것 같다는 인상을 피할 수 없었다. 공식적인 이익 대표국으로서 스위스는 정기적으로 파견단을 보내 수용소를 조사하고, 제네바 협약이 잘 지켜지는지 확인했다. 그들의 보고서에는 포로들이 굶주리지는 않지만 생활 환경이 꾸준히 나빠지고 있으며, 전기와 뜨거운 물이 부족하고, 신선한 채소는 아예 없고, 화장지도 부족하다고 적혀 있었다. 〈벽이 워낙 두꺼워서 겨울에 충분한 난방이 불가능하다.〉1943년 10월에 스위스가 작성한 보고서에는 이런 말이 있었다. 그래도 포로들의 사기는 높았다. 〈그들은 고집스러운 사람들이다. 아무리 정신적으로 굳건하다 해도, 긴 구금 생활과 굴욕 때문에 좌절감과 원망을 품고 있으나, 파견단을 친절하게 받아들였다. 그런 사람들을 만난 것이 기쁨이다.〉그러나 이 보고서를 쓴 스위스 관리는 〈플린 대위의 정신적인 상태가 몹시 안 좋기〉 때문에, 〈응급 사례로〉 보고 다른 수용소로 옮길 것을 권고한다고 적었다. 그의 권고는 무시되었다.

반면 독일 주둔군의 분위기는 점점 어두워졌다. 독일 군인 일부는 공습으로 집과 가족을 잃었다. 적십자사 소포가 배달되기도 전에 사라지는 일이 생기기 시작했다. 배고픈 경비병들이 위험을 무릅쓰고 기꺼이 포로들과 거래를 하는 일도 늘어났다. 에거스는 독일 장교 식당에서 〈마찰이 많이 일어나는 것〉을 알아차렸다. 더 거친 방법으로 포로를 얌전하게 만들어야 한다고 주장하는 사람들은 코만단트를 본으로 삼았다. 프라비트는 명령 불복종 사례를 보고받을 때마다 엄벌을 내렸다. 〈총을 쓰지 그러나?〉 독일군 최고 사령부의 카이텔 장군은 프라비트를 칭찬하는 개인 서신을 보냈다. 〈모든 수단을 동원해서 기강을 세울 그의 권리를〉 공식적으로 확인해 주는 내용도 들어 있었다. 프라비트의 바로 아래 부하는 몸집이 자그맣고 우쭐거리기 좋아하는 사람으로 〈수컷 칠면조〉라는 별명이 있었는데, 그도 에거스가 보기에는 〈폭력적인 사람〉이라서 〈여기 대장이 누구인지〉 포로들에게 보여 주고 싶어서 몸이 근질거리는 듯했다. 독일군은 여전히 포로들의 삶과 죽음을 결정하는 힘을 갖고 있었다. 그런데 패배의 가능성이 점점 커지자, 일부가 그 힘을 사용하고 싶어 안달했다.

그때까지 콜디츠는 전적으로 군의 영역이었으나, 나치 보안국과 SS가 이 수용소에 점점 더 많이 간섭하고 있었다. 열여덟 명 규모의 SS 분대가 드레스덴 형사국장의 지휘를 받으며 어느 날 아침에 나타나 콜디츠에 대한 〈대규모 수색〉을 실시했으나 발견한 것이 거의 없었다. 인근의 바트 라우직에 〈신속 대응〉 부대가 신설된 것은, 영국이 자일스 로밀리, 더글러스 베이더 등 〈특별한 포로들〉을 콜디츠에서 채어 갈 특공대를 보낼지도 모른다는 걱정 때문이었다. 영국은 그런 계획을 전혀 세우지 않았지만, 불길한 부대의 신설은 나치의 편집증이 점점 심해진다는 증거였다. 그리고 프로미넨테는 싸워 보지도 않고 항복할 생각은 없었다.

1943년 10월 무렵, 콜디츠에는 영국 장교 205명, 오스트레일리아 포로 14명, 캐나다 포로 15명, (공식적으로는 영국의 외인부대인) 〈싸우는 프랑스인〉 33명, 유령 2명이 있었다. 영국 공군 조종사 잭 베스트와 해군 대위 마이크 하비가 4월에 사라졌을 때, 독일 군은 그들이 탈출한 줄 알았다. 그러나 사실 그들은 예전에 프랑스가 판 대규모 굴의 일부였던, 예배당 설교단 아래의 비밀 공간에 숨어 있었다. 밤이 되면 그들은 밖으로 나오고 다른 두 명이 그자리를 채웠다. 그리고 하비와 베스트는 그 두 사람이 비워 준 침대에서 잠을 잤다. 독일군이 가끔 잠든 포로들의 머릿수를 세기 때문이었다. 두 사람 모두 경비병과 마주칠 경우를 대비해서 다른 장교의 이름을 빌려 쓰면서 다음 점호 때까지 평범한 포로처럼 돌아다녔다. 하비가 빌려온 이름은 〈D. E. 바틀릿〉이고, 베스트의 이름은 〈봅 반스〉였다. 누군가가 탈출하면 유령이 그 사람의 자리를 차지하고, 자신 역시 구멍 속으로 사라져 탈출할 때까지 시간을 벌었다. 이렇게 숨어 사는 생활에는 대가가 따랐다. 베스트는 식민지 케냐 출신의 전직 농부로 줄담배를 피워 댔다. 당시의 사진에서 그는 지하에서 너무 오랜 시간을 보내며 요리용 지방으로 만든 희미한 양초 불빛에 의존해 책을 읽은 사람 특유의 눈빛을 하고 있다. 포로들은 유령들의 희생을 인정하여, 탈출 명단 맨 앞에 그들의 이름을 올려 주었다.

가을이 겨울로 변할 무렵, 칙칙하고 갑갑한 콜디츠에 눈부신 색깔과 활기를 지닌 생명체가 팔랑팔랑 나타났다. 미키 번이라는 기자 겸 소설가 겸 시인이었다. 과거 나치에 동조하다가 나중에 마르크스주의로 전향한 그는 버릇없고, 교활하고, 재미있고, 잘생기고, 무책임한 사람이었다. 그러나 전쟁 중 가장 대담했던 특공대 기습 작전에서 놀라울 정도로 용맹함을 드러낸 적도 있었다. 그는 또한 양성애자라는 사실을 숨기지 않고, 성적인 취향을 적극적으로 추구했다. 콜디츠의 다른 포로들은 미키 번을 어떻게 보아야 할지 알 수 없었다.

번의 부유한 아버지는 왕실의 사무 변호사이고, 어머니는 프랑스 르 투케에 도박 리조트를 개발한 집안 출신이었다. 번은 버킹엄 궁전 맞은편의 우아한 집에서 자랐다. 그곳은 파티의 세계, 멋들어진 주말과 빠른 자동차와 무조건적인 칭찬의 세계였다. 〈내가 손가락만 까딱하면 모든 것이 마련되었다.〉 옥스퍼드에 다닐 때도 그는 공부를 전혀 하지 않아 1년 뒤 퇴학당했다. 그 뒤 기성 신문사인 『더 타임스』에 손쉽게 취직했다. 외무부 관리인 가이 버지스와 열정적인 연애도 시작했다. 공산주의자인 버지스는 나중에 KGB 스파이로 밝혀졌다. 번이 남자에게 성적인 매력을 느낀다고 고백하자 아버지는 그를 조지 5세의 주치의에게 보냈다. 그러나 의사에게서 벤제드린 주사를 맞은 뒤 그는 지나치게 활동적인 성격으로 변했을 뿐, 이성애자가 되지는 않았다. 1933년에는 바그너의 음악을 사랑한 나머지 독일로 와서 나치의 주문에 걸렸다. 〈나의 무지, 맹목, 반쯤 범죄적인 자비심이 강렬하게 조직된 거짓의 세계에 풀려나 나를 얼간이로 만들었다.〉 그는 나중에 이렇게 썼다. 영국의 열렬한 파시스트 유니티 밋퍼드가 그를 히틀러에게 소개했고, 히틀러는 자신에게 홀딱 반한 이 영국 청년을 위해 『나의 투쟁』에 서명을 해주었다. 번은 이 선물을 받고 들떴으나 곧바로 잃어버렸다. 뉘른베르크 전당 대회에 참석한 뒤에는 〈하늘의 훌륭한 빛, 감동적인 음악, 뛰어난 표현력, 전체적인 연출, 타이밍, 공연, 사운드트랙, 환희, 클라이맥스〉를 숨도 못 쉬고 설명했다. 〈거의 사람의 의식 중 성적인 부분을 겨냥한 것 같았다.〉 어쩌다 보니 네덜란드 귀족 엘라 판 헤임스트라 남작 부인과 나란히 앉게 된 그는 그녀와 사귀기 시작했다. 뉘른베르크 대회 이후 번은 밋퍼드 자매와 함께 다카우 강제 수용소를 안내받았다. 밋퍼드의 자매인 다이애나는 얼마 안 있어 영국 파시스트 지도자인 오즈월드 모즐리와 결혼했다. 번은 다카우에서 자신이 어떤 만행을 목격하고 있는지 전혀 알아차리지 못했다(어쩌면 의도적이었는지도 모른다). 〈나는 보이는 만큼 심하지 않을 것이라고 계속 나 자신을 설득했다.〉 그러나 영국으로 돌아와 반즐리 광부의 집에 일주일 동안 돈을 내는 손님으로 머무르며 생전 처음으로 가난한 삶을 가까이에서 직접 목격했다. 마침내 그의 눈을 가리고 있던 비늘이 쿵 하고 떨어졌다. 〈히틀러가 영혼을 구원해 주겠다며 내게 내민 것은 쓰레기였다.〉 번은 하루아침에 우익 성향을 버리고, 왼쪽으로 곧장 돌진하며 사회주의와 공산주의를 차례로 받아들였다. 히틀러의 국가 사회주의를 지지할 때만큼이나 열렬했다.

전쟁이 일어나자 그는 특수 작전을 위해 만들어진 자원병 부대인 특수 여단에 들어갔다. 〈제인 오스틴과 약간의 탄약〉만으로 무장하고 가장 위험한 임무에 뛰어들어, 파시즘에 사랑의 눈길을 보냈던 과거를 보상하겠다는 결의가 단단했다. 스코틀랜드에서 〈참을 수 없을 만큼 튼튼하다〉는 평가를 받을 때까지 훈련을 받은 뒤, 〈전차 작전〉에서 주도적인 역할을 맡았다. 프랑스 대서양 연안의 생나제르에 있는 드라이 독을 공격하는 육해군 합동 작전이었다. 그곳에는 대형 독일 배들이 수리를 위해 들어와 있었다. 1942년 3월 28일 번 대위는 스물여덟 명의 특공대원으로 구성된 부대를 이끌고, 항구의 기계와 화기를 파괴하는 임무에 나섰다.

그동안 구축함 HMS 캠벨타운호가 독일 배로 위장하고 고성능 시한폭탄을 가득 실은 채 독 출입문을 들이받을 계획이었다. 번의 부대는 모터보트가 독일군 포탄에 직격당하는 바람에 부대원 절반을 잃었다. 번은 힘겹게 해안에 상륙해 혼자서 목적지에 도착했으나, 팔과 허벅지에 총상을 입고 결국 생포되었다. 등에는 포탄 파편도 하나 박혀 있었다. 〈나는 아무도 이끌지 못하고, 무엇도 파괴하지 못하고, 아무도 보호하지 못했다.〉 그는 이렇게 썼으나, 사실 그 작전으로 전공 십자 훈장을 받았다. 독일은 번이 양손을 들어 올리고 감시를 받으며 끌려가는 사진을 선전에 이용했다. 그러나 사진가는 번이 왼손으로 몰래 V 자를 그리고 있는 것을 알아차리지 못했다. 전적으로 번다운 무모한 행동이자 용감한 행동이었다. 나치는 그가 과거 나치 동조자였음을 알고 있었으므로, 그를 끄나풀로 포섭하려 했다. 그러나 그가 넘어오지 않아서 콜디츠로 보내 버렸다.

〈이제 저는 성에 살고 있어요. 요즘은 최고의 사람들이 대부분 그렇게 살잖아요.〉 번은 부모에게 보낸 편지에 이렇게 썼다.

콜디츠의 포로 몇 명은 번을 독일 스파이로 의심했다. 그가 큰 소리로 떠들어 대는 좌익 사상을 불신하는 사람도 있었다. 그러나 윈체스터 사립 학교를 다닌 적이 있는 번은 곧 이곳의 기묘한 사회 구조에 섞여 들어갔다. 〈콜디츠에 도착해 불링던이라는 별명으로 불리는 아주 멋들어진 모임에 들어오라는 권유를 받았다. 왕실의 가까운 친척, 귀족과 영주 몇 명으로 구성된 곳이었다. 내가 옥스퍼드에 다닐 때 진짜 불링던에서 배척당했다는 사실을 그들은 전혀 몰랐다.〉 1930년대에 그는 양성애자라는 이유로 그

배타적인 클럽에 〈적합한 유형이 아니〉라고 평가되었다.

미키 번은 콜디츠의 급진적인 철학자 시인으로 부상했다. 〈타고난 낙천주의자, 콜디츠에서 결코 우울해지지 않는 소수의 사람 중 한 명〉이었다. 나중에 그는 콜디츠에서 단 한 편밖에 나오지 않은 훌륭한 소설을 썼다. 제목이 『그래, 잘 가』인 이 작품은 구금 생활의 심리적인 측면을 파고들면서, 이 성의 음산하고 노후된 모습, 〈퀴퀴하게 썩어 가는 냄새〉, 〈긴장 속에서 아무 활동도 하지 않는〉 분위기를 묘사했다. 이 소설의 제목은 전쟁 전 세계의 자유와 확신에 고하는 작별 인사를 뜻한다. 번이 시를 써서 어머니에게 보내면, 어머니는 그것을 문단의 여러 저명인사에게 보여 주었다. J. B. 프리스틀리는 번의 시가 〈아주 유망하다〉고 생각했지만, T. S. 엘리엇은 〈미숙하고 어색할 때가 많다〉고 보았다. 번의 아버지는 이보다 훨씬 더 무뚝뚝하고 솔직했다. 〈각운이 없는 시는 싫어.〉 섹스에 대해 번은 나중에 〈그런 종류의 일은 모두〉 일종의 도전 과제였다고 단언했다. 〈그것을 즐길 만큼 사생활이 보장된 곳을 찾기가 힘들었다. …… 사람이 북적거리는 상황과 전체적으로 비난하는 분위기 때문에 만족감을 느낄 가망이 거의 없었다.〉〈전혀〉가 아니라 〈거의〉다. 번은 콜디츠에서 나올 때 자신이 완전히 동성애자라고 확신했다(나중에 틀린 생각으로 밝혀졌다). 서른 살 때 번은 외모가 망가지고 있다고 걱정했다. 〈이제 내 몸무게는 기껏해야 10스톤*을 넘지 않는다. 뺨이 푹 꺼졌고. …… 귀 주위의 머리카락이 유명한 주식 중개인처럼 하얗게 세었을 뿐만 아니라, 관자놀이 주위에서는 머리카락이 완전히 멀어졌다.〉

* 63킬로그램.

기자 시절에 익힌 속기와 경험이 있으므로 번은 자연스럽게 라디오 저녁 뉴스를 듣는 〈서기〉가 되었다. 저녁마다 재즈 음악가 지미 율이 라디오를 조작하고, 번은 BBC 뉴스 하이라이트를 받아 적은 뒤 쉽게 읽을 수 있는 형태로 정리해서 여러 모임에 나눠 주었다. 과거 학교에서 맛본 실패를 보상하려고 사회 과학 전공으로 옥스퍼드 졸업장을 따기 위한 공부도 하면서 경제학자 존 메이너드 케인스의 글과 1942년 비버리지 보고서를 읽었다. 이 보고서는 나중에 영국 복지 국가 시스템의 초석이 되었다. 고용 이론도 공부했다. 번은 전쟁 이후 세계가 어떤 모습이 될지 꼭 알아보고 싶었다. 그의 사상이 더욱더 왼쪽으로 움직여 그는 자신이 운좋게 날 때부터 속해 있는 지배 계급이 파멸할 운명이라는 결론에 이르렀다. 그래서 러시아어를 배우기 시작했다. 그리고 1943년 말에 자신이 〈마르크스주의에 거의 다다랐다〉고 선언했다.

불링던 클럽에서는 회원 중 빨갱이 혁명가가 있다는 사실에 대한 불만의 목소리가 나왔다. 그러나 프로미넨테 회원 중 자일스 로밀리는 번이 이념적인 소울메이트라고 느꼈다. 로밀리는 그때까지 공산주의 사상을 숨기지는 않았을망정 확실히 베일로 덮어 둔 것 같은 상태로 살았다. 그런데 이제 같은 생각을 가진 사람을 만났으니, 둘이서 함께 마르크스주의 이론에 관한 합동 강연을 시작했다. 청중이 꽤 많았다. 특히 당번병들의 비중이 높았다. 포로들 중에서도 보수적인 사람 일부는 그들의 강연을 공산주의 선전이라고 보고 깊은 경계심을 느꼈다. 번에게 〈비록 좋은 친구지만〉 결국 〈가로등에 매달리는〉 신세가 될 것이라고 농담처럼 경고한 사람도 있었다. 또 다른 포로는 그를 〈반역 혐의로 재판해야〉 한다고 주장했다. 더글러스 베이더는 번이 〈위험하고 위협적〉이라면서, 공군 장교들이 로밀리의 강연에 가는 것을 금지하고 자신도 강연을 시작했다. 〈스탈린의 전쟁 목표: 독일의 완전한 군사적 점령〉이나 〈소련 혼자서 전쟁에 승리하지 않게 두 번째 전선 열기〉 같은 주제로 이야기를 나누는 라이벌 강연이었다. 그러나 이른바 〈콜디츠 공산주의자들〉은 마르크스의 복음을 계속 퍼뜨리면서, 나치의 수용소 안에서 보기 드문 이 〈표현 자유의 기지〉를 탐험했다. 이런 이념적인 분열에는 바깥세상에서 벌어지는 일들이 반영되어 있었다. 또한 공산주의 세력과 자본주의 민주 국가 사이, 대영 제국을 옹호하는 사람들과 그것을 범죄로 보는 사람들 사이, 계급 전쟁의 투사와 전통적인 통치 계급 사이에서 벌어지는 전투를 콜디츠의 이념적 분열에서 미리 예견할 수 있기도 했다. 콜디츠에 겨울이 왔을 무렵, 불쑥 다가온 냉전의 한기가 이곳에서도 느껴졌다.

미키 번은 탈출할 생각이 전혀 없었다. 이 점에서도 그는 기존과는 다른 사고방식을 대표했다. 그는 이렇게 썼다. 〈나는 관심이 없었다. 도울 수 있으면 도왔지만, 우리가 왜 거기에 있는지를 누군가는 생각해야 할 것 같았다. 전쟁이 왜 시작되었는지, 애당초 전쟁이 왜 존재해야 하는지. 그 덕분에 나는 굳이 밖으로 나가지 않아도 내면에서 일종의 탈출을 할 수 있었다.〉 콜디츠 초창기의 포로들은 이렇다 하게 싸워 보지도 못하고 사로잡힌 것에 분노하며 무력감을 느꼈지만, 새로 들어온 사람들 중에는 사로잡히기 전에 피를 보았기 때문에 이미 〈자기 몫을 다했다〉고 생각하는 사람이 많았다. 〈나는 상당히 많은 작전을 경험했다. 나는 탈출하고 싶지 않았다. 내가 없어도 그들은 상당히 잘 해낼 수 있었다.〉테니스복을 입고 독일 탄약고를 파괴한 특공대원 마이클 알렉산더는 이렇게 말했다. 탈출이라는 과제가 너무 어려워서 주춤거리는 사람도 있었다. 〈내가 콜디츠에서 탈출하기에는 무척 힘들었을 것이다. 탈출에 필요한 노력을 기울이고 재주를 갈고닦을 만큼 내가 유능한 것 같지 않았다.〉뛰어난 예술가인 존 와튼은 이렇게 말했다. 대부분의 사람은 도망칠 기회가 생기면 잡고 싶어 했고, 거의 모든 포로가 탈출 시도에 기꺼이 도움이 되고자 했다. 그러나 탈출이라는 어렵고 위험한 일은 이미 단련된 소수에게만 맡겨 두고 만족하는 사람이 점점 늘어났다. 그렇게 해서 포로들 사이에 언뜻 눈에 잘 띄지 않는 새로운 구분이 생겨났다. 반드시 탈출하겠다는 사람과 탈출에 대해 무관심에 가까운 반응을 보이는 사람. 〈젊은 사람들이 피로와 실망에 지쳐 늙어 버렸다.〉플랫 목사는 일기에 이렇게 썼다. 〈전쟁 소식, 편지, 성적인 도착에 관한 화제를 제외하면 대화가 거의 정체되었다.〉고향에서 편지가 올 때마다 그들은 게걸스레 씹어 삼킬 듯이 읽었다. 미키 번의 연인이었던 엘라 판 헤임스트라가 뉴스 화면에서 포로가 된 그를 보고 〈좋았던 옛날을 되새겨 보라고〉그에게 자신의 사진을 보냈다. 지금은 나치가 점령한 네덜란드에 살고 있는데, 나치와의 관계가 번과 마찬가지로 과거지사가 되었다고 했다. 그녀는 10대인 딸 오드리가 무용을 공부하고 있다고 그에게 말했다. 〈런던에서 오드리가 첫 공연을 할 때 너에게 박스석 표를 보낼게.〉그녀는 이렇게 약속했다.

콜디츠의 네 번째 크리스마스가 지나갔다. 라인홀트 에거스는 1940년부터 매년 그랬듯이, 그해의 탈출 총계를 살펴보았다. 1943년에 있었던 탈출 시도는 고작 스물여섯 건으로, 전해의 절반에도 못 미쳤다. 고향까지 돌아간 사람은 프랑스인 한 명뿐이었는데, 그나마도 수용소에서 병원으로 이송된 뒤에 성공한 것이었다. 성 안에서 탈출에 성공한 포로는 단 한 명도 없었다. 포로와 간수는 〈크리스마스 휴전〉에 합의했다. 크리스마스부터 신년 사이에 포로들은 탈출 시도를 하지 않고, 독일군은 한밤중의 점호나 수색을 하지 않겠다는 약속이었다. 간수와 포로 사이의 대결이 예전만큼 강렬하지 않았다. 처음 의도와 달리 콜디츠가 결코 〈탈출이 불가능한〉 곳이 되지는 못할 테지만, 그래도 보안이 처음보다는 훨씬 더 탄탄해졌다. 바깥의 전쟁 상황과 마찬가지로 사람들이 점점 지쳐 갔고, 전쟁이 끝날지도 모른다는 희미한 희망이 생긴 덕분이었다.

크리스마스 이전에 연합군 비행기가 콜디츠와 가까운 라이프치히에 또 대규모 폭격을 실행했다. 크리스마스를 축하하는 불빛 대신에 고성능 폭탄이 터져 도시가 불길에 휩싸이고, 밤하늘이 환해졌다. 극장, 대부분의 대학, 1천 채가 넘는 상업 건물, 공장 472곳, 학교 56곳, 교회 9곳이 사라졌다. J. S. 바흐가 자주 드나들던 곳으로 그가 작곡한 커피 칸타타의 배경이 된 카페 짐머만도 사라졌다.

나치 강경파는 여전히 승리가 멀지 않았다고 주장했지만, 에거스는 〈끝이 찾아오는 것이 오로지 시간문제〉임을 알고 있었다. 대부분의 동료 장교에게서 그는 〈우리 나라의 군사 지도자와 정치 지도자에 대한 믿음이 전혀 없는 것〉을 감지했다. 에거스는 패배주의자가 아니었다. 애국적인 독일인들과 마찬가지로 그는 나치 지도자들에 대한 개인적인 감정과 상관없이 끝까지 싸울 생각이었다. 그러나 그는 다른 사람들이 아직 차마 입에 담지 못한 현상, 즉 수용소 안에서 거의 알아보기 힘들 만큼 서서히 점진적으로 변해 가는 힘의 판도를 알아차렸다.

〈이 모든 일이 어떻게 끝날 것인가? 독일의 재앙이 불가피했다.〉에거스는 이렇게 썼다.

1940년

1941년

1942년

1943년

1944년

1945년

12
치과 의사 스파이

탈출 휴지기는 1월 19일에 극적으로 끝났다. 덩치 큰 장교 두 명이 유난히 반짝거리는 길쭉한 테이블 한쪽 끝을 감아올리자, 발라클라바 모자를 쓰고 27미터 길이의 밧줄을 허리에 감은 채 그 위에 누워 있던 남자가 고속으로 그 위를 미끄러져 2층 창밖의 어둠 속으로 발부터 튀어 나갔다. 마이클 싱클레어의 일곱 번째 탈출 시도였다.

가슴 총상에서 완전히 회복한 싱클레어는 이제 영국 포로들의 숙소가 된 성의 서관을 몇 달 동안 연구했다. 이로 파이프를 꽉 물고 담배 연기에 잠겨 깊은 생각에 빠지던 그가 마침내 독일 보안 경계선의 구멍을 찾아냈다. 창문 아래에 난간이 있는 위층 테라스가 있고, 거기서 9미터 아래에는 보행로와 가든 테라스가 있었다. 이 주위를 철조망이 둘러싸고 있는데, 울타리 너머에서는 땅이 마을의 뒷마당까지 30미터를 가파르게 뚝 떨어졌다. 밤이면 성 측면에 강력한 조명등이 켜졌다. 그런데 어스름 무렵 이 불빛이 켜지기 직전에 주간 경비조와 야간 경비조가 서로 자리를 바꾸었다. 즉, 날이 반쯤 어두워졌을 때 대략 1분 동안 위층 테라스와 건물 외벽을 지켜보는 사람이 없다는 뜻이었다.

이번 탈출 시도에서 싱클레어의 동료가 된 사람은 〈유령〉 중한 명인 잭 베스트 공군 중위였다. 그는 9개월 동안 발각되지 않고숨어 지낸 공로로 탈출 명단의 맨 앞에 이름을 올릴 수 있었다.

〈약간 비가 내리는 흐리고 어두운 날〉 오후 5시에 두 사람은각각 정해진 대로 자리를 잡았다. 망보는 사람이 아무 문제 없다는 신호를 보내자 싱클레어는 테이블 위를 미끄러져 창문 밖으로나갔다. 옷은 완전히 검은색이고, 양말은 신발 위로 신었으며, 왼쪽 다리에는 철사 절단기가 끈으로 고정되어 있었다. 침대보를 열심히 바느질해서 만든 밧줄이 술술 풀려 나갔다. 싱클레어가 바닥에 닿기 직전 건물 안의 힘센 장교 두 명이 버텨 준 덕분에 그는 거의 소리 없이 착지했다. 두어 걸음 만에 그는 난간을 넘어 두 번째테라스로 내려갔다. 여전히 밧줄에 매달린 채였다. 베스트도 뒤를이어 내려왔다. 싱클레어가 철조망에서 철사 세 가닥을 잘라 낸뒤, 두 사람은 꿈틀꿈틀 울타리를 통과해 빠르게 경사면을 내려갔다. 〈45도 각도의 셰일 지형으로, 사방에 45센티미터 높이의 철조망이 펼쳐져 있어서 거기에 걸리면 옷이 갈기갈기 찢어졌다.〉베스트는 이렇게 회상했다. 비탈길을 다 내려온 두 사람은 어느헛간의 지붕으로 올라가 오두막의 뒷마당으로 뛰어내렸다. 어떤여자가 창문에서 놀란 눈으로 두 사람을 빤히 바라보았다. 두 사람은 콜디츠의 중심 거리를 따라 걷기 시작했다. 마침 조명에 불이 들어오면서, 27미터 길이의 밧줄이 2층 창문으로 끌려 올라가는 모습을 경비병이 보게 되었다. 이 사건은 즉시 〈예순두 번째 탈출〉로 알려졌다. 그리고 에거스는 감탄해서 〈상당히 환상적이었다〉고 단언했다.

싱클레어와 베스트는 콜디츠의 숲에서 심하게 구멍이 난 민간인 복장을 기워서 손본 뒤 그로스보텐역으로 출발했다. 역에 도착한 뒤에는 데사우행 기차에 올랐고, 그다음에는 민덴행, 그다음에는 오스나브뤼크행으로 갈아탔다. 네덜란드 국경과 가까운 라이네에서 경찰이 두 사람을 불러 세웠다. 지하에서 너무 오래 지낸 탓에 창백해진 베스트의 안색이 문제였다. 〈그는 내 얼굴과 모자가 독일 사람 같지 않아서 의심을 품었다고 내게 말했다.〉게슈타포는 두 사람을 스파이로 몰아붙였다. 〈우리는 벽에 피가 덕지덕지 묻은 감방에서 하룻밤을 보냈다.〉그러나 결국 군 당국에 두 사람의 신병이 인도되었다.

마이클 싱클레어는 또 터벅터벅 콜디츠의 문을 통과해 독방으로 들어갔다. 그러나 〈밥 반스〉는 탈출했다 다시 잡혀 온 것이 처음이었다. 베스트는 콜디츠성 안 깊숙한 곳으로 모습을 감춘 뒤 이 가짜 이름으로 살다가 이번에도 그 이름을 내세웠다. 진짜 반스는 예배당 지하의 구멍 속에 들어가 있었다. 두 달 뒤 에거스가 마침내 유령 수수께끼를 풀었다. 방공호에 지하로 통하는 비밀 출구가 있다고 착각한 장교 두 명이 그곳에 숨어 있다가 3월에 발각된 덕분이었다. 둘 중 한 명은 오스트레일리아 출신으로 자물쇠를 잘 여는 〈부시〉파커였고, 다른 한 명은 바틀릿이라는 이름을 댔다. 그러나 과거에 찍은 사진이 있어서 에거스는 자기 앞에 서 있는 이 남자가 사실은 마이크 하비라는 사실을 밝혀냈다. 하비는 1년 전에 이미 탈출했다고 알려진 인물이었다. 만약 하비가 아직 수용소 내에 있다면, 그와 함께 사라진 베스트는 어디 있는가? 에거스는 경비병들에게 베스트의 사진을 보여 주며 생김새를 외우라고 말했다. 「이 사람을 잡아. 포로들이 모여서 차를 마시는 곳으로 들어가라. 그때 이자를 찾을 수 있을 거다.」 반스라는 가명을 쓰던 베스트는 정말로 벽에 기대서서 차를 마시다가 발각되었다. 유령 두 명이 1년 동안 들키지 않고 지내면서, 1326회의 점호를 성공적으로 빼먹었다. 에거스는 감탄했다. 〈정말 굉장한 이야기였다.〉 베를린의 사령부는 이 이야기를 믿지 않으려 했다. 자기들이 속았다고 인정하기보다는, 두 사람이 1943년 4월에 탈출했으나 독일을 빠져나가기가 불가능하다는 것을 알고 몰래 콜디츠로 돌아와 있었다는 웃기는 결론을 내렸다. 프라비트 코만단트의 화가 폭발했다. 「여기가 무슨 마음대로 드나들어도 되는 호텔이야? 거의 나가는 것만큼 들어오기도 어려워!」

3년이 넘도록 수용소에 갇혀 있던 포로들 중 일부가 정신적으로 무너지기 시작했다. 치아도 무너졌다.

줄리어스 그린은 글래스고 출신의 유대인 치과 의사로, 콜디츠의 비참한 생활을 견디는 마취제처럼 삶의 모든 측면에 아이러니를 섞어 넣었다. 군 치과 의료단의 장교인 그는 잘못 난 사랑니와 충치에 걸린 어금니, 발치, 치아 충전, 의치 수리, 임시변통 크라운 시술로 전쟁 중의 시간 흐름을 계산했다. 그가 가진 수술 장비로는 페달식 드릴, 탐침 몇 개, 구강 거울, 충전 도구, 겸자, 됭케르크 후퇴 때 의료 트럭에서 가져온 주사기 한 개가 있었다. 그는 주로 펜치를 사용했다. 〈발치에 걸리는 시간은 평균 1분 정도밖에 되지 않았다.〉 그린은 이렇게 썼다. 썩은 이를 제거하는 그의 기술은 〈아주 빠르고 단호해서〉 환자는 무슨 일이 벌어지는지 미처 깨닫지도 못했다. 이를 빼고 가면서 〈고맙다고 말하는 사람도 있고 욕을 하는 사람도 있었다〉. 그린은 무엇이든 손에 잡히는 대로 치과 치료에 이용했다. 건물 회벽을 시멘트 충전재로 쓰기도 하고, 적십자사 구호품을 주고 경비병들에게서 구한 아크릴 수지로 의치를 만들기도 했다. 마취할 방법이 없으므로, 환자에게 치과 진료를 준비시키는 최선의 방법은 그들을 웃게 만드는 것이라고 믿었다. 치과 진료가 없을 때에는 음식에 대해 생각했다. 그는 음식을 무척 좋아하는 사람이었다. 밤이면 잠자리에 누워 과거에 먹었던 음식을 떠올리고 미래에 먹을 음식을 상상했다. 다양한 수용소에서 3년을 보내고 난 1943년 중반에 그린의 다리가 부종으로 부어오르고, 아메바성 이질로 몸무게가 거의 16킬로그램이나 빠졌다. 그래도 그는 자유의 몸이 되었을 때 먹을 메뉴를 그림으로 그리며 자신을 지탱했다. 다른 포로들은 그를 무척 좋아해서, 〈투시Toothy〉나 〈투스라이트Toothwright〉라는 별명으로 불렀다. 그러나 특히 고통스러운 치료를 받은 뒤에는 〈망할 놈의 투스라이트〉라고 부르기도 했다.

그린은 자신이 〈경건한 겁쟁이, 근시가 있고 살이 잘 찌는 평발의 치과 의사〉라고 주장했다. 이것은 위장이었다. 스코틀랜드 출신의 유대인이고 주위에 웃음을 전염시키던 그는 훌륭한 치과 의사이자 대단히 용감한 사람일 뿐만 아니라 영국 정보기관의 비밀 요원이기도 했다.

전쟁이 발발했을 때, 에든버러의 왕립 외과 대학 치과를 졸업한 지 2년이 된 그린은 파이프의 집을 떠나 던디에 있는 제51 하이랜드 사단 152 (하이랜드) 야전 앰뷸런스 부대에 귀환 신고를 한 뒤 스코틀랜드의 킬트를 입고 프랑스로 진군했다. 스물일곱 살이던 이 치과 의사는 이번 전쟁도 지난 전쟁과 아주 비슷할 것이라고 생각했다. 〈전방 참호에 있다가 파리에서 주말을 보내는 멋지고 편안한 진지전〉이 되리라고 본 것이다. 독일군이 신속하게 진군하고 프랑스군과 영국군은 뒤로 밀리는 동안, 그린은 할 것도 많고 먹을 것도 많았다. 1940년 6월 어느 날 그는 인근 도시의 시장이 차려 준 잔칫상 앞에 앉아 있었다. 〈콩 수프, 노르망디 송아지 요리, 샴페인을 곁들인 산딸기〉가 차려져 있었다. 그런데 정신을 차리고 보니 그는 얼굴에 끔찍한 부상을 입은 군인들의 상처를 꿰매려고 애쓰고 있었다. 〈파편과 완전히 위치를 이탈한 치아, 그리고 기타 조각들을 제거하고, 철사와 붕대로 임시 지지대를 만들어 턱을 지탱했다.〉 그린의 단순한 야전 수술 덕분에 얼굴을 보존한 사람이 많았다. 이틀 뒤 영국군이 황급히 후퇴하고 있을 때, 그린은 생발레리쉬르솜의 거리를 헤매며 사상자를 찾고 있었다. 어느 길모퉁이를 돌았더니 독일군 탱크가 나타났다. 거기서 나온 기갑 장교가 당시만 해도 풍성하던 그린의 배를 총으로 겨누었다.

「넌 포로다.」그가 말했다.

〈반발해 보았자 별 의미가 없을 것 같았다.〉 그린은 이렇게 썼다.

그린의 회상에 따르면, 〈히틀러의 슈퍼맨 중 한 명〉이 그를 끌고 가면서 〈소총 개머리판으로 허리를 때렸다〉. 그래서 그는 평생 허리 통증에 시달리게 되었다. 〈나는 앞으로 상당히 모진 전쟁이 펼쳐질 것이라는 사실을 서서히 깨달았다.〉

그 뒤 3년 동안 그린 대위는 여러 포로 수용소를 전전하면서 포로와 경비병에게 모두 치과 치료를 해주었다. 썩은 신체 일부를 잘라 내는 수술도 해주었다. 〈내 피만 아니라면 피를 보는 것쯤 상관없었다.〉 그의 치료를 원하는 사람이 많았다. 사람들은 치과 의사에게 속내를 털어놓는 경향이 있는데, 입을 〈크게 벌려야〉 하는 순간을 뒤로 미루고 싶은 마음이 이유 중 하나다. 1941년에 그보다 계급이 낮은 장교 한 명이 그에게 접근해, 〈고향과 연락할 방법이 있다〉면서 독일군을 포함한 환자들에게서 런던 사람들이 흥미로워할 만한 〈유용한 정보〉를 수집할 수 있겠느냐고 물었다. 그린은 이렇게 〈5-6-O 암호〉(473면 참조)의 비밀에 입문하여, 금방 암호 편지를 가장 많이 쓰는 사람 중 하나로 자리 잡았다. 그의 편지는 던펌린의 가족들에게 보내졌다가 전쟁부를 거쳐 MI9으로 전달되었다. 에어리 니브는 그린을 한 번도 만난 적이 없지만, 암호라는 마법을 통해 비밀 펜팔이 되어 있었다.

그린은 독일군의 이동 상황, 철도, 수송 시간표, 유보트와 독일 공군에 관한 최신 소식, 독일 산업 생산에 대한 단서, 민간인의 사기 등 아주 많은 정보를 수집했다. 도망쳤다가 다시 잡혀 와서 치과 의자에 앉은 포로들은 밖에서 보고 들은 것을 모두 전해 주었다. 런던에서 영국 정보기관이 수용소를 전전하는 이 치과 의사에게 보낼 쇼핑 목록을 정리하면, MI9이 암호 편지로 작성해서 그린의 가족을 통해 수용소로 보냈다. 〈내 신호에 대한 응답과 구체적인 품목에 대한 요청을 받았다.〉 그린이 집으로 보낸 편지에는 이해할 수 없는 말이 적혀 있었지만, 전쟁부는 그의 가족들을 안심시켰다. 〈댁의 아드님이 부모님에게는 아무 의미가 없는 이야기를 하고 있기 때문입니다. 이건 저희에게 보내는 말이니, 걱정 마시기 바랍니다. 아드님에게 답장을 보낼 때 어떤 식으로든 이 내용을 언급하셔도 안 됩니다. 아드님이 계속해서 무엇보다 가치 있는 일을 하고 있다는 말씀을 드릴 수 있어서 아주 기쁩니다.〉 그린은 직접 만든 비밀 잉크로 전쟁부의 표준 편지 양식에 지도를 그려 폭격 목표를 정확히 알렸다. 철도 측선, 군대 막사, 공장 등이었다. 그의 생산적인 활동에 MI9은 몹시 기뻐했다. 〈정말 훌륭한 솜씨에 찬사를 계속 이대로만 하시길.〉 그린은 자신이 어떤 위험을 무릅쓰고 있는지 알고 있었다. 만약 독일군에게 들킨다면, 〈적은 상당히 화가 날 테니, 비교적 빠른 사망을 바라는 편이 최선일 것이다〉. 이 치과 의사 스파이는 낮에는 치아와 정보를 뽑아내고, 밤이면 커스터드가 들어간 푸딩과 버터 바른 빵을 꿈꾸었다.

1944년 1월 줄리어스 그린은 갑자기 콜디츠로 이동되었다. 라인홀트 에거스가 안마당에서 그를 맞이했다. 장교들이 포로로 들어올 때마다 그가 늘 하는 일이었다.

「여기는 어딥니까?」 그린이 물었다.

「장교 포로 수용소 IV-C, 콜디츠. 존더라거Sonderlager, 즉 특별 수용소요.」에거스가 말했다.

그린은 콜디츠에 대해 들은 이야기가 있었다. 제멋대로 구는 포로들을 모아 놓은 곳이라고. 그래서 이 이름을 듣자마자 상충하는 감정이 마구 생겨났다. 〈당황과 자부심 중 무엇이 먼저인지 사진 판독기를 동원해야 할 것 같았다. 그리고 바로 뒤에 호기심이 있었다.〉

자신이 왜 이곳으로 옮겨졌는지 그는 잘 몰랐다. 혹시 비밀 활동 때문일까. 아니면, 자신이 다른 수용소의 유대인 포로에게서 히브리어로 받은 편지를 검열관이 가로챘을지도 모른다는 의심이 들자 뻔한 결론이 나왔다. 그린은 자신이 〈그럭저럭 유대교를 따르는 유대인〉이라고 말했으나, 독일군 수용소 당국은 그때까지 그 사실을 잊어버린 듯했다. 그가 이감된 진짜 이유는 십중팔구 그가 유대인이라는 사실이나 첩보 활동과는 전혀 상관없었을 것이다. 몇 주 전 그린은 독일군 보안 장교에게 영국 비밀 정보국이 비밀 메시지를 전달하는 혁명적인 방법을 새로 찾아냈다고 말했다. 〈전서구와 앵무새를 교배한 다음, 전달할 메시지를 말로 알려 주는 겁니다. 그렇게 하면 녀석들을 총으로 쏘아 떨어뜨려도 정보를 알아내지 못 하겠죠.〉 독일군은 전쟁 중 통신에 새를 이용하는 이 획기적인 방법을 충실하게 코만단트에게 보고했다. 그러나 이것이 전형적인 영국식 농담이라는 설명을 듣고도 그는 무엇이 재미있다는 것인지 전혀 알아차리지 못했다. 그린의 〈유감스러운 유머 감각〉은 〈콜디츠로 옮겨질 충분한〉 이유가 되었다.

　〈투시〉 그린은 의무실에 치과 진료실을 열고, 금방 콜디츠의 인기인이 되었다. 그러나 그린 본인이 글로 썼듯이, 〈장비와 마취제가 부족해서 쾌적한 치료를 해주지는 못했다〉. 미혼이고 십중팔구 아직 동정일 텐데도, 그린은 치과 진료를 하면서 연애 상담가 역할도 했다. 〈직접 게임을 하는 사람보다는 게임을 하지 않는 구경꾼이 게임을 더 잘 파악하는 것 같다.〉 그는 기장을 갈아 케이크를 구웠으며, 말린 완두콩을 삶을 때 물에 소화제를 넣으면 콩이 더 부드럽고 맛있어진다는 사실을 알아냈다. 〈콜디츠의 삶을 우아하게 만드는 데 내가 가장 크게 기여한 부분이다.〉 그는 이렇게 썼다.

그린이 오면서, 첵코 할로웁카는 이제 자기 치아를 돌로 부순 뒤 마을 치과에 가서 〈좋아하는 애인〉과 진한 시간을 보낼 수 없게 되었다. 그런데도 두 사람의 연애는 계속 꽃을 피웠다. 성적인 매력, 편지로 주고받는 로맨스, 첩보 활동이 어우러져 사람을 취하게 만들었기 때문이다. 역사가 가끔 만들어 내는 이상한 우연의 일치를 보여 주듯, 콜디츠의 치과 의사 스파이는 줄리어스 그린만이 아니었다.

이름가르트 베르니케는 단순히 사랑에 빠진 치과 조수가 아니었다. 콜디츠 마을과 인근 지역에 대한 나치당의 장악력은 아직 확고했다. 이르마의 아버지는 상급 당직자이고, 이웃들도 대부분 열렬한 당원이었다. 매년 11월 국가 사회주의 집권 기념일에 마을에서는 축하 행사가 열렸다. 관악대가 연주하며 행진하고, 사람들은 환호성을 질렀다. 〈마을에서 열리는 당 행사에 우리 주둔군 여러 명이 파견되었다.〉 에거스는 싫은 기색을 드러내며 이렇게 말했다. 전황에 관해 점점 안 좋은 소식이 들려오자, 〈많은 마을에서 이런 행사가 취소되었으나, 콜디츠에서는 아니었다〉. 그래도 마을에 나치가 아닌 사람들이 있기는 했다. 특히 젊은 세대 사이에서는 정권에 대한 저항이 점점 커져서, 사람들은 비밀 동맹을 맺고 히틀러에게 마음속 깊숙이 반대하며 그의 몰락을 갈망하고, 그때를 몰래 준비했다. 그중에 한 사람이 바로 이름가르트 베르니케였다.

이르마는 많은 유용한 정보에 접근할 수 있었다. 평생 콜디츠에 살아서 마을 사람들과 모두 아는 사이였고, 아버지 리하르트

베르니케의 나치 친구들과 동료들이 그녀의 집에 자주 모였다. 그러면 집주인의 매력적인 딸인 이르마가 맥주와 슈냅스를 내어 주면서 그들의 대화에 귀를 기울였다. 치과의 환자 대기실은 동네 소문의 온상이었다. 이르마는 거기서 유용한 정보를 모아 저 위의 성에 갇혀 있는 연인에게 전달했다. 마을 배치도, 기차 시간표, 시골에서 몸을 숨길 수 있는 곳 등에 관한 정보였다. 그들의 첫 키스를 묵인해 준 경비병은 기꺼이 둘 사이를 오가며 〈연애편지〉를 전달해 주었다(마을의 빵집 주인도 뇌물에 잘 넘어갔다. 〈1943년 겨울에 이르마는 매일 최대 20덩이의 빵을 독일 군인 편에 수용소로 보내 주었다.〉 할로웁카는 이렇게 썼다). 1944년 6월, 신임 영국 선임 장교인 토드 중령이 첵코에게 마음이 약한 얼간이들은 물론 〈마을에 있는 믿을 만한 그 반(反)나치 접선자〉를 이용해서 〈수용소에서 벌어지는 일을 모두 파악하라〉고 지시했다. 많은 스파이의 경우와 마찬가지로, 이르마의 연애 감정 또한 이념적인 성향과 하나로 얽혀 있었다. 〈나는 베르니케 양에게서 아주 많은 정보를 얻어 탈출 위원회에 전달했다.〉 할로웁카는 나중에 이렇게 썼다. 이르마는 첵코보다도 훨씬 더 큰 위험을 무릅쓰고 있었다. 그는 제네바 협약의 보호를 받았지만 그녀는 아니었다. 그녀의 이웃은 물론 어쩌면 가족까지도 이 새침한 치과 조수가 무슨 짓을 저지르고 있는지 알았다면 주저 없이 게슈타포에 신고했을 것이다. 포로와 연애하는 것만으로도 위험한데, 영국을 위한 비밀 정보원 노릇을 하는 것은 사랑에 빠져서 제정신이 아니거나, 겁이 없거나, 광신적으로 나치에 반대하는 사람만이 뛰어들 수 있을 정도로 위험한 일이었다. 그런데 이르마는 이 세 가지 특징을 모두 갖고 있었다.

줄리어스 그린은 첵코가 수집한 정보를 훑어서 MI9이 흥미를 보일 만한 것을 골라냈다. 그리고 암호 편지로 독일인 검열관을 통과해 파이프의 작은 마을로 그 정보를 전달했다. 이렇게 두 포로는 치과 진료에 뿌리를 둔 첩보망을 완성해서 가동했다.

그러나 첵코의 〈반복적인 치과 진료〉를 라인홀트 에거스는 놓치지 않았다. 치과의 〈매력적인 조수〉와 〈키가 크고, 가무잡잡하고, 잘생긴〉 체코 장교의 〈지나친 접촉〉을 처음 보았을 때는 그냥 힘든 장거리 연애로 무해하게 보였지만, 시간이 흐르면서 마음이 여린 여자가 사랑하는 공군 장교에게 연애편지만 주는 것 같지는 않다는 의심이 들었다. 에거스는 이름가르트 베르니케에게서 눈을 떼지 않기로 결심했다.

1944년 2월 에거스는 선임 보안 장교로 승진해, 코만단트에게 직접 보고하게 되었다. 사실 그는 이미 간수들의 우두머리인 이 역할을 수행하고 있었다. 〈그 일을 제대로 해낼 수 있는 사람은 나뿐이었다.〉 그는 이렇게 썼다. 〈콜디츠에 3년 넘게 있었기 때문에 이곳의 사람들을 모두 보기만 해도 알 수 있었고, 그동안 발생했던 거의 모든 탈출에 대해 상세히 알고 있었다.〉 자랑스러운 마음이 드는 것을 억누를 수 없었다. 이제 에거스는 콜디츠에서 가장 오래 근무한 장교이자, 옛 경비병들 중 마지막으로 남은 사람이었다. 〈무솔리니〉 게파르트 슈탑스펠트베벨은 동부 전선으로 배치된 뒤 끝내 돌아오지 않았다. 〈딕슨 호크〉 새들리히 운터오피치어는 이탈리아에 배치되어 역시 목숨을 잃었다. 책임이 커졌다는 것은 곧 업무가 늘었다는 뜻이었으나, 에거스는 새로 승진한 자리에서 두각을 드러내고 싶었다. 〈이렇게 작은 전선에서 바빠진 것이 다행이었다. 순간적으로나마 밖에서 점점 커지고 있는 재앙을 무시할 수 있었다.〉 그는 이렇게 썼다.

새로운 포로들이 봄 내내 계속 도착했다. 무리를 지어 올 때도 있지만, 한두 명씩 올 때가 더 많았다. 1944년 3월 8일 에거스는 젊은 해군 장교 포로 한 명을 데리고 들어왔다. 미남이지만 다소 공허한 표정으로 마음이 다른 곳에 가 있는 듯한 사람이었다. 이름이 월터 퍼디인 그는 스물두 살의 해군 중위로, 에식스의 바킹 출신이며 원래 상선의 기관사로 일하다가 영국 해군 무장 순양함 반다이크호에 배치되었다. 그가 포로로 잡힌 것은 1940년 6월, 배가 재앙으로 끝난 노르웨이 원정 중 나르비크 앞바다에서 침몰했을 때였다. 줄리어스 〈투시〉 그린은 1941년 마를라그 수용소에 함께 갇혀 있던 퍼디를 알아보고 콜디츠를 안내해 주겠다고 나섰다. 언제나 그렇듯이 수다를 떨던 그린이 퍼디에게 〈독일군이 별로 좋아하지 않는 사람과 탈출자〉가 오는 곳인 콜디츠로 온 이유를 물었다. 퍼디는 자신이 탈출한 적이 있으며, 베를린에서 〈새 한 마리와 함께〉 살다가 다시 붙잡혔다고 대답했다. 그리고 그린에게도 같은 질문을 던졌다. 「나를 유대인으로 의심하고 있는 것 같아.」 그린은 이렇게 대답했다. 「내가 암호 편지에 관여하고 있다고 생각하는 것 같기도 하고.」 퍼디가 한층 더 열심히 그의 말에 귀를 기울였다. 그린은 평범한 편지에 비밀 메시지를 숨기는 법, 친절한 경비병에게 편지를 맡겨 스위스의 주소로 부치게 하는 법을 설명해 주었다. 〈그는 내가 전에 알던 영국 장교였으므로 그런 말을 해도 문제가 없을 것이라고 생각했다.〉 그린은 이렇게 말했다. 두 사람이 켈라르하우스 1층의 영국군 숙소를 지나가고 있을 때, 먼지를 뒤집어쓴 한 장교가 창문 앞 의자 아래에서 갑자기 나타났다. 그곳이 바로 〈크라운 딥〉이라고 불리는 굴의 입구였다. 이 굴은 그 창문 아래에서 시작되어 6미터 아래의 원형 계단 바닥까지 이어졌다. 〈우리는 몇 달 동안 작업하면서 상당한 진전을 이룩했다. 퍼디가 나를 본 것은 내가 굴을 파다가 교대를 마치고 나왔을 때였다. …… 그는 우리 활동에 매우 흥미를 보이며 굴 입구를 훌륭하게 숨겼다고 말했다.〉 당시 창문 아래에서 튀어나온 이언 매클린은 이렇게 회상했다. 그린은 수용소 안내를 계속했다. 영국 숙소 꼭대기 층의 침대 옆 수납장 아래에 〈콜디츠 은행〉이 숨겨져 있었다. 성 전체를 통틀어 물건을 숨기기 가장 좋은 이 장소에는 2,250라이히스마르크, 4,500프랑, 위조 통행증, 옷 자루 두 개, 각종 도구, MI9의 클레이턴 허턴이 만들어서 얼마 전 소포로 몰래 보내 준 소형 라디오가 있었다. 에거스는 탈출자들의 〈보물 창고〉가 있다는 소문을 듣고 3년 동안 이곳을 찾으려 애쓰는 중이었다. 포로 중 한 명은 나중에 이렇게 회상했다. 〈퍼디가 그 방을 지나갈 때 누군가가 거기서 뭘 꺼내고 있었다.〉

그날 저녁 미키 번이 BBC 저녁 뉴스 회보를 읽어 주는 시간에 그린과 퍼디는 나란히 앉았다. 포로들이 이렇게 성공적으로 비밀 라디오를 운영하고 있다는 사실에 퍼디는 깊이 감탄했다.

그린은 퍼디에 대해 조금씩 안 좋은 느낌이 들었다. 그는 〈이상하고 지나치게 예민해〉 보였으며, 그의 탈출 경험담도 〈조금 빈약하게 들렸다〉. 그린이 자세한 내용을 캐물을수록, 퍼디는 신경

질적으로 반응했다. 그린이 이러한 불안감을 상급자들에게 전달했기 때문에, 다음 날 퍼디가 신문을 받게 되었다. 처음에는 수용소 내부의 보안 위원회가, 그다음에는 엄격한 눈빛의 영국 선임 장교인 윌리 토드가 그에게 질문을 던졌다. 퍼디는 허세를 부리며 그린에게 들려준 탈출 경험담에 좀 더 살을 붙였다. 탈출한 뒤 베를린에서 여성 모자를 만들어 파는 누이의 친구 집에 숨어 있었으며, 그 집이 폭격당한 뒤 폐허에서 구출되었으나 게슈타포에게 체포되고 말았다는 내용이었다. 하지만 그가 살을 붙일 때마다 그의 이야기를 믿기가 점점 더 힘들어졌다. 그린은 퍼디를 점잖게 한쪽으로 데려가 〈그냥 솔직히 털어놓으라〉고 조언했다.

　잠시 뒤 그가 고백했다. 「첩자이자 반역자로 행동했습니다.」

　퍼디의 반역은 1937년 일퍼드에서 열린 영국 파시스트 유니언 회의에서 시작되었다. 당시 상선 선원이던 그는 오즈월드 모즐리의 파시스트 무리가 새로 끌어들이는 사람들의 프로필과 정확히 일치했다. 젊고, 인종 차별적이고, 분노가 많고, 몹시 귀가 얇다는 점에서. 퍼디는 그날 연사로 나선 윌리엄 조이스의 반유대주의 웅변에 도취했다. 미국 태생으로 언쟁을 잘 벌이고 고집스러운 조이스는 모즐리 휘하의 선전국장이었다. 퍼디는 포로가 된 뒤에도 파시스트 성향을 잃지 않았기 때문에, 1941년 초 마를라그 수용소에서 『영국에 드리운 황혼』을 읽다가 독일군 보안 장교의 눈에 띄었다. 조이스의 저서인 『영국에 드리운 황혼』은 나치 독일의 미덕을 상찬하고 영국의 패배를 예언했다. 이 무렵 조이스는 베를린으로 이주해서 독일 국적을 따고, 라디오에서 〈호호 경〉이라는 이름으로 악명을 떨치며 전쟁을 전 세계 유대인의 탓으로 돌리고 영국에 항복을 촉구하는 적의에 찬 선전 방송을 하고 있었다. 독일이 마줌다르에게 맡기려다 설득에 실패한 바로 그 역할이었다. 독일군 보안 장교는 퍼디에게 그 책에 저자의 사인을 받아 주겠다고 제안했다. 1943년 5월 퍼디는 베를린으로 가서 조이스를 직접 만났다. 조이스는 퍼디에게 만약 5주 안에 방송을 열 번 한다면 〈중립국으로 탈출할 수 있는 허락을 받을 것〉이라고 거래를 제안했다. 퍼디는 기다렸다는 듯이 동의했다. 조이스의 아내 마거릿은 남편이 새로 포섭한 퍼디를 시큰둥하게 보았다. 그가 〈머리도 별로 좋지 않은데 심지도 약하고 혼란에 빠져 있다〉고 생각했기 때문이다. 그러나 나치에게 영국인 파시스트는 언제나 필요한 존재였으므로, 퍼디는 영국으로 흑색선전을 하는 독일 라디오 방송국 뷔로 콘코르디아의 〈자발적이고 열렬한〉 직원이 되었다. 그리고 〈로버트 윌리스〉라는 이름으로 무엇이 되었든 자신 앞에 놓이는 원고를 읽었다. 소름 끼치는 내용이었다. 「여기는 영국인이 운영하고 전혀 검열이 없는 유일한 라디오 방송국 브리티시 라디오 내셔널입니다. …… 유대인 무기 왕들이 전 세계 청년들을 죽음의 길로 보내고 있습니다. 이윤을 올리기 위해 전쟁을 길게 끌고 있는 중입니다. 우리는 독일과 분쟁할 일이 없습니다. …… 정부의 막후에서 힘을 휘두르는 유대인이 이 끝없고 무용한 전쟁의 진짜 범인이자 선동가입니다.」 영국에서는 국민들에게 이 방송을 듣지 말라고 공식적으로 권고했지만, 약 6백만 명이 이 방송에 주파수를 맞춰 놓고, 〈호호 경〉과 〈로버트 윌리스〉가 악의적으로 외쳐 대는 말을 조롱했다. 〈독일의 외침. 독일의 외침. 독일의 외침……. 〉

거의 1년 동안 퍼디는 베를린에서 몹시 즐거운 생활을 했다.

주급 4백 마르크를 받으며, 페이스트리 요리사와 연애도 시작했다. 보통 그레텔이라고 불리는 마르가레트 바이테마이어라는 여성이었는데, 그는 그녀의 아파트로 들어가 함께 살았다. 〈그레텔과 몹시 훌륭한 크리스마스를 보냈다. 마실 것도 많았다.〉 퍼디는 일기에 이렇게 썼다. 한쪽 팔에는 SS 상징을 문신으로 새겼고, 그레텔에게 독일어를 배웠다. 그레텔이 임신도 했다. 독일 당국은 퍼디를 칭찬하며 〈황금 목소리의 사나이〉라고 불렀다. 흔히 그렇듯이, 작은 명성에 그는 곧바로 우쭐해졌다. 〈그는 정말이지 자부심이 넘치고 큰 소리로 잘난 척하는 사람이었다. 그는 자신이 1등급 방송인이며, 다른 독일 라디오 방송국에도 자신을 찾는 사람이 많다고 내게 말했다.〉 뷔로 콘코르디아에서 잠깐 일했던 다른 전쟁 포로의 말이다.

1944년 3월 퍼디는 콜디츠에 가게 될 것이라는 말을 들었다. 독일군이 그에게 첩자로 일하라고 지시한 것인지 아니면 그가 자원한 것인지는 확실치 않다. 어느 쪽이든 에거스는 기뻐하며 이렇게 말했다. 〈내게 기회가 왔다. 이번에는 진짜 기회다. 수용소에서 탈출과 보안 문제에 관한 정보를 수집해서 내게 알려 줄 나만의 정보원을 가질 기회.〉 영국 포로들 사이에 스파이를 심어 두면, 두 번 다시 누구도 탈출하지 못하게 할 수 있었다.

그는 베를린으로 가서 퍼디에게 미리 콜디츠의 사정을 알렸다. 두 사람의 대화는 묘하게 흘러갔다.

「이번 전쟁에서 누가 이기겠나?」 에거스가 물었다.

「당연히 영국이죠.」 퍼디가 대답했다.

「그럼 자네는 어떻게 되지?」

「아, 집으로 돌아가서 영국에 국가 사회주의를 퍼뜨릴 겁니다.」

퍼디는 자신이 이미 저지른 일이나 이제 곧 저지르게 될 반역 행위의 심각성을 짐작도 못 하는 것 같았다. 그를 그 길로 이끈 것이 탐욕인지, 욕망인지, 두려움인지, 파시즘 이데올로기인지는 분명하지 않다. 그러나 그의 됨됨이에 대해서는 이론의 여지가 없다. 월터 퍼디는 믿을 수 없을 만큼 멍청한 자였다.

그는 첩자로 배치된 지 24시간도 안 되어서 정체가 발각되어 모든 사실을 자백했다. 그리고 또 아주 화려한 실수를 저질렀다.

「계속 수용소에 있게 해주면, 영국의 이익에 해가 되는 일은 전혀 하지 않겠다고 약속하겠나?」 토드 중령이 물었다.

퍼디는 잠시 생각해 보고 나서 대답했다. 「그럴 수는 없습니다…… 만약 독일 측에서 제게 자유를 줄 테니 정보를 내놓으라고 한다면, 저는 저항할 수 없을 겁니다. 베를린에 있는 내 여자한테 돌아가고 싶어요.」

퍼디는 동료 장교들에게 첩자라고 시인했을 뿐만 아니라, 계속 첩자 노릇을 하겠다는 의도를 숨기지도 못할 만큼 멍청했다. 그러니 토드에게는 선택의 여지가 별로 없었다. 그는 데이비드 워커 대위에게 군복을 입고, 퍼디를 체포해 군사 재판을 열라고 명령했다. 워커는 퍼디를 〈고녀에 시달려 기운이 빠져 버린 생물, 누구에게나 도구로 이용당하지만 위험한 자〉라고 묘사했다. 재판에서 어떤 결과가 나올지 모두가 알았다. 어쩌면 퍼디 자신만 예외였을지도 모른다.

거친 사법 정의의 실현이 준비되고 있었다. 영국 숙소의 감정이 고조되고, 고약한 분위기가 퍼졌다. 탈출 장교인 딕 하우가 그리스 데이비스-스쿠어필드에게 다가왔다.

「이 퍼디라는 친구를 어떻게 생각해?」

「별로.」

「그자가 반역을 저질렀으니 교수형에 처해야 한다고 생각하는 사람들이 있어. 다락방에 자원자들이 모여 있네. 우리가 그자를 줄에 매달 거야.」

데이비스-스쿠어필드는 그 섬뜩한 장면을 다음과 같이 묘사했다. 〈위층의 작은 방에 사람들이 둥글게 둘러앉았고, 밧줄 하나가 들보에 걸쳐졌다. 퍼디는 건장한 장교 두 명에게 붙들려 있었다.〉

하우가 그 자리에 모인 사람들에게 말했다. 「우리가 이 자리에 모인 것은, 반역자 퍼디의 교수형을 집행하는 것이 우리의 몹시 고통스러운 의무라는 점에 모두 동의했기 때문입니다. 퍼디는 첩자로 이곳에 왔습니다. 우리가 그를 영원히 제거하지 않는다면, 독일이 그를 데려가 다른 수용소로 보내서 또 다른 비밀을 알아내게 할 겁니다. 그러니 이것은 확실히 우리의 의무입니다, 그렇지 않습니까?」

사람들이 동의한다고 중얼거렸다. 즉결 처형을 주장하는 사람은 하우만이 아니었다. 데이비스-스쿠어필드의 생각도 같았다. 마이클 싱클레어도 마찬가지였다.

「좋습니다. 이제 그 일을 하겠다는 자원자 두 명만 있으면 됩니다.」하우가 말했다.

침묵이 뒤따랐다. 퍼디가 교수형을 당해 마땅하다는 말에는 모두가 동의했을지 몰라도, 실제로 처형을 집행하겠다고 기꺼이 나설 사람은 없었다. 그것은 하우 자신도 똑같았다. 데이비스-스쿠어필드는 〈몹시 영국적인 상황〉이었다고 말했다. 원칙적으로는 동의하면서, 그 원칙을 실행하겠다고 나서는 사람이 하나도 없다는 점에서.

그들의 기세가 흩어졌다. 퍼디는 감시를 받으며 자신의 방으로 끌려갔다.

한편 토드 중령은 코만단트에게 긴급회의를 요구했다.

「영국 장교들 앞에 퍼디가 보이지 않게 해야 합니다. 그자는 첩자예요.」 토드가 말했다.

「나는 그자를 이감시키지 않을 것이오.」 프라비트가 대답했다.

그때 코만단트의 부관이 끼어들었다. 「퍼디는 안전하겠죠?」

토드는 보장할 수 없다고 말했다. 「독일을 위해 일했으니 그는 이제 영국 장교가 아닙니다. 무슨 일이 벌어질지 모른다고 내가 미리 경고했으니, 이제부터는 당신들의 일이에요.」

한 시간도 안 되어서 퍼디는 안전한 코만단투르의 독방으로 재빨리 옮겨졌다. 거기서 그는 적십자사가 보내 준 초콜릿을 요구했다. 담배도 아주 많이 달라고 했다.

에거스가 수납장 밑의 보물 창고를 발견했을 때 퍼디는 아직 콜디츠에 있었다. 〈우리는 그들의 가장 중요한 창고를 찾아냈다.〉 에거스는 의기양양했다. 〈나는 항상 그 돈을 찾아내고 싶었다.〉 그는 돈뿐만 아니라 밀주를 만드는 증류기, 타자기와 소형 라디오 제조에 쓸 부품도 찾아냈다. 〈모든 포로 수용소를 통틀어 최초의 발견〉이었다. (에거스는 프랑스 포로들이 물려주어서 다락방에 숨겨져 있는 아서 2세의 존재는 아직 알지 못했다.) 몇 시간 뒤 독일군 한 분대가 망치를 들고 와서 계단 아래의 벽을 부수어 크라운딥 굴과 저 위의 창문까지 이어진 수직굴을 찾아냈다. 나중에 에거스는 〈육감에 따라 행동〉했으며, 퍼디가 제공한 정보 중 유용한 것은 신원을 알 수 없는 경비병이 수용소 밖에서 기꺼이 편지를 대신 부쳐 준다는 내용밖에 없었다고 주장했다. 그러나 포로들은 퍼디가 이곳에 도착한 뒤 보고 들은 것을 모두 에거스에게 전달했다고 확신했다. 에거스가 안마당을 걸어가고 있는데, 위층 창문에서 더글러스 베이더가 호통치듯 소리쳤다. 「굴을 고자질한 놈에게는 우리 것이 아니라 당신들 몫의 식량을 줘야지!」 만약 그 첩자가 아직 포로들 손에 있었다면 린치를 당했을 것이다. 퍼디의 정체가 밝혀졌다고 토드가 코만단트에게 미리 알린 덕분에 그가 목숨을 구한 듯하다.

몇 주 뒤 퍼디는 감시를 받으며 베를린으로 돌아가, 안락하게 부역하는 생활을 다시 시작했다. 영국을 상대로 방송하고, 임신한 페이스트리 요리사 그레텔과도 다시 같이 살게 되었다.

어떤 사람들은 퍼디가 다락방 들보에 매달려서 죽었어야 한다고 생각했다. 〈우리는 임무 수행에 실패했다.〉 데이비스-스쿠어필드는 이렇게 썼다. 그러나 반역자가 사라져서, 그린의 말처럼 〈그를 제대로 처리하는 일을 누구도 할 필요가 없어진 것〉에 안도감을 느끼는 사람들도 있었다. 점잖은 그린은 아직 퍼디를 용서할 준비가 되지는 않았다. 자신이 아무것도 모르고 그에게 밝힌 비밀을 생각하면 더욱 그랬지만, 그래도 그는 퍼디를 이해해 보려고 했다. 퍼디는 〈가엾고 불안정한 멍청이, 약한 인간이었다. 먹을 것, 안락함, 여자를 얻기 위해 그는 적의 선전을 돕고 동료를 배신했다〉. 그를 체포한 장교인 데이비드 워커도 퍼디가 살아서 콜디츠를 나간 것을 다행으로 생각하는 사람이었다. 〈아무리 잘못된 신념이라도 그 신념 때문에 사람을 처형한다는 생각이 나는 도무지 마음에 들지 않았다.〉 그러나 영국 법정은 이렇게 너그럽지 않았을 것이다.

퍼디가 독일 당국에 어떤 비밀을 알렸는지 〈투시〉 그린이 걱정한 데에는 다른 이유가 하나 더 있었다. 첩자인 퍼디와 부주의하게 대화하던 도중 그린은 자신이 유대인이라고 언급했다. 당시 이런 발언은 잠재적인 사형 선고나 마찬가지였다. 그린은 수용소를 돌아다니며 치과 진료를 하던 중에 유대인들이 노예처럼 노동하는 것을 보았다. 한 철도역에서는 아우슈비츠로 향하는 길에 〈유대인이 가축 운반용 트럭에 갇혀 신음하는 소리〉를 들은 적도 있었다. 그는 자신이 유대인이라는 사실이 적힌 신분증을 이미 파기해 버렸다. 〈독일인들이 내게 관심을 덜 가질수록, 그린 부인의 아들에게는 좋은 일이었다.〉 에거스는 그린이 유대인이라는 사실을 몰랐거나, 아니면 신경 쓰지 않았던 것 같다. 그러나 얼마 전 스코틀랜드의 친척 아주머니가 보낸 편지에 시너고그에서 소문을 들었다는 말이 있는 것이 문제가 되었다. 그린은 독일인 의사 앞으로 끌려가 〈검사〉를 위해 바지를 벗으라는 명령을 받았다. 할례를 받은 사실을 이제 도저히 숨길 수 없게 되었으나, 그는 〈나이를 먹은 뒤〉 의학적인 이유로 그 시술을 받았다고 주장했다. 자신이 장로교를 믿는 스코틀랜드인이라면서, 유대인으로 의심받은 것에 화를 내는 척도 했다. 독일인 의사는 의심을 숨기지 않았다. 〈할례 시술 시기를 알아내는 것은 쉽지 않다. 독일 군의관도 이 문제 때문에 나를 풀어 주었다.〉 그린은 이렇게 썼다. 언제나 그렇듯이 그린은 이 일을 가볍게 생각했지만, 그리 유쾌한 일이 아니었으므로 느낌이 좋지 않았다.

그때까지 독일군이 운영하는 전쟁 포로 수용소는 유대인에게 비교적 안전한 곳이었다. 콜디츠 내의 반유대주의도 프랑스의 유대인 장교들을 다락의 〈게토〉에 기꺼이 감금하는 수준을 벗어나지 않았다. 그러나 이런 무심함이 계속 이어질 것이라고 보기는 힘들었다. 홀로코스트가 야만의 수준을 새로운 차원으로 끌어내리고 있었으므로, 유대인을 싫어하는 살육자들의 관심이 언젠가 포로들을 향할 수도 있었다. 〈투시〉 그린은 그런 순간이 왔을 때 이곳에 있으면 안 되겠다고 생각했다. 그래서 1944년 3월에 미친 사람이 되기로 결정했다.

13
광기

불구가 되었거나, 제대로 기능할 수 없게 되었거나, 건강이 심각하게 나쁘다고 확인된 포로는 이제 송환 대상이 될 수 있었다. 스위스 적십자사의 의료 위원회가 병과 부상이 심해서 고향으로 돌아가야 할 포로들을 선별해서 수용소 당국에 권고하는 일을 맡았다. 꾀병 환자와 진짜 환자를 구분하는 것은 까다로운 일이었다. 포로들은 심한 병자처럼 보이기 위해 극단적인 행동을 서슴지 않았다. 결핵 환자처럼 보이려고 비누나 은박지를 삼키는 사람도 있고, 간이 나쁜 환자처럼 피부를 노랗게 만들려고 담배를 먹는 사람도 있었다. 한 수용소에서는 임질 환자처럼 보이려고 음경에 만년필로 연유를 주입한 사람도 있었다. MI9은 이런 의학적 연극에 한패가 되어, 사기극 시나리오를 콜디츠로 보냈다. 〈황달 증상을 일으키는〉 약이 들어 있는 장치도 거기에 포함되어 있었다. 심한 정신 질환도 송환 근거로 고려되는 요소였다.

　여기에서 그린은 기회를 보았다. 〈나는 편집증 증세를 맹렬히 공부한 뒤 행동에 나섰다. 선임 군의관에게 그 방법이 통했다.〉 그는 소화 불량으로 죽어 가고 있다고 주장하면서, 독일군이 지켜

볼 때마다 극단적인 신경증 증세를 나타냈다. 『배니티 페어』를 열 번 넘게 읽어 상당한 분량을 암송할 수 있게 되었고, 실제로도 지겨워서 구역질이 날 정도로 암송했다. 편지에 비밀 메시지를 끼워 넣기도 쉬워졌다. 그가 편지에 점점 더 말이 안 되는 소리를 늘어놓았으니까. 그는 안마당을 정처 없이 돌아다니면서, 콜디츠의 다른 포로들은 모두 미쳤고 자신만 제정신이라고 주장했다. 〈군화, 양말, 안경만 몸에 걸친 채〉 수용소 의사에게 가서 자신이 〈철조망 열병〉*에 걸린 미친놈들 사이에 강제로 붙잡혀 있다고 큰 소리로 선언했다. 의사는 〈나를 달래는 듯한 소리를 내면서 가슴을 진찰하고 내가 동성애자가 아님을 확인한 뒤 그냥 보냈다〉.

2주 뒤 그린은 자신과 프랭크 플린이 라이프치히로 가서 저명한 정신과 의사인 바그너 교수의 진찰을 받을 것이라는 말을 들었다. 콜디츠에서 독특한 네 사람이 기차에 올랐다. 미친 척하는 치과 의사 한 명, 정말로 미치기 직전인 영국 공군 장교 한 명, 그리고 〈극도로 두려움에 휩싸인〉 무장 감시병 두 명. 감시병들은 이 두 미친놈이 자살하거나 서로를 죽이려 할 경우 책임을 져야 한다는 주의를 듣고 온 참이었다.

기차가 출발하자마자 그린이 소리쳤다. 「콜디츠에 정상인은 나뿐이다.」

「조용히 해. 넌 환자야.」 플린이 말했다.

「누가 환자라는 거야, 이 미친놈아?」 그린이 벌떡 일어서면서 소리쳤다.

플린도 벌떡 일어섰다. 그리고 두 사람은 주먹을 마구 휘둘러

---

* 현재의 외상 후 스트레스 장애에 해당하는 증상들을 과거에 지칭하던 말.

대며 서로에게 달려들었다. 〈감시병들이 몸을 던져 우리를 각자의 좌석으로 밀어냈다.〉 두 감시병은 그린과 플린을 작은 기차 칸 안에서 최대한 멀리 떼어 놓고, 자기들이 두 사람 사이에서 인간 장벽이 되었다. 〈그 뒤로는 도착할 때까지 우리 둘 다 서로를 노려보았다.〉

연합군의 폭격으로 라이프치히는 폐허가 되어 있었다. 「공산주의자 유대인 처칠이 우리 도시에 무슨 짓을 했는지 봐!」 영국 포로들이 총구의 위협을 받으며 황폐한 도시를 걸어가고 있을 때 한 노인이 소리쳤다. 독일에서 가장 오랜 역사를 자랑하는 은행 중 한 곳인 도이체 크레디트안슈탈트의 폐허를 터벅터벅 걸어가던 플린이 승리의 함성을 질렀다. 「폭격 한번 잘했다! 이 새끼들 자업자득이야!」 폐허 속을 조심스레 걷고 있던 민간인들이 성난 얼굴로 노려보았다.

「닥쳐, 플린. 그러다 린치당하고 싶어?」 그린이 위협적으로 말했다.

그린은 이제 완전히 확신했다. 플린은 완전히 제정신이 아니었다.

바그너 교수가 정중하게 고개 숙여 인사하며 그린을 상담실로 안내했다. 그는 〈키가 크고, 호리호리하고, 저명해 보이는 사람〉이었으며, 조금 거리를 두고 즐거워하는 듯한 분위기를 풍겼다.

「울기도 합니까? 우울한가요?」 그린이 자리에 앉자마자 그가 물었다.

「울지 않아요. 하지만 내가 제정신이라는 이유로 날 싫어하는 정신병자들과 함께 갇혀 있는데 누가 우울하지 않겠어요?」 그린이 대답했다.

그린이 평소처럼 계속 미친 척을 하는 동안 교수는 자세히 메모를 작성했다.

마침내 의사가 일어서서 엄숙하게 선언했다. 〈당신을 위원회에 추천하겠습니다.〉

두 사람의 시선이 마주쳤다. 정신과 의사와 치과 의사. 곧이어 바그너가 한 행동에 그린은 하마터면 참지 못하고 키득키득 웃음을 터뜨릴 뻔했다. 〈맹세코 그가 윙크했다.〉

1944년 5월 6일 적십자사 의료 위원회가 콜디츠에 도착했다. 스위스 군의관과 독일 군의관 각각 두 명, 그리고 스위스 관리인 루돌프 E. 덴츨러로 구성된 위원회였다. 덴츨러의 임무는 전쟁 포로와 수용소 당국 사이의 관계를 관찰하는 것이었다.

콜디츠에서 그는 이미 친숙한 방문객이었다. 〈재미있고, 키가 크고, 조금 단정치 못한 친구〉로 평가되는 그는 머리가 점점 벗어지는 중이고 등이 굽은 체형이었다. 〈면도를 하다가 살을 베서 옷깃에 핏방울〉이 자주 묻어 있고, 코안경을 코끝에 걸쳐 쓰고 있었다. 그러나 이렇게 칠칠치 못한 외양과 달리, 이 스위스 외교관은 규칙과 규정 문제에 대해서는 정성을 아끼지 않고 엄밀함을 추구하는 사람이었다. 국제적인 사법 관행에 따르면, 나라와 나라 사이에 전쟁이 벌어졌을 때 한 나라의 영토 안에서 전쟁 상대국의 이해관계를 보호하는 책임은 보통 제3국, 즉 〈이익 대표국〉의 몫이 된다. 1944년 무렵 중립국인 스위스는 독일 제국 안에서 영국과 미국을 포함한 35개국의 이익을 대변하고 있었다. 스위스 공사관의 이익 대표국 부문은 베를린 주재 미국 대사관을 기지로 삼고 활동했다. 덴츨러는 영국과 미국의 전쟁 포로 및 민간인 피억류자를 담당했는데, 모든 일을 원칙대로 해야 한다고 강력히 주장했다. 여기서 원칙이란 1929년에 만들어진 제네바 협약이었다. 덴츨러는 이 협약을 전부 외우고 있었으며, 거의 성경처럼 떠받들었다. 그는 독일이 이 협약을 어길 때 그 사실을 독일에 알려 포로들의 권리를 존중하게 만드는 중재자 역할이 자신의 임무라고 생각했다. 〈많은 경우 현장에서 성공적으로 의견 차이를 정리할 수 있었다. 독일군이 양보하거나, 아니면 전쟁 포로의 권리와 의무를 적절히 설명해 주는 방식을 썼다.〉심각한 불화가 생길 때마다 중재자로 덴츨러가 소환되었다. 〈에거스 대위의 인내심과 타의 추종을 거의 불허하는 너그러움 덕분에 이런 대치 상태가 기운을 북돋우는 유머로 끝날 때가 많았다.〉그는 이렇게 썼다.

전쟁 중에 덴츨러는 마흔두 곳의 전쟁 포로 수용소 및 노동 수용소를 방문해, 350건의 보고서를 작성했다. 그는 3개 국어로 관청 용어를 유창하게 구사할 수 있었으며, 꼼꼼하고 지독할 정도로 엄밀했다. 관료적으로 규정에 얽매이는 사람은 대부분 짜증스러운 편인데, 루돌프 덴츨러의 꼼꼼함은 영웅적이었다.

도합 스물아홉 명의 장교가 의료 위원회 출석 대상으로 선별되었다. 정말로 건강 문제가 심각한 사람도 있지만, 고향으로 돌아가기 위해 연극을 하는 사람도 있었다. 또한 플린처럼 심리적으로 이쪽도 저쪽도 아닌 중간 지대 어딘가에 있는 사람도 소수 있었다. 양철 의족 덕분에 전쟁 중에 가장 유명한 장애인 군인이 된 더글러스 베이더도 그 명단에 있었다. 함께 명단에 오른 킷 실버우드-코프는 파비아크 감옥에서 잔인한 학대를 당해 혈전증이 생긴 사례였다. 위원들이 도착하기 전날, 독일군 당국은 아무런 설명도 없이 명단에서 여섯 명의 이름을 지워 버렸다. 이로 인해 격렬한 반발이 일어, 다음 점호 때 노골적인 반란 직전까지 갔다. 루돌프 덴츨러는 그 이름들이 왜 삭제되었는지 이유를 알아야겠다고 따졌다. 프라비트 코만단트가 베를린에 전화해 물어보자, 독일군이 한발 물러서서 삭제된 이름을 다시 넣어 주었다. 에거스는 〈100퍼센트 항복〉이라고 보았다.

프랭크 플린의 면담 결과는 이미 정해진 것이나 마찬가지였다. 영국인이든 독일인이든 콜디츠 사람이라면 누구나 그가 제정신이 아니라고 믿었다. 덴츨러와 스위스 조사관들은 몇 달 전부터 의학적인 이유로 그를 수용소에서 풀어 주어야 한다고 주장했다. 처음에는 그냥 괴팍한 수준이었던 그의 행동이 점점 더 변덕스럽고 폭력적으로 변했다. 〈에롤〉 플린의 행동은 이제 연기가 아니었다. 전에도 연기였는지 알 수 없었다. 4년간의 감금 생활 중 그가 독방에서 보낸 시간은 6개월이었다. 이번이 자신의 마지막 탈출 시도가 될 것임을 그도 알고 있었다. 만약 송환 대상에서 탈락한다면, 운동 시간에 〈철조망에 몸을 던져〉 경비병들이 훤히 보는 앞에서 울타리를 넘어가겠다고 이미 마음을 정한 상태였다. 그런 시도가 어떤 결말을 맞을지 그는 정확히 알고 있었다. 〈총에 맞았을 것이다.〉 위원회는 5분 만에 그의 즉시 송환이 필요하다는 권고를 내놓았다.

그린의 위원회 출두도 형식적인 것이었다. 위원들은 바그너와 정확히 똑같은 질문을 던졌고, 그린도 정확히 똑같이 대답했다. 「시험에 통과했습니다. 영국의 집으로 돌아갈 수 있어요.」 회의를 주재한 스위스 대령이 말했다. 그린은 신이 나서 환성을 지르려다가 간신히 참고 음침한 표정을 고수했다. 「소용없어요. 난 스코틀랜드에 살아요.」

「뭐, 집에 갈 수 있어요.」 대령이 친절하게 말했다.

하지만 그린은 던펌린의 집으로 돌아가지 않았다. 스물아홉 명의 장교가 모두 송환 대상으로 선정되었지만(증상을 가짜로 꾸며 내거나 과장한 사람이 적어도 네 명인데 그들도 여기에 포함되었다), 여러 명은 계속 포로 생활을 했다. 독일 당국은 더글러스 베이더가 다리를 잃은 때는 1931년이니 전쟁 부상자로 분류할 수 없다고 주장했다. 게다가 그는 그냥 포기하기에는 너무나 가치가 높은 포로였다. 실버우드-코프는 덴츨러에 따르면 〈게슈타포의 손에 다시 붙잡힌 뒤 상당한 학대를 당했기〉 때문에 독일 당국은 나치의 잔혹성을 보여 주는 살아 있는 증거인 그를 영국으로 돌려보내려 하지 않았다. 줄리어스 그린은 애당초 콜디츠에 갇힌 진짜 이유를 몰랐던 것처럼, 독일 당국이 자신을 풀어 주지 않은 이유도 끝내 알아내지 못했다. 나중에 프라비트는 그가 〈비(非)아리아인〉이라서 억류되었다고 덴츨러에게 말했다. 그린은 월터 퍼디의 정체를 밝힌 것이 원인이라고 믿었다. 〈반역자를 수용소에 들여보내려는 그들의 계획을 내가 망쳤다.〉 몇 달이 흐르면서 풀려날 수 없다는 사실이 분명해지자 그린은 미친 짓을 그만두고 콜디츠에 계속 있어도 상관없는 것처럼 굴었다. 그렇게 아무렇지 않은 듯 태연한 척하는 것이 그가 지을 수 있는 유일한 표정이었다.

플린이 해방되는 날은 꿈처럼 흐릿하게 지나갔다. 〈사람들이 나를 성의 문으로 데려가서 밖에 세워 두고 가버린 것을 기억한다. 그때 이런 생각이 들었다. 됐다, 집으로 가는 거야. 담장 너머를 볼 수 있다고 생각하니 압도적인 감정이 밀려왔다.〉그는 콜디츠 안에서 거의 4년을 보냈다. 독방에서 지낸 시간만 따지면 어느 포로보다도 길었다. 그보다 더 많이 탈출 시도를 한 사람은 마이크 싱클레어밖에 없었다. 플린은 벽을 뚫는 굴을 파다가, 소포실에 침입하려다가, 세면실에서 올가미에 매달려 있다가 발각되었다. 동료의 머리에 체스 판을 내리쳐 부숴 버린 적도 있고, 기차 안에서 평온한 치과 의사에게 싸움을 건 적도 있었다. 자기만의 종교를 설교하며, 갇혀 있는 시간 동안 물구나무서기를 한 채 많은 시간을 보냈다. 나중에 플린은 그 모든 것이 연기였다고 주장했지만 아무도 믿지 않았다. 머리가 비교적 맑아지면, 그도 자신의 말이 사실이 아님을 알았다. 그는 끝내 완전히 회복하지 못했다. 콜디츠를 떠나던 그날 담장 밖에 서서 그는 무너졌다. 〈내 눈에서, 양쪽 눈에서 모두 물기가 흘러내리는 것이 느껴졌다. 운 것이 아니다. 그냥 물기가 얼굴을 타고 쏟아져 내렸다. 그것이 내가 자유에 대해 갖고 있는 기억이다. 자유의 의미가 그것이다.〉그가 느끼기에는 눈물이 진짜 같지 않았다. 자신이 정말로 우는 것인지 아닌지 알 수 없었다. 그때부터 영원히 현실은 언제나 그의 손이 아슬아슬하게 닿을 수 없는 곳에 있었다. 마침내 자유를 쟁취했으나, 그 과정에서 잃어버린 것을 그는 끝내 되찾지 못했다. 프랭크 플린에게 자유의 의미는 그런 것이었다.

노르망디 상륙 작전 소식이 가장 먼저 분명하게 나타난 곳은 경비병들의 얼굴이었다. 플랫 목사는 〈독일 병사들과 장교들 사이에서 동요〉를 감지했다. 그 뒤 침략군을 격퇴했다는, 독일군이 선전하려고 퍼뜨린 소문이 돌았다. 그러나 1944년 6월 9일 밤, 다락방의 라디오 옆에 웅크리고 앉은 미키 번은 BBC 라디오 아나운서 존 스내그의 말을 받아 적었다. 〈디데이가 왔습니다. 오늘 아침 일찍 연합군은 히틀러의 유럽 요새 북서쪽 면에 대한 공격을 개시했습니다……〉 콜디츠성의 담장 안에서 포로들은 이 소식을 전해 들으며 엄청난 환호를 내질렀다. 〈너무 신이 나서 정신이 없었다.〉 번은 이렇게 썼다. 체코 할로움카는 내기를 했다. 크리스마스 때까지 전쟁이 끝나지 않는다면, 자신이 알몸으로 안마당을 세 번 돌겠다는 것이었다. 〈오늘 밤에는 다들 신나게 파티를 즐길 것이다.〉 플랫은 이렇게 썼다. 그리스 데이비스-스쿠어필드는 일기에 이렇게 썼다. 〈우리는 멍한 상태다. 기쁨, 흥분, 불안이 섞여 있다.〉 그들이 직접 만든 술이 흥청망청 돌아다녔다. 이런 분위기에서 한발 물러선 사람은 영국 군인 한 명뿐이었다. 〈침울하고 내향적인〉 마이크 싱클레어는 누가 전쟁이 곧 끝날 것이라고 예측할 때마다 움찔거렸다. 〈그는 자신이 아직 전쟁 포로로 있을 때 전쟁이 끝날까 봐 두려워했다. 그렇게 온갖 노력을 기울이고도 실패했으니까.〉 독일군 장교 식당에서 에거스는 그 흥청망청 파티의 소음을 듣고, 그것이 다가오는 패배의 소리임을 깨달았다. 연합군은 무조건 항복을 강력히 요구할 것이다. 〈그들은 군사적 항복만을 받아들일 것이다.〉 그는 그래서 〈괴로워하면서도 끝까지 가는 것밖에는 대안이 남지 않았다〉고 썼다.

연합군의 승리 가능성이 점점 높아졌지만, 콜디츠의 포로들이 살아서 그것을 볼 수 있을 것이라는 보장은 없었다.

상륙 작전으로부터 고작 이틀 뒤, 무시무시한 소식이 수용소로 새어 들어왔다. 지금의 폴란드 영토 안에 있는 자간 근처의 공군 포로 수용소인 루프트 III에서 수십 명의 포로가 탈출했으나 거의 모두 다시 붙잡혀서 게슈타포에 넘겨졌다. 플랫 목사는 그들이 〈즉시 총살〉되었다고 보고했다. 〈대탈주〉는 영화와 문학에서 서사적인 영웅담으로 묘사되지만, 이 사건은 동시에 무시무시한 인간 비극이기도 했다. 1년 전 루프트 III의 포로들은 기술적으로 놀라운 작업에 착수했다. 4천 개의 침상 널빤지로 길이가 1백 미터가 넘고 깊이가 10미터인 일련의 굴을 만들기로 한 것이다. 3월 25일에 일흔여섯 명이 그 굴을 기어서 철조망 너머로 나갔으나, 일흔세 명이 다시 붙잡혔다. 분노한 총통은 처음에는 다시 붙잡힌 장교들을 한 명도 빼놓지 말고 총살해야 한다고 주장했지만, 결국 〈절반 이상〉으로 타협했다. SS는 탈주자 중 쉰 명을 무작위로 골라서 한 명씩 또는 두 명씩 죽였다. 이 대탈주에서 가장 놀라운 부분은 아마 그 독창적인 방법이 아니라 지극히 야만적인 처벌 방법일 것이다. 학살 소식은 콜디츠까지 순식간에 퍼졌다. 영국 선임 장교인 윌리 토드 중령은 이 소문이 사실인지 알려 달라고 요구하는 메시지를 코만단트에게 보냈다. 프라비트는 일부러 꾸민 듯이 모호하게 대답했다. 〈탈출 중 총살당한〉 숫자가 아직 밝혀지지 않았다고. 그러나 라인홀트 에거스는 사건 이후 루프트 III에 파견되어 보안 상태를 조사했기 때문에 진실을 알고 있었다. 그 학살은 제3제국 내부에서 극적인 권력 이동이 있었음을 보여 주었다. 〈탈출했다가 다시 붙잡힌 전쟁 포로는 수용소로 돌려보내지 말고

SD에 넘겨야 한다는 힘러의 지시가 있었다.〉SD는 나치당의 보안 조직이다. 독일군은 전쟁에 지고 있었기 때문에, 정권 내부의 권력 투쟁에서도 패배하는 쪽이었다. 힘러와 그의 SS 불한당들이 점점 우세를 차지하면서, 나치의 마지막을 피와 분노 범벅으로 만들고 있었다.

몇 주 뒤 에거스가 식당에서 카드놀이를 하며 라디오를 듣던 중, 정규 방송이 중단되고 긴급 메시지가 나왔다. 히틀러를 노린 암살 시도가 있었다는 내용이었다. 그의 야전 본부인 늑대 굴에서 폭탄이 터졌다고 했다. 처음에 에거스는 연합군이 공들여 날조한 선전이라고 생각했으나, 오전 1시에 총통 본인이 거칠지만 몹시 생생한 목소리로 라디오에 나와 쿠데타 시도가 실패했음을 증명할 때 열심히 귀를 기울였다. 클라우스 폰 슈타우펜베르크가 주도한 이 7월 음모는 독일군 고위층에서 먼저 시작되었다. 나치 강경파는 이미 오래전부터 이 수구파 군인들을 의심스럽게 바라보고 있었다. 이 음모에 대한 앙갚음을 주도한 게슈타포는 숨이 막힐 만큼 엄청난 잔혹성을 드러냈다. 용의자 5천 명이 히틀러의 구체적인 지시대로 〈가축처럼 매달려〉 처형되었다. 또한 신설된 지펜하프트Sippenhaft(연좌제)법에 따라 음모를 꾸민 사람들의 가족 또한 체포되어 유죄 판결을 받았다. 이미 SS, 게슈타포, SD의 수장 자리에 앉아 있던 힘러는 이제 예비군의 통제권도 손에 쥐었다. 예비군은 독일군에서 예비 병력, 경비 업무, 군 감옥 등을 맡은 부서다. 그때까지 전쟁 포로 수용소는 포로들의 대우와 관련해서 대체로 규정을 존중하는 군인들이 운영했으나, 이제는 나치 광신도들의 통제를 받게 되었다. 힘러는 포로 관리를 감독하는 자리에 최악의 인물 중 한 명인 SS 최고 사령부의 고틀로프 베르거 오버그루펜퓌러(장군)를 임명했다. 그는 나치의 기준으로도 유난히 불쾌한 인물이었다. 히틀러의 말을 잘 듣는 친구이자 열렬한 반유대주의자인 베르거는 1940년부터 베를린에서 SS 중앙 사무실을 운영했다. 바펜-SS(무장 SS)를 세우는 데 핵심적인 역할을 했고, 전과자와 죄수로 이루어진 〈검은 사냥꾼〉이라는 부대도 만들었다. 이 부대는 광범위한 전쟁 범죄를 저질렀다. 베르거는 또한 폴란드 어린이 5만 명을 납치해서 노예 노동자로 사용하는 계획도 직접 주도했다. 한 역사가는 그를 가리켜 〈파렴치하고, 무뚝뚝하고, 태도와 표정이 우아하지 못하지만 상냥한 수다와 외설적인 유머 또한 가득했다〉고 묘사했다. 그의 별명은 〈전능한 고틀로프der Allmächtige Gottlob〉였는데, 그의 이름 중 〈고트Gott〉가 독일어로 〈신〉을 뜻한다는 점에 착안한 것이었다.

콜디츠와 그 안에 수용된 포로들의 미래를 한 손에 쥐게 된 남자가 바로 이런 사람이었다.

나치가 통제권을 바짝 조인 것이 콜디츠 내부에서도 크고 작게 느껴졌다. 단순히 상징적인 조치도 있고, 대단히 의미심장한 조치도 있었다. 이제부터는 팔을 뻣뻣하게 뻗고 〈하일 히틀러〉라고 경례하는 것이 의무가 되었다. 독일군뿐만 아니라, 포로와 경비병도 이렇게 인사를 나누어야 했다. 7월 음모 이후의 유혈 사태로 독일군 식당에는 전에 없던 편집증 증세가 나타났다. 나치에 헌신적인 사람일수록 동료 일부를 불신의 눈으로 바라보았다. 〈누구도 서로 눈을 마주치려 하지 않았다.〉 에거스는 이렇게 썼다. 마을에서는 나치당 지도자들이 〈신의 섭리로 우리 지도자께서 안전하신 것에 감사하는〉 퍼레이드를 연출했다. 콜디츠 주둔군은 여기에 참여하라는 지시를 받고, 순수한 두려움에서 우러나온 열렬한 태도를 보이며 참여했다.

〈사람들은 충성심이 미지근한 것처럼 보이지 않으려고 했다.〉 에거스는 이렇게 회상했다. 그도 나치 정권에 대한 시들한 충성심을 열심히 감추었다. SS 파견대가 가끔 예고도 없이 나타나 성을 수색했다. SD의 자존심 높은 관리들 무리 역시 드레스덴에서 콜디츠로 와서 자기들 나름의 조사를 실시했다. 〈이 사람들은 도움이 되기보다는 골칫거리였다.〉 에거스는 코웃음을 쳤다. 나치 공안 기관들이 수용소 운영에 불길한 관심을 보이고 있었다. 에거스는 이런 침범을 직업적인 자부심에 대한 모욕으로 보았지만, 워낙 기민한 사람이라 속내를 드러내지 않았다.

독일 안에서 포로가 된 연합군 군인들의 기대 수명이 급격히 쪼그라들었다. 전쟁 초기에 포로들은 보통 독일군에 신병이 인도되었다. 지금은 게슈타포, SS, SD 등에 넘겨질 가능성이 높았다. 스위스 관리 루돌프 덴츨러의 어두운 지적이 옳았다. 〈준군사 조직에 억류된 전쟁 포로들을 보호하기가 극도로 힘들어졌다.〉 과거에는 더글러스 베이더처럼 격추된 공군이 군대의 공식적인 절차에 따라 포로가 되었으며, 군대는 심지어 포로를 존중하는 태도를 보이기까지 했다. 그러나 이제는 어쩔 수 없이 낙하산으로 탈출한 폭격기 승무원들이 〈사람들의 분노에 맡겨질〉 가능성이 높았다. 독일이 점령한 땅에서 붙잡힌 모든 특공대원을 죽이라고 히틀러가 이미 지시한 적도 있었다. 루프트 III의 학살에서 보듯, 이 처형 명령이 이제는 탈출했다가 붙잡힌 포로에게도 적용되었다.

지난 1월에 빌 밀러라는 캐나다 장교가 콜디츠 바깥마당에서 트럭 밑에 매달려 탈출했다. 별명이 〈도피〉*인 밀러는 독일어 실력이 뛰어났다. 인근 숲에서 버려진 재킷이 발견되었으나 에거스는 솔직히 인정했다. 〈우리는 그가 어떻게 도망쳤는지 끝내 알아내지 못했다.〉 밀러의 탈출은 처음에는 축하의 대상이었다가 그다음에는 수수께끼가 되었고, 결국은 깊은 그림자가 되었다. 그의 소식을 전혀 알 수 없는 채로 몇 달이 지났다. 누구도 두 번 다시 밀러의 소식을 듣지 못했다. 그가 어떤 운명을 맞았는지는 영영 확인되지 않았지만, 람스도르프 근처에서 민간인 복장으로 붙잡혀 게슈타포에 넘겨진 뒤 빈 동쪽의 마우타우젠 강제 수용소로 끌려가 1944년 7월 15일에 살해당했을 가능성이 높다.

이제 SS는 적을 적극적으로 추적해서 섬멸하고 있었다. 에거스는 이렇게 썼다. 〈상황이 악화하자, 힘러는 가장 무력한 사람들, 즉 포로와 강제 수용소 수감자들에게 분을 풀기 시작했다.〉8월 14일 체네크 할로움카는 다른 체코 공군 장교와 함께 점호 중에 느닷없이 끌려 나가 프라하행 기차에 실렸다. 그리고 어느 감방에 갇혔다. 독일 군법에 따르면, 독일을 상대로 무기를 든 독일 국민은 모두 반역자라서 처형을 당할 수 있었다. 나치가 체코슬로바키아를 점령한 뒤 첵코 할로움카는 독일 당국이 보기에 체코인이 아니라 영국 공군 군복을 입은 독일인이었다. 군사 재판을 받아야 할 반역자였다는 뜻이다. 토드 중령은 불같이 화를 내면서, 그런 식으로 혐의를 씌우는 것은 국제법에 어긋난다고 지적했다. 베를린의 스위스 공사관에서 루돌프 덴츨러도 〈그들을 대변하는 말을

* Dopey. 〈마약이나 술을 먹고 멍하다〉라는 뜻.

몇 번이고〉쏟아 놓았다. 한편 첵코는 게슈타포의 신문을 받으면서 이미 체념하고 있었다. 〈프라하에서 다시는 돌아가지 못할 것이라고 생각했다.〉 그러나 감옥에 갇힌 지 2주가 지났을 때 아무런 설명 없이 두 사람은 다시 기차에 실려 콜디츠로 돌아왔다. 이르마 베르니케가 플랫폼에서 기다리고 있었다. 「당신이 돌아오기를 바라면서 프라하에서 오는 모든 기차를 기다렸어요. 당신이 돌아와서 천만다행이에요.」 그녀가 첵코에게 말했다.

이제 포로들은 성 밖보다 성 안에서 더 안전했다. 그러나 그것도 독일군이 수용소 책임자일 때의 이야기였다. SS의 기세가 점점 오르고 있었으므로, 콜디츠의 미래가 어떻게 될지 종잡을 수 없었다. 이곳의 포로들은 제3제국에 유난히 반감을 지녔다고 규정된 사람들이었다. 프로미넨테는 귀한 인질, 귀한 신분의 포로였다. 만약 패배가 불가피하다 싶으면, SS가 그들 모두를 간단히 살해해 버리는 최후의 상징적인 만행에 유혹을 느낄지도 몰랐다. 대탈주 학살은 나치가 포로들에게 집단적인 복수를 기꺼이 자행할 수 있음을 보여 주었다. 〈패배로 인해 필사적으로 변한 적이 포로수용소 중에서 과녁을 찾으려 한다면, 누가 보나 콜디츠야말로 과녁의 정중앙이었다. 우리는 그런 생각을 했지만, 입 밖으로 말하지는 않았다.〉 데이비드 워커는 이렇게 썼다.

탈출에는 항상 위험이 따랐다. 쉽사리 방아쇠를 당기는 경비병, 폭도로 변한 동네 사람들에게 린치를 당할 가능성, 파던 굴이 무너지는 일, 잘못 묶은 침대보 밧줄 등. 그러나 1944년 여름 무렵에는 탈출을 하려다 실패했을 때 목덜미에 총알을 맞고 아무 표시도 없는 무덤에 묻히게 될 가능성이 가장 높아졌다. 이런 변화는 당연히 탈출 활동에 영향을 미쳤다. 대부분의 포로가 이제는 이대로 가만히 있어야 고향으로 돌아갈 가능성이 가장 높아진다는 사실을 알았으므로, SS보다 연합군이 먼저 나타나기만을 바랐다. 이것은 비겁한 짓이 아니라, 현명하고 계산적인 행동이었다. 의심의 여지 없이 용맹한 사람인 데이비드 워커의 새로운 탈출 계산법은 많은 사람의 심정을 대변했다. 〈독일을 빠져나가지 못할 가능성이 99대 1이고, 적들이 더욱더 절박해진 요즘 다시 붙잡혔을 때 총살당할 확률이 99대 1이라면, 다소 위험해졌다. 따라서 어쩌면 비열한 짓인지 몰라도, 우리는 시도를 멈추었다.〉 팻 리드가 탈출 장교일 때 탈출은 일종의 게임이었다. 비록 진지한 게임이기는 했지만. 그러나 지금은 탈출이 전적으로 삶과 죽음의 문제였으며 죽음의 비중이 더 무거웠다.

그러나 강경파들은 여전히 탈출에 온정신을 쏟았다. 더 커진 위험, SS의 위협, 계속 엄격해지는 보안 조치는 그들의 도전을 어렵게 만드는 요소일 뿐이었다. 마이크 싱클레어 같은 사람은 전쟁 초기에 포로가 된 굴욕을 지우는 방법은 탈출밖에 없다고 생각했다. 성공 가능성이 얼마든 상관없었다. 어느 날 경비병이 땅을 파는 소리를 들은 뒤, 장교 세 명이 성의 아치 아래 배수구에 숨어 있다가 발각되었다. 사냥터 산책 중에 슬쩍 빠져나가는 데 성공한 사람도 있었다. 1941년 최초의 탈출자 알랭 르레이가 썼던 바로 그 방법이었다. 그는 잔가지와 마분지 조각으로 위장한 담요를 덮고 쓰레기 더미 속에 몸을 숨겼지만, 성에서 3킬로미터를 채 가지 못하고 붙잡혔다. 〈탈출 정신은 쉽사리 죽지 않았다. 그 정신이 전혀 희미해지지 않은 사람도 있었다.〉 에거스는 이렇게 썼다. 8월

8일 하얀 바탕에 검은 글씨가 새겨진 판이 켈라르하우스 문에 못으로 부착되었다. 〈수용소 명령 21호: 탈출한 전쟁 포로는 사격할 것.〉 한 포로는 총에 맞을 때의 기분을 이미 알고 있었다. 플랫 목사는 일기에 이렇게 썼다. 〈여러 장교가 1년 전 총에 맞은 마이크 싱클레어에게 이 새로운 명령을 알려 주며 즐거워했다.〉 싱클레어가 이 점잖은 조롱에 어떻게 반응했는지는 기록되어 있지 않다. 어쨌든 그의 결의에는 조금의 흠집도 내지 못했겠지만, 그와 가까운 친구들은 그에게서 뚜렷한 변화를 감지했다. 싱클레어가 원래 잘 웃는 사람이 아니긴 해도, 지금은 〈거의 항상 인상을 찌푸리고 있어서 실제 나이보다 한참 더 늙어 보였다〉.

그가 탈출하기 전에 전쟁이 끝날지도 몰랐다. 그러나 이미 노르망디에 상륙한 미군이 곧 콜디츠에 나타났다. 해방자가 아니라 수감자로.

14
참새

루돌프 덴츨러는 1944년 여름 빈 외곽의 카이저슈타인브루흐 전쟁 포로 수용소를 평소처럼 시찰하다가 미국 군복을 입은 포로 몇 명이 처벌 방에서 눈에 띄었다는 사실을 알게 되었다. 그는 당장 그 미국인들을 보아야겠다고 요구했다. 〈그들은 모두 형편없는 음식, 지속적인 모욕 등 고생을 겪었는데도 사기가 흔들리지 않았다.〉 나치를 관료적 형식주의로 꽁꽁 묶는 일만큼 덴츨러가 즐기는 일은 없었다. 〈나는 즉시 베를린의 우리 대사관에 알렸다.〉 그러고 나서 그는 독일 최고 사령부의 전쟁 포로 부서장인 베스트호프 장군에게 메시지를 보냈다. 그는 장군과 〈우호적이고 기분 좋은〉 관계를 유지하고 있었다. 장군은 미군 포로들을 즉시 독일군에 넘기라고 지시했다.

몇 주 뒤 그 미국인 세 명은 알바니아에 낙하산으로 착륙하려다 실패하고 포로가 된 영국 특공대원 일곱 명과 함께 콜디츠행 기차에 실렸다. 〈나는 아주 기뻐하며 그들을 맞이할 수 있었다. 그들이 방치에 시달리고 탈진한 몸으로 성의 안마당에 들어온 뒤에야 독일군의 전쟁 포로가 되어 제네바 협정의 보호를 받을 수 있었다.〉 덴츨러는 이렇게 썼다.

콧수염을 기른 사람이 이 신참들을 이끌고 성의 여러 문을 통과했다. 마치 맨해튼 저녁 연회에 도착한 손님처럼 굴던 그 사람은 더글러스 베이더의 표현을 빌리자면 〈키가 크고, 날씬하고, 머리가 희끗희끗한 미남이라서 영락없이 저명한 영국인처럼 보였다〉.

플로리먼드 조지프 듀 소소이트 듀크는 콜디츠에 온 최초의 미국인 포로였다. 미국 공군에서 두 번째로 나이가 많은 낙하산 부대원이자 제2차 세계 대전에서 가장 성공하지 못한 비밀 요원 중 한 명이기도 했다.

화려한 이름에서 알 수 있듯이, 듀크는 미국 상류층 집안의 자손이었다. 재즈 시대가 융성하면서 번성했다가 월 스트리트가 붕괴하던 최악의 순간에 책임을 피해 옆으로 물러났던 특권층에 속한, 미국 동해안 와스프WASP 집안의 사람. 팬 아메리칸 항공의 설립자도 그의 집안 사람이고, 코네티컷에서 가장 가치가 높은 부동산 일부의 소유자도 그의 집안 사람이었다. 듀크는 다트머스 대학을 졸업하고, 뉴욕 브릭리 자이언츠에서 한 시즌 동안 프로 미식축구 선수로 활동하다가 제1차 세계 대전 말미에 프랑스에서 구급차 운전기사로 복무했다. 전쟁 뒤에는 뉴욕의 『타임』에서 광고국장으로 일하면서 수많은 사교계 인사와 어울렸다. 힘들게 애를 써야 하는 일자리는 아니었다. 플로리먼드 듀크는 부유하고, 행복하고, 잘생겼지만, 지루해서 견딜 수가 없었다.

1939년 9월 2일 그는 시골집의 정원에서 칵테일을 마시고 라디오를 들으며, 잘 손질된 잔디밭을 바라보았다. 그의 회상에

의하면, 〈코네티컷주 그린즈 팜스의 황금빛을 띤 늦여름 오후〉였다. 바로 얼마 전 독일이 폴란드를 침공했으나, 플로리먼드 듀크의 삶은 편안했다. 〈남들이 부러워하는 직장, 멋들어진 집, 훌륭한 가문〉이 있었으니까. 마흔일곱 살인 그는 이미 지난번 세계 대전에서 자신의 몫을 했다. 〈전쟁이 끝날 때까지 그냥 가만히 앉아 있을 수도 있었다.〉 그는 이렇게 회상했다. 그러나 〈삶이 너무 조용해서 내 취향에 맞지 않았다〉. 플로리먼드 듀크는 마티니를 내려놓고 전쟁터로 향했다.

최전선에 서기에는 나이가 너무 많았지만, 〈군대로 돌아가기 위해 온갖 연줄을 동원한〉 그는 전략 사무국(OSS)에 배치되었다. 전쟁 중에 막 생겨난 이 정보기관은 나치가 점령한 유럽 땅에서 첩보 활동, 파괴 공작 등을 조정했다. 나중에 OSS는 CIA로 발전했다. 듀크 중령은 본 적도 없고 아는 것도 없는 발칸 지역 책임자가 되었다.

독일, 체코슬로바키아, 루마니아, 유고슬라비아에 에워싸인 내륙 국가 헝가리에게 이번 전쟁은 몹시 힘들었다. 1941년 6월에 독일, 이탈리아, 일본에 이어 네 번째로 추축국에 합류한 헝가리의 군대는 소련 침공에 참여했다. 헝가리의 석유도 독일의 전쟁 수행에 꼭 필요한 자원이었다. 그러나 1944년 무렵 미클로시 칼라이 총리가 이끄는 헝가리 정부는 영국과 미국에 손을 내밀고 있었다. 일련의 최고 기밀 회담이 스위스에서 열렸고, 이 나라가 소련의 손에 떨어지지 않고 나치의 강철 손아귀에서 빠져나올 방법을 모색하는 암호 메시지가 분주히 오갔다. 히틀러는 이런 상황을 정확히 알고 있었다. 독일 방첩 요원들이 베른의 전화를 도청하고, 미국의 암호를 풀었기 때문이다. 헝가리나 연합국 몰래 총통은 동맹국이면서 의리를 배반한 헝가리의 탈출을 막기 위해 헝가리를 침략해서 점령할 계획을 세웠다.

1944년 2월 OSS는 이 침략 계획을 짐작도 하지 못한 채 헝가리에 요원들을 침투시켜 반(反)나치 활동가들과 접촉해서 그들의 진심을 파악하고 유용한 정보를 수집할 계획을 마련했다.

플로리먼드 듀크가 〈참새〉라는 암호명이 부여된 이 3인 임무를 이끌겠다고 즉시 자원했다.

「이건 낙하산 임무요. 당신은 점프한 적이 없잖아.」 듀크의 상사가 지적했다.

「배우면 됩니다.」그가 대답했다.

듀크와 동행할 사람 중 한 명은 무선 통신을 맡을 앨프리드 수아레즈 소령이었다. 히스패닉 혈통의 강인한 뉴욕 사람인 그는 스페인 내전에 참전한 경험이 있었다. 또 다른 한 명인 가이 넌 대위는 캘리포니아 출신의 모험 소설가로 완벽한 독일어를 구사했으며, 〈자신의 작품에서 주인공 역할을 해도 될 만큼 덩치가 크고 잘생긴〉 사람이었다. 그들에게 내려진 명령은 다소 모호했다. 헝가리에 몰래 낙하해서 〈최고 당국자〉와 관계를 형성하고 〈헝가리가 독일 진영을 벗어나는 방법에 관한 협상을 진행〉함으로써 〈전쟁을 짧게 끝내며 승리하는 데 일조하라〉니. 듀크는 어떤 상황에서든 협정을 맺으면 안 된다는 주의를 들었다. 그리고 OSS는 MI6에 이렇게 알렸다. 〈일행은 다시 말하지만 평화 타진을 하거나 받아들일 승인 없음.〉 히틀러에게서 벗어나고 싶은 헝가리는 연합군이 전면적으로 개입해서 나치에 맞서 자신들을 보호해 주기를 바랐다. 그런데 연합군이 그들에게 보낸 사람은 뇌물로 사용할 미국산 담배 수천 개비, 나일론 양말, 황금으로 무장한 중년의 광고 담당 중역이었다.

듀크의 낙하산 훈련은 한 시간 동안 알제의 활주로에 서 있는 비행기 옆문으로 뛰어내린 것이 전부였다. 3월 16일 이른 시각에 세 미국인 장교는 유고슬라비아 국경 근처에서 영국 헬리팩스에서 뛰어내렸다. 듀크는 낙하산이 갑자기 확 펼쳐졌을 때 하마터면 거세당할 뻔했다. 〈하니스 줄이 사타구니까지 너무 높이 올라와 있었기〉 때문이다. 놀랍게도 그들은 커다란 부상 없이 착지해서 낙하산을 파묻은 뒤 자신을 정부와 연결해 줄 헝가리인을 찾아 나섰다. 런던의 OSS 본부에 도착한 메시지의 내용은 이러했다. 〈참새 성공적으로 강하.〉

베를린에서도 이 메시지를 읽고 있었다. 그곳에서는 헝가리 침공 작전인 〈마르가레테 작전〉 준비가 잘 진행되는 중이었다. 히틀러는 미국인들이 착지했다는 소식을 듣고 한바탕 성질을 부렸다. 「헝가리인들이 결국 우리 등을 찌르려 할 거라고 내가 항상 말했잖아. 지금 일어나는 일을 봐.」 그가 소리쳤다. SS에서 중부 유럽 및 남동 유럽의 정보와 첩보를 담당한 빌헬름 회틀에 따르면, 〈듀크의 도착으로 계획이 돌아가기 시작했다〉.

세 미국인은 헝가리 군인들을 만나 부다페스트까지 호위를 받으며 이동했다. 그들을 호위한 쾌활한 공군 장교 키랄리는 과거 캐나다 서부에서 잡목 숲 지대를 오가는 비행사로 일했기 때문에 북미 영어를 완벽하게 구사했다. 「얼마 전부터 여러분을 기다리고 있었습니다.」 그가 느릿한 말투로 말했다. 그들은 외무부 지하실에 짐을 풀고, 근처 식당에서 가져온 호화로운 음식을 먹었다. 헝가리 당국은 그들에게 콜트 45 권총을 자기들이 갖고 있겠다고 정중하게 요청했다. 다음 날 아침 키랄리가 낙심한 표정으로 나타났다. 「지금 히틀러가 헝가리를 침공 중입니다. 한 시간 안에 독일군이 부다페스트에 들어올 겁니다.」 그는 미안해서 어쩔 줄을 몰랐다. 「우리가 아주 멍청이처럼 보이겠죠. 히틀러가 그렇게 욱해서 행동할 줄은 꿈에도 몰랐습니다. 여러분을 전쟁 포로로 독일군에 넘기는 수밖에 없습니다.」 키랄리는 암호 책을 포함해서 범죄의 증거가 될 만한 것을 모두 없애는 것이 좋겠다고 조언했다. 그들이 스파이가 아니라, 유고슬라비아 빨치산과 합류하러 가던 중 사고로 헝가리에 낙하한 무고한 군인이라고 독일군을 설득해야만 살아남을 수 있었다. 결국 그들은 루이 도르 금화로 6천 달러가 들어 있는 허리띠를 넘겼다. 그 돈도 키랄리도 두 번 다시 볼 수 없을 것이라고 확신하면서. 참새 작전은 목표를 하나도 성취하지 못했다. 전쟁을 짧게 끝내기는커녕, 나치의 헝가리 침공을 오히려 촉진하고 말았다. 키랄리는 그들의 기운을 북돋우려고 애썼다. 「여러분이 일을 시작하기 전에 히틀러가 여러분을 막을 수밖에 없었다는 소문이 있습니다……. 미국인 장교 세 명을 막으려고 독일군 16개 사단이라. 비율이 나쁘지 않네요.」

이제 스스로를 참새라고 지칭하는 그들은 5개월 동안 베오그라드, 베를린, 부다페스트, 빈의 여러 감옥을 전전하며 괴로운 시간을 보냈다. 게슈타포의 〈숙련된 불한당들〉의 신문이 반복되었다. 듀크는 주장을 굽히지 않았다. 〈우리는 군인이다. 범죄자가 아니야. 정치범도 아니다. 당장 우리를 전쟁 포로 장교 수용소로 보내 줄 것을 요구한다.〉 듀크는 다음 날 일행 모두가 처형될 것이라는 말을 적어도 세 번 들었다. 그들은 기운을 잃지 않으려고 자기들끼리 파리 잡기 경쟁도 하고, 밤사이 누가 빈대에 더 많이 물렸는지 비교해 보기도 했다. 듀크는 베를린에 있는 게슈타포 본부의 지하 감방에서 50세 생일을 보냈다. 몸무게가 16킬로그램 가까이 빠졌고, 공군 스타일의 콧수염을 공들여 길러서 뾰족하게 다듬었다. 그들은 항공 재킷 차림 그대로 잠들었다. 워싱턴에서는 그들을 〈작전 중 실종〉으로 처리하고 〈죽은 것으로 간주〉했다. 만약 카이저슈타인브루흐 전쟁 포로 수용소에서 시들어 가던 그들을 루돌프 덴슬러가 발견하지 못했다면, 그들은 실제로도 십중팔구 목숨을 잃었을 것이다.

플로리먼드 듀크가 스파이로서는 구제 불능인지 몰라도 지도자로서는 타고난 재능을 지니고 있었다. 또한 콜디츠에 미국인들이 처음 나타나면서 성 전체에서 희망이 꿈틀거리기도 했다. 〈그들은 우리 삶에 신선함과 새로운 시각을 추가해 주었다.〉 전쟁이 처음 시작되었을 때부터 갇혀 지낸 포로들은 군복을 입은 미국 군인을 본 적이 없었다. 귀족적인 자신감이 넘치는 듀크는 미국이 운명적으로 수행해야 하는 역할이 사람 형태로 나타난 존재 같았다. 연합군이 결국 승리할 것이라는 확신을 심어 주는 존재였다. 영국 포로들은 그를 〈두키〉라고 불렀다. 그는 〈우리 젊은 사람들보다 나이가 많고, 현명하고, 머리가 좋았다〉. 베이더는 이렇게 말했다. 〈위안이 되는 사람이었다.〉 듀크는 〈자신의 신기한 이름*을 사람들이 놀림감으로 삼아도 기분 좋게 받아들였다〉. 이 미국인

* 〈듀크Duke〉는 영어로 〈공작〉이라는 뜻.

포로들은 곧 콜디츠 사회의 일부가 되었다. 첵코 할로웁카는 앨프리드 수아레즈에게 체코어를 가르치기 시작했고, 플로리먼드 듀크는 브리지 클럽의 회원이 되었다. 지난 5개월 동안 끔찍한 경험을 한 탓에, 그는 콜디츠성이 〈한동안은 자유로운 곳처럼 보였다〉고 썼다.

그러나 매일 아침 습한 석조 감옥에서 똑같이 눈을 뜨는 포로들에게 자유는 여전히 멀고 잔인한 꿈이었다. 〈아주 작은 일로도 사기가 치솟기도 하고 곤두박질치기도〉 해서 열병에 걸린 듯한 분위기가 수용소 전체에 퍼져 있었다. 어떤 사람은 이곳 이름을 〈핫앤드콜디츠〉로 바꾸어야 한다고 제안하기도 했다. 연합군 폭격기들이 독일 도시들을 때려 대려고 대형을 이루어 상공을 날아갔다. 그들이 〈햇빛을 받아 크고 아름답게 빛났다〉. 공산주의자인 미키 번은 반쯤 농담으로, 만약 소련군이 미군보다 먼저 수용소에 나타난다면 자신은 인민 위원이 되어 소련군에 들어가겠다고 말했다. 그러나 플랫 목사의 말처럼 대부분 뚜렷한 이유도 없이 〈슬픈 분위기가 수용소 전체에 퍼졌다. 항상 낙천적인 사람들도 언제나 《다음 달》로 미루어지거나 《바로 모퉁이 너머》에 있다는 승리에 대해 별로 열광하지 않았다. 그들은 거의 기진맥진한 상태였다〉.

자기 머릿속의 생각에 지친 포로들은 동료의 머릿속을 파고들었다. 〈이제 사람들은 워낙 할 일이 없어서 남들 일에 참견하면서 시간을 보냈다. …… 누가 창가에 서서 몇 분 동안 밖을 내다보면, 다른 누군가가 다가가 뭘 하는 거냐고 물었다.〉 성의 극장에서 공연된 연극들이 불확실한 미래를 잊는 데 도움이 되기는 했다.

콜디츠의 연극은 남자들이 종이 튀튀를 입고 무대 위를 쿵쿵 뛰어다니며 조율 상태가 엉망인 피아노 반주에 맞추어 힘차게 노래를 부르던 시절에 비해 크게 발전했다. 〈1944년의 뛰어난 작품들은 초창기 작품과 완전히 달랐다.〉플랫은 이렇게 썼지만, 노엘 카워드의 「즐거운 영혼」에 깔린 동성애 분위기를 마뜩잖게 생각해서 〈완전히 무도덕하다〉고 단언했다. 육체의 죄악에 대해 언제나 경계를 늦추지 않는 플랫은 〈도덕적 저항력이 줄어들고 도착적인 관심이 증가한 것〉을 감지했다. 그는 〈동성애〉가 증가할까 봐 걱정했다. 비록 대다수는 〈그것에 저항하려 노력을〉기울이고 있으나, 그렇지 않은 사람도 있었다. 종교적인 열정 또한 시들어 가는 것 같았다. 〈아주 저조한 상태였다.〉그는 〈수용소 생활에서 예배가 가장 큰 부분을 차지하던〉초창기와 다르다고 썼다.

낮이 점점 짧아지는 계절이 오자, 포로들은 〈또 창살에 갇혀 보내야 하는 겨울을 생각하며 다시 이를 갈았다〉. 포로들 중 한 사람의 경우에는 이 표현이 그냥 비유가 아니었다. 마이크 싱클레어의 친구들은 〈그의 파이프 설대가 항상 씹혀서 빠르게 부서지는〉것을 알아차렸다.

독일 주둔군도 비슷한 긴장에 사로잡혔다. 일부 장교들은 패배할 것이라고 내심 체념한 반면, 히틀러의 비밀 무기가 결국 독일에 승리를 가져다줄 것이라는 희망에 매달리는 사람도 있었다. 강경한 나치 지지자 한 명은 〈가족을 쏘고 나도 자살할 것〉이라고 말했다. 〈하지만 그 전에 마당으로 나가서 포로들 몇 명을 먼저 끝장내야지.〉에거스는 자신이든 남이든 그런 식으로 없애 버릴 생각이 전혀 없었다. 그러나 최고의 현실주의자인 그도 억지로 나치의 선전을 믿으려고 애쓰며, 독일이 전혀 손상되지 않은 모습으로 명예롭게 전쟁을 끝내는 모습을 상상했다. 〈우리는 두 세계에 살았다. 사실의 세상과 환상의 세상.〉 그는 이렇게 썼다. 전쟁의 끝이 다가오면 전쟁 중의 잘잘못을 따지는 때도 올 것이라고 그는 확신했다. 싱클레어가 프란츠 요제프로 변장하고 탈출하려 했을 때 입었다가 피에 물든 가짜 군복이 전에는 역사적인 기념품이었다면, 이제는 전쟁이 끝난 뒤 재판정에 제출될 수 있는 범죄의 증거처럼 보였다. 에거스는 콜디츠 박물관에서 그 무서운 전시품을 조용히 가지고 나와 불에 태웠다.

수용소의 내부 권력 구조도 1944년 가을에 빠르게 변해서, 일부 경비병과 포로 사이에 묘하게 부드러운 분위기가 새로 생겨났다. 에거스는 독일 교육 영화 모임이 제작한 영화 필름 한 상자를 마을의 교사에게서 빌려 와 극장에서 토요일 밤 시네마 클럽을 열었다. 「배추흰나비의 일생」이 마음을 사로잡는 영화라고 하기는 힘들지만, 그래도 아무것도 없는 것보다는 아주 조금이나마 나았다. 탈출하지 않겠다고 약속한 포로들은 감시를 받으며 마을로 내려가서 마을 풀밭에서 럭비 경기를 하고 강에서 멱을 감을 수도 있었다. 9월 초 한 장교가 사냥터 산책 중 이파리 더미 속에 숨어 있다가 발각되었을 때, 경비병들은 그냥 그를 끌어내 성으로 데려오기만 했다. 〈지금까지 익숙했던 욕설이나 총으로 쏘겠다는 위협이 전혀 없었다.〉 초창기의 지독한 얼간이 괴롭히기도 점차 누그러지다가 거의 사라져 버렸다. 더글러스 베이더만이 욕설을 급류처럼 쏟아 내며 뻔뻔하게 굴었다. 그의 조롱이 예전에는 반항적인 저항의 표현이었으나, 폭탄이 독일에 폭포처럼 떨어지고 소련군과 연합군이 점점 가까워지는 지금은 그냥 남을 괴롭히는 행위로 보였다. 아주 오랫동안 지독한 조롱의 대상이었던 라인홀트 에거스는 포로들이 자신을 포함한 독일 장교들에게 거의 상냥하다고 해도 될 만한 태도를 보인다는 것을 알아차렸다. 〈그들이 약자에게 동정심을 느끼기 시작한 것은 전형적인 영국인의 행동이었다.〉 루돌프 덴츨러도 콜디츠에 올 때마다 양측의 공격성이 점점 누그러지는 것을 알아차렸다. 〈독일군의 전황이 나빠지면서, 수용소에서는 사건이 줄어들고 동료를 생각해 주는 듯한 분위기가 만들어졌다.〉 포로와 간수의 사이가 점점 가까워지는 중이었다.

콜디츠에서 탈출한 사람들은 바깥세상의 전쟁에 참여해서 계속 싸우거나, 기다리거나, 궁금해했다. 전쟁의 마지막 장이 열리고는 있으나, 아직 그 끝을 알 수 없기 때문이었다.

　　에어리 니브와 MI9은 점령지 유럽에서 탈출 라인을 통해 영국과 미국 군인 5천여 명을 몰래 빼내서 영국으로 데려오는 일을 성공적으로 해냈다. 디데이 직후에는 니브가 프랑스에 배치되어 〈마라톤 작전〉을 조직하기도 했다. 격추된 공군 수백 명을 숲속 캠프에 모아, 진군하는 연합군이 구출할 수 있게 하는 임무였다. 최초의 콜디츠 탈주자인 알랭 르레이는 베르코르에서 프랑스 레지스탕스 부대를 지휘하며 나치를 상대로 파괴 공작을 펼쳤다. 1944년에는 드골의 프랑스 국내군에서 지휘관으로 활동했다. 르레이와 마찬가지로 프랑스인이며 승마 솜씨가 뛰어난 피에르 메레스르브룅은 1941년에 철조망을 뛰어넘어 탈출한 뒤 8월에 연합군과 함께 프로방스에 상륙했으며, 지금은 라인강을 향해 북쪽으로 싸우며 나아가는 해방군의 일원이 되어 있었다. 스위스로 들어가는 길을 발견한 덕분에 본인을 포함해 수많은 사람이 탈출할 수 있게 해준 한스 라리버는 네덜란드의 해방을 위해 노력하는 네덜란드 모터 어뢰정 부대를 지휘 중이었다. 스코틀랜드 출신의 무서운 여자 제인 워커는 비스와강 동편의 작은 마을에서 농부로 위장하고 완벽한 폴란드어를 구사하며 숨어 살았다. 붉은 군대가 점점 다가오고 있는 상황에서 M 부인은 공산주의자의 손에 해방되는 것이 맞는지 판단이 서지 않았다. 프랭크 〈에롤〉 플린은 중립국 스웨덴을 통해 송환되었다. 영국으로 돌아온 뒤 신경 쇠약에 걸려 블랙풀 인근의 병원에 입원했다. 〈나는 싸울 수 있는 상태가 아니었다. 아주 오랫동안 인생이 무의미해 보였다. 감옥에서 4년은 긴 세월이었다. 내 인생에서 최고의 시기였는데. 회복이 느렸다.〉

콜디츠에서 탈출해 스위스에 다다른 사람들 중 두 명은 그곳에서 발이 묶였다. 나치가 1942년 11월에 비시 프랑스를 점령한 뒤 프랑스 남부를 지나가는 탈출로가 막힌 탓이었다. 그들은 다른 사람들과 상당히 다른 경험을 했다.

팻 리드는 베른에서 보조 무관으로 일하면서, 비밀리에 MI6 활동도 하며 자유인의 삶을 즐겼다. 그가 거기서 젊은 미국인 여성을 만나 순식간에 결혼까지 했다는 소식이 콜디츠에 도달했을 때 사람들은 충격을 받았다. 〈팻 리드가 스위스에서 미국인 상속녀랑 결혼했다니!〉 플랫 목사는 이렇게 썼다. 콜디츠에서 탈출 욕구를 억누르지 못한 팻 리드의 신화가 벌써 만들어지고 있었다.

한편 비렌드라나트 마줌다르는 제네바 호숫가의 몽트뢰에

있는 어느 호텔에 묵고 있었다. 처음에는 스위스가 낙원 같았다. 〈좋은 생활이었다. 좋은 음식, 좋은 포도주.〉 그는 스위스에 도달한 여러 연합군 군인들의 병을 치료하는 일을 다시 시작했다. 그중에는 인도인 군인도 있었다. 영국이 설립한 사교 클럽에서 그는 해먼드라는 해군 부사관과 당구도 치고 브리지 게임도 했다. 로카르노의 결핵 전문 클리닉에서 또 다른 의학 학위를 따기 위한 강의도 들었다. 심지어 연애도 시작했다. 상대는 엘리안이라는 젊은 스위스 여성이었는데, 그녀의 부유한 부모가 바젤에 살았다.

그러나 그는 아직도 의심에 둘러싸여 있었다. 몽트뢰에 도착한 직후, 북아프리카에서 빅토리아 십자 훈장을 받은 탱크 지휘관 헨리 푸트 중령이 그를 불렀다. 중령 자신도 포로가 되어서 이탈리아에 갇혀 있다가 스위스로 탈출한 사람이었다. 〈내가 마줌다르에게 호감을 느꼈다고 할 수는 없다.〉 그는 마줌다르를 면담한 뒤 런던으로 보낸 보고서에 이렇게 썼다. 마줌다르가 〈쓸데없이 말이 많고, 다소 심술궂다〉는 것이 그의 묘사였다. 영국 당국은 그가 인도 민족주의 지도자 수바스 찬드라 보스와 접촉한 것을 깊은 불신의 눈으로 보았다. 1943년 히틀러는 보스를 잠수함에 태워 동남아시아로 보내 주었다. 인도 독립운동의 간판인 그는 일본이 점령한 싱가포르에서 더 많은 인도 군인을 설득해 자신의 해방군에 들어오게 하고, 일본의 지원을 받아 자유 인도 임시 정부를 세우는 중이었다. MI5는 섹션 Z라는 특별 부서를 만들어 인도인들의 파괴 활동을 조사하면서 마줌다르의 파일도 새로 만들었다. 마줌다르는 신문처럼 느껴지는 대화에서 자신이 베를린에 갔을 때의 일을 설명하고, 협력하라는 권유를 모두 거절했음을 밝힌 뒤

화제를 바꾸려 했다. 푸트는 마줌다르가 보스에 대해 〈이야기하고 싶어 하지 않았다〉면서 〈그 이야기에 확실히 열의를 보이지 않았다〉고 보고했다. 당시 상황을 생각하면 이것은 전혀 이상한 반응이 아니었으나, 이것만으로도 그를 잠재적인 반역자로 점찍기에 충분했다.

푸트처럼 영국령 인도에서 복무한 장교들은 마줌다르를 특히 의심스럽게 바라보았다. 어떤 사람들은 그를 〈벵골 바부Baboo〉라고 지칭하기도 했다. 지나치게 교육을 많이 받아서 〈건방져〉 보이는 인도인을 부르는 멸칭이었다. 몽트뢰 클럽은 그가 만나는 손님이 부사관이라는 점을 지적했다. 스누커 당구대는 전적으로 장교들만을 위한 것이었다. 이 지적의 의미는 분명했다. 마줌다르가 클럽에 오지 않았으면 한다는 것.

어느 날 오후에 영국인 중령 한 명이 마줌다르에게 다가왔다.

「자네 동포들에게 말하게. 스위스 여자들과 어울리지 말라고.」 그가 지시했다.

마줌다르는 이번에도 이 지시가 바로 자신을 겨냥한 것임을 알아차렸다. 그가 백인 여성과 사귀는 것이 문제였다.

「중령님, 저는 그렇게 하지 않겠습니다. 영국인 장교들이 스위스 여자들과 어울리는 한 저도 그렇게 할 겁니다.」 그가 대답했다.

「이건 명령이야.」

「저는 그 명령을 거부합니다. 중령님은 지금 시간 낭비를 하고 계십니다. 저는 자유인이니 저를 구속하지 마세요. 중령님은 저를 구속할 수 없습니다.」

제16편자브 연대의 시드니 라벤더 중령은 스위스의 영국 선임 장교였다. 그는 북아프리카에서 수훈장을 받았으며, 이탈리아의 포로 수용소에서 탈출했다. 영국령 인도에서 성인기를 대부분 보낸 터라, 그는 자신이 〈인도인의 정신〉을 잘 이해한다고 자신했다. 그래서 자신이 인식한 마줌다르의 정신이 마음에 들지 않았다. 1944년 말 그는 이 인도인 의사의 콧대를 꺾어 줄 기회를 포착했다.

수용소에서 탈출한 포로들 중 많은 사람이 눈병으로 고생했다. 마줌다르는 더 정확한 진단을 위해 검안경이 필요하다는 결론을 내렸다. 손으로 들고 불빛을 비추어 눈 안쪽을 확대해서 살펴보는 값비싼 장비였다. 제네바에 이 장비를 주문한 그는 선임 군의관에게서 청구 전표를 받은 뒤 현금으로 장비 대금을 치렀다.

하루 뒤 라벤더 중령이 그를 불렀다.

「넌 망할 거짓말쟁이야, 마줌다르.」 중령이 고함을 질렀다.

「뭐라고 하셨습니까? 그런 말이 제게는 익숙하지 않습니다, 중령님.」 마줌다르가 말했다.

중령은 비속어를 폭포처럼 쏟아 내며, 마줌다르가 도둑질을 했다고 비난했다. 검안경을 사야 하는 돈을 횡령했다는 것이었다. (마줌다르는 자신에게 그 장비를 판매한 여자가 〈포도주와 식사〉를 대접받고 자신은 그에게 검안경을 팔지 않았다는 진술서에 서명했다는 사실을 나중에 알았다.)

「그걸 사지 않았잖아.」

마줌다르는 방금 구입한 새 기계를 증거로 내놓을 수 있다고 말했으나, 라벤더 중령은 인도가 결코 독립할 수 없는 이유와 인도인의 타락에 대해 미친 듯이 독설을 쏟아 내고 있었다.

〈나는 그의 말에 전혀 동의하지 않았다.〉 마줌다르는 나중에 이렇게 회상했다.

이제 두 사람 모두 일어서서 고함을 질러 댔다. 라벤더의 얼굴이 분홍색에서 자주색으로 변했다.

결국 마줌다르가 폭발했다. 「당신과 나의 차이는 이겁니다, 중령. 당신은 내 나라에서 25년을 살았는데 그 나라의 여러 언어 중 단 한 개도 모릅니다. 나는 당신 나라에서 15년 동안 살았는데 당신네 언어를 포함해서 5개 국어를 하죠.」

마줌다르는 도난 혐의로 군사 재판을 기다리며 로카르노의 호텔에 연금되었다. 〈날 도와줄 사람이 전혀 없었다.〉 그는 이렇게 썼다. 4년 동안 포로 생활을 하다가 탈출했는데 또 죄수가 되어 이번에는 영국인의 손에 갇혀 있다니.

만약 마줌다르가 간신히 영국으로 돌아간다 해도, MI5가 그를 기다리고 있을 터였다.

가을이 되자 유명한 포로들이 많이 콜디츠로 옮겨졌다. 점점 상황이 불길해 보였다. 10월에는 몸집이 작고 자신을 잘 드러내지 않는 뉴질랜드의 양치기 찰스 업팸이 콜디츠에 나타났다. 그가 워낙 수줍음을 타고 수용소 분위기는 과민하게 긴장되어 있어서, 그를 보자마자 또 첩자가 왔다고 의심한 사람들이 있었다. 그러나 사실 그는 크레타와 이집트에서 뛰어난 용맹으로 빅토리아 십자 훈장을 두 번이나 받은 유일한 군인이었다. 그는 1차 엘알라메인 전투에서 총알투성이가 된 모습으로 사로잡혀 이탈리아 군의관에게서 팔을 잘라야 한다는 말을 들었으나 거부했다. 몇 번이나 탈출을 시도하다가 콜디츠로 옮겨진 뒤 그는 자신의 영웅담을 결코 입에 담지 않으려 했다. 그보다는 양에 대한 이야기를 더 좋아했다.

업팸만큼 용감하지만 훨씬 더 말이 많고 SAS를 만든 데이비드 스털링도 콜디츠에 새로 들어왔다. 이제 막 태어난 특수 부대 SAS는 스털링의 돈키호테 같은 지휘를 받으며 북아프리카 전투 때 밤을 틈타 추축국 비행장에 몰래 들어가 독일과 이탈리아 비행기에 폭탄을 설치해서 적에게 엄청난 피해를 입혔다. 그들은 폭탄이 터지는 순간 리비아 사막으로 모습을 감추었다. 감탄한 로멜 원수에게서 〈팬텀 소령〉이라는 별명을 받은 스털링은 결국 1943년 1월에 포로가 되었다. 그는 이탈리아, 오스트리아, 체코슬로바키아의 수용소에서 다섯 번 탈출 시도를 한 끝에 콜디츠로 옮겨졌다. 그곳에는 그가 지극히 제멋대로 구는 사람이라는 평판이 이미 퍼져 있었다. 〈수용소 직원들은 그를 몹시 의심스럽게 바라보았다. 단 1분도 그를 혼자 두지 못했다.〉 한 포로는 이렇게 썼다.

저명한 회원들로 이루어진 프로미넌테의 규모도 다른 수용소에 있다가 계속 콜디츠로 옮겨지는 푸른 피의 포로들 덕분에 크게 커졌다. 자일스 로밀리와 마이클 알렉산더처럼 반쯤 격리된 엘리트 집단에 가장 먼저 합류한 사람은 호프툰 백작이었다. 1936년부터 1943년까지 인도 총독을 역임한 린리스고 후작의 아들인 찰리 호프툰 대위는 제51하이랜드 사단 소속으로 됭케르크에서 포로가 되었으며, 지금은 오로지 〈그 아버지의 아들〉이라는 이유만으로 콜디츠로 옮겨졌다. 그 뒤에 국왕 조지 6세의 조카

두 명도 이 그룹에 합류했다. 태어날 당시 왕위 계승 서열 6위였던 조지 라셀스 자작 중위는 나중에 7대 헤어우드 백작이 되었고, 존 엘핀스턴 대위는 나중에 17대 엘핀스턴 경이 되었다. 영국 왕가 사람들에게 항상 강박적인 관심을 보인 나치는 왕실 소속의 이 포로들에게 〈보호〉를 위해서라고 애매하게 밝혔을 뿐이다. 이들 못지않게 선전 재료로서 가치를 지닌 포로로는 조지 알렉산더 유진 더글러스 헤이그도 있었다. 2대 헤이그 백작인 그는 제1차 세계 대전 당시 영국군에서 가장 유명한 군인이었으며 이제는 고인이 된 헤이그 육군 원수의 아들이었다. 〈도윅〉이라는 별명을 지닌 헤이그는 창백하고 우울한 예술가로서 〈침묵을 검은 외투처럼 두르고〉 있었으며, 아메바성 이질로 고생했다. 마이클 알렉산더에 따르면, 〈그가 프로미넨테의 다른 사람들보다 더 심하게 구금 생활의 영향을 받았다〉. 그는 〈말보다 더 표현력이 뛰어난〉 것이 그림이라고 생각했기 때문에 말을 거의 하지 않았다. 헤이그는 옥스퍼드 시절 불링던의 회장이었고, 호프툰은 회원이었다. 이 사람들은 콜디츠에 도착하자마자 이곳에서 가장 배타적인 클럽 프로미넨테의 회원이 되었다. 처칠의 먼 친척인 맥스 드 해멀까지 여기에 합류하자 프로미넨테 회원은 일곱 명으로 늘어났다. 그들은 함께 식사하고, 같은 방을 쓰고, 저녁 7시 30분이 되면 확실하게 감금되었다. 이제는 시골길 산책도 허용되지 않았다.

독일 측이 가치 있는 포로들을 콜디츠에 몰아넣고 있다는 증거가 런던에 도달한 뒤, 다우닝가와 버킹엄 궁에도 이 심상찮은 소식이 전달되었다. 〈국왕께서는 독일이 이 나라 저명인사들의 가까운 가족이나 친척인 젊은이들을 모두 한곳에 모으고 있다는 사실을 다소 불길하게 생각하셨습니다. 갑작스레 수용소를 옮긴 것에 거슬리는 의미가 있는 듯합니다.〉왕의 개인 비서이자 얼마 전 콜디츠로 옮겨진 포로의 친척인 앨런 〈토미〉 라셀스 경은 처칠에게 보낸 편지에 이렇게 썼다. 총리는 영국이 확보한 독일군 고위급 포로들과 프로미넨테 회원들을 교환하거나 특공대를 보내 그들을 구출할 생각을 잠시 해보았지만, 〈개별 포로를 위한 특별 조치는 우리가 그들에게 특별한 관심을 갖고 있다는 사실을 독일 측에 더욱 강조해 줄 뿐〉이라는 결론을 내렸다. 그래서 이익 대표 국인 스위스에 〈특수한 포로들〉의 안녕을 감시해 달라고 공식적으로 요청했다. 이와 동시에 외무부의 정치 정보부는 포로 수용소에 떨어뜨릴 팸플릿을 제작했다. 게슈타포, 코만단트, 수용소 관리들과 경비병들에게 〈맡고 있는 연합군 포로들의 안전과 복지에 각자 직접적으로 책임을 져야 할 것〉이라고 〈엄숙하게 경고〉하는 내용이 실린 팸플릿이었다. 평범한 수용소 관리들은 이것을 보면 포로를 죽이려다가도 멈칫하게 될지도 모르지만, 힘러와 그의 휘하에 있는 SS 살인자들에게는 이렇다 할 영향을 미치지 못할 것 같았다. 루돌프 덴츨러는 프로미넨테를 위해 자신이 개입하는 데에는 한계가 있음을 알고 있었다. 〈전쟁 포로는 전쟁 중인 나라가 손에 쥔 인질이다. 콜디츠에는 그중에서도 특별히 가치 높은 사람들이 있었다.〉그는 이렇게 썼다. 전시 국무 장관인 제임스 그리그 경은 처칠에게 다음과 같이 경고했다. 〈독일 고위층은 나중에 자신의 구명을 위해 교환할 생각으로《프로미넨티》[원문대로 표기]를 데리고 있습니다. 우리가 중요 전쟁 범죄자를 확보하기 전에는 우리 사람들이 전혀 위험하지 않습니다만, 나중에 우리가 엄청난

딜레마에 시달리게 될 겁니다.〉

프로미넨테는 데이비드 스털링이 〈제3제국에서 경비가 가장 엄중한 여관〉이라고 부른 콜디츠에 타의로 머물고 있는 손님이었다. 독일 측이 자신들을 이렇게 한데 모은 것이 안전을 위해서인지, 교환을 위해서인지, 죽이기 위해서인지 그들은 전혀 몰랐다. 로마노프 황제 일가도 1917년에 이렇게 한자리로 끌려 나온 뒤 학살당했다. 호프튼은 자신이 콜디츠로 옮겨진 이유를 물었다가 오싹한 대답을 들었다. 〈러시아 황가와 같은 일을 당신들이 당하지 않기를 바란다.〉

15
붉은 여우

윌리 토드 중령은 두 번 다시 전투에서 부하들을 이끌지는 못할 테지만, 그들을 고향으로 이끌기 위해 필요한 일이라면 무엇이든 할 생각이었다.

토드는 콜디츠의 화신 그 자체였다. 키가 크고, 머리는 점점 희끗희끗해지고, 전투로 단련되고, 화강암처럼 단단하다는 점이 그러했다. 영국 선임 장교인 그는 스코틀랜드 출신으로 얼굴이 긴 말상이었으며, 코는 화려하게 꺾어진 모양이었다. 〈평화를 사랑하고, 예의 바르고, 점잖은〉 그는 과거의 영국 선임 장교들과 상당히 달랐다. 우선 얼간이 괴롭히기를 나쁜 스포츠라고 생각했다. 〈독일인들이 공격을 당하는 쪽이었다. 그는 쓰러진 사람을 발로 차면 안 된다고 생각했다.〉 플랫 목사는 이렇게 썼다. 탈출에 대해서도 토드가 적극적으로 막지는 않았지만, 전쟁의 끝이 조금씩 가까워지고 탈출 시도의 위험이 높아지자 탈출을 격려하지도 않았다. 탈출 위원회는 계속 돌아갔으나, 〈그는 정말로 성공할 가능성이 있는 탈출 시도만 승인하려 했다〉. 대부분의 포로들은 탈출을 반쯤 금지하는 듯한 그의 태도에 안도감을 느꼈다. 그는 〈올드 울

리〉라고 불리며 젊은 사람들의 사랑과 존경을 받았지만 내면에
는 나름의 슬픔이 있었다. 토드가 콜디츠에 도착한 지 몇 달 뒤인
1944년 1월 그의 외아들이 이탈리아에서 전사했기 때문이었다.
그는 이 사실을 아무에게도 말하지 않았다. 그래도 사실이 새어
나가 포로들이 위로하려고 하자, 윌리 토드는 그저 먼 곳을 바라
보며 이렇게 말했다.「그건 으레 있는 일이지. 군인에게는.」그러
면서도 그는 자신 휘하의 군인들은 절대로 그런 일을 당하지 않게
하겠다고 굳게 결심했다. 플로리먼드 듀크도 그와 같은 생각이었
다. 듀크는 독일 당국을 설득해 자신을 수용소 내 미국 선임 장교
(SAO)로 인정하게 했다. 이제 그는 코만단트와 대립할 때 합류
할 생각이었다.「우리가 2대 1로 싸우는 겁니다.」듀크는 토드에
게 이렇게 말했다.

　위협적인 전쟁 말미에 두 사람은 콜디츠의 방향을 잘 조종하
는 역할을 맡게 되었다. 그들은 휘하 포로들을 보호하고, 최대한
많은 사람이 살아남게 하는 것이 자신의 역할이라고 보았다.

　8월 말의 어느 날 오후에 포로들이 운동을 위해 사냥터로 내
려갔다. 마이클 싱클레어도 여러 달 만에 처음으로 그 무리에 끼
어 있었다. 프랑스 장교에게서 구입한 커다란 카키색 겉옷 차림이
었다. 경비병들은 빨간 머리 싱클레어를 잘 감시해야 한다는 것을
알고 있었고, 아니나 다를까 일상적인 수색 결과 그가 군복 아래
에 직접 만든 민간인 옷을 입고 있는 것이 발각되었다. 모종의 탈
출 시도임이 분명했으므로, 싱클레어는 독방 14일을 선고받았다.

　〈그가 이 탈출 계획에 대해 내게 한마디도 하지 않은 것이 조
금 상처였다.〉그리스 데이비스-스쿠어필드는 이렇게 썼다. 두

사람은 포로 생활 초기부터 절친한 사이였고, 포즈난에서도 함께 탈출해 M 부인의 보호 아래 폴란드에 숨어 지낸 적이 있으며, 그 뒤로도 모든 탈출 계획을 함께 꾸몄다. 그러나 몇 달 전부터 싱클레어와 이야기를 나누기가 점점 힘들어지는 것 같았다. 안치오에서 싱클레어의 남동생이 죽은 뒤로 그의 냉담함이 더 깊어졌다. 〈그의 오랜 친구이자 동료인 나도 그와 속 깊은 이야기를 전혀 나눌 수 없었다. 솔직히 말해서 나는 거듭 거절당한 뒤 더 이상 열심히 노력하지 않았다.〉 데이비스-스쿠어필드가 요즘 무슨 일을 꾸미고 있느냐고 물어도 싱클레어는 어깨를 으쓱하며 이렇게 말할 뿐이었다. 「언제 기회가 생길지는 아무도 모르지.」 아주 꼼꼼하게 계획을 짜는 성격인 그가 이런 말을 한 것도 그답지 않았다.

싱클레어는 9월 18일에 독방에서 나왔다. 그리고 닷새 뒤 안마당 벽에 선명한 빨간색과 검은색으로 적힌 새 공고문이 붙었다. 느낌표, 이탤릭체, 밑줄이 아주 많았다.

모든 전쟁 포로에게 말한다!
포로 수용소 탈출은 이제 스포츠가 아니다!

이 공고문은 영국이 〈조폭 특공대원, 테러 무리, 파괴 공작 부대〉를 배치했다고 비난하며, 이렇게 선언했다. 〈독일은 반드시 조국을 지킬 것이다.〉 그다음에는 경고로 위장한 협박이 있었다. 〈엄격한 금지 구역을 만드는 것이 필요해졌다. 죽음의 구역이라고 불리는 이곳에 승인 없이 들어간 사람은 발견 즉시 사살될 것이다. 전쟁 포로가 탈출 중 죽음의 구역에 들어선다면 반드시 목숨을 잃을 것이다. **앞으로 탈출을 시도하지 말 것을 다급히 경고한다!** 간단히 말하자면, 안전한 수용소 안에 머무르라는 것이다. 탈출은 이제 죽도록 위험한 행위다.〉

그러나 대부분의 포로들은 이제 탈출을 생각하지 않았다. 그들이 생각하는 것은 음식이었다.

가을이 오면서 처음으로 굶주림의 고통이 닥쳤다. 포로와 경비병을 막론하고 성에 있는 모든 사람의 몸과 영혼을 허기가 갉아먹었다. 적십자사 구호품이 여름 내내 꾸준히 줄어들어서, 그 전해에 비축해 두었던 물품도 줄어들었다. 제3제국이 혼란에 휩싸이고 철도망이 폭격으로 심하게 손상된 탓에 이제는 물품이 전달되지 못했다. 스위스에서 독일로 들어온 물건들은 수용소까지 도달하기 훨씬 전에 도난당하거나 그냥 사라졌다. 독일이 점점 굶주리고 있었다. 영국에서 오는 개인 소포도 찔끔찔끔 줄어들다가 아예 도착하지 않게 되었다. 편지도 오지 않았다.

적십자사 소포에 들어 있는 음식 덕분에 그동안 독일 배급 식량도 제법 먹을 만했다. 영양도 확보할 수 있었다. 그러나 이제는 독일 수용소 당국이 제공하는 보잘것없는 식량에 점점 의존할 수밖에 없었다(곧 전적으로 의존하게 되었다). 곰팡이 핀 감자, 검은 빵과 기장이 모두 엄격하게 배급되었다. 묽은 수프는 정체를 알 수 없었다. 성으로 들어오는 채소라고 해보았자 순무와 콜라비가 전부인데, 그나마도 귀했다. 토드는 적십자사 구호품 중 남은 것을 비상 물자로 한데 모으라고 지시했다. 그렇지 않아도 먹을 것은 성 안에서 항상 중요한 화젯거리였는데, 이제는 다른 화젯거리를 모두 잡아먹었다.

탈출 시도를 금지하는 공고문이 붙은 지 이틀 뒤인 9월 25일에 라인홀트 에거스는 동쪽 성벽에 서서 사냥터를 바라보았다. 포로들이 그곳 운동장까지 걸어가려고 대형을 이루고 있었다. 아름다운 초가을 날씨였다. 나뭇잎 색깔이 점점 변하고, 벌써 낙엽이 되어 떨어지는 이파리도 있었다. 낙엽이 따뜻한 산들바람에 실려 사냥터에서 춤을 추었다. 에거스는 〈콜디츠 최고의 풍경〉이었다고 회상했다. 〈서어나무, 너도밤나무, 단풍나무가 티어가르텐* 전역에서 불타올랐다.〉 전쟁이 아주 먼 이야기처럼 보였다.

그리스 데이비스-스쿠어필드가 사냥터로 향하는 마이크 싱클레어를 발견했다.

「산책을 가는 중이군. 나도 같이 갈까?」 그가 물었다.

「아니. 혼자 있고 싶어. 고맙네.」 싱클레어는 돌아서서 가버렸다. 목소리가 〈특이하게 무감정〉한 것 같았다.

데이비스-스쿠어필드는 화가 났다. 〈지옥에나 가버려라……. 혼자 가고 싶으면 혼자 가.〉 그는 자기 방으로 돌아와 집으로 보내는 편지를 썼다. 오랜 친구가 프랑스 겉옷 아래에 또 민간인 복장을 입고 있다는 사실은 알아차리지 못했다. 싱클레어는 그 전날 아무에게도 알리지 않고, 탈출 기금에 남아 있던 돈 중에서 현금을 조금 들고 나왔다.

사냥터에 다다른 뒤 경비병들이 철망 울타리 주위에 자리를 잡았다. 약 2.5미터 높이의 울타리 꼭대기에는 가시철망이 붙어 있었다. 축구 경기가 시작되었다. 몇몇 포로들은 가을 햇볕을 받으며 느긋하게 시간을 보내거나 삼삼오오 수다를 떨었다. 울타리

* Tiergarten. 〈동물원〉, 〈사냥터〉를 뜻하는 독일어.

바로 안쪽에 발길로 다져진 길을 걷는 사람들도 있었다.

싱클레어는 울타리를 따라 30분 동안 혼자 오락가락하다가 멈춰 서서 축구를 구경했다. 선수 한 명이 고개를 들고 그의 얼굴을 보았는데 〈잿빛〉이었다. 그가 주머니에서 두툼한 검은 장갑을 꺼내 끼는 모습을 본 사람은 하나도 없었다.

오후 3시가 거의 되었을 때 싱클레어가 갑자기 겉옷을 휙 벗어던지고 첫 번째 인계 철선을 뛰어넘어 울타리를 올라가기 시작했다. 순간적으로 그가 〈공중에 팔다리를 쫙 펴고 떠 있는〉 것처럼 보이더니 맨 위쪽의 가시철망을 붙잡고 몸을 끌어 올렸다. 그러고는 〈흔들리는 울타리에 양다리를 벌리고 걸터앉아 균형을 잡고〉 있는데 독일 경비병들이 상황을 알아차렸다.

「거기 서!」그들이 거의 동시에 소총을 어깨에서 내리며 소리쳤다. 「Halt oder ich schiesse!*」

그날 독일의 당직 부사관은 싱클레어를 잘 알고 그를 〈크게 우러러보는〉 사람이었다. 그가 울타리 자물쇠를 열고 바깥쪽으로 뛰어가며 권총을 꺼냈다. 경기는 멈추었고, 축구를 하던 사람들은 홀린 듯이 눈앞의 광경을 보고 있었다.

싱클레어가 울타리 뒤편에 쿵 하고 떨어진 순간 독일군 부사관이 숨을 헐떡이며 도착했다.

「소용없습니다, 싱클레어 씨.」그가 말했다. 불친절한 태도가 아니었다.

싱클레어는 그의 권총을 쳐서 떨어뜨리고 비탈길을 전속력으로 뛰어 올라갔다. 〈놀라울 정도로 굳은 표정이었다.〉

* 멈춰라. 아니면 쏜다!

외벽까지 절반쯤 갔을 때 첫 번째 총성이 사냥터 전체에 울려 퍼졌다. 그다음에 두 발 더, 그다음에는 10여 명의 경비병들이 각자 다른 위치에서 제멋대로 총을 쏘는 소리. 성에 있던 포로들도 총성과 고함을 듣고 창문으로 몰려들었다. 〈세상에, 마이크야. 틀림없어.〉 그리스 데이비스-스쿠어필드는 속으로 생각했다. 이제 싱클레어는 몸을 낮게 웅크리고 나무가 있는 곳을 향해 질주하고 있었다. 「Nicht schiessen.*」 축구를 하던 사람들이 소리쳤다. 「Nicht schiessen!」 성으로 올라가는 길 옆의 포대에서 기관총이 사격을 시작했다. 작은 계곡 너머까지 시야가 탁 트여 있었다.

외벽까지 아직 3미터쯤 남았을 때 싱클레어가 휘청거리다가 무릎으로 털썩 주저앉았다. 철망 뒤에서 사람들이 놀란 소리를 냈다. 〈그러고는 천천히 그가 가을 낙엽을 향해 앞으로 무너졌다.〉 총알 하나가 그의 오른쪽 팔꿈치를 맞고 튀어나와 곧바로 심장에 박혔다.

한 시간도 안 되어서, 포로들은 놀란 얼굴로 안마당에 소집되었다. 긴급 점호를 위해서였다. 충격과 침묵 속에서 점호가 시행되었다. 독일 경비 장교는 경례한 뒤, 부하들을 데리고 정문으로 나갔다. 잠깐이지만 포로들만 남았다. 「주목!」 윌리 토드가 명령했다. 그렇지 않아도 실제 나이보다 늙어 보이는데, 갑자기 더 늙은 것 같았다. 「싱클레어 군이 사망했다는 소식을 전하게 되어 유감이다.」

다음 날 마을 묘지에서 치러진 장례식에 참석을 허락받은 포

* 쏘지 마.

로는 고작 열 명이었다. 프라비트 코만단트가 관을 덮을 영국 국기를 마련해 주었다. 모두가 〈정말로 아름다운 화관〉이라고 입을 모은 화관도 주었다.

그리스 데이비스-스쿠어필드는 싱클레어의 소지품에서 접힌 셔츠 안에 끼워진 메모를 발견했다. 〈모든 책임은 내 몫이다. 집까지 무사히 돌아가기를, 좋은 친구들 모두.〉

성의 예배당에서 열린 예배에서는 군대에서 애도의 의식을 할 때 부르는 친숙한 노래를 모두 불렀다. 「나와 함께 하소서」, 「주님은 나의 목자시니」, 그리고 국가. 나팔수가 회랑에서 〈장송 나팔〉을 불었다. 싱클레어의 성취가 열거되었다. 그보다 자주, 그보다 더 열렬히 탈출한 포로는 없었다. 독일과 나치 점령지 내부에서 그만큼 오래 자유로운 시간을 보낸 포로도 없었다. 그는 폴란드에서 무서운 스코틀랜드 여자의 보호를 받으며 몇 달 동안 숨어 있었다. 스위스, 네덜란드, 불가리아 국경에 이르렀으나 국경을 넘은 적은 없다. 탈출 시도 중에 이미 가슴에 총을 맞은 적이 있다. 그래도 그는 포기하지 않았다. 「세상의 누구보다도 여러분은 그 의미를 잘 아십니다. 이것은 그저 헛된 비극이 아닙니다.」 플랫 목사가 포로들에게 말했다. 많은 사람이 내심 생각하던 것을 그가 이렇게 무심코 덧붙인 듯하다.

포로들은 싱클레어의 죽음에서 고귀함, 의미, 위안을 얻으려 했다. 〈남이 자유를 가져다주기를 기다리면 자신의 실패가 확정되고, 심장에 흉터가 생기고, 영혼이 시들 것이다.〉 한 사람은 이렇게 말했다. 다른 사람은 그가 〈다른 사람들이 희망을 포기한 뒤에도 여전히 시도에 나선 용기와 결의 때문에 죽었다〉고 단언했다. 그리스 데이비스-스쿠어필드는 탈출 시도가 있으면 누구라도 사살하겠다는 독일군의 위협이 싱클레어를 오히려 〈더 부추긴〉 것은 아닌지 궁금했다.

토드와 듀크가 싱클레어가 〈사실상 빠져나갈 수 없는〉 상태였다고 주장하며 공식적으로 불만을 제기했지만, 독일군을 비난하는 목소리는 거의 없었다. 경비병들은 정해진 대로 그에게 경고한 뒤 마지못해 총을 쏘았으며, 그를 죽일 의도가 없었다. 그래서 싱클레어가 그런 식으로 목숨을 끊을 작정이었는지도 모른다는 우울한 가능성이 침묵 속에 남았다. 어떤 사람들은 그의 행동을 〈자연스러운 이성의 붕괴〉 탓으로 돌리기도 했다. 그러나 싱클레어는 사망 당시 완전히 제정신이었다. 〈울타리에 달려드는〉 행위의 결과를 알았을 것이다.

마이클 싱클레어는 스물네 살에 포로가 되어 스물여덟 살에 죽었다. 엄격하게 규율에 복종하는 군인 가문 태생이라서, 동생처럼 전투 중에 목숨을 잃는 것이 최고로 남자다운 행동이라고 생각했다. 구금 생활은 그가 자라면서 갖고 있던 확신을 앗아 갔다. 탈출에 실패할 때마다 그가 운명이라고 생각하는 길과 점점 멀어졌다. 어쩌면 싱클레어에게는 작센의 비탈길에서 독일군 총알에 죽는 것이 확신을 되찾는 길이었는지도 모른다.

적이 보내는 인사는 동료들의 찬사를 모두 합한 것보다도 더 의미가 있다. 라인홀트 에거스는 붉은 여우의 탈출을 막느라 몇 년을 보냈다. 싱클레어의 죽음이 그의 마음을 깊이 건드렸기 때문에 그는 자신의 감정을 잘 표현하기 위해 북유럽 신화를 다시 떠올렸다. 머릿속 지식도 뒤져 보았다. 〈나라를 막론하고 영웅들의 발할라가 정말로 있다면, 용감하고 대담한 사람이 그곳에 가는 것이라면, 조국에 대한 사랑이라는 단 하나의 동기에서 그들의 결의가 솟아 나온 것이라면, 우리 독일의 전통에서 발할라는 마이크 싱클레어 중위가 잠든 곳입니다.〉

〈신경이 칼끝에 서 있는 것 같다.〉 플랫 목사는 이렇게 썼다. 매일 전해지는 BBC 뉴스는 승리를 약속했지만, 콜디츠와 포로들의 미래는 결코 확실하지 않았다. 어쩌면 곧 고향으로 돌아갈 수도 있고, 굶어 죽을 수도 있고, 후퇴하는 나치의 인질이 되거나 SS에 의해 대량 학살을 당할 수도 있었다. 전쟁에서는 미리 대비하는 것이 무엇보다 중요하다 해도, 알지 못하는 것을 위해 준비하기는 힘들다. 토드와 듀크는 언제 어떤 일이 자신들에게 닥칠지 정보가 필요했다. 성 안 사람들의 운명을 미리 알려 줄 성 밖 사람이 필요했다. 만약 판이 바뀌어서 포로들이 성을 장악하게 된다면, 믿을 사람과 두려워할 사람을 구분할 수 있어야 했다. 믿을 만한 정보가 필요했다. 첩자가 필요했다.

　이름가르트 베르니케는 몇 달 전부터 탈출 위원회에 다양하고 유용한 정보를 제공하고 있었다. 1944년 가을에 토드 중령은 마을에서 정보 수집 활동을 확대하기로 했다. 〈콜디츠 영국 정보부대〉라는 거창한 이름이 붙은 조직을 결성하는 일은 SAS의 설립자이며 위장과 단검 사용에 모두 능한 데이비드 스털링에게 맡겨졌다. 스털링은 체네크 할로웁카의 도움을 얻어, 이르마에게 〈연애편지〉를 보내 물어볼 것들의 비밀 목록을 만들었다. 〈꼭 필요한 사랑의 말 다음에, 편지는 질문서로 바뀌었다.〉 국가적 관심사, 즉 사람들의 사기, 연합군과 나치당을 대하는 태도 등에 관한 질문이었다. 특히 콜디츠와 주변 지역의 상황에 대한 질문이 많았다. 경찰서, 시장 사무실, 전화 교환대, 급수 시설, 러시아 포로들의 막사, 주요 농장 건물 등의 위치를 묻는 질문도 있었다. 누가 나치를 이끌고 있나? 나치에 반대하는 사람도 있나? 10월 말 무렵에는 스털링과 첵코가 이르마에게 보내는 질문서가 일주일에 두 편이나 되었다. 〈그녀는 질문을 곰곰이 생각해 본 뒤 똑똑한 답변을 적어서 보내 주었다.〉 이르마의 아버지는 마을 나치당 사람들과 모두 아는 사이였으므로, 그녀는 〈소문과 사실을 모두 접할 수 있어서 크게 도움이 되었다. 그녀는 자신이 알려 줄 수 있는 것을 전부 말해 주려고 했다〉. 스털링은 마을의 중요 인물들을 파일로 만들어 정리했다. 〈곧 이 지역 나치당의 중요 인물 전원에 관한 서류가 만들어졌다. 당내의 민간인뿐만 아니라 게슈타포와 성의 행정 직원도 거기에 포함되었다.〉 스털링은 그 인물들의 집과 직장, 석유 상점, 탄약고, 식량 저장소, 곡식 창고, 의약품 저장소를 표시한 지도를 만들었다.

정보망이 점점 넓어졌다. 이르마와 첵코 사이에서 편지를 전달해 주는 젊은 군인은 하인츠 슈미트였다. 〈기민하고 똑똑한〉 그는 군대에 징병되기 전 프라이베르크에서 광업 학교에 다녔다. 아버지는 지역 기업가라서 콜디츠에서 가장 부유한 편에 속했다. 그러나 아버지와 아들 모두 남몰래 나치에 반대했다. 하인츠는 자신이 전달하는 것이 연애편지가 아니라는 사실을 처음부터 알고 있었다. 이르마가 하인츠를 포섭하고, 하인츠가 아버지를 포섭했다. 그리고 아버지는 인근의 나치 거물들뿐만 아니라 자신처럼 정권에 반대할 준비가 되어 있는 사람들에 관한 정보도 알려 주기 시작했다. 아버지 슈미트가 이처럼 적극적으로 협력한 데에는 복수심이 어느 정도 영향을 미쳤다. 그의 아내, 즉 하인츠의 어머니가 나치를 추종하는 이르마 아버지의 정부(情婦)였기 때문이다. 작은 마을이라고 불륜이 없지는 않다. 그러나 불륜이 국제적인 첩보전과 연관되는 일은 드물다. 슈미트는 〈나치에 반대하는 다른 사람들에게 속내를 털어놓았다〉. 스털링의 중요 협력자인 잭 프링글은 이렇게 회상했다. 오래지 않아 콜디츠 영국 정보 부대는 인근 주민들의 이념적인 성향을 차트로 정리하고, 무력으로 마을을 접수할 계획을 짰다. 프링글은 이렇게 썼다. 〈그 세 사람에게서 나오는 정보를 바탕으로 우리는 종말이 왔을 때 당과 게슈타포를 대신할 대안적인 지역 정부를 위해 사람을 고르기 시작했다.〉

만약 제3제국이 무너지고 독일군이 콜디츠를 포로들의 손에 넘겨주는 일이 벌어지는 경우 그들은 믿어도 되는 사람이 누구인지, 반경 48킬로미터 이내의 나치 중요 인물이 누구인지, 무기를 어디서 찾을 수 있는지 이미 알고 대처할 수 있을 것이다.

먹을 것이 부족해지면 어떤 사람은 음식을 모아 두고, 어떤 사람은 이득을 보고, 어떤 사람은 음식을 나눈다. 자신이 음식을 혼자 먹으려고 조금이라도 숨겨 두는 일은 절대 없을 것이라고, 또는 옆 사람의 빵 한 조각을 탐욕의 눈으로 바라보는 일은 절대 없을 것이라고 믿는 사람은 진짜 굶주림을 한 번도 경험해 보지 못한 사람이다. 적십자사 구호품이 풍부할 때 포로들은 함께 식사하는 친구들과 음식을 나눠 먹고 남는 것은 거래에 사용하는 데에 아무런 불만이 없었다. 그러나 굶주림이 심해지면서 콜디츠 내부의 경제적 양상도 달라졌다. 경비병들은 포로들보다 훨씬 더 심하게 굶주리고 있었으므로 점점 줄어드는 적십자사 구호품 속에 몇 개 되지 않는 호화로운 음식에 더욱 필사적으로 매달렸다. 암시장이 호황을 맞다 못해 과열되더니 결국은 사실상 붕괴되었다. 거래할 수 있는 물건이 줄어들어 일종의 하이퍼인플레이션이 발생한 탓이었다. 12월 초에 한 포로는 초콜릿 2.3킬로그램과 돈 10파운드를 1938년식 르노 쿠페와 교환하기로 약속했다. 그 차는 영국의 차고에 세워져 있었다. 경비병들은 커피, 설탕, 담배처럼 점점 구하기 힘들어지는 물건과 교환하기 위해 신선한 달걀 몇 개, 치즈, 우유를 가져왔다. 니코틴 중독자들은 담배 공급량의 꾸준한 감소로 크게 고생했다. 경비병과의 물물 교환이 아주 공공연한 일이 되었기 때문에, 에거스는 안마당에 물물 교환 상점을 열자는 현명한 제안을 내놓았다. 프라비트는 격노했다. 「다음에는 또 뭘 제안할 건가? 유곽?」 플랫 목사는 삶은 콜라비에 대해 심하게 불평했다. 순무와 양배추의 〈사생아〉이며 〈그 둘의 가장 나쁜 점〉만 갖고 있다는 것이었다. 옛날 같으면 음식도 아니라는 취급을 받았을 말 머리를 이제는 사람들이 열심히 삶아서 먹었다. 진취적인 사냥꾼들은 부주의한 비둘기라도 한 마리 낚을 수 있을까 하고 미끼를 끼운 갈고리를 창턱에 놓아 두었다. 12월 초가 되자 배급 식량이 더욱 줄어들어서 하루에 감자 세 알이 되었다. 플랫은 하루의 메뉴를 우울하게 설명했다. 〈아침 식사는 아주 얇게 썬 호밀빵 두 조각과 커피 대용품 한 잔. 점심 식사는 작은 감자 한 알과 삶은 채소 한두 숟가락, 그리고 빵 7분의 2조각과 치즈 7분의 1조각, ……

저녁 식사는 4온스* 담배통에 어렵지 않게 들어갈 수 있을 정도.〉 크리스마스가 되기 전에 모든 포로가 몸무게를 쟀다. 모두의 체중이 줄었지만, 일부는 특히 급격하게 줄었다. 그리스 데이비스-스쿠어필드의 전쟁 전 몸무게는 73킬로그램이었다. 하지만 지금은 55.5킬로그램에 불과했다. 줄리어스 그린은 하루에 고작 1천2백 칼로리만 섭취한다면 〈계속 침대에 누워 있기만 해도 확실히 살이 빠질 것〉이라고 계산했다. 포로들은 점점 줄어들고 있는 다른 사람들의 비축 식량을 탐내기 시작했다. 더글러스 베이더는 그린이 기름진 베이컨 덩어리 작은 것 하나를 아껴 둔 것을 알아차리고 코셔kosher 카드를 꺼낼 기회를 노렸다.

「그 베이컨으로 뭘 할 건가, 줄리어스?」

「먹어야죠.」 유대인 치과 의사 그린이 단호하게 말했다.

「먹으면 안 될 텐데.」

「그냥 날 지켜보기나 해요.」

「자네 원칙은 어쩌고?」

「원칙 따위 알 게 뭡니까. 전쟁 기간 중에는 최고 랍비에게서 원칙 면제를 받았다고 생각하고 있습니다.」

영양실조로 관절 통증, 피부 발진, 부종, 고약한 입냄새 외에 무기력 증세가 새로 나타났다. 스포츠에 대한 열정도 사그라들어서 스툴볼 경기도 거의 열리지 않았다. 유독 폭력적인 이 경기에서 발생할 수밖에 없는 물리적 폭행을 텅 빈 배로 감내할 각오가 된 사람은 거의 없었다. 얇게 자른 빵을 아주 조금씩 나눠 줄 때면, 그 빵을 이용해 남을 갈취할 기회가 생겼다. 음식을 비축해 두었

* 약 113그램.

다가 높은 가격에 파는 것이다. 장교 포로 몇 명은 독일군 감자 창고에 침입해 그곳의 물자를 몰래 꺼내서 자기들끼리 먹기 시작했다. 남들의 분노와 부러움을 사는 행동이었다. 토드 중령은 물물 교환을 규제하기 위해, 이제부터는 데이비드 스털링과 체네크 할로웁카만 독일군과 거래할 수 있다면서, 비상용으로 비축해 둔 적십자사 물품에 접근할 권리를 두 사람에게만 주었다. 무엇이든 손에 들어온 물자를 당번병까지 포함한 모든 포로에게 공정하게 나눠 주기 위해서였다. 이런 제한 조치는 즉시 영국 정보 부대의 힘을 강화하는 결과를 낳았다. 첵코와 스털링이 물물 교환을 이용해서 굶주린 경비병들에게서 더 많은 정보를 뽑아낼 수 있게 되었기 때문이다. 잭 프링글에 따르면, 〈그들은 정보를 정확히 얼마나 요구하면 되는지, 더 많은 정보를 이끌어 내기 위해 어떤 물건을 얼마나 교환 대상으로 내놓아야 하는지, 언제 물자를 끊고 언제 상냥하게 굴고 언제 거칠게 굴어야 하는지 잘 알고 있었다〉. 그러나 이런 방법은 정치적 분열을 격화시키기도 했다. 미키 번처럼 좌익 성향을 지닌 사람들은 음식을 중앙에서 독점하고 공동으로 나눠 주는 조치를 평등한 사회주의의 실천으로 보았다. 그러나 다른 사람들은 자유 시장과 진취적인 기업 정신의 억압으로 생각했다. 신선한 달걀 여섯 알을 구하기 위해 시간과 자본을 투자한 사람이 그 투자의 과실을 자유로이 즐겨야 마땅하지 않은가? 〈달걀 여섯 알을 2백 명과 나눠 먹을 수는 없다.〉 마이클 알렉산더는 이렇게 지적했다. 불링던 클럽과 프로미넌테의 일원인 그는 자신의 신발을 닦아 주는 당번병들에 비해 훨씬 더 많은 달걀을 구할 수 있었다.

공산주의 군대가 동쪽에서 다가오고 있었다. 자본주의적 민주주의 군대는 서쪽에서부터 독일로 모여드는 중이었다. 다른 일도 대부분 그렇듯이, 콜디츠 내부의 삶에도 바깥의 상황이 그대로 반영되었다. 곧 다가올 이념 대결이 곰팡이 핀 감자와 묽은 수프의 분배를 둘러싼 격렬한 논쟁에 이미 드러나 있었다.

날씨가 지독하게 추웠다. 이제는 석탄도 부족해서 보일러를 계속 땔 수 없었으므로, 성이 얼어붙을 때가 많았다. 사람들은 옷을 몇 겹이나 껴입고 잠자리에 들었다. 뜨거운 물은 처음부터 충분하게 공급되지 않았지만, 이제는 정말 언제 나올지 알 수 없게 되었다. 1944년 크리스마스 직전에 적십자사의 마지막 소포가 도착했다. 이제 더는 소포가 오지 않을 것이다. 에거스는 식량 공급량이 〈사상 최저치에 도달했다〉고 썼다.

그 결과는 다양한 형태로 나타났다. 어떤 포로는 성에서 직접 만든 독주 중에 아직 남아 있던 것을 마시고 눈이 멀었다. 〈그들이 마시는 술은 독이다.〉 플랫 목사는 이렇게 썼지만, 사실은 자신도 그 술을 마셨다. 해방될 가능성이 커졌는데도, 아니, 어쩌면 바로 그 때문에, 일부 포로들은 심리적으로 기다림을 감당하지 못했다. 소수의 사람들이 마침내 선을 넘어 정신을 놓은 것은 절망이 아니라 희망 때문이었다. 〈정신적인 고통을 겪는 포로가 그 어느 때보다 많다.〉 플랫은 이렇게 썼다. 주방 담당 장교는 한 손에 부지깽이, 다른 손에 나무 스푼을 들고 안마당을 방황하는 모습으로 발견되었다. 그는 〈이집트학, 군사 기법, 종교, 북으로 가기에 대해 알아들을 수 없는 말을〉 상세히 늘어놓고 있었다. 독일군이 그를 조용히 데려가서 정신 병원으로 보냈다. 몇몇 포로는 내내 침대에 누워 있다가 식사 때에만 일어났다. 책에 푹 파묻힌 포로도 있었다.

「이 수용소를 나가는 것이 이제는 모험이 아니다.」토드 중령은 포로들에게 이렇게 말했다. 싱클레어의 죽음이 아직 영향을 미치고 있는 상황이라 사실 별로 필요하지 않은 경고였다. 배고프고, 춥고, 불안한 254명의 포로들 중 대부분은 이미 그냥 가만히 있기로 체념한 상태였다.

그러나 전부가 그런 것은 아니었다. 소수의 사람들은 아직도 탈출 계획을 열심히 짜고 있었다. 독창성과 대담성 면에서 그때까지 있었던 어떤 탈출에도 뒤지지 않는 계획이었다. 담을 오르거나 굴을 파는 방법은 이제 사실상 불가능했으므로, 그들은 날아서 나가 보기로 했다.

공군 대위 빌 골드핀치는 성의 지붕 위를 떠도는 눈송이를 지켜보다가, 항공 역학과 관련된 묘안을 떠올렸다. 눈송이가 오히려 위로 올라가게 만드는 그 기류를 이용하면, 사람이 글라이더를 타고 물데강 건너편까지 떠갈 수 있을 것 같았다. 약 2백 미터 거리인 그곳의 널찍한 풀밭이 착지 후보지였다.

글라이더는 다락방에서 비밀리에 제작해야 했다. 때가 되면 탈주자들은 벽을 뚫고 지붕으로 올라가 글라이더를 조립한 뒤, 경비병들의 시야에서 벗어난 바로 아래쪽 지붕의 선을 따라 18미터 길이의 이륙 장치를 만들 것이다. 침대보 밧줄을 글라이더 코에 묶고, 반대편 끝은 콘크리트를 채워 대략 1톤의 무게가 나가게 만든 욕조에 단단히 묶은 뒤 도르래를 돌리기로 했다. 이론적으로는

1톤 무게가 예배당 구역 3층에서 18미터 아래 바닥으로 뚝 떨어지면서 두 사람이 탄 글라이더를 끌어당겨 공중에 뜰 수 있을 만큼 충분한 에너지로 던져 올리는 것이 가능했다.

그러나 이 계획에는 많은 걸림돌이 있었다. 글라이더의 날개 길이가 9.9미터는 되어야 한다는 것. 이륙한 뒤에는 글라이더가 성벽 위 경비병과 마을 주민의 눈에 보일 테니 쉬운 과녁이 되리라는 것. 물리학적인 여건도 믿을 만하지 않았다. 원하는 만큼 상승력을 얻으려면, 서풍이 정확히 원하는 방향에서 원하는 속도로 불어와야 했다. 또한 글라이더는 공습으로 인해 불이 모두 꺼졌을 때 이륙해서 어둠 속에서 강을 건너 착륙해야 했다. 만약 중요한 순간에 침대보 밧줄이 잘 떨어지지 않으면, 글라이더가 욕조의 무게 때문에 치명적인 속도로 지상에 곤두박질칠 것이다. 비가 내린다면, 글라이더 부품들을 이어 붙인 아교가 녹아서 글라이더가 분해될 것이다. 글라이더에는 〈콜디츠 수탉〉이라는 별명이 붙었다. 수평아리는 날지 못하지만, 높은 곳에서 떨어뜨리면 짧은 거리를 활공할 수 있기 때문이다.

콜디츠 글라이더는 독창성이 낮은 역작이었다. 수평적 사고, 창의성, 집단적인 노력이 한데 어우러져 놀라운 결과를 만들어 냈다. 또한 제대로 작동할 가능성이 지독히 낮기도 했다. 토드 중령은 이런 위험을 잘 알면서도 이 계획을 승인했다. 어이가 없을 정도로 야심 찬 이 계획이 사람들에게 할 일과 생각할 거리를 제공해서 그들이 잠시 굶주림을 잊고 새로이 응집력을 발휘할 수 있게 되리라는 확신 때문이었다. 글라이더 제작에는 나무 조각 6천여 개, 침대 틀에서 빼낸 금속 볼트, 훔쳐 온 전화선, 파란색과 하얀색

매트리스 커버를 꿰매서 만든 덮개, 상당량의 아교가 필요했다. 만드는 데 시간도 오래 걸리고, 수십 명의 포로가 설계, 제작, 망보기에 참여해야 했다. 이 글라이더가 이륙할 수 있을 만큼 완성될 때쯤이면, 전쟁은 십중팔구 이미 끝난 뒤일 것이다. 어쩌면 그것이 바로 가장 중요한 점이었다. 콜디츠 글라이더가 실제로 이륙할 것인지 여부는 결국 부차적인 요소였다. 이 프로젝트는 어쩌면 실제로 시도되지 않는 최고의 탈출 계획일 수도 있었다.

글라이더 팀에는 과거의 〈유령〉잭 베스트와 엔지니어 토니 롤트도 참여했다. 롤트는 1939년에 대영 제국 트로피를 받은 자동차 경주 챔피언이기도 했다. 포로들은 이륙 직전이 되어서야 제비뽑기로 딱 한 번만 비행할 글라이더 탑승자 두 명을 뽑기로 합의했다.

수용소 도서실에는 영국의 글라이딩 선구자이자 비행기 엔지니어로서 호버크라프트 스커트도 발명한 세실 래티머 니덤의 『항공기 설계』가 있었다. 골드핀치와 베스트는 이 독창적인 책의 도움으로 가볍고 날개가 높은 2인승 단엽 글라이더 설계도를 그렸다. 길이는 6미터이고, 방향타와 승강타를 갖춘 디자인이었다. 서른 개의 갈비뼈 모양 뼈대는 침대의 나무 널을 깎아서 만들 예정이었다. 네 개의 날개 틀을 만들 재료는 바닥 널이었다. 천으로 만든 덮개의 구멍을 기장을 삶아서 죽처럼 만든 〈도료〉로 막으면, 조금 딱딱한 외피가 만들어질 터였다. 설계도와 압력 계산을 확인해서 승인해 준 사람은 왕립 항공 기관의 엔지니어인 론 웰치였다. 그는 전쟁 전에 글라이더를 날려 본 경험이 있었다. 글라이더 팀은 예배당 위의 가장 높은 다락방 서쪽 끝에 흙을 케이크처럼 바른 캔버스와 나무로 가벽을 세웠다. 아래쪽에서 숨은 뚜껑 문을 통해 들어올 수 있는 비밀 공방을 만들기 위해서였다. 경비병들은 비정기적으로 다락방을 검사했으나, 방의 길이가 2.1미터 짧아졌다는 사실을 알아차리지 못했다. 글라이더 팀은 작업대, 전등, 직접 제작한 공구를 이곳에 들여놓았다. 대패, 수납장 볼트로 만든 측정기, 세세한 절단을 위해 축음기 스프링으로 만든 초소형 톱 등이 공구에 포함되었다. 첵코 할로웁카는 암시장에서 아교를 구해 왔다.

글라이더 제작은 1944년 여름에 시작되었다. 이륙 시기는 이듬해 봄으로 예정되어 있었다. 그해 겨울 내내 엔지니어 열두 명이 〈12사도〉라고 자칭하면서 글라이더 작업에 매달려 나무를 증기에 쬐서 둥글게 구부리고, 핀과 아교로 고정하고, 조용히 망치질을 하고, 구멍을 뚫고, 나무를 자르고, 외부를 덮을 천을 꿰맨 뒤 기장 죽을 발라 팽팽한 긴장을 유지하게 만들었다. 경비병이 오는 경우 미리 알리기 위해 교대로 동원된 망보기 인원은 약 마흔 명이었다. 콜디츠의 모든 포로 중 적어도 4분의 1이 이 비밀 글라이더 제작에 참여했으므로, 1942년에 프랑스가 파던 대규모 굴 이후 가장 공들인 집단 작업이었다. 12월 중순까지 글라이더 동체, 날개, 방향타, 밧줄, 도르래가 마련되었다. 지붕 꼭대기에 고정해서 활주로 역할을 할 안장 모양 판도 대부분 준비되었다. 토드 중령은 비밀 공방을 살펴본 뒤 작업자들의 부지런함과 결의에 감동했다. 글라이더가 끝내 날아오르지 못하더라도, 콜디츠의 처마 밑에서 마법 같은 일이 비상하고 있었다.

그해 크리스마스는 어느 해보다 기묘하고, 가장 빈약하고, 가장 술이 적었다. 첵코 할로웁카는 디데이 이후에 했던 약속을 지켜, 눈 내린 안마당을 알몸으로 세 바퀴 뛰었다. 〈옷을 껴입은 구경꾼들이 떠들썩한〉 환호를 보냈다. 전쟁이 일찍 끝날 것이라는 예측이 대책 없이 낙관적이었음을 증명하는 행사가 아니었다면, 그의 알몸 달리기가 더 재미있었을 것이다. 이제 얼마 남지 않은 적십자사 음식을 놓고 〈크리스마스 제비뽑기〉가 실행되었다. 포로들이 가장 탐낸 물건은 돼지고기와 콩으로 만든 통조림 약 1킬로그램이었다. 여덟 명으로 이루어진 플랫의 식사 친구들은 작은 정어리 통조림 세 개, 황금색 시럽 한 통, 귀리 약간을 뽑았다. 〈술이 나오는 파티는 소규모로 한 번만 열렸다. 취할 만큼 술이 충분히 있을 것 같지 않다.〉 목사는 흡족한 기색이었다. 크리스마스 팬터마임 「헤이 디들 스노 화이트」는 얼음처럼 추운 극장에서 공연되었다. 이 무대를 제작한 호프툰 백작 대위는 작품에서 요정 여왕 역할도 맡았다. 독일군 숙소의 크리스마스는 이보다 더 검소했으나, 에거스는 경비병들 사이에서 〈순간적인 행복〉을 감지했다. 이제 경비병은 중년 남자와 10대를 갓 벗어난 청년뿐이었다. 〈모든 것이 곧 끝날 것이다. 히틀러의 신년 연설은 그저 계속 싸우라는 내용뿐이었다.〉 에거스는 이렇게 썼다. 지독한 굶주림과 강렬한 추위에도 불구하고, 플랫 역시 포로들 사이에서 특이한 축제 분위기를 감지했다. 〈사람들이 모두 이해의 크리스마스, 즉 독일에서 또 크리스마스를 보내게 되었다며 무척 싫어했던 그 크리스마스를 이곳에서 보낸 최고의 크리스마스로 꼽는 것이 놀랍다.〉

사람들이 이런 반응을 보인 이유 중 하나는 다락방에서 당당하게 모습을 갖춰 가는 글라이더였다. 그 글라이더는 단순히 정성

을 들인 탈출 도구가 아니었다. 포로들의 상상력을 하늘 높이 성
벽 너머로 데리고 가줄, 거의 환상 같은 꿈이었다. 훔쳐 온 침대 널
로 뼈대를 만들고 죽으로 코팅한 글라이더는 포로들에게 믿음의
대상이자, 파란색과 하얀색의 아름다운 깅엄 옷을 입은 희망의 상
징이었다.

1940년

1941년

1942년

1943년

1944년

1945년

16
라인의 처녀

미국 전쟁 특파원 리 카슨은 지극히 아름다웠다. 대부분의 남자가 그녀를 처음 보았을 때 가장 먼저 느끼는 것이 그 점이었다. 어떤 남자들은 그 점만 보기도 했다. 동료 기자들도 그녀의 외모에 열정적으로 빠져들었다. 〈리 카슨의 구불구불한 빨간 머리는 어깨까지 늘어지고, 서늘한 초록색 눈은 그녀가 이야기할 때 반짝 빛을 낸다. 도톰하고 붉은 입술과 목에서부터 나오는 웃음소리……그리고 그녀에게는 보조개가 있다.〉 한 기자가 침을 줄줄 흘리며 쓴 글이었다. 〈리가 다리를 꼬는 것은 대단한 광경이다. 그녀는 시선을 끈다.〉 리 카슨이 이렇게나 매력적이기 때문에 일부 남성 동료들은 그녀가 속눈썹만 몇 번 깜박이고서 기자로서 성공을 거두었다고 은근히 암시하곤 했다.

물론 이것은 허튼소리였다. 그렇게 뛰어난 외모에도 불구하고, 카슨은 20세기 최고의 전쟁 특파원 중 한 명이었다. 수완 좋고, 쾌활하고, 재치 있고, 놀라울 정도로 용감했다. 그녀는 열여섯 살 때 학교를 그만두고 『시카고 선타임스』에 들어갔다. 워싱턴 지국에서 근무하다가 『굿 하우스키핑』과 『레이디스 홈 저널』에서도 한동안 일한 그녀는 스물두 살 때 국제 뉴스 서비스의 전쟁 특파원으로 디데이 상륙 작전 취재를 위해 영국으로 파견되었다. 당시 여자는 최전선 출입이 공식적으로 금지되어 있었다. 그러나 1944년 6월 카슨은 미국 조종사 한 명을 설득해 정찰기에 몰래 숨어서 셰르부르 폭격을 직접 목격했다. 노르망디 상륙을 그렇게 가까이에서 본 여성 기자는 그녀뿐이었다. 그녀가 다시 영국으로 돌아오자, 군대의 언론 담당 장교가 그녀를 호되게 비난했다. 「전쟁 규칙에 따라 전투 부대에는 여자가 허락되지 않는다는 걸 모릅니까?」

「알죠. 당연히. 하지만 뉴스를 취재하는 것이 내 직업입니다. 전쟁 규칙이나 처녀다운 겸손함보다 그게 먼저예요.」

상륙 부대와 어울릴 때 사람들은 그녀를 어떻게 불러야 할지 몰라서 〈아가씨 님〉이라고 불렀다. 어디를 가든 미군들이 그녀에게 환호와 휘파람을 보냈다. 〈나는 그들에게 항상 그들의 아내, 누이, 애인을 일깨워 주었다. 나는 해어지고 진흙이 묻은 재킷과 바지 차림으로 더러운 몰골이었으나, 내가 미국 여자라는 사실만으로 충분했다. …… 그들은 이렇게 생각했다.《뭐, 저 여자도 여기 있는데, 젠장, 여기가 그렇게 힘들겠어?》8월에 카슨은 다른 여성 특파원 10여 명과 함께 렌의 호텔에 감금되었다. 연합군이 파리로 모여들고 있을 때였다. 그녀는 호텔에서 빠져나와 미 제4군의 한 부대에 붙어서 로이터 통신의 특파원 밥 루번과 함께 지프에 타고 프랑스 수도로 들어갔다. 고집을 부려 앞좌석에 앉은 덕분에 그녀는 해방된 파리에 들어간 최초의 기자가 되었다. 작가 어니스트 헤밍웨이는 나중에 파리 리츠 호텔의 바를 해방시켜 드라이 마티니를 쉰한 잔이나 마신 일화로 유명해졌으나, 그는 카슨보다 늦게 파리에 도착했다. 그리고 카슨은 하이볼을 더 좋아했다.

공식적으로 전투 부대에 파견된 여자는 한 명도 없었지만, 카슨은 미 제1군 언론 캠프에 스스로 찾아갔다. 영국 태생의 『보스턴 글로브』 특파원 아이리스 카펜터와 함께였다. 두 사람은 자기들만의 〈군복〉을 고안했다. 위아래가 붙은 카키색 데님 작업복을 입고 허리에 허리띠를 맨 모양이었다. 몇 주 뒤 연합군이 후퇴하는 독일군을 추적하며 동쪽으로 나아가고 있을 때 울퉁불퉁한 길에서 카슨이 운전하던 지프가 시속 96킬로미터로 달리다가 갑자기 길을 벗어나면서 뒤집어졌다. 카슨은 목숨을 건졌지만, 〈옛날 맹장 수술 자국이 터졌다〉. 군의관이 상처를 꿰매 주었다. 나중에 포화 속에서 1인용 참호 속으로 몸을 던지다가 손이 부러졌을 때도 그가 치료해 주었다. 그 뒤 6주 동안 카슨은 독일제 휴대용 타자기를 한 손으로 쳤다. 타자기는 그녀가 버려진 참호에서 주운 물건이었다. 독일의 서쪽 국경을 따라 펼쳐진 방어선인 지그프리드 라인의 에슈바일러에서 그녀는 폐허가 된 집 안에 있다가 한참 동안 박격포 공격을 받았다. 〈우리가 거기 누워 있던 두 시간 동안 벽이 무너져 귀 옆으로 떨어졌다. 우리는 밖으로 나가기로 했다.〉 벌지 전투 때 그녀는 독일 비행기들이 〈분홍색 줄무늬가 있는 겨울 하늘에서 붕 하고 내려와 뜨겁게 달아오른 총알을 우리 최전선 진지에 소나기처럼 뿌렸다. 그들의 중화기 일제 사격이 세상을 찢어 놓았다〉고 묘사했다. 그녀가 최전선에서 함께한 사람들 중 일부는 그녀가 여성이라는 사실에 계속 당황했다. 〈리 카슨은

야전에서 함께 움직이는 평범한 《놈》이다.〉 한 사람은 이렇게 썼
다. 〈그녀는 남자의 일을 하는데, 그 일하는 방식에 그녀와 경쟁하
는 동료들이 감탄한다. 항상 남자들이 휘파람을 불고, 소리를 지
르고, 재치 있는 말을 던져 대는데도 그녀는 그냥 대범하게 받아
들인다.〉 리 카슨은 가고 싶은 곳이라면 어디든 갔다. 아무도 감히
그녀를 막지 못했다. 아름다움과 기자로서의 능력뿐만 아니라, 만
만찮은 성질 또한 있었기 때문이다.

1944년 12월 카슨은 〈말메디 학살〉을 보도했다. 무장 SS가
비무장 미국 전쟁 포로 여든네 명을 학살한 사건이었다. 카슨은
포탄 구멍에서 크리스마스를 보냈다. 1군이 독일 영토 깊숙이 밀
고 들어갈 때 카슨도 동행했다. 그녀는 〈전투로 더러워진 1군 보
병들, 소총을 어깨에 메고 턱에는 수염 자국이 있다〉고 묘사하는
기사를 썼고, 미군 엔지니어들이 라인강에 부교를 놓으려고 땀 흘
리는 모습을 지켜보았다. 〈강 건너편에서 기관총 포화가 쏟아졌
다. …… 그들은 물살과 싸우고, 적과 싸우고, 추위와 물과 피로와
싸우고, 시간과 싸웠다.〉 군인들은 그녀를 〈라인의 처녀〉라고 불
렀다. 베렌도르프에서 그녀는 히틀러의 〈국민 돌격대〉* 일흔 명
이 얌전히 무기를 내려놓는 모습을 지켜보았다. 「우린 안 싸웠어
요. 무슨 의미가 있었겠어요?」 그들의 지도자가 카슨에게 말했다.
의미가 없었으나, 그래도 계속 싸우는 사람들이 있었다. 3월 중순
1군과 리 카슨은 물데강에 접근하고 있었다. 그 너머에서 나치가
마지막으로 제법 의미 있는 군사적 저항을 하는 중이었다. 국민

* Volkssturm. 제2차 세계 대전 말기에 정규 군대의 기준에 미달하는 성인 또는
소년으로 조직된 독일 시민군.

돌격대는 제대로 들어 올리지도 못하는 대전차 무기로 무장한 노인과 10대들이었지만, 물데강의 저항군에는 경험도 많고 죽을 때까지 싸울 각오가 된 SS 부대도 포함되어 있었다. 히틀러는 마지막 방송에서 〈유대인 아시아 볼셰비즘〉에 욕을 퍼부으며, 〈건강한 독일인이라면 모두〉 침략자들에 맞서 〈극도로 열광적으로〉 저항하라고 요구했다. 이렇게 의미는 없지만 피가 많이 흐를 최후의 일전을 벌일 장소 중 옛 독일 귀족들이 힘을 과시하는 상징으로 언덕 위에 지은 광대한 성보다 더 적합하고 더 방어하기 쉬운 곳은 없었다.

　연합군이 진군하는 동안 콜디츠에는 연합군 장군, 영국 귀족 등 중요 인사들이 꾸준히 늘어났다. 에거스는 나치 지도부가 인질로 잡을 푸른 피의 포로를 더 많이 찾아내려고 영국 계보학자들의 성경인 『디브렛』을 마지막으로 한 번 더 뒤지고〉 있는 것 같다고 우울하게 비꼬았다. 베를린에서 누군가가 종말이 왔을 때 교환할 가치가 있는 인물들을 한자리에 모아, 기괴한 보험을 마련하고 있는 듯했다. 에거스는 그들의 교환 가치가 얼마나 될지 궁금했다. 〈베를린의 최후 벙커에서 누구와 누구를 교환하자고 제안할까? 총통과 교환할 사람으로는 누가, 아니 몇 명이 제안될까? 힘러와 교환할 사람은……. 그리고 다른 사람은?〉

　1945년 1월 19일 장군 네 명이 쾨니히슈타인의 프랑스 장교 수용소에서 군 차량 두 대에 나눠 타고 도착했다. 에거스는 그들 외에 프랑스 장군 귀스타브 메즈니가 또 다른 차에 타고 올 것이라는 말을 들었다. 메즈니는 북아프리카 보병대 사령관으로, 1940년에 포로가 되었다. 그러나 그의 차는 끝내 도착하지 않았다. 다음 날 메즈니가 탈출하려다가 〈아우토반에서 총에 맞았다〉는 소식이 전해졌다. 〈그는 독일군 파견대가 군대의 모든 예의를 갖추어 드레스덴에 묻어 주었다.〉 프라비트가 이렇게 발표했다.

현실은 완전히 달랐다. 1944년 10월에 독일 장군 프리츠 폰 브로도스키가 프랑스 동부에서 프랑스 레지스탕스 부대에 사로잡혀 나중에 브장송 성에서 살해당했다. 아마도 오라두르쉬르글란에서 프랑스 민간인 643명이 집단으로 학살당한 데 대한 보복인 듯하다. 이 학살 사건은 궁극적으로 폰 브로도스키의 지휘를 받는 무장 SS 부대가 저지른 만행이었다. 분노한 히틀러는 프랑스 장군 포로 한 명을 처형해 보복하라고 요구했다. SS는 총통의 명령을 이행할 다양한 방법을 의논했는데, 여기에는 차의 앞좌석과 뒷좌석 사이에 완전히 밀폐되는 막을 설치하고 포로를 뒷좌석에 태우는 방안도 포함되었다. 〈운전 중에 냄새가 나지 않는 일산화탄소 가스를 앞좌석에서 조종할 수 있는 특수 장치로 뒷좌석에 흘려 넣는다. 몇 번만 숨을 들이쉬면 충분히 목숨을 잃을 것이다. 가스에서 냄새가 나지 않으므로, 결정적인 순간에 장군이 의심을 품고 신선한 공기를 마시기 위해 창문을 깨려고 할 우려가 없다.〉 제3제국은 무너지고 있었지만, SS의 처형자들은 여전히 가스로 적을 죽이는 창의적이고 효율적인 방법을 생각해 냈다. SS의 프리드리히 모이러 대령이 프랑스 장군 포로 다섯 명 중 메즈니를 임의로 골랐다. 모이러는 SS 최고 사령부의 고틀로프 베르거 오버그루펜퓌러 밑에서 참모장으로 일하는 인물이었다. 결국 메즈니를 죽이는 일은 아주 간단하게 끝났다. 독일군 군복으로 위장한 SS 장교들은 메즈니를 차에 태워 가다가 쾨니히슈타인과 콜디츠 사이 도로변 숲에서 차를 멈추었다. 힘러 휘하의 장교인 슈바이니처 하웁트만이 조수석에서 휙 몸을 돌려 메즈니의 가슴에 그대로 총을 쏘았다. 그러고는 시체를 드레스덴 군 병원에 떨어뜨려 놓았다. 이 암살은 하다못해 선전을 위한 것도 아니고 레지스탕스에게 보내는 경고도 아니었다. 즉시 이 사건에 대한 언급이 금지되었기 때문이다. 모든 포로 수용소를 관장하는 신임 최고 코만단트 베르거가 계획하고 그의 부하들이 수행한 이 추잡하고 비밀스러운 보복 살인은 제3제국이 불길에 휩싸여 쓰러지는 동안 필사적으로 피를 갈구하는 히틀러의 갈증을 달래 준 것 외에는 아무런 의미도 없는 사건이었다.

프랑스 장군들이 콜디츠에 오고 나서 몇 주 뒤, 그들 못지않게 귀하신 폴란드 군인들이 도착했다. 무려 5년 동안 나치의 점령에 항거한 폴란드의 비밀 국내군 사령관 타데우시 부르-코모로프스키가 그들을 이끌고 있었다. 부르-코모로프스키는 소련군이 폴란드 중부로 진군하던 1944년 8월 독일에 맞서 바르샤바 봉기를 이끌어 수도를 대부분 장악했다. 그러나 붉은 군대는 비스와강 너머 바르샤바 동쪽 외곽에서 멈춰 선 채, 폴란드인들의 도움 요청을 무시했다. 그 덕분에 독일군이 전열을 재정비해 맹렬한 반격에 나설 수 있었다. 시가전이 63일 동안 이어졌다. 폴란드 레지스탕스 전사 1만 6천여 명이 목숨을 잃었고, 민간인 수천 명도 나치에 의해 집단 처형을 당했다. 어쩌면 스탈린이 이 바르샤바 봉기의 실패를 일부러 조장했을 가능성이 있다. 폴란드 저항군이 무너져야 자신의 군대가 아무런 저항 없이 바르샤바에 진군할 수 있기 때문이다. 소련의 지원 없이 우세한 화력을 지닌 독일군에 포위

당한 부르-코모로프스키는 결국 자신의 부하들을 제네바 협약에 따라 전쟁 포로로 대우해 주겠다는 독일의 약속을 받고 항복했다. 그리고 그를 포함한 폴란드 저항군 1만 5천 명은 독일의 여러 수용소로 흩어졌다. 부르-코모로프스키는 몸집이 작고, 머리가 벗어지고, 강단 있는 기병으로, 1936년 베를린 올림픽에서 폴란드 승마 팀을 대표해 히틀러 본인에게서 메달을 받은 적이 있었다. 그는 나치만큼이나 공산주의자도 싫어했다. 에거스가 독일과 러시아의 점령 중 어느 쪽이 더 낫겠느냐고 감히 질문을 던지자 그는 뱉듯이 대답했다. 「그 둘이 모두 내 나라를 20년 동안 점령하더라도, 우리 국민들은 여전히 폴란드인으로 남을 것이오.」 줄리어스 그린은 이 폴란드 장교를 〈자세히 살펴보아서 그의 강철 같은 눈빛과 가차 없는 결의를 알아차리기 전에는 변호사 사무실의 사무원〉으로 보일 수도 있겠다고 생각했다. 부르-코모로프스키와 휘하 장군 다섯 명, 다른 고위 장교 아홉 명, 당번병 일곱 명은 프로미넨테 숙소에 자리를 잡았다. 〈폴란드인들의 목소리를 다시 들으니 반가웠다.〉 플랫 목사는 이렇게 썼다.

묘하게 대조적인 분위기 속에서 소란스럽게 시간이 흘렀다. 활기와 우울함, 부지런함과 나른함, 두려움과 어리석음이 공존했다. 미키 번은 전쟁이 끝나기 전에 집필 중인 소설을 마무리하려고 서둘렀다. 『그래, 잘 가』는 콜디츠를 정확히 묘사한 소설이었을 뿐만 아니라, 옛 계급 구조가 죽어서 땅에 묻혔음을 선포한, 위장된 사회주의 선언이기도 했다. 이 작품의 주인공은 소박한 가치를 지닌 충실한 사람들, 당번병이었다. 번은 자신과 같은 공산주의자인 자일스 로밀리와 함께 소련의 장점에 대한 강연을 계속했다. 부르-코모로프스키 장군은 다른 사람들의 설득을 받아들여 이들의 강연과는 대조적인 내용을 이들 못지않게 열정적으로 발표했다. 〈소련의 표리부동함〉이 얼마나 위험한지 말하는 그의 강연을 보좌관이 동시에 통역해 주었다. 글라이더는 다락방에서 모양을 갖추었다. 플로리먼드 듀크는 영미 관계에 대해 강연하며, 〈영국과 미국 사이의 커다란 차이점 중 하나는 언어〉라고 지적했다.

미국 선임 장교로서 듀크의 역할은 처형이 임박한 미군의 등장으로 새로운 의미를 지니게 되었다. 미군의 윌리엄 섀퍼 대령은 슈빈 수용소에서 〈포로 수용소 탈출이 이제는 스포츠가 아니다〉라고 선언하는 공고문을 붙이는 독일군 부사관을 제지한 적이 있었다. 이것은 수용소 규율의 심각한 위반이었다. 라이프치히에서 열린 군사 재판에서 그는 사형 선고를 받았고, 히틀러도 직접 이 판결을 승인했다. 그는 콜디츠로 보내져 처형을 기다리게 되었는데, 지금은 독방에서 시들어 가며 줄담배를 피우는 중이었다. 〈그의 신경이 상황을 견디지 못했다. 머리카락과 치아가 빠졌다.〉 스위스 관리 루돌프 덴츨러는 이렇게 썼다.

　빵 배급량이 더욱 줄어들었다. 플랫은 일부 장교들이 물자를 〈다람쥐처럼 감춰 두는 것〉을 알아차렸다. 〈그들은 늑대가 너무 무서워서 손에 쥔 음식을 감히 먹지 못한다.〉 줄리어스 그린의 상상 속 만찬은 이제 환각으로 변해 가고 있었으나, 그는 식량이 점점 떨어지는 상황에서 도저히 불가능한 연회를 계속 꿈꾸었다. 자신이 상상 속에서 이상적인 메뉴를 완벽하게 다듬은 것 같았다.

〈훈제 연어, 미네스트로네, 로스트비프, 파인애플과 버찌술, 그리고 그 뒤에는 커피와 좋은 브랜디.〉

콜디츠 사람들은 굶주렸으나, 저 아래 마을을 힘들게 지나가고 있는 독일 피난민들의 굶주림과는 비교가 되지 않았다. 연합군이 진군하면서 굶주린 독일인들이 집에서 쫓겨나 파도처럼 밀려오는 중이었다. 〈절망적인 모습으로 터벅터벅 다리를 건너는 모습을 보면 가슴이 아팠다. 작은 꾸러미를 든 사람도 있고, 자기 몸을 간신히 추스르는 사람도 있었다.〉 2월 10일 〈대단히 식견 있는 청중〉이 「그들은 도시에 왔다」를 보려고 극장을 가득 채웠다. 이상적인 도시로 이주하는 사람들의 희망과 두려움을 묘사한 J. B. 프리스틀리의 희곡이었다. 사흘 뒤 영국과 미국의 폭격기가 1천 2백 대 넘게 드레스덴에 몰려왔다. 드레스덴은 독일의 주요 도시 중 아직 폭격에 손상되지 않은 유일한 곳이었다. 그 뒤 이틀 동안 약 2만 5천 명이 목숨을 잃고, 문화유산이 완전히 파괴되었다. 역사상 가장 맹렬한 공격 중 하나였다. 「말로 표현할 수가 없다! 폭발하고 또 폭발하고. 믿을 수가 없었다. 최고로 어두운 악몽보다 더했다.」 한 생존자는 이렇게 말했다. 포로들도 동쪽으로 48킬로미터 떨어진 도시가 불타는 모습을 볼 수 있었다. 그 광경을 차마 보지 못한 사람들도 폭격으로 성벽이 진동하는 것을 느꼈다. 〈이 낡은 성이 흔들려 먼지와 회벽 조각이 떨어졌다.〉 플랫은 이렇게 썼다. 독일 경비병 중에는 드레스덴 출신이 많았다. 에거스는 그곳으로 돌아가 가족을 찾고 싶다는 부하의 요청을 받아들였다. 〈집에 가보니 그의 집은 다 타고 가족도 모두 죽은 다음이었다.〉 도시에서 벌어진 살육에 경악한 플랫은 시골길에서 〈가석방 산책〉을 허락해 달라고 요청했다. 그렇게 해서 몇 달 만에 처음으로 성에서 나가 물데 강변을 걸을 수 있었다. 경비병 한 명이 뒤에서 따라왔다. 〈되새 한 마리가 노래를 시작했다. 진박새 무리도 불안한 목소리로 열심히 짧은 노래를 불렀다. 사과나무 사이를 날아다니면서.〉 여기 조용한 계곡에서는 새들의 순수한 노랫소리가 들리지만, 고작 몇 킬로미터 떨어진 곳에서는 사람들이 서로를 대량으로 태워 죽이고 있었다.

나치가 최후의 일전을 벌일 것으로 예상되는 〈바이에른 요새〉로 모든 포로가 곧 옮겨질 것이라는 소문이 성 안을 소용돌이처럼 돌아다녔다. 토드 중령과 듀크 중령은 코만단트에게 접견을 요청해, 연합군이 콜디츠에 도달하면 어떤 조치가 취해질 예정이냐고 물었다. 프라빗은 모호하지만 진실한 대답을 했다. 「그 문제에 대해 지시받은 바가 없소.」 루돌프 덴츨러는 이번이 마지막 시찰이 되기를 바라며 다시 콜디츠에 왔다. 불안감으로 들끓고 있던 포로들이 그의 존재에서 용기를 얻는 것 같았다. 〈그의 반짝이는 코안경과 삼촌처럼 친숙한 태도가 날선 불안감을 누그러뜨렸다.〉

「얼마나 더 있어야 해요?」 포로들이 그에게 물었다. 하늘에서는 연합군 폭격기들이 또 대형을 이루어 날아가고 있었다.

「멀지 않았어요.」 그는 속내와 다르게 낙천적인 대답을 내놓았다. 포로들이 지금 어느 때보다 위험한 상황이라는 사실을 덴츨러는 알고 있었다. 독일에서 법치가 무너지면서, 포로들을 보호할 수 있는 그의 능력도 무너졌다. 〈성은 항구에 도착하기 직전에 폭풍의 위협과 마주친 배 같았다.〉 그는 이렇게 썼다.

과거 콜디츠에 있었던 사람들도 멀리서 점점 커지는 불안감을 안고 콜디츠를 지켜보았다. 허리케인이 콜디츠에 다가오고 있었다. 팻 리드는 스위스에서 외무부로 보낸 편지에서 〈콜디츠 전쟁 포로들의 안전과 생명에 대해 심각한 우려〉를 표하며 그들을 보호해 주거나 아니면 그들이 스스로를 방어할 수 있게 조치를 취해 달라고 요구했다. 〈콜디츠의 장교들과 프로미넨테는 인질이 될 겁니다. 특정 시기에 콜디츠의 전쟁 포로들이 어디가 되었든 나치의 중심부로 옮겨질 겁니다.〉 리드는 이렇게 예측했다. 성을 해방시키기 위해 그는 과격한 계획을 제안했다. 〈주둔군 마당과 경비실을 정확한 저고도 폭격으로 날려 버리고, 안마당에 무기를 떨어뜨려 장교들이 스스로 목숨을 도모할 기회를 주는 겁니다. 그러면 나머지는 그들이 알아서 할 겁니다.〉

피에르 메레스르브룅도 비슷한 생각을 하고 있었다. 아니, 훨씬 더 화려한 계획이었다. 그는 1941년에 철망 울타리를 넘을 때처럼 당당하게 직접 가서 자신의 군대로 콜디츠를 해방시킬 생각이었다. 이 용감한 프랑스 기병 장교는 스트라스부르 남쪽에서 해방군과 함께 라인강을 건넜으며, 지금은 독일에 들어온 프랑스 군대의 사령관인 장 드 라트르 드 타시니 장군에게 접근해 의견을 내놓았다. 〈나는 프로미넨테에 대해 알기 때문에, 독일에 우호적이지 않다고 알려진 콜디츠의 모든 전쟁 포로는 아닐망정 프로미넨테는 인질로 잡히거나 최후의 수단으로 학살당할 것이라고 확신했다.〉 메레스르브룅은 드 라트르에게 〈콜디츠 전격 작전을 위해 2개 탱크 대대, 탄약과 물자〉를 지원해 달라고 요청했다. 거기서 콜디츠는 북동쪽으로 약 480킬로미터 거리에 있었다. 〈독일은 차츰 무너지고 있었다. 내가 무얼 하든 빨리 해치워야 했다.〉 그는 이렇게 썼다. 드 라트르의 승인이 떨어져, 메레스르브룅은 화려한 콜디츠 기습을 준비했다. 그런데 미국인들이 계획을 망쳐 버렸다. 이런 독립적인 해방군이 진군하는 소련군과 충돌해 당황스러운 분쟁을 일으킬지 모른다는, 올바른 우려 때문이었다.

팻 리드와 피에르 메레스르브룅의 걱정에는 영국, 프랑스, 미국 정부, 그리고 아이젠하워 장군의 연합군 최고 본부에서도 온전히 공감하고 있었다. 히틀러는 아직 자신의 손에 있는 수많은 포로를 어떻게 할 작정일까? 독일군이 그냥 수용소를 버리고 가버린다면, 많은 포로가 틀림없이 굶주림과 질병으로 죽거나 지역 주민들의 보복에 노출될 것이다. 만약 독일군이 그들을 끌고 연합군보다 앞서 독일 땅 안으로 깊숙이 들어간다면, 이미 영양실조로 약해진 포로들은 틀림없이 가는 길에 스러질 것이다. 히틀러가 포로들 중 일부 또는 전부를 자신의 마지막 거점에 인질로 몰아 넣고 공습 앞에 인간 방패로 내세울 것인가? 아니면 SS가 최후의 끔찍한 순간에 그들 모두를 그냥 학살할 것인가?

2월에 런던 남서쪽의 서닝데일 골프장에서 신설된 연합군 특수 공중 정찰대가 위험에 처한 전쟁 포로 수천 명을 구출하기 위해 3인조로 이루어진 120개 팀을 훈련시키기 시작했다. 영국과 미국의 특수 작전 부대 SOE와 OSS에서 뽑혀 온 이 중무장 요원들은 무전기를 들고 무너지는 제3제국에 낙하산으로 들어가 포로 수용소에 침투할 예정이었다. 일단 수용소 안에 들어가면 〈영국 선임 장교와 접촉해 진군하는 연합군과 무선 통신을 연결하고, 연합군은 무기와 물자를 떨어뜨려 준 뒤 포로들이 주둔군을 제압하는 동안 공중에서 엄호한다〉는 계획이었다. 내부에서 전쟁 포로 수용소를 장악하는 작전에는 〈이클립스〉라는 적절한 암호명이 붙었다. 콜디츠에는 세 팀이 배정되었는데, 그중 한 팀은 학자 겸 작가 겸 군인이며 이미 크레타의 적지에서 성공적으로 작전을 수행한 적이 있는 패트릭 리 퍼머가 이끌고 있었다. 리 퍼머는 전쟁 포로 수용소에 있다가 탈출한 헨리 쿰브-테넌트(나중에 베네딕트회 수도사가 되었다)와 함께 SS가 오기 전에 콜디츠를 해방시킬 계획을 짜기 시작했다.

하지만 이미 너무 늦은 뒤였다.

3월 초, 이름가르트 베르니케는 편지를 전달해 주는 젊은 독일 경비병 하인츠 슈미트와 함께 마을에서 돌고 있는 무서운 소문을 콜디츠에 전달했다. SS 부대가 〈때가 되면 포로들을 죽이라는 명령〉을 받고 이미 와 있다는 소문이었다. 데이비드 스털링과 첵코 할로웁카가 운영하는 콜디츠 정보 부대는 대단히 유능했다. 슈미트의 아버지가 콜디츠 교환대의 전화 교환원을 매수하는 데 성공해서 베를린과 드레스덴에서 코만단트에게 걸려 오는 전화를 모두 기록해 두게 한 것도 놀라운 일이었다. 〈SS와 게슈타포 쪽에서 오는 전화가 점점 늘어났다.〉 동시에 코만단투르 안에 있는 슈미트의 스파이 한 명이 프라비트의 책상에서 편지를 한 통 보았다고 보고했다. 〈히틀러가 서명한 편지로, 무슨 일이 있어도 프로미넨테가 연합군의 손에 들어가게 하면 안 된다는 내용〉이었다. 무언가 불길한 일이 벌어지고 있었다.

만약 VIP 인질들을 다른 곳으로 옮기거나 학살하라는 명령이 내려온다면, 틀림없이 작센 지방 장관 마르틴 무치만의 드레스덴 사무실을 통해 전달될 것이다. 무치만은 1942년에 프랑스 포로들의 굴이 발견되었을 때 의기양양하게 시찰하러 온 적이 있었다. 데이비드 스털링은 SAS의 창설자답게 선제적인 공격에 나섰다. 〈강렬한 표현의 위협적인〉 내용을 독일어 관용구로 작성해서 고딕체로 직접 쓴 편지를 무치만에게 보내기로 한 것이다. 〈당신의 권력은 끝났다. 이제 죽음과 직면할 것이다.〉 이렇게 시작된 편지는 〈콜디츠의 포로들을 조금이라도 해친다면, 연합군은 반드시 범인을 교수형에 처할 것〉이라고 경고했다. 편지에 서명은 없었지만, 점점 세가 불어나고 있는 독일 내 반(反)나치 저항 세력이 보낸 것처럼 꾸며져 있었다. 무치만은 작센에서 가장 막강한 권력을 쥐고 있으면서도 겁쟁이였다. 게다가 아마겟돈이 곧 닥쳐올 것 같은 분위기가 되자, 나치의 일부 고위 인사들은 자신의 안위를 보장할 방법을 적극적으로 찾아 나서고 있었다. 〈우리는 이 편지가 무치만에게 조금 걱정을 안겨 주고, 어쩌면 위기의 순간에 한번 더 생각하게 만들지 않을까 희망했다.〉 잭 프링글은 이렇게 썼다. 하인츠 슈미트가 이 편지를 이르마 베르니케에게 전달했고, 베르니케는 파괴된 드레스덴까지 기차를 타고 가서 편지를 부쳤다.

포로들은 이 성에서 탈출하려고 애쓰며 4년이 넘는 세월을 보냈다. 그런데 이제는 성 안에 머무르기 위해 독일군과 싸워야 하는 처지가 될 것 같았다. 토드 중령은 저항 계획을 짜기 시작했다. 독일군이 그들을 다른 곳으로 옮기려 하면, 계단을 가구로 막을 것이다. 필요한 경우 무기고 문을 부수기 위해 다락방에서 공성 추가 제작되었다. 줄리어스 그린은 약과 붕대로 응급 의료 키트를 준비했다. 〈공격을 받거나 강제로 이동되는 경우〉 사용할 물건이었다. 글라이더는 언제든 날릴 수 있었다. 예전에는 탈출 도구였던 글라이더가 이제는 SS가 다가올 때 두 사람을 밖으로 보내 도움을 요청할 수단으로 여겨졌다. 「글라이더의 존재는 철저히 비밀에 부친다.」 토드는 이렇게 명령했다. 만약 독일군이 프로미넨테를 확보한 뒤 다른 포로들을 소개(疏開)시키거나 모두 죽여 버리려 한다면, 어느 날 느닷없이 들이닥칠 것이다. 〈우리에게 무슨 일이 일어날지 몰라도 곧 일이 벌어질 것이다.〉 한 장교는 이렇게 썼다. 이르마의 정보 네트워크는 인근 군대의 움직임과 다른 위협적인 징조들을 열심히 주시하고 있었지만, 응급 상황에서 포로들에게 상황을 알리는 데에는 시간이 필요했다. 〈하인츠를 만날 때까지 기다릴 수는 없었다. 이틀에 한 번씩 그가 근무를 서는 밤에만 만날 수 있기 때문이었다.〉

정보 부대와 마을의 스파이들은 조기 경보 시스템을 고안했다. 성에서 90미터 아래, 산기슭의 거리에 가로등이 하나 서 있었다. 영국 숙소의 창문에서 훤히 보이는 곳이었다. 하인츠 부자, 이르마와 함께 포로들은 간단한 시각적 암호를 만들었다. 매일 오전 9시, 낮 12시, 오후 4시에 믿을 만한 사람이 가로등 앞에 나타난다. 만약 그가 몇 분 동안 가로등에 기대서 있다가 그냥 가버린다면, 〈보고할 것 없음〉이라는 뜻이었다. 만약 그가 길을 건넌다면 〈포로 이동〉이라는 뜻이고, 그가 담배에 불을 붙이면 〈독일군 철수 중〉이라는 뜻이었다. 마지막 네 번째 암호는 가장 복잡하면서 가장 무서운 뜻을 담고 있었다. 만약 그가 도로 한복판을 걸으며 식당 앞을 지나쳐 왼쪽 첫 번째 전신주 앞에 30초 동안 서 있다가 가로등으로 돌아온다면, 〈지극히 위험. 무슨 수를 써서라도 나와〉라는 뜻이었다. 이 신호가 떨어지면 포로들은 무엇이든 손에 닿는 무기로 무장하고 대규모로 수용소에서 탈주할 것이다. 이 신호는 〈성이 곧 폭파될 경우〉나 SS가 본격적인 공격을 준비하고 있을 때에만 보내기로 정해졌다. 매일 하루에 세 번씩, 망보기를 맡은 사람이 수제 망원경으로 가로등을 살펴었다. 그러나 이렇게 미리 경고를 받더라도 포로들이 오래 버틸 수는 없었다. 결국은 콜디츠 주둔군이 SS로부터 포로들을 지켜 줄 것인지 아니면 그들을 넘겨 버릴 것인지가 그들의 운명을 결정할 터였다.

어느 날 아침 점호가 끝난 뒤 토드가 포로들 앞에서 연설했다. 「여러분, 때로 상황이 너무나 심각해져서 우리가 할 수 있는 일은 웃는 것밖에 없을 때가 있다. 앞으로 며칠 안에 1천 명이 넘는 프랑스 장교가 이리로 올 것이라고 독일군이 내게 알렸다.」그는 웃는 얼굴이 아니었다. 라이프치히 동쪽의 프랑스 포로 수용소가 소련의 진군에 앞서 소개되어, 그곳에 수감되었던 포로들이 서쪽으로 옮겨지는 중이었다. 콜디츠까지 오려면 그들은 가축처럼 차에 실려 거의 일주일 동안 이동해야 했다. 〈수염도 깎지 못하고, 세수도 못 하고, 더러운 옷에서 나는 냄새가 하늘까지 닿는 끔찍한 몰골이었다.〉에거스는 그들이 〈야만인 무리〉처럼 터벅터벅 걸어오는 모습을 지켜보았다. 약 1천2백 명이 성을 빽빽이 채웠고, 마을 외곽에 임시로 만든 수용소에도 6백 명이 더 수감되었다. 영국 포로들은 공간을 마련해 주기 위해 켈라르하우스 지하실로 옮겨졌으나, 침대가 부족했다. 침대를 배정받지 못한 사람들은 예배당과 바닥과 변소에 짚을 깔고 잠을 잤다. 〈거의 기아 상태 인 2천 명이 우리 손에 떨어졌다.〉 에거스는 이렇게 썼다. 식량 상황이 절망적이었다. 순식간에 배수구도 막히고, 더운물도 끊겼다. 굶주린 포로들은 주방 바닥에서 긁어 온 순무 껍질과 감자로 돌이 씹히고 맛도 없는 수프를 끓였다. 이런 상황에서 몹시 굶주린 포로들이 더 많이 도착하자, 에거스는 각자에게 빵 한 조각과 잼을 나눠 주면서 그들이 서로의 빈약한 음식을 훔치지 못하게 권총을 겨누었다. 공습 사이렌이 밤낮으로 울렸다. 〈모두가 밀치고, 소란스럽고, 사과하고, 냄새가 난다.〉 플랫은 이렇게 투덜거렸다. 마침내 연료마저 떨어지자, 독일군은 소수의 포로들을 밖으로 보내 티어가르텐에서 바닥에 떨어진 나뭇가지를 주워 오게 했다. 그렇게 나간 사람 중 한 명은 이렇게 썼다. 〈우리가 마당으로 다시 걸어 들어오는데, 감옥 냄새가 우리를 강타했다.〉 콜디츠는 얼어붙을 듯이 춥고, 악취 나고, 굶주리는 연옥으로 변해 가고 있었다.

4월 6일에 묘하게 천사 같은 인물이 이 지옥으로 성큼성큼 걸어 들어왔다. 〈파란색 눈이 강철 같고 성격이 섬세한 금발 청년〉인 그는 콜디츠에 들어온 마지막 포로이자, 배타적인 클럽인 프로미넨테의 마지막 추가 회원이었다. 이름이 존 위넌트 2세이고 스물한 살인 그는 프린스턴 대학교 2학년에 다니다가 학교를 그만두고 미국 공군에 입대했다. 독일 상공에서 열세 번 임무를 수행한 뒤, 1943년 뮌스터 근처에서 그가 탄 B-17 공중 요새 폭격기가 격추되었다. 그는 낙하산을 타고 탈출했으나 금방 포로가 되었다. 위넌트는 그냥 평범한 포로였으나, 다만 영국 주재 미국 대사가 아버지라는 점이 다른 사람과 달랐다. 전직 뉴햄프셔 주지사이자, 일부 사람들이 미국 대통령감으로 꼽고 있는 존 G. 위넌트 1세는 1941년 루스벨트 대통령에 의해 주영 대사로 임명되어, 전쟁이 끝날 때까지 그 자리를 지켰다. 위넌트 대사는 인기가 많았으며 전쟁을 지지했다. 영국과 미국의 호혜적인 관계를 원한 나머지, 처칠의 딸 세라와 바람을 피우기도 했다. 그래서 위넌트의 이름을 물려받은 장남이 포로가 되었다는 소식이 영국에 도달했을 때, 〈런던의 미국 대사관에는 미국과 영국을 포함한 여러 나라에서 행운을 비는 편지와 전보가 물밀듯이 쏟아졌다〉. 젊은 조종사인 위넌트는 뮌헨 근처의 포로 수용소에서 18개월을 보낸 뒤 갑자기 콜디츠로 옮겨졌다. 이렇게 혼자만 옮겨진 것이 다소 당황스러웠으나, 그 이유가 금방 분명해졌다. 미국 대사의 아들인 만큼 가치 있는 말이 될 수 있다는 점. 〈생김새로 보나 뭐로 보나 그는 영국인이 생각하는 미국 대학생 그 자체였다.〉 마이클 알렉산더는 위넌트가 숙소로 안내되는 모습을 보며, 영국식 〈오만함〉을 살짝 담아 이렇게 평가했다. 콜디츠의 VIP 포로로는 현재 폴란드와 프랑스의 장군, 영국 귀족, 정치인의 친척, 왕실의 일원이 있었는데, 거기에 유명한 미국 젊은이가 추가되었다. 판은 마련되었고, 베를린의 누군가가 이길 패를 맞춰 보는 중이었다. 〈히틀러의 측근 중 정확히 누가 자신의 이득을 위해 인질로 거래할 자를 찾고 있었는지 우리는 끝내 알아내지 못했다.〉 에거스는 이렇게 썼다. 그 인물은 아마도 힘러였을 가능성이 높다. 그는 수용소 관련 업무를 관장하는 부서를 직접 장악하고 있었다.

위넌트가 들어오고 나흘 뒤, 서쪽에서 전투가 벌어지는 소리가 분명하게 들려왔다. 이제 미군이 라이프치히에서 40킬로미터 떨어진 할레에 도달해, 콜디츠 방면으로 신속하게 진군하는 중이었다. 허름해진 독일 탱크와 장갑차 행렬이 마을을 통과해 남쪽의 켐니츠로 향했다. 독일군 지역 사령부가 새로운 본부를 세운 곳이었다. 더 이상 갈 곳이 없는 그들은 이제 망각 속으로 사라질 미래를 앞두고 있었다. 〈사람들은 창문으로 계속 서쪽을 바라보았다. 바삐 짐을 싸는 사람도 있었다.〉 그리스 데이비스-스쿠어필드는 이렇게 썼다. 그러나 독일군이 모두 후퇴 중인 것은 아니었다. 제101 차량화 보병 대대에 소속된 2백 명이 SS 장교들의 지휘로 탱크의 지원을 받으며 마을로 들어와 최후 방어전을 준비했다. 포로들은 히틀러 유겐트 회원들이 성 맞은편 능선에서 참호를 파는 모습을 지켜보았다. SS는 중앙 도로에 바리케이드를 세우고, 마을 외곽의 주택에 방어 진지를 구축했다. 국민 돌격대도 소집되었다. 소수의 소총과 판처파우스트 휴대용 대전차 탄두 두어 개가 그들의 무기였다. 그들은 물데강을 가로지른 다리에 철조망을 깔고 나서 불안한 얼굴로 여기저기 서 있었다. 탱크 여러 대와 차량화 대포는 계곡을 굽어보는 숲속에 배치되었다. 작전을 지휘하는 SS 장교가 성문 앞에 나타나 코만단트를 만나게 해달라고 요구했다. 그는 강에서 저항하라는 지시를 받았다면서, 프라비트와 에거스에게 〈동원할 수 있는 모든 병력과 탄약이 필요하다〉고 말했다. 프라비트는 이곳 주둔군이 고작 2백 명 규모로 줄어들었고, 모두 쉰 살이 넘었으며, 구식 프랑스 소총과 1인당 탄약 10여 발, 기관총 10자루와 소수의 수류탄이 무장의 전부라고 설명했다. 프랑스 장교 중 약 7백 명이 다른 수용소로 옮겨졌는데도, 성에는 여전히 굶주리고, 신경질적이고, 점점 다루기 힘들어지는 포로들이 가득했다. 그들의 반란을 막는 데만도 주둔군 전원이 필요했다. SS 지휘관은 마지못해 동의했지만, 코만단트의 태도에서 불충의 기색을 읽었다. 그래서 성을 떠나며 경고를 남겼다. 〈성에 백기가 올라간다면, 그가 이곳에 포를 쏠 것이라고 했다.〉

매일 아침 9시, 정오, 오후 4시에 신호수가 성 아래 가로등에 몸을 기댔다. 보고할 것이 없다는 뜻이었다. 그러나 열띤 분위기로 진행되는 방어전 준비를 보니 〈콜디츠가 전투 지역이 될 것〉이라던 이르마 베르니케의 경고가 옳았음이 확인되었다. 윌리 토드와 플로리먼드 듀크가 다시 프라비트에게 면담을 요구했다. 미군이 몇 시간까지는 아니어도 며칠이면 콜디츠에 다다를 것이다. 프라비트는 어쩔 생각인가? 이번에도 프라비트는 〈명령을 기다리는 중〉이라는 말로 우물쭈물 넘어갔다. 자신이 기다리는 명령서를 힘러가 이미 직접 작성했으며, 그 명령을 실행하는 데 필요한 비상 암호문 연락망도 마련되었다는 사실을 그는 두 사람에게 밝히지 않았다.

만약 지역 사령부 본부가 코만단트에게 전화로 〈하이덴뢰슬라인Heidenröslein〉*이라는 암호를 말하면, 프로미넨테를 소개시키라는 신호였다. 이 단어를 선택한 데에는 고의가 작용했다. 〈Heidenröslein〉은 괴테가 지은 유명한 시의 제목인데, 사랑에 빠진 젊은이가 〈들장미〉를 꺾으러 갔으나, 장미는 피를 보기 전에는 쉽사리 자신을 내어 주지 않는다.

* 〈들장미〉라는 뜻.

소년이 말했다, 〈난 너를 꺾을 거야,
아름답고 부드러운 들장미!〉
장미가 말했다, 〈난 너를 찌를 거야,
네가 날 기억하게,
난 절대 굴복하지 않아!〉

이 암호 신호를 받으면 프라비트는 VIP 포로들을 바깥쪽 문에 모아야 했다. SS가 돌격대 1개 분대와 버스 두 대를 보내 그들을 실어 갈 것이다. 프로미넨테는 거기서 더 동쪽에 있는 쾨니히슈타인의 요새로 옮겨질 예정이었다. 무너지고 있는 독일 최전선의 뒤편이었다.

두 번째 암호는 이보다 훨씬 더 극적인 신호였다. 만약 본부에서 〈ZR〉이라는 글자를 보내면, 이것은 〈Zerstörung-Räumung(파괴-소개)〉이라는 뜻이었다. 콜디츠에 있는 모든 문서를 불태우고, 남은 식량과 무기를 챙기고, 포로들은 총으로 위협해서 〈어떻게든 확보한 교통수단〉으로 이동시켜야 했다. 에거스는 이 교통수단이라는 것이 〈간신히 움직이는 낡은 차량 하나, 말이 끄는 수레 두 개〉뿐이었다고 썼다. 명령에 따르면 포로들을 동쪽으로 이동시켜야 했으나, 정확히 어디인지는 알 수 없었다.

감리교 목사인 플랫은 언제나 독실하고 품위 있는 태도를 보이는 것이 자신의 의무라고 생각했다. 그러나 포로들이 숙소로 들어가고 출입문이 잠긴 뒤 침대에서 쓴 4월 12일 자 일기에서 그는 너무 들떠서 현기증이 날 것 같은 기분을 최대한 표현했다.

군용 트럭, 장갑차, 탱크가 하루 종일 다리를 넘어갔다. 후퇴다. 독일군 병력, 기갑 부대, 수송대는 아마도 베르히테스가덴[바이에른에 있는 히틀러의 산속 은신처]으로 가는 것 같다. 소문에 따르면, 거기서 최후의 일전을 벌일 것이라고 한다. 오전 10시에는 미군이 엘베강에 도달했다는 소문이 돌았다. 정오에는 라이프치히에서 12마일 거리까지 왔다고 했다. 1시 30분부터 대포 소리가 분명하게 들렸다. 수용소 분위기는 온통 들떠서 난리가 났고, 창문마다 사람들이 빽빽이 붙어서 서로를 밀어 댔다. 오늘 밤에는 콜디츠에서 서쪽으로 4마일 거리에 탱크가 잔뜩 집결했다는 따끈따끈한 소문이 돌았다. 루스벨트 대통령의 사망 소식이 방송에서 흘러나왔다. 마을에서는 방어전 준비가 더욱 미친 듯이 진행되는 중이다. 높은 능선과 숲 경계선의 들판 사방에 1인용 참호들이 보였다. 나이를 불문하고 소년들과 소녀들이 제복을 입은 어른들과 나란히 서서 삽과 곡괭이로 작업하고 있었다. 성 주위의 시골에서 진지하게 방어전을 펼칠 작정인 것 같다. …… 영국 선임 장교는 코만단트와 면담하러 갔다. 면담 주제가 무엇인지는 모른다.

면담 주제는 프로미넨테였다.

그날 오후 단어 하나로 된 메시지가 게르하르트 프라비트의 책상에 도착했다. 〈들장미.〉

17
포위

프라비트는 2년 동안 콜디츠를 자신의 봉토처럼 지배했다. 하지만 지금은 신변의 위험이 심각했다. 진군하는 미군, 마을에 와 있는 SS, 점점 자기주장이 강해지는 1천 명 이상의 포로들이 모두 위험했다. 그에게 프로미넨테를 다른 곳으로 보내라고 지시하는 암호가 도착한 시각은 오후 5시였다. 그는 에거스를 불러서 긴급 대책 회의를 했다. 이 명령을 무시할 수도 있겠지만, 그랬다가는 틀림없이 SS가 성으로 쳐들어올 것이다. 그들이 두 사람을 모두 체포하고, 특별한 포로들을 무력으로 제압할 가능성이 높았다. 만약 VIP 포로들이 지금 상황을 알아차린다면, 일부 또는 전부가 숨으려 하거나 우글거리는 포로들 속으로 사라질 터였다. 「그런 상황이 되면 우리는 여기 성 안에서도 피를 흘리지 않고서는 그들을 결코 모두 잡을 수 없습니다.」 에거스가 말했다. 포로들이 폭동을 일으킬 가능성도 있었다. 「이런 소식이 알려지면 포로들이 어떻게 나올지 모릅니다. 반란을 일으킬 수도 있습니다.」 그러나 에거스와 프라비트가 명령에 따라 프로미넨테를 SS에 넘겨준다면, 그 뒤 프로미넨테 포로들이 당하게 될 일에 대해 법적인 책임을 저야 했다. 전쟁은 거의 끝나 가는데, 독일이 패배하고 나면 잘잘 못을 따지는 시간이 올 것이다. 두 사람 모두 살인자는 아니었다. 프로미넨테가 SS의 손에 들어가면 그들의 미래는 아무리 잘 봐주어도 불확실하고, 최악의 경우에는 순식간에 미래가 사라질 수도 있었다. 그러나 복종의 습관이 몸에 밴 데다가, 힘러의 지시가 아주 명백했다. 코만단트가 프로미넨테를 넘길 것. 그리고 〈하나라도 도망치면 목숨으로 책임질 것.〉 프라비트와 에거스는 포로들이 확실히 잠자리에 들 때까지 기다렸다가 조치에 나서기로 했다. 〈밤 10시 무렵 안마당이 텅 비고, 포로들은 모두 숙소나 예배당에 갔었다.〉 에거스는 이렇게 썼다. 그 뒤에 토드와 듀크가 코만단트의 집무실로 불려 왔다.

〈키가 크고 비쩍 마른〉 프라비트가 뻣뻣하게 경례를 한 뒤 그들에게 앉으라고 권했다. 그리고 통역을 통해, 특별 포로들이 한밤중에 성을 떠날 것이라고 알렸다. 〈마을의 SS 부대가 프로미넨테를 보호할 호위를 제공할 겁니다.〉 그는 그들이 어디로 가는지 말할 수 없다고 했다.

토드는 즉시 강렬한 반응을 보였다. 「그 명령을 무시하십시오.」

프라비트는 고개를 저었다. SS 부대가 고작 몇백 미터 거리에 있었다. 만약 그가 힘러의 지시를 따르지 않는다면 SS가 무력을 최대한 동원해 그 명령을 이행할 것이다. 「만약 내가 이 명령을 거부하면 SS가 앙갚음을 할 겁니다. 나뿐만 아니라 이 성 전체에 대해서. 수용소 전체에서 많은 사람이 죽을 것이고, 그 뒤에 프로미넨테는 어차피 떠날 겁니다.」

토드와 듀크는 항의했다. 연합군 비행기들이 도로를 폭격하고 있었다. 「포로를 트럭 두 대에 태워서 미군과 소련군 사이의 점점 좁아지는 길로 이동시키는 건 미친 짓입니다……. 틀림없이 위험한 길이라 죽을 수도 있어요.」

듀크도 끼어들었다. 「책임 있는 장교로서 당신은 최고의 판단력을 발휘해 독자적으로 행동할 의무가 있습니다.」

프라비트는 뜻을 굽히지 않았다. 「이동은 오늘 밤에 이루어질 겁니다. 동틀 무렵이면 이동이 끝날 거예요.」

이제 두 사람은 법적인 질서에 대한 프라비트의 프로이센 사람다운 감각, 자기 보존 본능에 호소했다. 제네바 협약에 따르면, 포로를 옮기기 24시간 전에 미리 통보해야 하고, 목적지도 알려 주어야 했다. 「프로미넨테 납치에 당신이 개인적으로 책임을 져야 할 거요.」 토드가 말했다.

프라비트는 어깨를 으쓱했다. SS가 호위를 맡을 테니 책임도 그들 몫이었다.

「누가 SS로부터 그들을 보호하지?」 듀크가 다그치듯 물었다.

이 질문에 프라비트가 멈칫했다. 토드의 말에 일리가 있었다. 만약 자신이 포로들을 넘긴 뒤 SS가 그들을 그냥 처형해 버린다면, 연합군이 그를 살인 종범으로 기소할 가능성이 있었다. 그 혼자만 책임을 지고 끝나 버릴 가능성이 있었으므로, 역사를 통틀어 많은 책임자가 그랬듯이 그도 책임을 넘겼다.

프라비트는 라인홀트 에거스를 가리켰다. 보안 장교인 에거스 하웁트만이 목적지까지 VIP 포로들과 동행한 뒤 〈그곳에 무사히 도착했다는 문서에 프로미넨테의 서명을 받아 콜디츠로 돌아올 것〉이라고 말했다.

에거스는 기가 막혔다. 프라비트가 단번에 총살대에서 물러나고, 부하를 그 자리에 세웠으니까. 〈이번 일에서는 우리 편과 연합군이 모두 내 머리를 노리고 있었다. 만약 프로미넨테가 도망치면, 히틀러는 나뿐만 아니라 가족까지 잡아갈 것이다. 만약 프로미넨테가 죽임을 당한다면, 연합군이 그들의 죽음에 대한 책임을 물어 나를 끝장낼 것이다.〉 에거스는 이렇게 썼다.

토드는 곧바로 프로미넨테 숙소로 갔다. 그곳에는 경비병이 추가로 더 배치되어 있었다. 짐을 쌀 시간은 한 시간이었다. 토드는 그들을 안심시키려고 애썼다. 「상황이 시간 단위로 바뀌고 있네. 우리한테 이로운 쪽으로. 이익 대표국인 스위스가 특별히 경고하면서, 모든 포로의 이동을 추적하겠다고 요청했어. 자네들이 버려지는 일은 없을 거야.」 찰리 호프툰과 도윅 헤이그는 몸이 좋지 않아서 의무실에 있다가 끌려 나왔다. 프로미넨테 장교들은 마지막까지 자신의 신분을 내세워, 짐을 싸고 운반해 줄 〈당번병을 적어도 두 명 배정받을 자격이 있다〉고 주장했다. 장교가 아닌 포로들은 비좁은 다락방에 수감되어 있었다. 당번병 담당 장교가 자원자를 모집한다고 말하자, 뉴질랜드 출신의 마오리족 병사 두 명이 앞으로 나섰다. 에거스는 〈이 장교들과 함께 미지로 향하는 이 여행에〉 자발적으로 나서는 사람이 있다는 사실에 깜짝 놀랐다.

존 위넌트는 다른 프로미넨테 포로들에게서 간신히 떨어져 나와 다락방에 숨었다. 플로리먼드 듀크가 즉시 프라비트의 집무실로 다시 불려 갔다.

「프로미넨테의 출발 준비가 끝날 때까지 그가 발견되지 않으면, SS가 수색에 들어갈 겁니다.」 프라비트가 말했다.

「그들도 찾지 못한다면?」 듀크가 물었다.

「총을 쏘겠죠.」

「당신과 당신 부하들은 포로를 보호하겠다고 서약했습니다.」

「나이도 많고 몇 명 되지도 않는 내 부하들이 SS 군인 8백 명을 상대로 뭘 할 수 있겠습니까?」

게다가 SS는 이 기회를 이용해 수용소를 점령해 버릴 터였다. 「그러면 SS 지휘관이 좋아할 겁니다. 자기 부하들을 성 안으로 불러서 반란을 진압할 수 있으니까. 한번 들어오면 여기 계속 남아서……」 프라비트가 말했다.

듀크는 그의 말이 옳다는 것을 깨달았다. 「광신적인 최후의 일전에 이 성이 아주 훌륭한 장소가 되겠군.」

프라비트가 일어섰다. 「한 시간 뒤 SS 파견대가 프로미넨테 호위를 위해 올 겁니다. 위넌트 중위가 다른 사람들과 함께 떠날 준비를 마치지 않는다면, 하느님께 기도나 해야겠죠.」

미국인 한 명을 내놓지 않겠다고 버티다가는, 다른 포로 모두의 목숨이 위험해질 판이었다. 「나는 위험이 너무 크다는 결론을 내렸다.」 듀크가 넌에게 이렇게 말하자, 넌이 위넌트를 찾으려고 다락방으로 갔다.

오전 1시 30분에 왕의 조카이며 프로미넨테 중 가장 계급이 높은 존 엘핀스턴 대위가 스물한 명을 이끌고 안마당을 가로질러 문을 통과해서 대기 중인 버스로 갔다. 귀족이거나 저명인인 영국 장교 일곱 명, 부르-코모로프스키 장군 휘하의 폴란드 부대, 마오리족 당번병 두 명, 미국인 한 명으로 구성된 일행이었다. 다른 포로들은 창문에 다닥다닥 붙어 서서 떠나는 사람들을 향해 격려의 말을 외쳤다. 자일스 로밀리는 그 장면을 일련의 스냅 사진처럼 묘사했다. 〈흠잡을 데 없는 모습으로 걸어 나오는 부르 장군. 반 고흐의 그림 분위기를 내려고 애쓰는 성. 밝은 연두색 벽. 감자 같은 자갈 포장. 감자 같은 얼굴. 발을 움직이는 프라비트. 구름 뒤에서 나타나는 커다란 달.〉 그들은 두 줄로 늘어선 돌격대원 사이를 지나갔다. 〈그들의 얼굴에 우호적인 기색은 전혀 없었다. 그들의 발치에서 서성거리는 검은 셰퍼드 한 마리.〉 〈빳빳하게 다린〉 군복을 입고 깊은 근심을 얼굴에 드러낸 에거스가 가장 먼저 버스에 올랐다. 오토바이 두 대가 버스 양옆에서 달리고, 장갑차 한 대가 뒤에서 따라오는 대형으로 수송대가 출발했다. 〈마치 지옥의 휴일 소풍처럼 능선을 내려가 다리를 건너 콜디츠의 텅 빈 거리를 통과했다.〉

4월 13일 금요일은 불안할 정도로 조용했다. 공기 자체가 〈태풍의 한가운데처럼 죽은 듯이 적막〉했다. 멀리 라이프치히 방면에서 포 소리가 들렸지만, 공습 사이렌은 조용했다. 사람들은 프로미넨테가 앞으로 어떻게 될지 걱정하며 밤을 보냈다. 잠을 잔 사람은 거의 없었다. 플랫 목사는 SS 호위대의 장교 두 명이 불빛 아래에서 지도를 살피는 것을 보았다며, 〈베르히테스가덴 방향인 남쪽으로 휘어진 도로를 가리키는 것 같았다〉고 추측했다. 소문이 성 안을 소용돌이처럼 돌아다녔다. 어떤 사람은 소련 낙하산 부대가 벌써 베를린에 낙하하고 있다고 말했다. 낙관론자들은 미군이 바로 저 언덕 너머에 있다고 주장했다. 반면 자유가 정말로 가까이 왔는지 의심하는 사람도 있었다. 〈우리 모두가 오늘 이동될 가능성이 50 대 50이라고 본다. 하지만 그들이 우리를 옮길 곳이 있나?〉 플랫은 이렇게 썼다. 가장 널리 퍼진 가설은 남쪽으로 끌려가 바이에른 알프스 어딘가에서 무시무시한 최후의 결전이 벌어질 때 프로미넨테처럼 장기 말로 사용될 운명이라는 것이었다. 저녁에 콜디츠로 돌아온 라인홀트 에거스는 프로미넨테가 쾨니히슈타인 성에 인도되었으며 당분간은 무사할 것이라고 확인해 준 엘핀스턴의 자필 메모를 가져왔다. 에거스는 언제나 교장선생님처럼 모르는 것이 없는 사람 같은 분위기를 풍기고 싶어 했지만, 그런 그도 앞으로 인질들이 어찌 될지는 전혀 모른다고 인정했다.

　포로들은 이런 불확실성에 맞서 게걸스레 먹는 것으로 대응했다. 몇 주 전부터 남은 식량을 아껴 가며 절약하던 그들이 그것을 먹어 치우기 시작한 것이다. 다음 날 해방이 찾아오든 아니면 어느 나치 요새로 강제로 끌려가든 아니면 죽임을 당하든, 굶주린 몰골은 아닐 것이다. 〈모든 것을 먹어 치우지 않는 것이 어리석은 일 같았다. 우리가 언제 어떻게 다시 먹을 수 있을지 아무도 모르는 상황이니까.〉 그리스 데이비스-스쿠어필드는 이렇게 썼다. 그는 그날 자신이 먹은 음식을 꼼꼼하게 열거했다. 치즈 수플레, 빵과 버터와 잼, 수프, 차가운 연어, 으깬 감자, 기름에 구운 스팸, 그린빈과 순무, 케이크, 초콜릿 서양자두 푸딩, 〈맛있는 커피 한 잔〉. 역시나 불편한 밤이었다. 내일 무슨 일이 벌어질지 기대와 불안이 공존하는 마음 탓도 있었지만, 또한 심한 소화 불량 탓이기도 했다.

다음 날 오전 9시, 망보기를 맡은 포로가 망원경으로 가로등을 살폈다. 그런데 암호를 보내기로 한 사람이 평소처럼 가로등에 기대서 있는 것이 아니라, 천천히 신중하게 길을 건너더니 고개를 돌려 성을 올려다보았다. 〈이동될 것〉이라는 뜻이었다. 실제로 한 시간 전 독일 지역 사령부 본부에서 프라비트에게 두 글자짜리 메시지를 보냈다. 〈ZR.〉 파괴-소개.

*

프로미넨테는 벌써 다시 이동 중이었다. 호프툰과 헤이그는 너무 아파서 움직일 수 없었으므로, 마오리족 당번병 한 명과 함께 쾨니히슈타인의 의무실에 남았다. 다른 사람들은 다시 버스에 올라타서, 여러 수용소를 전전하는 긴 여행에 나섰다. 점점 진군하는 연합군에게서 멀어지는 여행이었다. 남쪽에서 체코슬로바키아를 통과해 카타우로 갔다가, 라우펜으로 갔다가, 마지막에는 오스트리아 국경 근처 바이에른 남동부에 있는 중세 요새 티트모닝으로 갔다. 남쪽의 잘츠부르크 너머에 베르히테스가덴이 있었다. 바이에른 알프스 높은 곳에 있는 히틀러의 〈국가 요새〉. 부르크도르프 주위에 지어진 이 알프스 요새Alpenfestung는 히틀러의 개인 별장 아래 산속을 파서 1만 8,580제곱미터 넓이의 사령부 단지 등 막강한 방어 시설을 구축해 놓은 곳이었다. 만약 나치가 인질들을 데리고 여기 틀어박혀서 끝까지 완강히 저항한다면, 피를 엄청나게 흘릴 각오를 해야만 그들을 끌어낼 수 있을 것이다.

티트모닝은 네덜란드 장교들을 가둔 곳이었다. 여기서 새로 도착한 포로들을 가장 먼저 맞이한 사람 중에는 콜디츠에서 수많은 탈출 계획을 짰던 마히엘 판 덴 호이벨 대위도 있었다. 애칭이 〈밴디〉인 그는 프로미넨테가 어디로 끌려가는 길인지 짐작하고, 여느 때처럼 이미 탈출 계획을 짜놓은 상태였다.

다음 날 저녁 자일스 로밀리와 네덜란드 장교 한 명이 담장 안쪽을 흐르는 도랑에 몸을 숨겼다. 자정 직후 〈눈부신 힘과 크기를 지닌 달빛 아래에서〉 그들은 27미터 아래 해자로 내려갔다. 그런데 도중에 침대보 밧줄이 꼬이면서 몸이 바위 면에 부딪히는 바람에 로밀리의 손마디 피부가 찢어졌다. 〈달, 성, 공간, 한 그릇 안에서 소용돌이쳤다.〉 바닥에 닿은 뒤 그들은 서둘러 둑을 내려가 도로로 나섰다. 〈굴뚝새의 눈처럼 작고 기적 같은 나침반〉을 따라 기차역이 있을 것이라고 짐작되는 방향으로 움직였다. 운이 좋으면 뮌헨으로 가는 기차에 오를 수 있을지도 모른다. 〈밤의 평화가 경이로웠다. 그것은 합리적인 희망 너머에 있었다.〉

로밀리가 모든 것을 감싸는 알프스의 침묵에 경탄하는 동안, 그의 동료들은 티트모닝 성에 틀어박혔다. 판 덴 호이벨은 그들을 벽 안쪽으로 깊이 쑥 들어간 창문으로 데려갔다. 옛날 옛적에 지어진 벽의 두께가 약 2.4미터였다. 〈호이벨은 손과 무릎으로 엎드려서, 작은 횃불 빛에 의지해 벽의 커다란 돌 틈으로 칼날을 살살 밀어 넣었다. 커다란 돌이 스르르 밀려 나오고, 우리가 딱 한 명씩 꿈틀거리며 통과할 수 있는 구멍이 나타났다.〉 어떤 방으로 통하는 짧은 굴이었다. 방은 가로, 세로가 각각 0.9미터, 높이는 3.6미터였다. 밴디는 그들이 사라졌다는 사실이 발각되었을 때 독일군은 위넌트를 포함한 영국 포로 전원이 로밀리와 같은 방식으로 탈출했다고 짐작할 것이라고 보았다. 그는 이들에게 일주일 동안 숨어서 지낼 수 있는 식량과 물을 공급해 줄 수 있었다. 그렇게 일주일이 지나고 나면 전쟁이 승리로 끝나 있을지 누가 알겠는가. 장교 다섯 명이 그 방에 비좁게 들어갔다. 마오리족 당번병은 초대받지 못했다. 폴란드 포로들은 여기에 참여하지 않기로 했고, 어차피 그들이 들어올 공간도 없었다. 방이 너무 좁아서 두 명은 굴 안에 나란히 눕고, 한 명은 서고, 또 한 명은 위쪽 턱에 올라가 앉고, 또 한 명은 변기로 쓰는 양동이에 올라가야 했다. 쥐가 나는 것을 막으려고 그들은 두 시간마다 자리를 바꾸었다. 마이클 알렉산더는 처음 이 방에 들어온 날 한숨도 자지 못했다. 〈이 참을 수 없이 불편한 구멍 속에서 우리가 얼마나 지내야 할지 고민스러웠다.〉

스위스 관리 루돌프 덴츨러는 베른으로 돌아가 전쟁이 끝나기를 기다리다가, 제네바에 외무부 일로 와 있는 영국 대표단에게서 메시지를 받았다. 〈긴급〉이라고 표시된 메시지에는 프로미넨테의 이름과 그들이 SS에 의해 콜디츠에서 알 수 없는 곳으로 이동된 상황이 적혀 있었다. 맨 끝에는 진심 어린 요청이 있었다. 〈이 포로들이 어디에 갇혀 있는지 즉시 확인 바랍니다. 그들의 안전과 안녕을 확보하기 위해 가능한 모든 수단을 동원하고, 무슨 문제라도 발생한다면 책임자가 심각한 결과를 맞이하게 될 것이라고 독일 당국에 아주 엄숙하게 경고해 주십시오.〉 덴츨러는 그들이 어디로 향하고 있을지 짐작이 갔다. 〈제3제국 지도자들이 알프스에서 최후의 일전을 벌일 생각을 한다고 볼 이유가 아주 많았다.〉 그는 자그마한 스위스 자동차에 올라 나치 독일로 다시 들어갔다.

콜디츠 포로들에게 오전 10시까지 가져갈 수 있는 소지품을 모두 챙겨서 안마당에 모이라는 지시가 떨어졌다. 오전 11시가 되었는데도 아무도 나타나지 않았다. 11시 10분에 선임 장교들이 코만단트의 집무실로 불려 갔다.

「왜 사열 준비가 안 된 겁니까?」프라비트가 다그치듯 물었다.

「내가 생각을 바꿨습니다. 우리는 이 성을 떠날 준비가 되지 않았어요.」토드가 조용히 말했다.

마을 협력자들의 사전 경고 덕분에 그는 플로리먼드 듀크, 프랑스 선임 장교와 계획을 짤 시간이 있었다.

「그럼 포로들을 무력으로 이동시킬 수밖에.」프라비트가 쏘아붙였다.

토드도 마주 쏘아 댔다. 「무력으로? 저 밖의 상황을 정말로 전혀 모르는 겁니까? 미군이 고작 20마일 거리에 있어요. 몇 시간 뒤면 여기에 도착할 겁니다.」

「우리가 가진 정보는 다릅니다.」프라비트가 딱딱하게 말했다.

토드는 그를 무시하고 말을 계속했다. 「당신이 무력을 사용하려 한다면, 내 분명히 경고하는데, 우리가 저항할 거고 유혈 사태가 벌어질 겁니다. 미군이 왔을 때 그 유혈 사태를 어떻게 설명할 겁니까?」

「우리는 이날을 아주 오랫동안 기다렸어요. 자유까지 겨우 몇 시간이 남았으니, 당신이든 누구든 저들을 결코 콜디츠에서 데리고 나갈 수 없을 겁니다.」듀크가 말했다.

그동안 그들이 콜디츠에서 나가려고 얼마나 많은 시간을 쏟았는지 생각하면, 이것은 상당히 웃기는 말이었다. 비록 웃기려고 한 말은 아니지만. 어쨌든 웃는 사람은 하나도 없었다.

프라비트가 수화기를 들어 글라우하우의 지역 사령부 본부를 연결해 달라고 말했다. 이 방 안의 사람들은 통화 내용 중 프라비트의 말밖에 들을 수 없지만, 대화의 요지는 분명했다.

〈네, 장군님, 제가 이미 지시를 내렸습니다. 네, 장군님, 그들이 지시를 거부합니다. 네, 장군님, 제가 경고했으나 달라지는 것이 없습니다. 틀림없이 유혈 사태가 벌어질 겁니다.〉

이런 식으로 대화가 오갔다. 코만단트는 책임을 필사적으로 장군에게 미루려 하고, 장군은 다시 코만단트에게 책임을 미루었다.

결국 프라비트가 인내심을 잃었다. 「장군님, 여기서 일어날 일에 대해 책임을 지시겠습니까?」

잠시 침묵이 흘렀다.

「그럼 저도 안 됩니다!」 프라비트가 고함을 지르고는 수화기를 쾅 내려놓았다.

모든 권위를 잃은 코만단트가 천천히 토드에게 시선을 돌렸다. 「내가 어떻게 하기를 원합니까?」

1945년 4월 14일 오전 11시 30분, 콜디츠의 통제권이 경비병에게서 포로들에게 넘어갔다.

에거스는 내심 안도했다. 〈우리는 결코 포로들을 데리고 나가지 못했을 것이다. 설사 데리고 나갔다 해도, 소련군이 진군하는 길에서 포로들이 흩어지지 않게 데리고 가는 일을 누구도 반기지 않았을 것이다.) 그는 증거를 인멸하기 시작했다. 하루 종일 경비병 다섯 명이 서류 더미를 보일러에 삽으로 퍼 넣었다. 수용소의 관료적인 행정 처리 과정이 기록된 엄청난 양의 문서가 자정까지 연기로 변해 날아갔다. 그러나 에거스는 역사가였으므로, 콜디츠 박물관의 전시품들을 조심스레 상자에 싸서 지하실에 쌓아 두었다. 포로들이 여기 도착했을 때 압수한 개인 물품은 하나도 빠짐없이 꼼꼼하게 돌려주었다. 모두 1천4백 점이었다. 만년필, 나이프, 영국 지폐 등등. 사형 선고를 받고 독방에 갇혀 있던 미국인 새퍼 대령도 석방되었다. 극장에서는 예전에 공연 의상과 가짜 군복을 바느질해서 만들던 사람들이 국기를 만들기 시작했다. 폴란드, 프랑스, 영국 국기. 자유의 순간이 도래하면 성벽 위에 내걸기 위해서였다. 이제는 독일군이 짐을 싸기 시작했다. 각자 작은 여행 가방 하나씩. 운명의 수레바퀴가 돌아가는 속도가 당황스러울 정도였다. 포화 소리가 점점 가까워졌다. 미군 포탄이 성에서 육안으로 볼 수 있는 곳에 떨어지기 시작했다.

「어쩌면 SS가 성 안으로 들어올지도 모릅니다. 우리에게 무기고 열쇠를 넘겨요. 포로들을 무장시켜, SS에게서 성을 지킬 테니.」 토드가 프라비트에게 말했다.

듀크가 또 끼어들었다. 「당신도 미국인보다 SS가 더 무섭지 않습니까.」

프라비트는 정말 어쩔 수가 없어서 마지못해 탄약고와 무기고의 열쇠를 건넸다. SS가 성을 점령하려 하지 않는 한, 무기를 포로들에게 나눠 주면 안 된다는 조건을 달았다. 그때까지는 독일군 경비병들이 평소처럼 계속 순찰을 돌 것이다. 프라비트가 이미 항복한 것을 SS가 알면 안 되기 때문이었다. 〈백기나 연합국 국기가 보이면 [그들이] 성으로 쳐들어와 유혈 사태를 재촉할 것이 거의 확실했다.〉 이런 속임수에는 위험이 따랐다. 진군하는 미군들이 성을 장악한 세력이 바뀌었음을 알지 못하고 성을 공격할 수 있다는 것.

마무리해야 할 서류가 하나 있었다. 토드는 종이 한 장을 코만단트에게 건넸다. 〈프라비트 중령과 휘하 장교들이 수용소 권한을 넘겨주는 올바른 행동을 했으므로, 어떤 보복도 없을 것이다. …… 그들과 그들의 가족에게 최대한의 보호 조치를 취하고, 부사관과 사병은 최대한 빨리 석방한다.〉 과거에 일어난 모든 일에 대해 독일군의 책임을 면제해 준다는 서류였다. 다만 두 사건은 예외였다. 마이클 싱클레어의 죽음과 프로미넨테의 운명. 프라비트는 이 서류에 서명했다. 이렇게 그의 패배가 결정되었다. 이 서류에는 법적인 권위가 없으므로, 여기에 적힌 약속이 반드시 이행될 것이라고 보장할 수 없었다. 기껏해야 이것은 일종의 신사협정이었다. 항상 신사들이 신사들을 위해 운영하는 곳이라고 자랑스러워하던 수용소에서 군인의 품위를 마지막으로 드러낸 문서.

콜디츠 극장에서 지난 세월 동안 터무니없는 공연이 많이 이루어졌지만, 지금 펼쳐지는 드라마만큼 기괴한 것은 없었다. 독일 주둔군은 이미 자기들의 권한 밖에 있는 수용소를 경비하는 척하고, 포로들은 여전히 갇혀 있는 것처럼 행세하면서 사실은 SS와 미군에 맞서 간수들을 보호하는 중이었다. 프라비트는 코만단트 역할을 연기했으나, 이제 그 역할은 사실상 토드 중령의 것이 되었다. 감시하던 자가 포로가 되고, 포로가 그들을 감시했다.

제273보병 연대 3대대, 1군에서 날카로운 선봉을 맡은 그들이 제 9기갑 사단 탱크의 지원을 받으며 남서쪽에서 빠르게 진군했다. 이 미군 부대는 유럽에 들어온 지 한 달도 채 되지 않았는데, 벌써 아르덴에서 격렬한 싸움을 경험하고 끔찍한 일들을 목격했다. 라이프치히 근처 노예 노동 수용소인 테클라 수용소에서는 불에 탄 시체 수십 구가 발견되었다. 수감자들을 식당에 가두고 불을 질러 버린 결과였다. 불타는 건물에서 간신히 도망친 사람들은 총에 맞았다. 바깥쪽 철망에서 감전되어 죽은 사람도 몇 명 있는 것 같았다. 전진 부대의 지휘관인 레오 쇼너시 대령은 〈시골의 저항 세력을 청소하고 피난민과 연합군 포로 무리를 찾아내는〉 임무를 맡았다. 무자비하고 피를 많이 보아야 하는 일이었다. 〈라이프치히가 가까워지면서 저항이 강해졌다.〉 그는 이렇게 썼다. 쇼너시는 알텐그로이치에서 건물에 자리한 저격수들에게 부하 10여 명을 잃었다. 〈우리의 싸움 상대 중에는 열다섯, 열여섯 살 소년들이 많았다.〉 한 군인은 이렇게 썼다. 미군 대부분도 그들보다 나이가 그렇게 많지는 않았지만, 전투에 대비해서 긴장하며 경계를 늦추지 않았다. 그리고 콜디츠가 가까워질수록 분노가 점점 커졌다.

리 카슨은 선봉대 바로 뒤에서 차를 타고 달렸다. 예전에 그녀는 호기심과 욕망의 대상이었으나, 이제는 군인들이 카키색 옷을 입고 지프 뒷좌석에 앉은 그녀의 존재를 거의 알아차리지도 못했다. 보통 그녀는 전투가 한창 벌어지는 곳에서 고작 몇백 미터 거리에 있었다. 1인칭으로 글을 쓰는 그녀의 생생한 목격담에는 속어와 비어가 양념처럼 들어갔다. 〈라이프치히는 미친 악몽이 되었다. 상점, 주택, 사무실이 민간인 무리에게 약탈당한다. 미군은 괴상한 환영을 받고 있다. 포도주, 꽃, 환성, 키스에 SS 장교들의 지시를 받는 히틀러의 꼬마 갱들이 쏘아 대는 자동 권총과 바주카포가 섞여 있다. 불길이 길모퉁이를 밝힌다. 탱크가 덜컹덜컹 골목을 지나간다. 강간과 강도가 벌어지고, 누구도 안전하지 않다.〉박살 난 도시에서 그녀는 이런 글을 썼다.

4월 14일 토요일에 부대는 물데강 서쪽에서 야영했다. 많은 포로가 인근에 잡혀 있다는 정보와 함께 쇼너시는 그날 저녁 늦게 명령을 받았다.〈콜디츠를 점령하라.〉

다음 날〈봄의 숨결〉과 함께 아침이 밝았다. 에거스의 표현이다. 흉벽에서 아래를 내려다보니, 마을 사람들이 다가오는 폭풍을 막으려고 집에 바리케이드를 치는 모습이 보였다.〈자연은 하던 일을 계속했지만, 사람들은 밤이 되기 전에 누가 죽을지 걱정하며 몸을 숨길 곳을 찾았다.〉

오전 9시 직후 셔먼 탱크가 서쪽 밀밭에서 처음으로 모습을 드러냈다. 첵코 할로웁카가 호색경으로 그들을 발견하고〈기뻐서 크게 환성을 질렀다〉. 쇼너시 대령은 혼바흐 마을 위쪽 숲에 포를 배치하고,〈강 너머에서 가장 눈에 띄는 과녁, 즉 비교적 크고 위풍당당한 성의 탑〉을 겨냥하라고 지시했다. 선더볼트 전투기 여섯 대가 마을 상공을 날아가며 기차역을 폭격했다. 사냥터 위쪽 숲속에 독일군이 땅을 파고 설치한 포대도 폭격하고는 휙 가버렸다. 지상에서 응전하는 대공포가 없었다. 코만단투르와 포로 숙소의 창가에 구경꾼들이 다닥다닥 붙어서, 콜디츠를 점령하려는 전투를 목격했다. 흉벽으로 올라간 사람도 있었다. 정오 직후에 미군의 2인치 포탄이 처음으로 정문 옆 경비실을 때렸다. 두 번째 포탄은 더글러스 베이더가 쓰고 있는 3층 방의 창문을 박살 냈다. 다리가 없는 전투기 조종사 베이더는 그때 안마당으로 내려와 경비병들을 조롱하며 계속 같은 말을 외치고 있었다. 「독일 공군은 어디 있나?」 듀크의 말처럼 〈고약한 얼간이 괴롭히기 덕분에 그는 목숨을 건졌다〉. 세 번째 포탄은 북서쪽 성벽을 스치듯 지나가 나무들 속에 떨어졌다. 티어가르텐에서 독일군의 88밀리미터 대포가 성 위로 포탄을 발사해 그 너머 숲 여기저기에 떨어뜨렸다. 콜디츠는 이제 대포 결투 한복판에 있었다. 미군의 6인치 곡사포탄이 떨어지기 시작했다. 포탄 하나가 물이 없는 해자 위의 다리 근처에 쿵 떨어져 독일군 병장 한 명이 죽었다. 포탄 두 개는 코만단투르를 때렸다. 미군 포탄들이 점점 한곳에 집중되고 있었다. 토드 중령은 모두에게 지하실로 내려가라고 지시하고는 직접 만든 국기를 창가에서 펼쳐 들었다. 공중을 날아가는 정찰기의 주의를 끌기 위해 안마당 바닥에는 P-O-W라고 적은 침대보를 펼쳐 놓았다. 미군의 포격이 조금 줄어들다가 멈추었다. 〈빨간색, 하얀색, 파란색의 연합국 국기들이 위층 창가에 나타나는 것을 보았다.〉 쇼너시는 이렇게 썼다. 〈그 짜릿한 광경만으로 우리는 그 성이 전쟁 포로가 갇힌 수용소임을 확인할 수 있었다.〉 데이비드 스털링은 평소 성격 그대로 포격을 무시하고 지붕에 남아 아래에서 벌어지는 싸움을 〈조감도〉처럼 바라보았다.

미군 탱크와 중기관총이 콜디츠 외곽에 자리를 잡고, 2개 소총 소대가 서쪽에서 마을로 들어왔다. SS가 기다리고 있었다. 미군 보병이 마을 농지 위쪽 능선에 산개해 있을 때 숨어 있던 기관총 두 정이 불을 뿜었다. 〈우리에게 날아오는 총알이 너무 많아서 나무들이 불붙은 것처럼 딱딱 소리를 냈다.〉로이 버두고 병장은 이렇게 썼다. 그의 부하들이 좌우에서 쓰러지기 시작했다. 보병 스물두 명은 엄호를 받으며 기관총 옆을 돌아서 골목으로 들어갔다. 미군들은 몸을 낮게 구부리고, 주차된 자동차 뒤에 몸을 숨기고, 모퉁이 너머로 수류탄을 던지며 조금씩 전진했다. 그동안 건물 높은 곳에서 저격수들이 그들을 쏘았다. 판처파우스트 포탄이 어느 건물을 강타하자〈빨간색, 노란색, 주황색의 멋진 파편들이 튀었다〉. 미군 지휘관인 스물세 살의 라이언 중위가 파편에 맞았다. 왼쪽 안구가 밖으로 튀어나와 덜렁거리는 채로 그가 고함을 질렀다.「주택 안으로 집합. 우리는 물러나지 않는다.」총알 하나가 쌍방향 무전기를 꿰뚫고 지나가는 바람에 쇼너시의 지휘부와 통신이 끊겼다. SS와 히틀러 유겐트로 이루어진 부대가 미군을 향해 중앙로로 돌격하다가 바주카포에 맞아 사라졌다. 주택 여러 곳에 불이 붙어서 연기가 두꺼운 장막처럼 마을 전체에 퍼졌다. 폴란드계 미국인으로 시카고 출신인 에밀 미스코비치 병장은 다리로 이어진 길에서 조심조심 나아가고 있었는데,〈아마도 열네 살이나 열다섯 살쯤 된 사내아이가 독일 군복을 입고 문간에서 나와 그의 머리를 쏘았다〉. 미스코비치는 즉사했다. 소년도 총에 맞아 쓰러져〈자기 집 앞 도로에서〉시체가 되었다.

포로들은 창가로 돌아와 홀린 듯이 지켜보았다. 1940년 이후로 전투를 보지 못한 사람이 많았다. 미키 번이나 마이클 알렉산더 같은 특공대원들은 힘든 특수 작전에 참여했고, 스털링은 북아프리카 비행장 공격 때 SAS를 지휘했다. 그러나 이런 싸움은 모두에게 처음이었다. 주택에서 주택으로, 손과 손, 얼굴과 얼굴을 맞대고 치르는 싸움. 야만적이고 친밀한 이 전투에서 잘 훈련된 무적의 군대가 나치 광신도 및 세뇌된 아이들과 겨루고 있었다. 무시무시한 전쟁이 끝나 가는 중이었다. 리 카슨은 이렇게 가까이서 얼굴을 맞대고 이렇게 격렬하게 이루어지는 전투를 처음 보았다. 〈제9기갑 사단의 탱크와 보병으로 이루어진 양키 군대가 SS 장교들의 지휘를 받아 잘 조직된 히틀러 유겐트 무리의 사나운 저항을 만났다.〉

수적으로 열세인 미군은 사망자와 부상자를 수습해서 뒤로 물러났다. 국민 돌격대는 다이너마이트로 다리를 파괴하려 했지만, 도로에 구멍만 하나 생겼을 뿐이다. SS 돌격대원 여섯 명이 강변으로 내려가 가까이에서 바주카포로 교각을 날려 버리려고 했지만, 이끼로 뒤덮인 아돌프 히틀러 다리는 굳건히 버텼다. 높은 성의 구경꾼들은 마지막 합창처럼 얼간이 괴롭히기를 시작했다. 〈그들의 야유와 조롱을 SS가 또렷이 들을 수 있었다.〉 듀크는 이렇게 썼다. 미군 곡사포가 마을을 두드려 대자, 이르마 베르니케는 가족들과 함께 지하실로 대피했다. 티어가르텐에서 〈환영하듯 보병대의 가벼운 화기와 기관총 소리가 들려왔다〉.

프라비트 중령이 듀크 중령을 찾아왔다. 그들의 역할이 바뀌었다는 또 하나의 증거였다.

「당신네 미국인들이 곧 여기 올 겁니다.」

「늦어도 내일 아침까지는 오겠죠.」 듀크가 대답했다.

「그들을 맞이할 사람이 필요합니다. 우리 경비병들이 저항하지 않을 거라고 설명해 줄 사람.」 명령, 요청, 자비를 바라는 간청 중간쯤 어딘가에 속하는 말이었다.

어스름 녘에 미군이 마을 북쪽 철교로 강을 건너 조심스레 하류 쪽으로 이동하기 시작했다. 〈자정까지 우리는 물데강 서쪽을 확보했다.〉 쇼너시는 이렇게 썼다. 포탄의 불협화음이 잦아들고, 불길도 태울 것을 다 태우고 꺼졌다. 태스크 포스에서는 전사자가 열두 명 넘게 나왔다. 부상자는 두 배였다. 쇼너시 대령이 동틀 무렵 공격하라는 명령을 내렸다.〉 미군은 다리 근처 버려진 주택에서 밤을 보낼 준비를 했다. 이곳을 방어하던 적은 철망과 낡은 기계들을 도로에 깔아놓았다. 미군은 보초를 세우고 잠을 청해 보았지만, 〈금속 파편 사이로 불어오는 바람이 으스스하게 텅 빈 밤에 삐걱삐걱 신음 소리를 만들어 냈다〉. 어둠 속에서 포성이 메아리쳤다. 시가전 때처럼 불규칙하게 쿵쿵거리는 소리가 아니라, 일제 사격처럼 규칙적인 소리였다. 마을 북동쪽 외곽의 옛 도자기 공장이 소리의 출발지였다.

콜디츠 외곽의 수용소에서 헝가리 유대인들이 노예 노동을 하고 있다는 사실은 아무도 몰랐던 것 같다.

HASAG는 1889년에 작은 금속 제품 공장으로 출발했다. 나치가 다스리는 독일에서 번성하던 이 회사는 1944년 무렵 제 3제국 최대의 무기 제조업체 중 한 곳으로 독일에 공장이 여덟 곳, 폴란드에 세 곳 있었다. 나치당원이자 SS 소령인 파울 부딘의 관리하에 HASAG는 탄약, 소형 무기, 로켓 발사기를 대량으로 생산했다. 다양한 나라 출신의 수감자 2만여 명이 HASAG 노동 수용소에서 강제 노동을 했다. 부딘은 〈노동을 통한 말살 Vernichtung durch Arbeit〉 정책을 무자비하게 적용했다. 모든 수용소에서 정기적으로 수감자들을 선별해서, 더 이상 〈노동에 적합하지 않다〉고 여겨지는 사람들을 살해했다. HASAG의 고객은 오로지 제3제국뿐이었다. 이 회사는 노동자를 데려오는 값을 SS에 지불했고, 나치 정권은 이 회사의 제품에 후한 값을 쳐주었다. 나치 통치자들은 HASAG를 〈모범적인 국가 사회주의 기업〉으로 콕 집어 지정했다. 부딘이 총통에게서 직접 감사장을 받을 정도였다. 1944년 여름부터 이 군수 회사는 일곱 군데에 위성 시설(아우쎈코만도)을 만들어, 부헨발트 강제 수용소 출신의 유대인들을 노예처럼 부렸다. 이 시설들 중 가장 규모가 작은 아우쎈코만도 24가 콜디츠의 슈타인구트파브리크 건물(한때 독일 최대의 도자기 공장이 있던 곳) 안에 있었다. 이곳에서 약 7백 명의 헝가리 유대인이 독일군이 쓸 무기를 생산했다.

HASAG 수용소 내부의 상황은 경악스러웠다. 위생 시설이나 수도 시설도 없고, 아침에 마시는 〈커피 대용품〉은 너무 역겨워서 어떤 사람들은 차라리 세면용으로 사용했다. 그러고는 열두 시간 동안 처벌 같은 노동을 하며 총과 폭탄을 조립했다. 구타도 빈번했다. 저녁 식사는 묽은 수프 한 그릇과 작은 빵 한 조각이었다. 밤에는 난방이 없는 나무 막사에서 짚을 깔고 자거나 맨바닥에서 잤다. 시체를 훤히 보이는 곳에 며칠씩 방치할 때도 많았다. 수감자가 쓰러져 죽은 곳에 그냥 놔둔 것이다. 그곳의 생존자인 찰스 코토프스키는 완전히 인간 이하의 생활을 했다고 말했다. 〈목욕 시설이 없어서 수억 마리의 이를 처리할 길이 없었으므로, 우리는 옷을 다 벗고 알몸으로 벽 앞에 서서 기다려야 했다. 얼어붙을 듯한 추위 속에 그렇게 30분쯤 서 있고 나면 그들이 소방 호스 여러 개로 우리에게 물을 뿌렸다. 그것을 견뎌 내지 못하는 사람도 있었다. 추운 날씨에 물이 한 번씩 발사될 때마다 우리는 벽에 쾅쾅 부딪혔다.〉 HASAG 아우센코만도의 기대 수명은 3.5개월이었다.

이르마 베르니케가 운영하는 스파이들도 이 수용소의 존재를 몰랐던 것으로 보인다. 심지어 라인홀트 에거스도 이 옛 공장에서 나치 군대의 노예로 일하는 유대인들에 대해 전혀 몰랐다고 주장했다. 〈그들은 SS 부대의 소관이었고, 성에 있던 우리는 그들과 사실상 전혀 접촉이 없었다. 이것은 SS의 일이었다.〉 에거스는 이렇게 썼다. 소규모 군대 수준의 노예들이 그렇게 작은 마을에서 전혀 발각되지 않았다는 사실을 믿기가 어렵다. 그러나 사람들은 자신이 보고 싶은 것만 보고 기억하는 솜씨가 뛰어나다. 지난 세월 동안 콜디츠에 대해 많은 사람이 많은 글을 썼지만, 이 노동 수용소에 대한 기록은 거의 없다. 고작 몇백 미터 떨어진 곳에서 유대인들이 강제 노동을 하며 굶어 죽고 있었는데도. 참새 작전이 제대로 힘을 써보지도 못한 독일의 헝가리 점령 이후, 이 나라의 유대인들이 대규모로 추방되었다. 약 43만 4천 명, 즉 헝가리의 유대인 총인구 중 절반이 넘는 사람들이 수용소로 끌려갔다. 도착하자마자 80퍼센트가 가스실로 보내지는 아우슈비츠로 끌려간 사람이 대부분이었다. 일부는 노예 노동자로 뽑혀 갔다. 콜디츠에 있던 HASAG 아우센코만도 24에 헝가리 유대인이 정확히 몇 명이나 끌려왔는지 아는 사람은 하나도 없다. 그들이 언제 그곳에 도착했는지, 탈진과 질병과 영양실조로 죽은 사람이 몇 명인지도 모른다. 그러나 패배한 독일군이 철수 준비를 하고 있을 때, SS 간수들은 유대인 수감자들을 한 번에 다섯 명씩 체계적으로 살해하기 시작했다.

동이 트기 직전에야 총소리가 멎었다.

18
엔드 게임

새벽 날씨가 춥고 맑았다. 〈절대적인 침묵이 있었다.〉성에서 가장 먼저 깬 포로들이 성벽으로 올라가 창백한 아침 햇빛 속에서 마을을 내려다보았다. 베갯잇이나 침대보로 만든 하얀 깃발들이 주택 창문에서 펄럭였다. SS 부대는 어둠 속에서 슬그머니 빠져나가 동쪽으로 후퇴한 뒤였다.

밥 호프먼 이등병은 티어가르텐 위쪽의 숲을 굽어보는 위치에서 기관총을 지키고 있었다. 그때 히틀러 유겐트 한 무리가 숲에서 나왔다. 아직 제복 차림이었지만 이제는 무기도 없고 지도자도 없이 〈몹시 겁에 질려〉 있었다. 몇 시간 전이었다면 호프먼이 그들을 모두 죽였을 것이다. 하지만 이제 그들은 다시 아이가 되어 있었다. 〈보이 스카우트 부대처럼 보였다. 우리는 그들에게 집으로 가라고 말했다.〉호프먼은 이렇게 회상했다.

새벽 5시, 서쪽으로 8킬로미터 떨어진 곳의 텐트 안에서 정보 및 정찰 분대의 앨런 머피 이등병을 누가 깨웠다. 임무가 있으니 다른 병사 세 명과 함께 나오라는 지시가 떨어졌다. 쇼너시 대령은 그들에게 콜디츠로 가서 정찰 진지를 구축하라고 지시했다.

「거기 도착하면 다리를 굽어보는 건물을 점거하고, 대대 통신 분대의 도착을 기다려라. 통신 분대가 전선을 깔아 야전 전화기를 설치할 것이다.」쇼너시는 부하들이 또 매복 작전에 당하게 만들 생각이 없었다. 〈콜디츠에 전쟁 포로 수용소가 있다는 말은 전혀 없었다.〉 머피는 나중에 이렇게 썼다.

머피를 포함한 네 명은 〈싸우는 69〉라고 불리는 제69보병 사단 소속으로 미시시피주 셸비 캠프에서 함께 훈련받았다. 그러고는 1945년 1월 22일에 모노와이호를 타고 프랑스로 출항했다. 먼저 캄베르크와 라인에서 작전을 경험한 뒤 쇼너시 태스크 포스 소속이 되었다. 모두 20대였고, M-1 소총과 수류탄으로 무장했으며, 탄띠를 가슴에 두르고 있었다. 그들은 우윳빛 여명 속에서 콜디츠 마을로 출발했다. 〈다리에 도착했을 때 처음으로 우리 미군을 보았다. 보병 여섯 명이 다리의 서쪽 둑에 면한 난간 뒤에 웅크리고 있었다.〉

도로에는 독일군 두 명의 시체가 쓰러져 있었다. 철망과 금속으로 만든 한심한 바리케이드 뒤편이었다.

「그쪽에는 아직 저격수들이 있어. 난 위험한 곳에 내 부하들을 보내지 않아.」지휘를 맡은 병장이 말했다.

거친 중서부 농장 출신인 머피는 모험을 꺼리지 않았다. 그가 동료들에게 말했다. 「한번 해볼래?」 그들이 받은 명령은 다리 옆에 남아 있으라는 것이었으나, 이대로 밀고 나아가 강을 건너가고 싶은 유혹이 들었다. 〈우리는 건너가기로 했다. 전투 중에는 신속한 결정을 내려야 할 때가 많은데, 그때도 그랬다.〉

그들은 총검을 꽂고, 셋까지 센 다음 냅다 달렸다. 〈우리는 전속력으로 다리에 올라가 하늘을 보며 팔다리를 쭉 뻗은 독일 소년의 시체를 뛰어넘어 길에 커다랗게 뚫린 구멍 왼편으로 갔다.〉시장 광장에는 인적이 없고, 창가에는 하얀 이불보가 힘없이 매달려 있었다. 머피 일행은 한 줄로 서서 앞으로 나아가며 문간이 나오면 고개를 숙이고 그쪽으로 들어갔다. 광장 끝부분에 자갈로 포장된 길이 가파르게 솟아 있었다. 〈돌아가기에는 너무 많이 나아간 상태였다.〉머피는 이렇게 썼다. 그들은 그 좁은 골목을 뛰어 올라갔다가 걸음을 멈추었다. 〈성이 눈에 들어왔다. 우리 머리 위로 탑처럼 솟아 있었다.〉머피는 그때까지 저격수들을 너무나 신경 쓰느라 성의 존재를 아예 알아차리지도 못했다.

정문 안쪽에서 영국인과 미국인이 각각 한 명씩 기다리고 있었다. 캘리포니아 출신이며 〈참새〉작전에 참가했던 가이 넌 대위, 그리고 스코틀랜드 블랙 워치 연대의 군복을 완전히 차려입은 데이비드 워커 대위. 두 사람 모두 나중에 소설가가 되어, 이 뒤의 상황에 대한 생생한 묘사를 남겼다.

성을 향해 천천히 다가오는 사람들을 넌이 발견하고 낮게 휘파람을 불었다. 머피가 혹시 함정인가 싶어서 손을 들어 올리자, 뒤를 따라오던 병사 세 명이 그대로 정지했다. 「나는 양키다. 여기 수용소가 있어. 코만단트가 항복하려고 한다. 너희 차지야.」넌이 소리쳤다.

그래도 머피는 머뭇거렸다. 그때 넌이 어떤 아이디어를 냈다. 나중에 그 자신이 〈천재적인 발상〉이라고 표현한 아이디어였다.

「여긴 코셔야.」그가 소리쳤다. 독일군 경비병이라면 절대로 그 이디시어 단어를 사용하지 않았을 것이다.

미군 병사들은 앞으로 나아갔다. 〈그들은 위협적으로 보였다. 얼굴에 검댕이 묻어 있고, 수류탄과 탄약을 잔뜩 갖고 있었다.〉

격자무늬 바지를 입고 빨간 깃털 코케이드*가 달린 스코틀랜드 모자를 쓴 남자가 정문 아치에서 한 손을 내밀며 밖으로 나왔다. 「콜디츠에 잘 왔네. 정말 한참 기다렸어. 커피 한잔하겠나?」 워커가 말했다.

독일 주둔군이 코만단투르 마당에 사열 때처럼 열을 맞추어 서 있었다. 에거스가 앞으로 나와 타자기로 깔끔하게 친 문서를 내밀었다. 〈장교 특별 수용소 IV-C ─ 연합군 장교와 병사 1천 5백 명, 모두 부상 없음. 명단 동봉.〉 머피는 살아 있는 독일 군인을 이렇게 가까이에서 본 것이 처음이었다. 적에게 항복을 받는 것은 말할 필요도 없었다. 그래도 그는 최대한 권위를 짜내서, 에거스에게 부하들의 무장을 해제해 감시탑 아래의 방에 무기를 쌓아 두라고 말했다. 프라비트는 무표정하게 꼿꼿이 서 있었다.

머피는 미군 병사 두 명을 감독으로 남겨 두고, 넌과 워커의 안내로 안마당 문으로 갔다. 그리고 살짝 열려 있는 거대한 떡갈나무 문을 밀어 열었다.

토드는 포로들에게 숙소에 남아 있으라고 명령했지만, 고위 장교 몇 명이 벌써 안마당에 나와 있었다. 어두운 성 안쪽으로 누군가가 들어오자 그들이 그쪽으로 고개를 돌렸다. 〈10대를 벗어났을까 싶은 남자가 아주 싱싱한 얼굴로 무기를 꽃 줄처럼 걸치고 있었다.〉 그들은 그를 빤히 바라보았다. 〈전투 때문에 몸이 더럽고, 강철 군모를 쓰고, 완전 무장을 하고 있었다.〉 머피도 불

* 계급을 나타내기 위해 모자에 다는 표지.

안했다. 포로들이 갑자기 그에게 달려들었다. 깜짝 놀란 머피는 M-1을 어깨에서 내려, 누더기를 걸치고 자신에게 몰려드는 사람들을 겨누었다.「물러나요! 물러나!」몇 초 동안 그들은 가만히 서 있었다. 다 같은 연합군끼리 기묘한 대치를 벌이고 있었다.「우린 친구야, 친구.」그들이 말했다. 머피는 총을 내렸다.〈그러고는 곧장 난리가 났다.〉환희에 젖어 마구 웃으며 환성을 질러 대는 사람들이 홍수처럼 밀려드는 바람에 머피는 정신이 없었다. 수십 개의 손이 그의 어깨를 두드려 댔다. 어찌나 힘이 센지 무릎의 힘이 풀릴 정도였다. 믿을 수 없다는 듯 경악한 표정으로 뒤에 남아 있는 포로도 몇 명 있었다. 어떤 사람들은 울음을 터뜨렸다. 이제는 창가에도 수백 명이 모여서 소리를 질러 댔다. 그때 프랭크 지그너스 2세 이등병이 안마당으로 들어왔다.〈우리가 나타나자 우렁찬 환성이 마당을 굽어보는 창문에서 우리를 맞이했다. 창문마다 사람들 얼굴이 보였다.〉뉴저지의 노동 계급 출신인 지그너스는 아돌프 히틀러의 대형 사진을 들고 있었다. 독일군 식당의 벽에서 발견해 기념품으로 간직할 생각으로 가져온 물건이었다. 미군들 사이에서는 물물 교환이 활발하게 이루어졌다. 그들은 진군하는 길에 손목시계, 무기, 허리띠 죔쇠, 칼 등을 수집해 다른 물건과 교환하거나 기념품으로 챙겼다. 액자에 들어 있는 총통의 사진이라면 담배 수백 개비의 가치가 있었다. 그러나 연극적인 성향이 있는 지그너스는 순간적인 충동으로〈히틀러의 사진을 양손으로 머리 위 높이 들어 올리고 모두가 볼 수 있게 천천히 돌았다. 그러고는 무릎을 들어 사진을 박살 냈다. 난리가 벌어졌다. 좁은 안마당에 고함과 환성이 울려 퍼졌다〉.

그 뒤 몇 시간 동안 벌어진 일은 모두 현실처럼 느껴지지 않았다. 〈마치 우리가 영화를 찍고 있는 듯한 기분이었다.〉 처음 콜디츠에 들어온 미군 병사 네 명 중 한 명인 로버트 밀러가 말했다. 성문 앞에 지프 여러 대가 와서 더 많은 군인을 쏟아놓았다. 미군이 안마당에 들어설 때마다 포로들은 소란스럽게 그들을 끌어안고, 등을 철썩 치고, 식당에서 아침 식사를 같이 하자고 권했다. 일부 포로들은 옥수수로 살을 찌운 건장한 미군들과 자신의 창백하고 앙상한 몸이 너무 대조적이어서 심하게 창피해하기도 했다. 사람들은 바로 얼마 전까지 사형수였던 윌리엄 새퍼 대령을 데리고 나와 같은 나라 사람들을 만나게 했다. 그는 걷잡을 수 없이 몸을 덜덜 떨면서 눈물을 줄줄 흘리고 있었다.

프라비트와 독일군 고위 장교들은 총이 겨누어진 채 밖으로 나가 다리를 건너서 마을로 향했다. 다리에는 〈열네 살쯤 된 소년의 시체가 팔다리를 쭉 펼친 채 쓰러져 있었다. 한쪽 팔에는 히틀러 유겐트 완장을 찼고, 시체 옆에는 납작해진 판처파우스트가 있었다. 아이의 얼굴은 창백한 초록색이었다〉. 에거스는 자문했다. 〈무엇이 이들을 이렇게 죽게 만들었나?〉 저쪽 편 둑에 죽은 소년의 어머니가 〈슬픔에 겨운 모습〉으로 서 있었다. 아들의 시신을 빨리 수습하고 싶은데, 독일인을 한 사람도 통과시키지 말라는 명령을 받은 미군 상등병이 길을 막고 있었다. 마을 장의사도 이미 말이 끄는 장의 수레를 가지고 와 있었는데, 〈서부 영화의 소품 같았다〉.

마을 호텔에 미군의 임시 지휘 본부가 차려졌다. 콜디츠성의 공식적인 항복은 호텔 살롱에서 이루어졌다. 프라비트가 앞으로 나서서 경례하고, 칼집에 넣은 기병도와 권총을 273보병대의 레오 쇼녀시 대령에게 넘겼다. 그리고 나서 코만단트와 그의 휘하 장교 열여섯 명은 야유를 보내며 밀쳐 대는 미군들 사이를 통과해 감옥으로 갔다. 프라비트의 한쪽 견장이 뜯어졌다. 독방 처분을 받은 수많은 포로가 갇혔던 감방에 감금된 에거스는 이제 자신의 세계가 완전히 뒤집혔다는 생각을 했다. 〈이제 입장이 바뀐 것에 적응해야 했다. 이제는 내가 전쟁 포로였다.〉 몇 시간 전만 해도 인적이 끊기고 적대적이었던 마을 광장이 축제의 장으로 변했다. 주민들이 집에서 나와 음식과 꽃으로 미군을 맞이했다. 5개월 전만 해도 나치가 권좌에 오른 날을 축하하는 행사에 나왔던 마을 사람들에게 하루아침에 집단 기억 상실증이 찾아왔다. 스와스티카와 『나의 투쟁』은 조용히 사라졌다. 콜디츠 주민들은 바로 얼마 전까지의 역사를 잊어버렸다가 다시 고쳐 썼다. 〈마을에는 나치가 전혀 없는 것 같았다. 모든 주민이 오래전부터 나치를 싫어해서 몰래 그들에게 저항한 것 같았다.〉 그린은 이렇게 말했다. 마을 저편의 어느 위풍당당한 저택에서 음주 파티가 진행 중이었다. 이 마을의 정치 지형이 극적으로 바뀌었음을 보여 주는 상징적인 광경이었다. 머피 이등병은 체네크 할로웁카를 호위해서, 슈미트 씨를 직접 만나러 갔다. 그는 콜디츠 정보망의 중심인물이자 〈연합군이 마을을 장악했을 때 시장이 될 신사〉였다. 머피의 눈에 첵코는 〈검은 머리카락, 잘생긴 얼굴 등등 클라크 게이블 타입〉으로 보였다. 슈미트는 두 사람을 샴페인으로 따뜻하게 환영했다. 첵코는 슈미트의 우아한 거실에서 마치 자기 집처럼 익숙하게 굴었지만, 머피는 갑자기 어색해졌다. 〈그렇게 더러운 몰골로 그의 아름

다운 집에 들어온 것도, 그의 가구에 앉아 포도주를 마시는 것도 정말 싫었다.〉

리 카슨은 몹시 기분이 나빴다. 〈카키색 군복을 입은 키 큰 여자가 척척 다가왔다.〉 미군 한 명은 이렇게 회상했다. 〈불같이 화를 내고 있었다.〉 모든 기자는 특종을 위해 산다. 그런데 그녀는 특종을 잡을 기회를 놓쳐 버렸다. 〈원래 그녀는 콜디츠를 장악하는 순간을 그 자리에서 목격하고 특종 기사를 쓸 예정이었다.〉 하지만 카슨이 30분 늦게 도착했다. 다리에 쓰러져 있는 독일 소년의 시체도 그녀의 분노를 더욱 부채질했다. 「아이를 쏘는 건 살인이에요.」 그녀는 자신을 맡은 군인에게 말했다. 그는 그녀를 통제하는, 불가능한 일을 맡은 사람이었다. 카슨은 경비병 옆을 휙 지나서 안마당으로 들어갔다.

〈군모와 카메라를 든 몹시 매력적인 금발 여자의 도착〉으로 방금 해방된 포로들의 흥분 수준이 훨씬 높은 곳으로 치솟았다. 대부분의 포로는 5년 동안 젊은 여자를 보지 못했다. 화려한 잡지에서 방금 나온 것 같은 여자는 말할 필요도 없었다. 〈위아래가 붙은 작업복 차림의 이 강렬한 미국인 여자 전쟁 특파원〉의 등장으로 금방 폭동이 일어날 것 같은 분위기가 되었다. 남자들이 스크럼을 짜듯 순식간에 카슨을 에워쌌다. 줄리어스 그린은 〈그들 대부분이 더글러스 베이더 같았다〉고 심술궂게 지적했다. 두 다리가 없지만 공군의 에이스인 그 유명 인사는 〈여자가, 진짜 살아 있는 여자가, 전투복을 입고, 안마당에 있는 모습을 보고 넋을 잃었다〉. 그러고는 곧바로 달려들었다. 카슨이 콜디츠에 온 지 아직 1분도 되지 않았는데, 베이더는 그녀에게 독점 인터뷰를 제안했다.

베이더의 해방 소식을 알리는 기사가 얼마나 반짝거렸는지, 그가 직접 썼다고 해도 될 것 같았다. 〈쾌활한 공군 중령 더글러스 베이더가 독일의 감금 생활에서 자유로워진 지금 무엇보다 원하는 것은《망할 놈의 독일군에게 한 번 더 기총 소사를 먹이는 것》이다.《그 얼간이 놈들을 한 번만 더 쏘게 해줘요.》서른다섯 살의 이 전투기 조종사는 이렇게 간청했다. 그는 두 다리에 의족을 달고도 영국의 에이스가 된 사람이다. 웃음이 많은 검은 머리의 영웅은 커다란 회색의 콜디츠 수용소에서 해방된 1천여 명의 사람들 중 한 명이었다.〉

카슨은 사람들에게 이끌려, 이 수용소가 꽁꽁 감춰 둔 비밀을 구경했다. 포로들이 라디오를 숨겨 두고 2년 동안 밤마다 뉴스를 수집하던 곳과 다락방. 그날 아침에 글라이더 제작자들이 처음으로 글라이더를 완전히 조립해 놓았다. 미군들이 줄을 서서 그것을 구경했다. 바닥 널, 침대 기둥, 매트리스 커버를 이용해서 완벽한 비밀을 지키며 완성한 항공기였다. 게다가 기술적인 수준도 놀라웠다. 〈세상에, 믿을 수가 없었다. 어떻게 저런 걸 해낼 수 있지?〉 한 미군 병사는 이렇게 회상했다. 리 카슨이 이 글라이더의 사진을 찍었다. 처음이자 마지막이며 유일한 사진이다. 글라이더가 콜디츠의 맨 꼭대기 층 창문으로 밖을 내다보며, 결국 하지 못하게 된 비행을 생각하는 듯한 포즈를 취하고 있다.

리 카슨이 콜디츠를 떠날 때 더글러스 베이더는 그녀와 나란히 지프 뒷좌석에 올랐다. 당번병 알렉스 로스가 싸준 여행 가방을 들고 있었다. 토드는 허락 없이 성을 떠나면 안 된다는 명령을 내렸지만, 베이더에게는 어떤 규칙도 적용되지 않았다. 다음 날 그는 파리에 도착했고, 그다음 날은 영국으로 돌아가 영웅답게 환영받았다. 콜디츠가 해방된 뒤 처음으로 〈홈런〉을 기록한 포로였다. 다른 사람들은 여러 날 뒤에야 그 뒤를 따랐다.

리 카슨의 기사가 전 세계를 날아다녔다. 〈양키 군대가 조직적인 저항을 물리치고 수용소로 밀고 들어갔다. 모든 마을에서 적과 싸워야 했지만, 24시간이 채 안 되어서 보병들을 태운 탱크가 중세의 성으로 박차고 들어갔다. 미군 장교 다섯 명, 영국인 350명, 프랑스인 1천 명, 소수의 폴란드인이 구출되었다.〉 그녀는 이렇게 썼다.

그러나 콜디츠 역사의 마지막 장은 아직 계속 기록되는 중이었다. 카슨은 〈나치 요새에 숨겨진 연합군 인질들〉이라는 제목의 기사에서 다음과 같이 보도했다. 〈영국과 미국의 저명한 포로 스물한 명이 이른바 국민 요새의 아돌프 히틀러 본부로 끌려가 인질이 되었다. 각자 감방에서 끌려 나와 트럭에 타고, 히틀러 최후의 거점으로 간 것이다. 미군 태스크 포스는 48시간 뒤에야 나타났다.〉

티트모닝 수용소에서는 프로미넨테(벽 안에 몸을 숨긴 포로 다섯 명과 자일스 로밀리)가 사라진 일로 간수들이 당황해서 대규모 수색에 나섰다. 독일군 3천 명이 인근 시골을 샅샅이 훑고, 성 안도 지하실에서부터 흉벽까지 수색했다. 미친 듯한 수색이 사흘 동안 이어진 뒤 비좁은 곳에 숨어 있던 다섯 사람이 발견되었다. 아마 누군가가 정보를 찔러 주었을 것이다. 「지금 도망치려 하다니 이렇게 어리석을 수가.」코만단트가 말했다. 만약 그들이 탈출에 성공했다면, 자신의 목숨이 사라졌을 것임을 알기 때문이었다. 로밀리는 여전히 발견되지 않았다. 다른 프로미넨테 포로들은 폴란드 포로들과 함께 잘츠부르크 인근의 라우펜 성으로 옮겨져, 철조망으로 둘러싸인 특별한 곳에 수감되었다. 경비병도 두 배로 배치되었다. SS는 이 가치 있는 포로들을 또다시 놓치고 싶지 않았다.

그러나 프로미넨테에게도 최후의 방어선이 있었다. 유난히 집요한 스위스 관리 루돌프 덴츨러. 그는 다음 날 아침 여느 때처럼 수염은 제대로 깎지 못했지만 유능한 모습으로 수용소에 나타나 포로들을 만나게 해달라고 요구했다. 그리고 자신이 마을에 묵으면서 면밀히 지켜보고 있다고 설명했다. 포로들을 다른 곳으로 옮긴다면, 자신이 상사에게 즉시 알릴 것이라고 했다. 그의 상사인 피터 펠트셔 장관은 베를린 주재 스위스 대사관에서 외무 관련 업무를 맡고 있었다. 덴츨러는 코안경을 쓴 채 사람 좋은 얼굴로 포로들을 유심히 살펴보았다. 「문제는 없는 것 같네요.」그가 말했다. 나치가 무엇을 시도할지는 모르지만, 공식적인 규정이 그것을 막아 줄 것이라는 덴츨러의 확고한 믿음은 순진하면서도 사람을 크게 안심시키는 측면이 있었다. 하지만 곧 이 믿음이 시험을 받게 되었다. 덴츨러가 다음 날 다시 포로들을 만나러 왔을 때, 코만단트의 집무실로 안내되었기 때문이다. 책상 위에는 SS의 고틀로프 베르거 오버그루펜퓌러가 서명한 명령서가 있었다. 프리츠 모이러 오버스트가 24시간 이내에 프로미넨테를 데리러 올 것이라는 내용이었다. 모이러는 석 달 전 프랑스의 귀스타브 메즈니 장군 살해를 기획한 SS 장교였다.

덴츨러는 곧바로 행동에 나섰다. 잘츠부르크 외스터라이히셔 호텔 로비의 전화기로 그는 〈펠트셔 장관에게 상황 변화를 알렸다〉. 그러고는 차를 몰아 동쪽으로 48킬로미터 떨어진 슐로스 푸슐로 갔다. 독일 외무 장관 요아힘 폰 리벤트로프의 사저인 그곳에서 그는 〈독일 외무 관련자 중 아직 남아 있는 최고위 인물〉에게 국제 외교 규칙을 심각하게 위반하는 일이 곧 일어나려 한다고 경고했다. 그다음에는 이 일대에서 독일군 고위 장교들을 힘이 닿는 대로 모조리 찾아냈다. 잘츠부르크 지역을 지휘하는 장군도 거기에 포함되었다. 그가 만나는 장교들마다 대답은 똑같았다. 「SS에 맞서는 건 위험합니다.」 결국 그는 케셀링 육군 원수의 본부에 이르렀다. 베르히테스가덴에서 겨우 몇 킬로미터 떨어진 호텔이었다. 케슬링의 참모장 빌헬름 자이델 장군은 〈친절하고 유쾌했다〉. 그러나 도움은 되지 않았다. 덴츨러는 이렇게 썼다. 〈그가 어깨를 으쓱하는 모습이 그의 태도를 보여 주었다. 《불의가 저질러지더라도 그것은 다른 사람들의 짓이니 나는 손을 씻겠다.》 독일군은 완전한 붕괴까지 며칠 남지 않은 제3제국에서 확실히 무력했다.〉

다음 날 아침 라우펜 수용소 문 앞에 버스 두 대가 대기하고 있었다. 프로미넨테가 그 버스에 오르고 있을 때, 검은색 벤츠 한 대가 다가와 서더니 〈거의 발목까지 내려오는 긴 검은색 가죽 코트를 걸친 키 큰 남자가 나왔다. 그의 모자에는 SS의 상징이 새겨져 있었다〉. 모이러는 애인도 함께 데려왔다. 〈바지를 입은 냉정한 얼굴의 금발 여자가 긴 홀더에 담배를 끼워 피우고 있었다.〉

프로미넨테 중 선임 장교인 엘핀스턴은 이렇게 썼다. 〈전체적으로 조직폭력배 같은 분위기가 났다. 대령이 권총을 손가락으로 만지작거리며 우리를 감시하는 가운데 우리는 버스에 올랐다.〉

버스가 출발하자 마이클 알렉산더는 갑자기 두려움이 확 밀려왔다. 〈이제 우리는 순전히 제멋대로 적의가 발휘되는 악의적인 세상에 있었다.〉 그들을 보호해 주던 독일군의 손이 제거되었으므로, SS가 그들을 마음대로 할 수 있었다. 〈그런데 차가 밖으로 나가던 중 갑자기 어느 키오스크 뒤에 친숙한 인물이 웅크리고 있는 것이 보였다. 엄청나게 커다란 회색 중절모를 눈 위까지 내려 쓴 그는 충실한 사람 덴츨러 씨였다. 우리가 지나갈 때 그는 음모를 꾸미는 사람처럼 손을 흔들었다. 우리가 출발하는 것을 그가 알고 있었다. 생명선이 아직 이어져 있었다.〉 루돌프 덴츨러는 이 수송대의 뒤에 따라붙었다. 작은 차에 탄, 키 큰 스위스 관료. 그의 셔츠 옷깃에는 피가 점점이 묻어 있었다.

고틀로프 베르거 오버그루펜퓌러가 베를린의 총통 벙커로 소환되었다. 붉은 군대가 다가오는 중이었다. 히틀러가 다스리던 수도의 폐허에서 마지막 장이 펼쳐질 예정이었다. 그러나 총통에게는 아직 못다 한 복수가 있었다. 베르거가 본 히틀러는 〈몸과 정신이 정상이 아니고, 분노로 얼굴이 시뻘겋게 변해서 전쟁에 진 탓을 모두에게 돌리며, 이런저런 배신과 불충에 대해 고래고래 폭언을 쏟아 내고 있었다〉. 베르거에 따르면, 분노한 총통은 그에게 바이에른으로 날아가라고 지시했다. 프로미넨테가 인질로 끌려간 그곳. 〈그의 손이 떨리고, 다리도 떨리고, 머리도 떨렸다. 그가 계속

하는 말이라고는《전부 쏴버려! 전부 쏴버려!》뿐이었다.〉베르거는 힘러의 개인 비행기를 빼앗아 타고 남쪽으로 날아갔다.

나치 독일에서 〈나치 운동의 수도〉인 뮌헨이 싸움도 없이 미군의 손에 떨어졌다. 미군 탱크가 처음 도시로 들어올 때, 자일스 로밀리는 북서쪽 교외의 어느 길모퉁이에 서 있었다. 〈탱크가 천천히 움직였다. 주위를 보지 않고 묘하게 점잖은 모습. 길을 건너는 맹인 같았다. 꽃으로 뒤덮여 있었다.〉

　　로밀리가 구금 생활에서 탈출하는 길은 길고, 힘들고, 지루했다. 그는 네덜란드인 동료와 함께 기차와 도보로 티트모닝에서 서쪽으로 꾸준히 이동하며 폭탄에 맞은 건물이나 건초 헛간에서 잠을 자고, 훔친 음식으로 간신히 살아남았다. 지나온 마을의 사람들은 너무 지치고 겁에 질려서 힘들게 서쪽으로 향하는 두 사람을 흔한 피난민으로 생각하고 별로 눈길을 주지 않았다. 일주일 뒤 완전히 지친 두 사람은 뮌헨 외곽에 이르러 어느 집의 문을 두드렸다. 〈그 집을 선택한 특별한 이유는 없었다. 그냥 그 집을 골랐다.〉문을 열어 준 여자는 〈예쁘지도 평범하지도 않은 유쾌한 얼굴〉이었다. 그녀는 두 사람을 안으로 받아들여 음식을 주고, 정원 사과나무 아래에 접의자를 펴주었다. 그리고 남는 방에 깨끗한 침대를 준비했다. 그녀의 이름은 마그다. 〈그녀는 우리에게 누구인지, 무엇을 하려는 것인지 한 번도 묻지 않았다.〉그녀의 남편은 무장 SS 소속이었다. 하지만 그녀는 3년 전부터 남편을 보지 못했다. 로밀리는 〈그녀가 우리에게 보여 준 친절에 저의가 있는지〉의심했지만 말동무를 원하는 마음 외에는 아무런 저의도 없다는 결론을 내렸다. 파괴와 만행이 자행되는 곳에서 그가 우연히 들어간 집이 뜻밖에도 작은 인간적 연민의 세계였다.

로밀리는 미 6군 본부에 출두해서, 〈새로 얻은 자유에 대한 불안을 처음으로〉 느꼈다. 미군은 처칠의 조카인 그를 파리행 첫 번째 비행기에 태웠다. 저녁 무렵에 그는 세련된 스크리브 호텔에서 귀빈으로 〈소란스러운 파티 한복판〉에 있었다. 〈멍한 상태로 나는 미소, 손, 술, 담배, 반짝이는 불빛의 안갯속을 빙빙 돌아다녔다.〉 그는 〈파리의 멋진 동화〉 속으로 돌아와 움찔거리고 있었다. 현실 같지 않았다. 〈둔탁하게 찔러 대는 과거의 억압〉이 그의 영혼에 뿌리를 내렸다. 〈그 이야기는 끝나지 않았다.〉 자일스 로밀리는 끝까지 콜디츠에서 완전히 벗어나지 못했다. 〈내가 부재했던 5년은 깊은 수직갱 같았다. 나는 맨 아래 바닥에서 저 위의 자유로운 사람들을 볼 수 있었지만, 그들이 나를 보거나 내 말을 듣게 만들 수는 없었다.〉

프로미넨테 수송대는 바이에른 알프스의 급한 커브 길을 천천히 돌았다. 루돌프 덴슬러는 〈최대한 그들을 시야에서 놓치지 않으려고 애쓰면서〉 모이러 오버스트와 〈다소 불길해 보이는 금발 여자〉가 탄 검은 벤츠 뒤에 붙었다. 도로에는 온갖 군용 차량이 우글거렸다. 지금 그들이 있는 곳은 히틀러의 알프스 요새 안 깊숙한 곳이었다. 전략적인 위치의 능선에는 바위가 쌓여 있었다. 명령이 내려지면 그 바위들 아래의 폭발물을 터뜨려 인공적인 산사태를 일으켜서 길을 막을 것이다. 요새를 봉쇄하는 것이다. 버스는 베르히테스가덴 표지판을 지나 산속 깊숙한 곳을 향해 계속 서쪽으로 달렸다. 늦은 오후에 그들은 마르크트 폰가우 수용소, XVIII C 수용소에 도착했다. 포로들은 〈황량한 오두막〉에 갇혔다.

한편 스위스는 이 일에 끼어들 권위가 있는 유일한 인물인 고틀로프 베르거 SS 오버그루펜퓌러를 찾으려고 애썼다. 그러나 〈찾기가 쉽지 않았다. 그는 사실상 도주 중이었기 때문에, 그의 행방을 입에 담기만 해도 반역으로 해석될 수 있었다〉. 덴츨러는 이렇게 썼다. 그래도 몇 군데에 신중하게 전화한 끝에(독일 최고 사령부 내에 스위스 소식통이 있었다) 그들은 베르거의 위치를 알아냈다. SS 수행원들과 함께 외딴 농가에 숨어 있었다. 스위스 장관은 그곳으로 전화를 걸었다. 그리고 베르거는 착한 본성이 없는 사람이니 그런 것에 호소하지 않고, 그에게 아주 풍부한 사리사욕에 호소했다. 프로미넨테를 구할 방법은 〈이 저명한 포로들을 넘기는 것이 베르거에게 개인적으로 이롭다고 설득하는 것〉밖에 없다는 사실을 덴츨러는 알고 있었다.

다음 날 오후 다른 검은색 벤츠가 포로들의 오두막 앞에 와서 섰다. 뒷좌석에 〈쿠션에 몸을 기댄 풍채 좋은 인물〉이 앉아 있었다. 바로 베르거 본인이었다. 전능하신 고틀로프가 오두막으로 들어왔다. 마이클 알렉산더는 이렇게 썼다. 〈커다란 시가를 피우면서, 마치 살짝 취한 사람처럼 몸을 흔들었다.〉 그는 왕족을 만난 사람처럼(사실 왕족이 있었다) 고개 숙여 인사하고, 포로들에게 앉으라고 손짓한 뒤 위스키와 담배를 나눠 주었다. 그러고는 준비한 연설을 시작했다. 나치 정권이 저지른 범죄, 그러니까 강제 수용소 등등은 게슈타포와 SD의 일이지 자신이 장군으로 있는 무장 SS의 일이 아니었다는 내용이었다. 〈그는 그런 행동에 찬성하지 않았다〉는 것이다. 독일은 〈붉은 바이러스〉 볼셰비즘을 막기 위해 전쟁을 일으켰으므로, 영국이나 미국과는 싸울 일이 없었다. 지금 앞에 있는 저명한 인사들과의 싸움은 말할 것도 없었다. 그는 총통의 벙커에 갔을 때의 일을 묘사하면서, 히틀러가 그들을 모두 죽이라고 미친 사람처럼 명령한 사실을 털어놓았다. 그러나 그 명령을 거부했기 때문에 지금 〈패배주의자〉로 사형 선고를 받게 되었다고 주장했다. SS의 장군이며 광신적인 나치 충성파인 에른스트 칼텐브루너의 지휘로 돌격대가 지금 그를 사냥하러 나섰으니, 포로들과 같은 신세라는 것이었다.

정말이지 냉소적인 공연이었다. 전쟁 범죄자, 살인자, 어린이를 노예로 부린 자, 비열한 겁쟁이인 베르거가 목숨을 구하려고 그간의 행동을 원칙에 따른 행위로, 심지어 자기희생으로 포장하고 있었다. 그는 이제 자신이 프로미넨테의 간수가 아니라 구원자라고 주장했다. 스위스 관리들이 그들을 미군 측 전선까지 수송할 것이고, 그는 그들을 〈지키라는 명령과 함께〉 SS 호위대를 제공할 것이다. 또한 자신이 직접 서명한 안전 통행증도 내어 줄 예정이었다.

「여러분. 이것이 아마 내가 제3제국의 고위 관리로서 내릴 마지막 명령이 될 것입니다.」 베르거 장군이 일어서면서 엄숙하게 선언하듯 말했다.

겁쟁이 베르거가 나치의 명령에 따르지 않은 첫 사례이기도 했다. 그의 행동은 자비나 용기가 아니라 교활한 계산에서 우러난 것이었다. 프로미넨테를 연합군에 넘겨준다면, 전쟁이 끝난 뒤 교수대에 서는 신세를 면할 수 있을지도 몰랐다.

나치 국가가 무너지고 있을 때 살아남기 위해 분주히 움직인 사람은 베르거만이 아니었다. 버스 운전기사들도 버스를 몰고 슬그머니 사라져 버렸다. 모이러 오버스트와 그의 금발 애인도 벤츠를 타고 사라졌다. 다음 날 아침 포로들이 깨어 보니, 외교관 번호판을 단 뷰익 한 대가 기다리고 있었다. 그 안에 탄 젊은 스위스 관리 베르너 부흐뮐러는 〈우아한 옷차림으로 술이나 한잔하러 잠깐 들른 사람처럼 매력적이고 태평했다〉. 그는 덴츨러가 이 일행에 대한 외교적인 보호를 더욱 강화하기 위해 불러온 동행자였다. 덴츨러는 어떻게든 수완을 발휘해서 군용 트럭 두 대를 동원했고, 부흐뮐러는 자기 차의 트렁크에서 커다란 스위스 국기 두 개를 꺼내 보닛을 덮었다. 그들이 모두 출발하기 전에 이미 날이 저물었다. 영국 장교들과 미국인 위넌트가 한 트럭에 타고, 폴란드인들은 다른 트럭에 탔다. 그리고 뷰익에 탄 스위스인과 대전차 무기로 무장한 돌격대 1개 분대가 그들과 동행했다. 칼텐브루너를 포함한 여러 나치 군인이 〈이 산속 어딘가에 저마다 필사적인 부하들을 거느리고 잠복해〉 있다가 그들을 낚아채려 할 가능성이 있었다. 마이클 알렉산더는 〈베르거가 로열 플러시를 들었다〉고 표현했다. 그는 이 이기는 패를 쉽게 내놓을 생각이 없었다.

30분 뒤 수송대가 부르르 떨면서 멈춰 섰다. 〈어두운 헤드라이트 불빛에 SS 군인 한 명이 총을 흔들어 대며 우리에게 우회전하라고 신호하는 것이 보였다.〉 가파른 흙길을 덜컹덜컹 올라간 그들은 상당한 크기의 농가 마당으로 들어갔다. 〈문이 벌컥 열리고, 빛기둥이 새어 나왔다.〉 포로들과 스위스인 보호자들이 들어갔더니 초현실적인 광경이 펼쳐져 있었다. 램프와 양초가 밝혀진

긴 식탁이 부러져라 음식과 술이 차려져 있었다. 〈수용소에 길든 눈이 아주 오랫동안 보지 못한 잔칫상〉이었다. 차가운 고기, 훈제 생선, 설탕에 절인 과일, 프랑스 포도주, 미국 위스키. 벽난로에서는 거대한 불길이 타올랐다. 알렉산더는 다른 시대의 방탕함을 재현한 이 광경을 다음과 같이 묘사했다. 〈바닥에 스무 명쯤 되는 SS 대원들, 소년에 가까운 그들이 작센 어느 집안의 가신들처럼 널브러져 있었다. 옷은 반쯤 벗은 상태였고, 너무 지쳤는지 너무 취했는지 하여튼 우리에게 관심을 보이지 않았다.〉

고틀로프 베르거가 마련한 앙코르 무대였다.

통통한 그가 앞이 트인 짧은 흰색 재킷을 입고 방으로 들어왔다. 알렉산더는 옷차림 때문에 그가 〈팜비치로 휴가를 온 미국인 기업가처럼 보였다〉고 묘사했다. 술에 취한 그가 또 포로들의 비위를 맞추기 위한 정치적인 설교를 늘어놓기 시작했다. 전날 했던 연설과 동일한 내용이었다. 「영국과 독일은 똑같은 아리안 핏줄의 형제입니다.」 그가 꼬인 혀로 말했다. 스위스 관리들에게는 전혀 신경 쓰지 않고, 부르-코모로프스키 장군 일행은 무시했다. 폴란드가 전쟁에 이기는 세력이 아니므로, 그들은 중요하지 않았다. 장광설을 끝낸 베르거가 손뼉을 치자, 하얀 제복 차림의 시종이 진홍색 가죽 케이스를 들고 나타났다. 안에는 빨간색 벨벳 쿠션 위에 상아로 상감된 커다란 자동 권총 한 정이 놓여 있었다. 총신에는 황금색 떡갈나무 이파리가 돋을새김으로 장식되어 있고, 개 머리판에는 베르거의 서명과 SS 기장이 새겨져 있었다. 베르거는 총통에게서 직접 받은 선물이라고 자랑스럽게 말하면서, 영국 친구들에게 〈호의의 증거〉로 선물하겠다고 밝혔다. 그리고 각자에게 두툼한 시가를 하나씩 권했다. 안타깝지만, 이 시가가 H. 우프만 제품이었는지는 기록되어 있지 않다.

새벽 5시, 베르거가 마침내 비틀거리며 침실로 물러나고, 나치의 음식과 술을 실컷 먹은 프로미넨테는 다시 트럭에 올랐다. 역사상 가장 고약한 파티 중 하나였던 이곳에서 챙긴 불길한 SS 기념품도 잊지 않았다.

동틀 무렵에 수송대는 독일의 마지막 지휘소를 지나갔다. 〈탈진한 얼굴로 땀을 뻘뻘 흘리는 부대〉가 그곳을 지키고 있었다. 〈그들은 옆을 지나가는 우리를 묘하게 초연한 얼굴로 지켜보았다. 중립국 국기의 보호 속에 우리는 우리의 구원을 향해, 그리고 어쩌면 그들의 종말을 향해 가고 있었다.〉인 계곡에 도달한 수송대는 이상하게 고요한 무인 지대로 들어갔다. 〈작은 흰색 교회가 아침 햇살을 받아 빛나고 있었다.〉20분 뒤 땅딸막한 미군 탱크 세 대가 한 줄로 서서 굴러오는 모습이 시야에 들어왔다.

다음 날 아침, 프로미넨테는 깨끗이 씻고 휴식도 취한 모습으로 인스브루크의 미 53사단 본부에서 아침 식사를 하고 있었다. 그때 존 엘핀스턴에게 전화가 걸려 왔다. 왕비의 전화였다.

「곧장 빠르게 고향으로 돌아갈 수 있을까요?」엘핀스턴이 친척인 왕비에게 물었다.

〈왕비님은 국왕 전하에게 말해 보겠다고 했다.〉다음 날 저녁, 콜디츠의 포로였던 왕족은 버킹엄 궁에서 〈가문 만찬〉에 참석했다.

*

그때쯤 콜디츠성은 텅 비어 있었다.

　미군은 포로들에게 이틀 뒤에 떠날 예정이며, 한 사람이 여행 가방 한 개씩만 가져갈 수 있다고 미리 알려 주었다. 미키 번은 완성된 소설 원고를 꼼꼼히 포장했다. 그리스 데이비스-스쿠어필드는 묘지로 내려가 마이클 싱클레어의 무덤을 찾아갔다. 윌리 토드는 SS 부대가 일대를 돌아다닐지도 모른다면서, 포로들에게 성 밖으로 나가지 말라고 제안했다. 명령이 아닌 조언이었는데, 대부분의 사람이 무시했다. 첵코 할로옵카, 데이비드 스털링, 잭 프링글은 버려진 커다란 타운 하우스로 들어가서 48시간 동안 광란의 파티를 벌였다.

　옛 도자기 공장에서 미군은 SS 학살 때 살아남은 소수의 유대인 수감자들을 발견했다. 성의 의무실로 옮겨진 그들을 보고 줄리어스 그린은 경악했다. 〈살아 있는 해골들이 침대에 누워 있었다. 의식이 가물가물하고, 팔다리는 성냥개비 같고, 몸에는 종기와 멍이 가득했다. 그들 중 한 명은 부다페스트의 저명한 의사였다.〉 이제 미군 군의관들이 그들을 치료하고 있었지만, 그린은 그들 중 대부분의 목숨이 그리 길게 남지 않았음을 직감했다. 〈무서울 정도로 쇠약해진 상태였다. 총상을 입은 사람도 있고, 모두 병세가 절망적이었다. 내가 본 그들은 죽어 가는 상태로 버려졌거나 숨어 있던 사람들이었다.〉 그린은 폭력적인 사람이 아니었지만, 죽어 가는 헝가리인들을 보니 마음속에서 야만적인 생각이 올라왔다. 독일 민간인들에게는 경찰서로 가서 무기를 제출하라는 지시가 내려져 있었다. 〈나는 좋은 자동 권총과 탄창 몇 개를 거기서 찾아 들고, 미군 지프와 함께 돌아다니며 우리가 주의를 기울여야 하는 SS 대원이 주위에 있는지 확인했다.〉 평소처럼 그린의 말투는 익살맞았지만, 그의 마음속에는 살의가 있었다. 이 점잖은 치과 의사가 그때 돌격대원을 한 명이라도 만났다면, 정말로 죽였을 것이다.

4월 18일에 그들은 흑인 군인들이 운전하는 미군 트럭에 올랐다. 운전병들이 시동을 걸고 전속력으로 출발했다. 전에 탈출 장교였던 딕 하우는 오토바이 한 대를 차지하고, 앞에서 대열을 이끌며 성문을 나섰다. 각각의 트럭에는 운전석 지붕 위에 기관총이 장착되어 있었다. 그 무기 뒤에 앉아, 잠복한 적이 있는지 주위를 살피는 임무에 줄리어스 그린이 선정되었다. 〈나는 기관총을 쏴본 적이 없어서, 이것이 어떻게 작동하는지 잘 몰랐다.〉

160킬로미터를 달려가자, 켐니츠 근처의 비행장이 나왔다. 헛간에서 부드러운 짚을 깔고 하룻밤을 보낸 뒤 그들은 다코타 수송기에 올랐다. 그때까지 한 번도 비행기를 타보지 못한 사람이 대부분이었다. 그린은 영국까지 가는 동안 내내 멀미를 했다. 〈그때는 우리를 격추시키려는 독일군 전투기가 차라리 반가웠을 것이다.〉 에일즈베리 인근의 웨스트콧 비행장에서 여성 자원봉사대 소속의 〈정말 기분 좋은〉 자원봉사자가 클립보드를 들고 포로들 사이를 돌아다니며 물었다. 「그린 대위 계세요?」

〈내가 그 사람이라고 손짓했다. 그녀는 나를 사칭하는 자들을 모두 물리쳐야 했다.〉 그린은 나중에 이렇게 썼다. 그녀는 아침에 전쟁부로 출두하라고 그에게 웃는 얼굴로 말했다. 콜디츠 내부의 정보 활동에 대한 보고를 위해서였다. 그는 런던행 다음 열차를 탔다.

고향으로 돌아온 많은 포로가 그렇듯이, 그린도 포박이나 감시병 없이 수도의 거리를 갑자기 돌아다니게 된 상황이 당혹스러웠다. 갇혀 있을 때의 지루함, 두려움, 좌절감을 생각하다가도, 가끔 유머, 우정, 첩보 활동에서 뜻밖의 만족감을 느낀 것이 생각났다. 콜디츠의 모든 포로와 마찬가지로 그는 그곳에서 시험을 겪었다. 과연 자신이 시험에 통과한 것인지 궁금했다. 오랫동안 강제로 뜻밖의 감금 생활을 하게 된다면 사람이 어떻게 행동할지 누구도 예측하지 못한다. 콜디츠에는 온갖 종류의 사람이 있었으므로, 그들의 반응도 저마다 달랐다. 용감한 사람과 겁 많은 사람, 분노하는 사람과 재치 있는 사람, 상냥한 사람과 잔인한 사람, 저항하는 사람과 반항하는 사람. 〈내가 더 영리하고 더 용감했다면 더 쓸모가 있었을지도 모른다.〉 그린은 이렇게 썼다. 그답게 겸손한 말이지만, 완전히 틀린 말이기도 하다. 솜씨 좋은 치과 의사로서 그보다 더 쓸모 있는 사람은 거의 없었다. 또한 나치의 손에 잡힌 유대인으로서도 암호문을 보내는 스파이로서도 그보다 더 용감한 사람은 전혀 없었다.

런던이 낯설었다. 철조망과 돌담에 갇혀 오랜 시간을 보낸 탓에 런던이 상냥하면서도 낯설게 보였다. 영국은 아직 전쟁 중이었다. 독일의 폭탄이 파놓은 커다란 구덩이들이 시내에 있었다. 판자로 문이 막힌 상점과 식당도 많았다. 고작 3주 전만 해도, 히틀러의 V2 로켓 하나가 이스트엔드의 주택가에 떨어져 민간인 134명이 사망했다. 그것이 런던에 떨어진 마지막 폭탄이었다.

5년 동안의 등화관제가 끝나고 밤거리에 다시 불이 켜졌다. 그래도 사람들은 여전히 서둘러 길을 걸으며, 가끔 불안하게 하늘을 힐끔거렸다. 길을 잃고 무언가를 찾아 헤매는 사람처럼 피커딜리를 천천히 걸어가는 외로운 군인에게 시선을 주는 사람은 하나도 없었다.

그린은 자신이 변했음을 깨달았다. 몸무게가 약 16킬로그램 줄었고, 1940년 1월에 영국을 떠날 때의 태평한 모습에 비해 진중해졌으며, 지난 세월을 합산한 것보다 더 늙어 버렸다. 해진 군복이 자루처럼 몸에 걸쳐져 있었다. 행인이 가까이 올 때마다 그는 본능적으로 움찔거리며 문간으로 물러났다. 다른 사람들은 모두 갈 곳이 있는 것 같았다. 갇혀 있는 동안 내내 그린은 다른 포로와 약 1미터 이상 떨어진 적이 없었다. 사람에게는 말동무만큼이나 공간도 필요하다. 이제 그는 자유를 헤쳐 나가야 했다. 바로 얼마 전까지 갇혀 있던 사람이 갑자기 무한히 넓은 곳에 떨어졌다. 콜디츠에서 그는 다른 포로들의 이름, 그들의 목소리와 사연, 두려움, 치아, 입냄새를 모두 알고 있었다. 그러나 전쟁에서 깨어나고 있는 이 도시의 바쁜 시민들은 그를 몰랐다. 알 수도 없었다. 그는 혼자였다. 그리고 자유로웠다.

몹시 배가 고프기도 했다. 〈가장 먼저 든 생각은 4년 동안 꿈꾸던 식사로 나를 대접하자는 것이었다.〉

줄리어스 그린, 치과 의사, 미식가, 스파이, 무명의 전쟁 영웅인 그가 리젠트 거리 근처 어느 식당의 구석 자리에 앉아 자유의 맛을 음미했다. 훈제 연어, 미네스트로네, 로스트비프, 파인애플과 버찌술, 그리고 그 뒤에는 커피와 좋은 브랜디.

후일담

붉은 군대는 1945년 5월에 콜디츠에 이르렀다. 마을은 소련 구역이 되었고, 1949년에는 GDR, 즉 동독이 되었다. 콜디츠는 그 지역 범죄자들이나 공산당 정부가 바람직하지 않다고 평가한 인물들을 가두는 감옥으로, 정신 병원으로, 양로원으로, 세라믹 공장의 과잉 재고를 놓아 두는 창고로 이용되었다. 라디오를 숨겨 두었던 곳은 포로들이 떠난 뒤 벽돌로 가려졌다가 1965년에 다시 발견되었다. 라디오도 고스란히 보존되어 있었다. 콜디츠 글라이더는 전쟁이 끝난 뒤 사라졌다. 글라이더가 정확히 어떻게 되었는지 아는 사람이 없다. 동독이 물자 부족에 시달릴 때 사람들이 글라이더를 쪼개서 장작으로 썼는지도 모른다. 2012년 리모컨으로 조종하는 실물 크기 복제 글라이더가 콜디츠 지붕에서 이륙해 강 건너편 풀밭에 무사히 착륙했다.

　　라인홀트 에거스가 모은 수많은 물건과 사진은 여기저기 흩어졌다. 방문객들에게 기념품으로 팔린 것이 많았다. 2006년부터 성의 리모델링 작업이 시작되면서, 전쟁 때의 유물이 많이 발견되었다. 탈출 보조 도구, 벽과 지붕과 바닥 아래의 은신 장소. 예배당도 얼마 전에 복원되면서, 프랑스 포로들의 메트로 굴 일부를 볼 수 있게 유리 바닥이 설치되었다. 지금 콜디츠는 작은 박물관으로 쓰인다. 에어리 니브와 더글러스 베이더의 실물 크기 마분지 인형이 포로들이 스툴볼 경기를 하던 안마당에 서 있다. 독일군 막사, 즉 코만단투르는 유스 호스텔이 되었다.

전쟁 중에 콜디츠에서 벌어진 일은 독일에서 거의 알려져 있지 않다. 반면 이곳에 포로들이 잡혀 있던 여러 나라에서는 콜디츠가 신화적인 위치를 차지하고 있다. 탈출에 성공한 사람의 수가 정확히 얼마인지는 아직도 논의의 대상이다. 포로들이 이동 중일 때 발생한 탈출을 포함시킬 것인지, 거짓 구실로 송환된 사례도 포함시킬 것인지에 따라 숫자가 달라진다. 최선의 추정치는 총 서른두 명이 〈홈런〉을 기록했다는 것이다. 그중에 성 안에서 출발해서 성공한 사례는 열다섯 건에 불과하고, 국적별로는 영국인 열한 명, 프랑스인 열두 명, 네덜란드인 일곱 명, 폴란드인과 벨기에인 각각 한 명이다. 콜디츠에서 시를 썼고, 포로들의 선임 법률 자문 역할을 했던 앨런 캠벨은 콜디츠 출신 중에서는 가장 늦은 2013년에 세상을 떠났다. 그러나 이렇게 콜디츠를 기억하는 사람이 모두 사라졌어도, 해제된 기밀문서, 미간행 회고록, 일기, 편지 등에서 그곳의 이야기가 계속 나타나 진화하고 있다.

전쟁 이후 **팻 리드**는 외교관 신분으로 위장하고 앙카라 주재 영국 대사관에서 MI6 직원으로 일하다가 영국으로 돌아와 토목 기사 일을 다시 시작했다. 그의 첫 저서인 『콜디츠 이야기』는 1952년에 출간되었다. 이 책이 즉시 베스트셀러가 된 뒤 그는 두 권의 저서를 더 발표했는데, 숨도 쉬지 못하고 계속 책장을 넘기게 만드는 모험 이야기로 용감한 탈출기, 학생 같은 유머, 유쾌한 만용이 가득 들어 있다. 〈끈질긴 자들이 가득한 수용소의 열띤 지하 활동에 빠져들고 싶다면 계속 읽어라.〉 리드의 글은 콜디츠 산업의 기초가 되었다. 그의 저서에는 소년다운 열정, 코믹한 막간극, 대담한 혈기가 가득하고 대책 없이 낙관적인 수용소 생활이 묘사되어 있었다. 복잡하지 않고 쉽게 억제되지 않는 리드는 콜디츠 포로의 원형으로서 그곳을 상징하게 되어, 마치 그곳 포로들이 모두 리드 같았을 것이라는 잘못된 인상을 심어 주었다.

리드는 탈출을 항상 게임처럼 취급했으며, 그가 만들어 낸 콜디츠의 대중적인 이미지가 강렬하게 오랫동안 남았다. 그것은 대단히 주관적이며 어느 정도는 부정확한 이미지였다. 리드의 책을 원작으로 한 영화에서 리드 역은 존 밀스가 맡았다. 그러나 콜디츠 포로였던 사람들이 모두 그 영화에 만족한 것은 아니다. 에어리 니브는 영국 장교로서는 최초였던 자신의 탈출이 저자인 리드의 탈출을 돋보이게 하려고 지워졌다는 사실에 분노했다. 리드는 BBC 텔레비전에서 1972년부터 1974년까지 방송한 시리즈 「콜디츠」의 기술 자문도 맡았다. 이 드라마에는 데이비드 맥컬럼과 로버트 와그너가 출연했다. BBC가 방송한 역대 드라마 중 가장 성공을 거둔 「콜디츠」의 평균 시청자 수는 7백만 명이었다. 영국 전체 시청자 중 3분의 1이 넘는 사람들이 매주 이 드라마를 보려고 채널을 고정했다는 뜻이다. 이 드라마 역시 영화처럼 과거의 포로들 모두를 만족시키지는 못했지만, 이제 리드가 만들어 낸 이미지가 단단히 자리를 잡아서 패러디가 나올 토양이 마련되었다. 『더 타임스』의 앨런 코렌은 이 작품에 대한 비평을 다음과 같이 시

작했다. 〈만세! 크리스마스 연휴에 그것을 보고 세인트 콜디츠의 중등학교 5학년에서 새학기를…….〉

리드는 콜디츠 탈출 지도가 새겨진 갤럭시 리플 초콜릿 바의 광고 캠페인에 협조하고, 『내가 가장 좋아하는 탈출 이야기』라는 아동용 책을 쓰고, 콜디츠성의 모형을 포함한 다양한 기념품이 등장하는 강연을 하며 많은 곳을 돌아다녔다. 심지어 「콜디츠, 브레이크 포인트」라는 음반도 승인해 주었다. 노래, 음악, 연설, 일반적인 군대 배경 소음이 수록된 자료다. 〈아주 새로운 것을 접할 수 있다. 콜디츠에서 나와 함께하는 포로 생활을 상상하며 직접 경험하는 듯한 기분을 느낄 것이다.〉 리드는 재킷에 실린 글에서 이렇게 약속했다. 1973년에는 깁슨스 게임스가 〈콜디츠 탈출〉이라는 보드게임을 출시했다. 〈P. R. 리드 소령 대영 제국 훈작사가 고안〉했다는 안내문과 그의 서명이 붙어 있었다. 한동안 이 게임은 〈모노폴리〉보다 더 큰 인기를 누렸다. 리드는 전쟁 중의 포로 생활로 적잖은 돈을 벌고 커다란 명성을 얻었으며, 세 번 결혼하고, 1990년에 일흔아홉 살로 세상을 떠났다. 콜디츠가 지도에 수록되게 만들고, 그 이름이 대중문화에 영원히 새겨지게 만든 사람이 바로 리드다.

뉘른베르크 재판에서 **에어리 니브**는 국제 군사 재판에 참여한 법률가이자 존경받는 전쟁 영웅으로서 나치 지도자들에 대한 기소장을 읽었다. 1953년에는 애빙던의 보수당 의원으로 선출되었고, 나중에는 마거릿 대처가 가장 신임하는 보좌관 중 한 명이 되었다. 니브는 북아일랜드의 공화주의자를 군사적 수단으로 물리쳐야 한다고 주장했는데, 이런 매파 성향 때문에 IRA 등 영국의 통치를 종식시키고자 하는 준군사 조직의 미움을 샀다. 만약 대처가 총리로 선출된다면 그를 북아일랜드 국무 장관으로 임명할 것이라는 생각이 널리 퍼져 있었다. 대처를 권좌에 올려 준 총선이 벌어지기 한 달 전인 1979년 3월 30일에 니브는 의회를 나서다가 승용차 밑에서 폭탄이 터지는 바람에 목숨을 잃었다. 준군사 조직인 아일랜드 민족 해방군이 이 암살을 저질렀다고 주장하고 나섰고, 대처는 비탄에 빠졌다. 〈그는 자유를 위해 싸우는 전사였다. 철두철미하고 용감하고 진실하고 강하지만 또한 아주 부드럽고 상냥하고 충실한 사람이었다. 이런 성질들을 한꺼번에 지닌 사람은 드물다.〉 대처는 이렇게 말했다.

알렉스 로스는 독일에서 돌아온 지 2주 뒤에 스코틀랜드의 고향집에 가 있다가 테인의 우체국으로 불려 왔다. 더글러스 베이더의 장거리 전화를 받기 위해서였다. 함께 구금 생활을 하는 동안 내내 로스는 베이더를 업고 계단을 오르내리고, 식사를 만들어 주고, 뭉툭한 다리에 신는 양말을 빨아 주었다. 베이더의 고집 때문에 콜디츠에 2년 더 남아 있기도 했다. 그래서 그는 드디어 베이더가 감사 인사를 하려고 전화한 줄 알았다.

「자네 내 다리 갖고 있나?」 베이더가 물었다.

로스는 콜디츠를 해방시킨 미군들이 한 사람당 여행 가방 하나밖에 허락하지 않았기 때문에 여분의 양철 의족을 두고 왔다고 설명했다.

「이 씹 새끼.」 베이더는 이렇게 말하고 전화를 끊어 버렸다.

로스는 군대의 퀵 배달원으로 일하다가, 벽돌 공장에서 일하다가, 나중에는 켄트의 하이 브룸스에서 철물점을 운영했다. 베이더의 연락은 전혀 없었다.

더글러스 베이더의 명성은 전쟁 뒤에도 계속 치솟았다. 1945년 6월, 다리가 없는 이 에이스 조종사는 비행기 4백 대를 이끌고 런던 상공에서 승리를 축하하는 분열 비행을 했다. 폴 브릭힐은 그의 전기 『하늘을 향해서』에서 그를 순수하게 영광스러운 색채로 묘사해, 전쟁 이후 영국에서 출간된 하드커버 중 최고의 베스트셀러를 기록했다. 나중에 이 책이 영화화되었을 때 주연을 맡은 케네스 모어는 그의 뾰족뾰족한 성격을 부드럽게 표현했다. 베이더는 토리당의 의원이 되어 달라는 요청을 거부하며, 정치적 직업 중에 자신이 관심 있는 것은 총리밖에 없다고 말했다. 자신의 의견을 진실처럼 표현하는 버릇이 여전했기 때문에 보는 사람의 시각에 따라 솔직하게 보이기도 하고 형편없어 보이기도 했다. 그는 남아프리카의 아파르트헤이트를 찬양하고, 로디지아의 백인 소수 정권을 지지하고, 사형 제도 부활을 찬성하고, 이민에 반대했다. 과거의 적들과도 친구가 되었지만, 뮌헨에서 열린 영국-독일 참전 군인 모임에서 왕년의 독일 공군 조종사들이 가득한 맥줏집 안을 강렬하게 바라보면서 큰 소리로 이렇게 말했다. 「세상에, 우리가 나쁜 놈들을 이렇게나 많이 살려 두었을 줄이야.」 그래도 그가 겸손해지는 순간이 없었던 것은 아니다. 너그러움을 발휘한 순간은 그보다도 훨씬 더 많았다. 그는 자신이 명성을 얻은 것은 〈내가 다른 사람들보다 나은 사람이라서가 아니라 양철 다리를 가진 녀석이기 때문〉이라고 인정했다. 그러나 자신의 명성을 잘 이용했다. 그가 신체적 장애로 인해 자유를 잃지 않으려고 고집스럽고 용감하게 저항한 것이 사지를 잃고 장애인이 된 사람들에게 큰 격려가 되었기 때문이다. 그는 자선을 위해 거액의 돈을 모금하기도 했다. 〈내 이야기가 유명해진 것이 고마울 따름이다. 그 덕분에 내가 살면서 정말로 가치 있는 일을 할 수 있었다. 1931년의 나와 똑같은 문제를 지닌 다른 사람들을 돕는 일이다.〉 그는 1982년에 세상을 떠났다. 그는 완전한 영웅이었으나, 때로는 완벽한 나쁜 놈이었다.

전쟁이 막바지에 이른 몇 달 동안 **월터 퍼디**는 SS에서 통역으로 일하고, 게슈타포의 선전 전단지 원고를 썼다. 그러나 독일 시민권 신청은 거절당했다. 그레텔은 1945년 6월에 아들을 낳았다. 그때쯤에는 정말 기념비적으로 눈치가 둔한 퍼디도 자신이 아주 곤란해질지 모른다는 사실을 알고 있었다. 적대 행위가 종식된 뒤 미군이 그를 붙잡아 영국으로 돌려보냈고, 그는 퍼트니에서 장애인 연금으로 단칸방에 살면서 초라한 주점에서 시간을 보냈다. 어느 날 밤 퍼디는 술에 취해, 서른한 살의 전화 교환수 베티 블래니에게 자신이 전쟁 중에 나치를 위한 방송을 했다고 자랑했다. 베티가 그를 협박해서 돈을 뜯어내려 하자 그는 경찰에 신고했고, 둘 다 체포되었다. 베티는 공갈 혐의, 퍼디는 반역 혐의였다. 퍼디는 조용히 받아들였다. 「내가 독일에서 좀 꼴 보기 싫은 놈이었던 건 압니다.」 그는 자신을 체포하러 온 경관에게 이렇게 말했다.

12월 18일에 그는 세 건의 반역 혐의로 피고석에 섰다. 그가 내세운 변론은 반은 공상이고 반은 날조였다. 자신이 내내 연합군과 협조하면서 비밀 무전기로 영국에 메시지를 보냈으며, 독일에서 일련의 파괴 공작을 수행했다는 내용이었으니까. 심지어 〈호호 경〉인 윌리엄 조이스를 수류탄으로 죽일 계획을 짰다는 주장까지 내놓았다. 법무 장관인 하틀리 쇼크로스 경은 그의 증언을 〈일관성이 없고, 허황되고, 모순적인〉 내용이라며 무시해 버렸다. 재판을 방청한 줄리어스 그린은 다음과 같이 말했다. 〈그가 애국자였다고 울먹이면서 자신의 반역 행위를 설명하기 위해 웃기는 이야기를 늘어놓아도 속을 사람은 없다.〉 배심원단은 고작 17분 만에 유죄 평결을 내렸다. 판사는 피고를 가리켜 〈약하고 우쭐대는 사람이 적에게 스스로를 팔아넘기기로 했다〉고 묘사했다. 월터 퍼디는 사형 선고를 받았다.

조이스는 1946년 1월 3일에 교수형을 당했고, 퍼디의 처형 날짜는 2월 8일로 정해졌다. 사형 집행인 앨버트 피어포인트가 원즈워스 감옥으로 불려 왔다. 그러나 퍼디가 그와 대면하기 36시간 전에 그의 처벌이 종신형으로 감형되었다. 반역의 증거가 압도적이었지만, 내무 장관은 그가 콜디츠 포로들을 배신했다는 구체적인 혐의에 대해 유죄 판결을 내릴 증거가 불충분하다는 판단을 내렸다. 그린은 퍼디가 교수대의 올가미를 피한 것에 대해 이번에도 안도감을 느꼈다. 〈재판 중에 그가 똑똑한 사람이 아니라는 것을 확실히 알 수 있었다.〉 그린이 보기에, 아주 멍청하다는 이유로 사람을 죽이는 것은 공정하지 않았다.

퍼디는 9년 동안 복역하고 1954년 11월에 석방되었다. 그 뒤 이름을 로버트 포인터로 바꾸고 두 번 결혼해 아들을 한 명 더 얻었으며, 에식스에 정착해 연수기 회사에서 일하다가 나중에는 포드의 대거넘 공장에서 차량 검사관으로 일했다. 가족들에게는 자신이 전쟁 중 잠수함에서 복무했다고 말했다. 그가 1982년에 세상을 떠난 뒤에도 26년 동안 그의 비밀은 세상에 밝혀지지 않았다. 그러나 MI5가 2008년 그의 사건 파일에 대한 기밀 분류를 해제했다. 거기에는 월터 퍼디를 〈교수형을 당하지 않은 최고의 악당〉으로 묘사한 내무부 내부 메모도 포함되어 있었다.

라인홀트 에거스는 미국 관리들의 신문을 받으면서 자신이 한 번도 나치당에 가입한 적이 없음을 증명한 덕분에 4개월 뒤 석방되었다. 그 뒤 고향으로 돌아가 학교 교장 일을 다시 시작했다. 콜디츠와 마찬가지로 할레도 소련 점령지에 속해 있어서, 나중에 동독이 되었다. 콜디츠의 마지막 코만단트인 **게르하르트 프라비트 오버스트로이트난트**는 철의 장막이 내려지기 전에 가족과 함께 서독으로 빠져나와 함부르크 근처에 정착해 살다가 1969년에 세상을 떠났다. 에거스도 비슷하게 이주할 생각을 했으나, 자신이 위험하지 않다는 결론을 내렸다. 〈나는 히틀러의 사람이 아니었다. 공산주의자들이 나를 공격할 이유가 없었다.〉 1946년에 그는 스탈린의 무자비한 비밀경찰 NKVD에 체포되어 신문을 받았다. 소련 당국은 그가 콜디츠의 보안 장교였으니, 틀림없이 게슈타포와 협조하며 포로들 사이에 스파이를 심어 두었을 것이라고 확신했다. 그가 독일을 위해 기꺼이 스파이가 된 수감자는 세 명뿐이며 특히 월터 퍼디가 두드러졌다고 주장하자, 그들은 그를 비웃었다. 「우리가 널 시베리아로 보내면 네 정보원들 이름이 기억나겠지?」 소련 군사 재판에서 에거스는 파시스트 정권을 도운 혐의로 10년 강제 노동형을 선고받았다. 그가 보내진 작센하우젠은 과거 머스키툰 작전에 참여한 특공대원들이 살해당한 강제 수용소였다. 이곳의 잔혹함은 포로들이 콜디츠에서 겪었던 모든 일을 훨씬 더 뛰어넘었다. 〈NKVD 특별 수용소 No. 1〉에 수감된 사람들 중 적어도 1만 2천 명이 5년 안에 질병과 영양실조로 숨을 거두었다. 일반 범죄자 및 나치와 함께 사슬에 묶여서 굶주림과 구타에 시달리던 꼼꼼한 성격의 교사 에거스는 자신에게 이런 불운이 닥쳤다는 사실을 믿을 수가 없었다. 〈이 지옥에서 도덕과 예의는 거친 폭력으로 타락했다.〉 1951년까지 살아남은 사람은 고작 1천5백 명이었는데, 에거스도 거기에 끼어 있었다. 그들은 〈몸무게가 50킬로그램을 넘지 않는 해골들〉이었다. 에거스는 1955년 12월에 마침내 석방되어 동독을 떠나라는 명령을 받았다. 그가 감옥에서 보낸 시간은 콜디츠 수감자들 중 누구와 비교해도 두 배나 되었다. 에거스는 보덴 호숫가에 정착해 살다가 1974년 여든네 살로 눈을 감았다.

마르가레트 에거스는 남편의 긴 수감 생활 동안 내내 그의 일기, 사진, 메모를 보관했다. 〈내 문서를 모두 태워 버리는 편이 훨씬 더 안전했을 텐데, 아내는 그것들을 보존했다.〉 에거스는 이렇게 썼다. 팻 리드의 책이 성공을 거둔 뒤 에거스도 자신의 회고록 『콜디츠: 독일인의 관점』을 썼다. 그리고 연합군 포로 및 독일군 경비병에게서 수집한 회상록을 후속작으로 내놓았다. 그는 자신이 한때 가둬 두었던 사람들과 계속 연락을 주고받았다. 〈나의 예전 적들 사이에서 새로운 친구를 찾았다.〉 글에서 에거스는 세상에 널리 퍼진 영국인의 관점과는 대조적인 관점을 제공했다. 리드의 글이 유쾌하고 인상주의적이라면, 그의 글은 단정하고 정확했다. 에거스는 규칙을 고수하며, 콜디츠를 감옥으로서 참을 만한 곳으로 묘사했다. 그러나 그가 포로들의 탈출을 막기 위해 누구보다 많은 일을 한 것 또한 사실이었다. 콜디츠는 〈나쁜 녀석들의 캠프〉였고, 학교 교사인 에거스는 그들을 얌전하게 만드는 것이 자신의 역할이라고 보았다. 그래서 그는 위험한 적, 상당히 짜증스러운 존재가 되었다. 과거의 포로들 사이에서 그는 분열을 일으키는 존재였다. 그의 잔꾀와 유능함을 싫어하는 사람이 있는가 하면, 비인간적인 전쟁에서 인간성을 잃지 않은 그에게 감탄하는 사람도 있기 때문이었다. 〈그는 우리의 적이었지만, 우리가 그렇게 괴롭히는데도 적의를 품지 않고, 올바른 태도와 자제력을 보여서 우리의 존경을 얻었다.〉 과거의 포로 중 한 명이 쓴 글이다. 팻 리드가 영국의 텔레비전 프로그램 「이것이 당신의 인생」에 출연했을 때, 깜짝 게스트가 라인홀트 에거스였다.

SS의 **고틀로프 베르거** 오버그루펜퓌러는 바이에른의 산속에서 프로미넌테에게 기괴한 파티를 열어 준 지 일주일 뒤에 프랑스 군대에 체포되었다. 뉘른베르크에서 열린 재판에서 그는 전쟁 포로들을 더 가혹하게 대하라는 압박에 저항했으며 그들을 모두 죽이라는 히틀러의 직접 명령에 불복종했다고 주장했다. 프로미넌테를 안전한 곳으로 보내 준 자신의 역할을 변론의 중심축으로 삼아, 그는 목숨을 걸고 총통에게 반항했다고 주장했다. 1949년 4월 법정은 그가 유럽 유대인의 〈박해, 노예화, 살해 프로그램에 적극적으로 참여〉했으므로 종족 말살의 죄를 지었다고 판결했다. 법정은 또한 그가 프랑스 장군 귀스타브 메즈니의 암살에 〈지휘 책임〉이 있었다고 보았다. 베르거는 징역 25년을 선고받고 항소했는데, 2년 뒤 사면 자문 위원회는 나치 정권 말기에 베르거가 한 행동에 충분한 무게가 주어지지 않았다고 판정했다. 〈피고인 베르거는 미국과 영국, 그리고 기타 연합군 장교들과 사병들의 목숨을 구해 준 수단이었다. 그들은 모두 죽이거나 인질로 잡으라는 히틀러의 명령으로 심각한 위험에 처해 있었으나, 베르거는 그 명령에 불복종하고 그들을 위해 개입했으며 그 과정에서 스스로 위험한 처지가 되었다.〉 형량이 징역 10년으로 감형되었고, 그는 6년만 복역한 뒤 1951년에 석방되었다. 석방 후에는 커튼 공장에서 일하며 우익 잡지에 간혹 글을 기고하다가 일흔여덟 살 때 세상을 떠났다. 베르거의 참모장인 SS의 **프리츠 모이러** 오버스트는 도주했다. 1953년 프랑스 법정은 궐석 재판을 열어, 메즈니 장군의 살해에 대해 그를 유죄로 판결하고, 국제 체포 영장을 발부했다. 그는 독일에서 잠시 갇혀 있었으나, 수사가 몇 년 동안 지지부진 이어진 탓에 1975년 건강상 재판을 받을 수 없는 상태라는 판정을 받았다.

리 카슨이 독일에서 보낸 마지막 기사 중 하나는 HASAG의 관리자 **파울 부딘**의 운명에 관한 것이었다. 그는 콜디츠의 노예 수용소에서 수백 명의 유대인 노동자를 죽도록 부려 먹으며 무기를 생산한 사람이다. 〈수요일 밤에 여기서 이상하다 못해 거의 믿을 수 없는 일이 일어났다.〉 카슨은 콜디츠 해방으로부터 닷새 뒤 라이프치히에서 이런 글을 보냈다. 그녀는 무기 공장 운영자이자 SS 장교인 부딘이 라이프치히에 있는 자신의 저택에서 연 파티를 묘사했다. 〈대다수의 훌륭한 나치와 마찬가지로 미군이 다가오는 탓에 겁에 질린 그는 히틀러의 총애를 받는 삶과 자신의 공장이 끝났음을 깨닫고 친구들을 초대해 정성 들인 파티를 열었다. 샴페인, 캐비어, 그리고 온갖 화려한 요리가 나왔다. 모두 즐거운 시간을 보냈다.〉 1백 명쯤 되는 손님들 중에는 부딘의 아내와 자녀들도 있었다. 〈신사들이 시가를 다 피우고 프랑스의 좋은 코냑을 마시며 계속 자리에 남아 있을 때, 부딘은 단추를 눌러 자신과 친구들을 발할라로 날려 버렸다. 파티장에 미리 지뢰를 심고, 버튼을 누르면 터지게 해둔 것이다.〉 이 폭발로 HASAG의 서류도 파괴되었다. 콜디츠의 아우센코만도 24에서 노예 생활을 하던 노동자 중 사망자가 몇 명인지도 알 수 없게 되었다.

미군이 엘베강에서 마침내 소련군과 만났을 때 카슨도 그 자리에서 그 광경을 취재했다. 그녀는 콜디츠에서 다리에 널브러져 있던 소년의 시신을 결코 잊지 못했다. 〈미군이 수염이 희끗희끗한 남자들과 아이들을 상대로 난전을 벌이는 동안, 훈련된 나치 군인 수천 명은 항복했다.〉 그녀는 이렇게 썼다. 1946년에 미국으로 돌아온 그녀는 국제 뉴스 서비스 명예 메달을 수상했다. 1957년에 은퇴해 CIA 관리와 결혼해 살다가 쉰한 살 때인 1973년에 암으로 세상을 떠났다. 필라델피아에서 열린 장례식에는 미모와 재능을 겸비한 그녀에게 아직도 침을 흘리는 왕년의 동료 전쟁 특파원들이 참석했다. 〈카슨은 영화배우의 재목이었다. 리가 제2차 세계 대전 중의 여성 전쟁 특파원 중 가장 훌륭했는지에 대해서는 논란의 여지가 있겠지만, 그녀가 기사로 남자 기자를 이기고도 누구보다 호감을 얻은 아가씨 기자라는 사실에는 의심의 여지가 없다. 그녀는 지프에서도 가장 좋은 좌석을 차지했다.〉 그들 중 한 명은 이렇게 썼다.

1945년 10월 **미키 번**은 한때 연인이었던 엘라 판 헤임스트라의 편지를 받았다. 그녀의 가족이 나치 점령 시절에 지독한 고생을 한 탓에, 무용수를 꿈꾸던 딸 오드리가 영양실조로 인한 감염증과 빈혈증, 황달에 시달리고 있었다. 엘라는 페니실린을 구해야 하는데 도와줄 수 있느냐고 번에게 물었다. 페니실린은 오드리의 목숨을 구해 줄지도 모르는 기적의 약이었다. 그가 담배 수천 개비를 보내 주자, 판 헤임스트라는 그것을 암시장에 팔아 그 돈으로 약을 샀다. 오드리는 건강을 회복해서 배우가 되었는데, 오드리 헵번이라는 이름으로 더 유명하다. 번은 정치적으로든 성적으로든 짧은 기간 열정을 보이다가 변덕을 보이는 성격이 여전했다. 콜디츠에서 돌아올 때 그는 자신이 오로지 남자에게만 성적인 매력을 느낀다고 확신했으나, 곧 여자와 사랑에 빠져, 여러 차례 동성애 관계를 가지면서도 그녀와 30년 동안 결혼 생활을 했다. 한때는 가톨릭을 받아들였다가 동성애에 대한 교회의 태도 때문에 믿음을 버렸고, 공산당을 위해 뛰다가 『더 타임스』의 특파원으로 부다페스트와 베오그라드에서 공산주의 국가의 현실을 직접 목격한 뒤 마르크스주의를 버렸다. 그의 공산주의 신념이 크게 흔들린 것은 예전 연인이자 KGB 스파이인 가이 버지스가 망명했을 때였다. 콜디츠 시절을 다룬 소설 『그래, 잘 가』를 1946년에 발표한 뒤 그는 많은 저서, 희곡, 시를 내놓았다. 웨일스로 이주해서 포스마도그 항구에서 사회주의 원칙으로 운영되는 홍합 양식 협동조합을 설립했으나, 재정적인 재앙으로 끝났다. 『더 타임스』는 그가 2003년에 내놓은 자서전 『태양을 향하여』를 비평한 글에서 〈이 지구의 인간 세입자들에게 삶이 항상 내놓는 역설에는 쉬운 답변이 없다는 것〉이 이 책의 교훈이라는 의견을 내놓았다. 나치 동조자였다가 공산주의자가 되고, 기자였다가 소설가, 홍합 양식업자, 특공대원, 시인, 호사가, 콜디츠 비밀 라디오 〈서기〉로 변신한 미키 번은 한 번도 지루한 적이 없는 삶을 살면서 아흔일곱 살로 눈을 감을 때까지 모든 일을 적어도 한 번씩은 시도해 보았다.

체네크 할로읍카, 유혹자이자 스파이 관리자이자 암시장 상인이었던 그는 전쟁이 끝난 뒤 이르마 베르니케와 결혼하지 않았다. 그를 아는 사람들은 누구도 놀라지 않은 결과였으나, 어쩌면 이르마 본인은 예외였는지도 모르겠다. 첵코는 무슨 수를 썼는지 스핏파이어 전투기 한 대를 구해서 타고 체코슬로바키아로 돌아갔다. 거기서 다시 공군에 들어가 프라하 인근의 제1공군 사단에서 근무했으나, 콜디츠를 떠난 지 10개월 뒤인 1946년 2월 C-2 비행기를 몰고 시험 비행에 나섰다가 추락해 즉사했다. 몇 년 뒤 그가 애당초 장교가 아니었다는 사실이 드러났다. **이르마 베르니케**는 소련군이 들어오기 직전에 콜디츠를 벗어났다. 그녀가 포로들을 대신해서 첩보 활동을 했다는 사실이 드러나면서, 마을 사람들 사이에 나쁜 감정이 너무 많이 퍼져 있었다. 그래서 연합군의 보호를 받을 수 없다는 사실이 분명해지자 도망쳐야 한다는 사실을 깨달았다. 붉은 군대가 오던 날 밤에 〈그녀는 어둠을 틈타 도망쳤다〉. 그렇게 서독으로 가서 치과 간호사로 일하다가 첵코처럼 대담한 체코인 모험가인 토니 쿠델카를 만났다. 군대에서 탈영한 이력과 프랑스 외인부대 소속 군인이었다는 이력을 모두 가진 사람이었다. 두 사람은 1953년 결혼해 미국으로 이주해서 로스앤젤레스 북쪽의 캐스테익에 정착했다. 쿠델카는 LA 경찰국에 들어가 근무하면서, 부업으로 미래의 대통령인 로널드 레이건의 경호를 맡았다. 이르마는 어느 노동조합의 치과 의사가 되었다. 이르마가 세상을 떠나기 1년 전인 1993년, 옛 콜디츠 포로들의 모임이 콜디츠의 사진을 모아서 출판한 책에 서명을 해서 그녀에게 선물했다. 〈오래전 그 불안한 시절에 우리를 도운 그녀만의 용기를 기억하며, 그녀가 목숨을 걸고 지켜 주었던 콜디츠성의 모든 연합군 장교 포로를 대신해서 진심으로 감사한다.〉

줄리어스 그린은 스코틀랜드로 돌아가 앤 밀러와 결혼했다. 두 사람은 죽을 때까지 글래스고에 살면서 두 아들을 낳아 길렀다. 그린은 잠시 사업을 하기도 했으나, 1950년 다시 치과 의사로 돌아갔다. 1971년 심술궂은 자기 조롱과 조용한 용기를 담은 회고록 『콜디츠에서 암호로』를 출간했다. 그는 1990년 일흔일곱 살의 나이로 세상을 떠났다. 그의 이야기는 훨씬 더 눈에 띄는 행동을 하고 더 커다란 목소리를 낸 사람들의 이야기에 가려 지금도 거의 묻혀 있다. 따지고 보면 역사도 치과 치료와 비슷하다. 드릴로 파보기 전에는 무엇을 발견하게 될지 전혀 모른다는 점에서.

상당한 액수의 수입과 인생을 즐기겠다는 강렬한 결의를 지닌 **마이클 알렉산더**는 〈첼시 셋〉이라고 불리던, 자유분방한 작가 및 예술가 집단의 기둥이 되었다. 고질적인 난봉꾼인 그는 콜디츠에서 즐겼던 남자들과의 성 경험을 회상하며 즐거워했다. 호버크라프트를 타고 멕시코의 유카탄반도와 갠지스강 상류를 탐험하고, 작은 고무보트를 타고 스코틀랜드 해안을 일주한 적도 있다. 알렉산더는 여러 출판사와 함께 일하고, 북아프리카의 프랑스 외인부대에서 옛 친구를 구출하고, 영국 고무보트 소유자 연합을 창설하고, 아프가니스탄 중부에서 피로즈코라는 외딴 지역을 찾아내고, 런던 동물학회 특별 회원으로 선출되기도 했다. 그러나 직업으로 오인될 수 있는 일은 한 번도 하지 않았다. 그가 발표한 글은 인도에 대한 선집, 호가스의 판화에 대한 책, 빅토리아 여왕의 인도인 피후견인인 둘리프 싱의 전기 등 광범위했다. 그는 식당을 (잠깐) 연 적이 있고, 결혼도 (잠깐) 한 적이 있고, 스코틀랜드의 버려진 성에서 산 적도 있다(이 기간이 가장 짧았다). 아주 오랫동안 우중충한 감금 생활을 견뎌 낸 그는 콜디츠에서 나온 뒤 삶의 색채와 맛을 최대한 많이 탐구하며 살았다.

플로리먼드 듀크는 런던에 와서 〈OSS에 귀환을 보고하고 클래리지스에서 훌륭한 만찬을 즐긴 뒤 비행기를 타고 집으로 돌아갔다〉. 워싱턴에서 참새 작전에 대한 보고서를 쓰고 있을 때, 이제 소련의 통제하에 들어간 헝가리에서 뜻밖의 소식이 날아왔다. 헝가리 장교 한 명이 거리에서 미국 외교관에게 접근해 북미 영어로 이렇게 말했다는 것이다. 「당신 나라 장교의 소유인 6천 달러를 갖고 있습니다. 소련 사람들이 손대기 전에 돌려주고 싶어요.」 키랄리 소령은 다음 날 그 돈을 미군 대표부에 가져다주고 〈영수증을 거절〉한 채 사라졌다. 듀크는 뉴햄프셔로 이주해 입법부에서 활동하다가 은퇴해서 애리조나 스코츠데일로 갔다. 매년 4월 15일이면 **레오 쇼너시** 대령을 만나 콜디츠 해방 기념일을 축하했다. 「내 태스크 포스가 콜디츠를 점령한 것이 아니오. 포로들이 이미 콜디츠를 장악하고 있었지.」 쇼너시는 이렇게 주장했다. 철학적인 성찰은 원래 듀크의 성격에 전혀 맞지 않았지만 나이를 먹으면서 이런 생각이 들기 시작했다. 〈내가 어떻게 살아남았지?〉 1969년 그가 사망한 직후에 출판된 책에서 그는 이렇게 썼다. 〈일부는 그저 순수한 행운 덕분이었다. 그러나 선의와 고결한 도덕적 목적의식을 지닌 사람들, 덴츨러 같은 사람들의 힘이 진정으로 나

를 보호해 준 덕분이기도 하다.〉

루돌프 E. 덴츨러는 전쟁 중의 업적을 한 번도 인정받지 못했고, 본인이 인정받고자 하지도 않았다. 그의 표현대로 〈현대전에 내재된 잔인성과 비인간성, 그리고 모든 힘이 동원된〉 분쟁 중에 콜디츠에서 자신이 숭상하는 규칙을 지켜 낼 수 있었다는 사실을 자랑스럽게 생각했다. 〈그 제한된 구역에서 1929년 제네바 협약의 기사도가 계속 살아 있었다.〉 그렇게 많은 생명을 구했으면서도 거의 축하를 받지 못한 그는 스위스 관료라는 익명의 세계로 다시 조용히 돌아갔다.

마이클 싱클레어는 〈전쟁 포로 시절 지치지 않고 탈출에 헌신한〉 것을 인정받아 수훈장을 추서받았다. 구금 생활 중에 보여 준 용기로 훈장을 받은 위관급 장교는 그가 유일하다. 1947년 그의 유해가 베를린 전쟁 묘지로 이장되었다. **찰리 호프툰**과 **도윅 헤이그**, 몸이 너무 아파서 다른 프로미넌테와 함께 쾨니히슈타인으로 출발하지 못한 이 두 사람은 건강을 회복한 뒤 미군에 의해 해방되었다. 호프툰은 어느 보험 회사의 사장 겸, 3대 린리스고 후작이 되었다. 헤이그는 전쟁이 끝난 뒤 신경 쇠약을 겪었으며, 훌륭한 현대 미술가가 되었으나 유명인이던 아버지의 그늘을 끝내 벗어나지 못했다. **그리스 데이비스-스쿠어필드**는 군대에 남아 독일, 말라야, 가나, 키프로스에서 복무한 뒤 육군 준장으로 퇴역했다. **잭 베스트**는 케냐에서, 그다음에는 하트퍼드셔에서 농사를 다시 시작했다. 당번병 **솔리 골드먼**은 미국으로 이주해 런던 말씨를 완전히 미국 말씨로 바꾸었다. **토니 롤트**는 자동차 경주의 세계로 돌아가 포뮬러 원 세계 챔피언십 경기에 세 번 출전했다. 자그마한 몸집에 킬트를 입고 다녔으며, 매트리스 안에 숨어 첫 탈출을 감행했던 스코틀랜드인 **피터 앨런**은 벨의 스카치위스키 순회 판매원이 되었다. **마히엘 판 덴 호이벨**은 네덜란드 군대에서 소령으로 승진했으나, 인도네시아 독립 전쟁 중이던 1946년에 임무를 수행하다 사망했다. **토니 뤼테인**은 오스트레일리아에 정착했다. **한스 라리버**는 로열 더치 셸에 취직했다. **타데우시 부르-코모로프스키** 장군은 폴란드로 돌아가지 않고, 런던에서 1947년부터 1949년까지 폴란드 망명 정부 총리로 활동했다. 직업은 실내 장식업자였다. 프랑스 기병 장교 **피에르 메레스르브룅**은 드골의 정보부에서 일하며 죽을 때까지 많은 시간을 말 등에서 보냈다. **알랭 르레이**는 프랑스 국내군 지휘관으로서 그르노블을 해방시키고, 알프스 요새에 마지막으로 남은 독일군을 밀어냈다. 콜디츠에서 최초로 탈출에 성공한 그는 인도차이나와 알제리에서 복무한 뒤 1970년에 장군으로 퇴역했다. **데이비드 스털링**은 여러 차례 사업을 벌였으나 실패하고 중동에서 비밀 군사 작전에 참여했으며, 사망하던 해인 1990년에 기사 작위를 받았다. 그가 창설한 SAS는 전 세계 특수 부대의 모델이 되었다. 발명가 **크리스토퍼 클레이턴 허턴**은 자신이 MI9을 위해 만들어 낸 탈출 도구를 묘사한 회고록을 출판하려 했으나, 〈하급 관리들의 미로에 붙잡혀〉 공식 기밀법에 따라 처벌받을 수 있다는 협박을 받았다. 그의 자서전 『공식 기밀』은 1960년에야 비로소 출간되었다. 클러티는 은퇴한 뒤 다트무어 동쪽 끝으로 이주해서 헛간에 며칠씩 틀어박혀 이런저런 물건들을 발명하며 살다가 1965년에 세상을 떠났다. 그가 발명한 탈출 보조 도구들은 수집가들 사이의 인기 품목이다.

프랭크 플린은 콜디츠 경험에서 끝내 완전히 회복하지 못했으며, 그 사실을 정직하게 인정했다. 이렇게 인정한 사람은 몇 명 되지 않는다. 온화하고 수줍음이 많은 그는 정신 질환을 사유로 콜디츠에서 벗어났는데, 그 뒤로도 계속 정신이 위태로웠다. 〈분명히 장기적인 영향이 있었다. 갇혀 있을 때는 세상이 좁아져서 주위의 모든 것이 말이 되는 것 같다. 그러다 넓은 세상으로 나와 보면 자동차들의 소음이 너무 크다. 정신이 네 개의 벽으로 둘러싸인 공간에 맞춰져 있다가 너무 빨리 확장되기 때문이다.〉 그는 이렇게 말했다. 그는 비행을 할 수 없는 상태로 판정되어 1945년 말에 영국 공군을 떠났다. 심한 생존자의 죄책감 때문이었다. 〈나는 살았지만 죽은 사람이 아주 많았다. 나는 그 사실을 편하게 받아들이지 못한 것 같다.〉 그는 이렇게 말했다. 〈에롤〉 플린은 세인트헬렌스에서 아이스크림에 필요한 시럽 제조 회사를 차렸다가, 사우스포트에 주방용품점을 열었다. 2013년 아흔일곱 살로 세상을 떠났다. 프로미넨테 회원 중 가장 먼저 수감되었으며 자신의 힘으로 탈출한 유일한 인물인 **자일스 로밀리**도 구금 생활로 치유될 수 없는 상처를 입었다. 폐소 공포증과 〈한층 심해진 군중 공포증〉이 생긴 것이다. 게다가 의사들이 처방해 준 바르비투르산이 그를 중독자로 만들었다. 마이클 알렉산더와 함께 콜디츠 시절을 다룬 책을 공동 집필 해 『특권이 있는 악몽』이라는 제목으로 출판했으나, 본격적으로 글을 쓰는 생활을 하지는 못했다. 결혼 생활이 지독하게 끝난 뒤인 1963년 그는 두 자녀를 납치해 미국으로 도망쳤다. 그리고 1년 뒤 아이들을 돌려보냈다. 그의 전처는 그의 재산을 일시 압류했다. 처칠의 공산주의자 조카인 그는 집집마다 돌아다니며 성경과 『브리태니커 백과사전』을 팔아 생계를 이었다. 중독 증세는 악화되었다. 〈아버지의 평생이 드리나밀, 나트륨 아미탈, 넴부탈을 중심으로 돌아갔다.〉 그의 아들은 이렇게 말했다. 1967년 그는 캘리포니아주 버클리의 외로운 호텔방에서 진정제 과다 복용으로 숨을 거두었다. 향년 50세였다.

콜디츠 때문에 영원히 달라진 사람도 있지만, 그리스도교 신앙으로 무장한 **조크 플랫** 목사는 사실상 아무런 영향을 받지 않았다. 구금 생활은 하느님이 보내신 시련이었으므로 그는 담대하게 받아들였다. 전쟁이 끝난 뒤에는 세인트레너즈, 브롬리, 서머싯에서 감리교 목사로 일하다가 도체스터로 은퇴해서 1973년에 세상을 떠났다. 〈그 무엇도 신념을 무너뜨릴 수 없을 만큼 깊은 신앙을 지닌 사람〉이었다.

무서운 인물인 **제인 워커**는 붉은 군대가 베를린으로 진군할 때 비스와 강변의 폴란드 마을에 아직 숨어 있었다. M 부인은 공산주의자가 지배하는 폴란드에서 소련의 통치를 받으며 살 생각이 전혀 없었으므로, 일흔한 살의 나이로 이제 집에 돌아갈 때가 되었다고 판단했다. 그녀는 루블린까지 가서 우크라이나로 향하는 전쟁 포로 수송 차량에 자리를 얻어 올라탔다. 그렇게 이동 중에 새로운 위장 신분을 마련했기 때문에, 『더 타임스』의 보도에 의하면 오데사의 영국 군사 파견대에 〈묘하게도 영국 공군 부사관 옷을 입고〉 나타났다. 거기서 포트사이드로 향하는 영국 배에 올라 1945년 4월 22일 고우록에 도착했다. 40년 만에 처음 보는 조국이었다. 워커는 〈수백 명의 연합군 포로가 독일 점령지에서 탈출할 수 있게 도운〉 공으로 대영 제국 훈작사가 되었다. 여왕 엘리자베스 2세의 대관식에도 초대되고, BBC 텔레비전의 「이것이 당신의 인생」에도 출연했으며, 서식스 해안의 벡스힐온시에서 은퇴 생활을 즐기다가 여든다섯 살로 세상을 떠났다. 〈그녀는 위대한 애국자였다. 어둡고 위험한 시절 그녀를 알고 사랑했던 모두의 기억에 영원히 살아 있다.〉 M 부인에게 목숨을 빚진 수많은 사람 중 한 명인 그리스 데이비스-스쿠어필드는 이렇게 썼다.

비렌드라나트 마줌다르는 스위스 호텔에 가택 연금이 된 상태로 4개월을 더 보내며, 횡령 혐의 재판을 기다렸다. 마침내 스위스의 영국 군인들을 돌보는 스위스 대령이 그를 만나러 왔다. 「그들은 내 이름을 의료인 명부에서 삭제해 내 인생을 통째로 망치려고 합니다.」 마줌다르는 대령에게 이렇게 말했다. 대령은 그가 요양원으로 옮겨 갈 수 있게 주선해 주었다. 「이제는 그들이 당신을 군사 재판에 부칠 수 없습니다.」 그가 말했다. 1944년 11월 마줌다르는 마르세유로 옮겨져서 영국으로 돌아가는 군 수송선에 올랐다. 한편 푸트 대령은 MI5의 Z 섹션에 보낸 편지에서 〈마줌다르 대위의 행동이 수상쩍었다〉고 언급했다. 마줌다르가 울위치 막사로 돌아온 지 겨우 2주 만에, 이제 〈인도인 파괴 분자〉 파일에 〈Z/240〉으로 표시된 그를 전쟁부가 소환했다.

〈Z/240은 상대하기가 몹시 힘들었다. 그는 면담 대상이 된 것을 싫어했으며, 영국 전쟁 포로로서 자신은 이런 대우를 참고 견딜 필요가 없다고 피력했다.〉 교차 심문을 진행한 MI5 관리는 이렇게 썼다. 마줌다르는 베를린에서 자신을 영입하려 했으나 거절한 이야기를 마지못해 설명했다. 그를 면담한 직원은 마줌다르가 안보에 전혀 위협이 되지 않으며, 〈충성심을 지킨 공〉을 인정받을 자격이 있다는 결론을 내렸다. 그래도 의심의 눈길은 그에게 달라붙어 떨어지지 않았다. 〈Z/240이 많은 것을 잊어버린 척하지만, 그렇게까지 잊어버리는 것은 불가능한 듯하다.〉

「당신은 지금 훈장을 받을 기회를 망치고 있어요.」MI5 직원이 경고했다.

마줌다르가 결국 폭발했다. 「내가 그놈의 훈장을 받으려고 거기서 탈출해서 이런 고생을 하는 줄 압니까?」그는 이렇게 소리치고 나가 버렸다.

마줌다르는 1946년에 제대당했다. 그때 **수바스 찬드라 보스**는 이미 죽은 뒤였다. 그가 이끌던 인도 국민군은 버마에서 영국군과 싸웠고, 일본과 함께 항복했다. 그리고 그를 태운 비행기가 1945년 8월에 지금의 대만에서 추락했는데, 그때의 정황이 석연치 않다. 보스는 3도 화상으로 세상을 떠났다.

1947년 인도가 독립했다. 마줌다르도 이제는 영국의 지배를 받지 않는 고국으로 돌아갔을 것 같은데, 오히려 영국에 남는 편을 택했다. 어느 날 은행에서 조운이라는 젊고 매력적인 은행원이 그의 일을 처리해 주었다. 그녀는 첫 만남을 이렇게 회상했다. 〈그가 거기 창구에 서 있었다. 그의 옷차림은 항상 아름다웠다. 스리피스 정장에 장갑. 장갑을 끼지 않고 담배를 피우는 법이 없었다.〉 두 사람은 결혼해서 웨일스로 이주했고, 마줌다르는 의사로 일했다. 나중에는 에식스로 옮겨 갔다. 두 사람 사이의 자녀는 아들 둘이었다. 비렌이 은퇴한 뒤 부부는 데번주의 감프턴이라는 작은 마을에 정착했다. 그는 콜디츠에 대해 거의 입을 열지 않았으나, 1996년 세상을 떠나기 전에 전쟁 중의 경험을 여러 개의 테이프에 녹음했다. 그중에 대단히 상징적인 사건에 대한 묘사가 있다.

인도가 독립하기 직전, 아직 영국 군인이던 마줌다르가 고향 마을인 가야를 방문했다. 형제의 가족도 그때 본가에 와 있었는데, 그들이 떠나던 날 비렌은 기차역에서 1등칸 표를 사서 그들을 캘커타행 기차의 칸막이 좌석에 앉혔다. 그러고는 그들이 여행 중에 먹을 음식을 사러 갔다. 플랫폼으로 다시 와보니, 형제의 가족들이 영국 군인에 의해 1등칸에서 쫓겨나고 있었다. 어느 영국인과 그의 애인이 앉을 자리를 마련하기 위해서였다.

「무슨 일이야?」마줌다르가 물었다.

「우리더러 나가래.」그의 형제가 대답했다.

마줌다르는 영국 군인에게 벌컥 화를 내며, 구금 생활을 할 때부터 오랜 세월 동안 편견 때문에 쌓인 감정을 터뜨렸다. 「차렷! 상급 장교에게 경례!」그가 몇 분 동안 독설을 퍼붓자 군인이 움츠러들었다. 「그만 가봐.」

마줌다르가 돌아섰다. 사람이 빽빽한 플랫폼이 조용했다. 짐꾼들은 짐을 떨어뜨렸고, 인도인 군중은 감탄하며 바라보았다. 그러고는 갈채가 터져 나와 귀가 멀 것 같은 포효로 변했다. 사람들이 발을 구르며 환호했다.

「샤바시! 샤바시!」그들이 소리쳤다.

부록: 5-6-O 암호

암호 편지임을 알리는 표시는 숫자로 표기된 날짜(예를 들어, 15/5/41)와 밑줄이 그어진 서명이다.

비밀 메시지의 단어 개수, 암호 그리드를 알아내려면, 편지에서 첫 번째 줄의 첫 두 단어 글자 수를 곱하면 된다. 〈잘 지내니?How are you?〉는 3×3 그리드의 9 단어 메시지를 가리킨다. 〈소식을 들으니 무척 반갑구나.So pleased to hear.〉는 2×7 그리드의 14 단어 메시지를 뜻한다. 메시지는 두 번째 문장부터 따져서 이 편지의 다섯 번째와 여섯 번째 단어에 들어 있다.

해독된 첫 번째 단어, 즉 두 번째 문장의 다섯 번째 단어를 그리드의 왼쪽 맨 위 칸에 놓는다. 여섯 번째 단어는 그 옆에 나란히, 거기서부터 다섯 번째 단어를 그다음에……. 이렇게 다섯 번째와 여섯 번째 단어를 배열한다. 그리드가 다 차면, 오른쪽 아래에서부터 대각선으로 지그재그를 그리며 메시지를 읽는다.

다음 페이지의 견본은 줄리어스 그린이 파이프의 어머니에게 보내 MI9에 전달하게 한 것이다. 여기에는 그가 포로가 된 해군 장교들에게서 수집한, 독일 유보트에 관한 정보가 들어 있었다.

15/5/41

엄마,

다들 어떻게 지내고 계세요?

제가 생각만큼 빨리 집에 못 갈 것 같아요.

경비병의 감시를 받으며 이 근처에서 기차에서 내렸는데, 거의 이틀 동안 기차로 여행한 뒤 이곳에 도착해서 영국 동료들을 다시 만나니 기뻤어요. 잠수함, 구축함, 상선, 심지어 상선 습격선에서 온 사람까지 있어요. 군인으로 위장한 뱃사람을 보니 무척 재미있지만, 그들이 자신의 옷을 어떻게 잃어버렸는지 생각하면 조금 무섭기도 해요. 그들은 매력적인 사람들이에요. 저는 RN&RM 장교들과 같은 오두막에 있어요……

모두에게 최고의 사랑을 담아, 줄리

15/5/41

Dear Mum,

How are you all keeping?

I will not be home as soon as I thought.

Escorted by guards I got out of the train near here and was glad after almost two-days train travelling to arrive and meet some English fellows again. Submarine, destroyers, merchant ships, even merchant raiders are represented. Seeing sailors disguised as soldiers is very amusing but a bit grim when you think of how they lost their own togs. They are a charming crew. I am in a hut with the RN&RM officers……

Best love to all, Julie

해독

	H	O	W
A	HOME	ESCORTED	OUT
R	AND	TWO-DAYS	MEET
E	SUBMARINE	RAIDERS	DISGUISE

DISGUISED RAIDERS MEET SUBMARINE TWO-DAYS OUT AND ESCORTED HOME 위장한 습격자 이틀 뒤 잠수함 만남 그리고 호위해서 귀환

그러나 5-6-O 암호에는 복잡한 장치가 있었다. 암호를 해독할 때 해독된 단어들 중에 〈the(정관사)〉가 있으면, 이것은 단어 암호에서 스펠링 암호로 변경되었다는 뜻이므로 그 문장의 나머지 부분을 무시해야 한다.

이런 암호를 해독하려면 3×9 그리드를 그릴 필요가 있었다. 먼저 다음과 같이 왼쪽 맨 위 칸에 글자 O를 넣는다.

O 111	P 211	Q 311
R 112	S 212	T 312
U 113	V 213	W 313
X 121	Y 221	Z 321
. 122	A 222	B 322

C 123	D 223	E 323
F 131	G 231	H 331
I 132	J 232	K 332
L 133	M 233	N 333

각각의 알파벳 글자와 아주 중요한 마침표는 세 자리 숫자와 상응하는데, 이 숫자들은 모두 1, 2, 3을 조합해서 만든 것이다.

〈the〉가 나온 부분 다음 문장의 첫 번째 세 단어의 첫 글자를 그리드의 종렬 1, 2, 3에서 찾아낸다. 그 종렬 숫자를 조합해 만들어진 세 자릿수 숫자로 해당 글자를 알아낼 수 있다. 예를 들어, 〈어머니가 전화했다Mother rang up〉에서 M=2, R=1, U=1라는 결과가 나온다. 이 세 숫자를 하나로 합친 숫자 211을 표에서 찾아보면 P가 나온다.

마침표(122)는 문장 나머지 부분을 무시하고 단어 암호로 돌아가라는 신호였다. 즉 앞에서 설명한 것처럼 항상 다섯 번째와 여섯 번째 단어를 가져다가 문장을 만들라는 뜻이다.

해독된 단어 중에 〈but〉이 나오면 그것은 〈메시지 종료〉라는 뜻이다. 대시(—)도 단어로 간주되었다.

다음의 견본은 줄리어스 그린의 〈아버지〉가 1943년 여름에 그에게 보낸 편지다. 아버지는 전에 블레치해머 노스의 합성 기름 생산 공장에 관해서 자신이 보낸 지도와 홉스 부인에게 지불하지 못한 돈을 언급하고 있다.

8/7/43

줄리어스에게,

네 편지를 받고 무척 기뻤다

네가 연극 대본과 요오드를 받았다고 알려 준 편지, 심슨 부인이 네게 보낸 것 말이다. 어머니가 전화해서 네가 선물을 고마워한다고 말하고, 네가 얼마나 기뻐할지도 말했다, 그녀는 어머니에게 자신이 네게 음악을 좀 보냈다고 말했다. 다음 주 내가 네게 담배를 더 보낼 것이다. 담배를 많이 갖게 되겠구나, 즉시 우송된다면, 내가 2주 전에 네게 보낸 물건도 곧 도착할 것이다. 다른 잡동사니도 뒤따르기를 바란다, 너의 치즈 캡과 바지가 든 너의 소포를 네가 반드시 받아야 하기 때문이다. 내가 1월에 〈Marlag und Milag Nord〉라고 표기해서 보낸 것이다. 나이 많고 가여운 스미스 부인을 기억하지 — 그녀의 고통스러운 병이 그 병답게 진행되고 있다. 그것으로 고생하는 다른 사람들과 마찬가지로 그녀도 영웅적이다. 내가 일전에 보낸 수표를 〈리걸 앤드 제너럴〉이 받았는지 모르겠다, 그들에게 내야 할 이자와 원금을 보낸 것인데 그것으로 금액이 더 줄어들 것이다, 내가 그들에게 네 보험료는 언제 내야 하는지도 알려 달라고 말했다. 그들은 보통 상당히 사무적이니까 너는 걱정할 필요 없다. 주디스의 생일이 6월 27일이었다, 이제 네 살인데 상당히 많이 컸다. 우리는 그 애를 정말 사랑한다, 하지만 그 애를 응석받이로 만들지는 않았다. 우리는 작은 파티를 열었는데 어머니가 아름다운 생일 케이크를 구워 양초 네 개를 꽂아 주었다. 주디스는 물론 아주 들떴고, 초대한 어린 손님들도 모두 그랬다. 네가 곧 집에 돌아오겠구나, 줄리, 적어도 나는 그러기를 기도할 뿐이다……

어머니 캐슬린과 주디스가 네게 사랑을 보낸다.

아빠가.

Dear Julius,

So pleased to get your letter

Informing us you'd received the scripts for the plays, also
the iodine, which Mrs Simpson sent you. Mother rang up
saying you're grateful for the gift, and also how really pleased
you'd be, she told Mother that she had sent you some music.
Next week I will be sending you more cigarettes. You will
have plenty, if they remit them to you promptly, as the last
lot I sent you a fortnight ago should reach you soon. Hope
the other oddments followed on, because you should have
got your parcel containing your cheesecap and slacks which
I sent in January addressed to 'Marlag und Milag Nord'.
You remember poor old Mrs Smith — her painful illness is
following its usual course. Like others who suffer she's heroic.
I hope the 'Legal and General' received the cheque I sent them
the other day, it was to pay the interest and capital due to
them and it will reduce it further, I've also asked them to let
me know when the premium is due on your policy. They're
quite businesslike usually so you need not worry. Judith's
birthday was on the 27th June, she was 4 and is getting quite

a big girl. We all simply love her, however we haven't really spoiled her We fixed up a little party, and other baked her a beautiful birthday cake which had four candles on it. Judith was very excited, of course, and so were all the little guests. You'will be home again soon, Julie, at least I only pray you will…….

Mother Kathleen and Judith send you their love.

Dad.

해독

처음 두 단어 〈So pleased〉는 2×7 그리드의 14 단어 메시지임을 뜻한다.

그다음 문장의 다섯 번째 단어가 〈the〉이므로, 이 문장의 나머지 부분을 무시하고, 다음 문장부터 스펠링 암호로 읽어야 한다.

첫 번째 세 단어(〈Mother rang up〉)의 맨 첫 글자는 각각 종렬 2, 1, 1에 있으므로 숫자 211은 P에 해당한다. 그다음 세 단어(〈saying you're grateful〉)에서 나오는 숫자 222는 A. 〈for the gift〉는 I, 〈and also how〉는 D. 그러므로 암호문의 첫 번째 단어는 PAID이며, 이것을 그리드의 왼쪽 맨 위 칸에 놓아야 한다. 그러나 다음 세 단어(〈really pleased you'd〉)는 122, 즉 마침표가 되므로, 여기 다음 문장부터 5, 6 단어 암호로 돌아가야 한다. 다섯 번째와 여섯 번째, 그리고 거기서 다시 다섯 번째 단어는 각

각 ⟨be⟩, ⟨will⟩, ⟨remit⟩이다. 이 단어들을 그리드에 놓는다. 이
다음 여섯 번째 단어는 ⟨the⟩이므로, 다시 스펠링 암호로 돌아가
서⋯⋯. 이런 식으로 계속 암호를 해석한다.

이렇게 완성된 그리드는 다음과 같다.

	S	O
P	PAID	be
L	Will	remit
E	HOBBS	Mrs
A	following	others
S	Hope	received
E	N	blhmr
D	Of	MAP

MAP OF BLHMR N RECEIVED HOPE OTHERS
FOLLOWING MRS HOBBS REMIT WILL BE PAID
BLHMR 지도 수령 다른 사람들 홉스 부인 따르길 희망 송금될 것

프로미넨테가 움직인 경로

1　(위) 독일군에 이끌려 수용소로 향하는 영국 전쟁　　2　(아래) 콜디츠, 1910. 독일 동부의 조용한 마을
　　포로들, 디에프 1942.　　　　　　　　　　　　　　　위로 우뚝 솟은 고딕 양식의 당당한 성.

OFLAG VIIC357

3 (위 왼쪽) 팻 리드. 억누를 수 없는 탈출 욕구를 지닌 그는 콜디츠의 신화를 자신의 이미지로 다듬었다.

4 (오른쪽) 1941년 7월 콜디츠에 도착해 다리를 건너는 네덜란드 포로들.

5 (아래 왼쪽) 매트리스 안에 숨어 탈출한 자그마한 몸집의 스코틀랜드인 피터 앨런과 주정뱅이 수용소 장교 파울 프리엠 하웁트만.

6 라인홀트 에거스 하웁트만. 콜디츠의 역사를
기록한 독일 군인인 그는 교양 있고 꼼꼼했으며,
영국을 좋아했다.

7 1932년 전쟁 직전에 찍은 이 항공 사진에서 콜디츠 마을과 성이 무척 가깝다는 것을 알 수 있다.

포로들은 왼쪽의 안마당에 있었고, 오른쪽 마당에는 코만단투르, 즉 독일군 막사가 있었다. 포로들은
오른쪽 아래에 보이는 해자 위의 다리를 건너 중앙 경비실을 통해 안으로 들어왔다.

8 (위) 프랑스의 알랭 르레이 중위는 1941년
4월에 최초로 〈홈런〉에 성공했다.
9 (가운데) 프랑스 기병대 장교 피에르
메레스르브룅은 운동을 잘하는 귀족이라서,
1941년 7월에 콜디츠 울타리를 뛰어넘었다.
10 (아래) 얼굴에 흉터가 있는 프랑스의
자물쇠 따기 기술자 프레데리크 기그.
존 와튼의 그림이다.

11 (위) 수용소 안마당. 낮에 포로들은 이곳에서
　 서로 어울리며 운동도 하고, 담배도 피우고,
　 잡담도 나누고, 탈출 계획도 세웠다.
12 (아래) 가짜 독일 군복을 입은 에어리 니브.
　 〈초록색 의상을 입은 기묘한 군대 엘프〉

13 (위) 점호. 수용소 당국은 하루에 적어도 세 번 포로들을 안마당으로 소집해서 열심히 머릿수를 헤아렸다.

14 (아래) 〈막스〉와 함께 있는 네덜란드 장교들. 오른쪽에서 네 번째에 서 있는 막스는 점호 때 혼선을 주어서 탈출 이후 시간을 버는 데 사용된 두 마네킹 중 하나다.

16 의사 비렌드라나트 마줌다르. 콜디츠의 유일한 인도인 포로로, 다른 영국인 장교들에게 〈점보〉라는 별명으로 불렸다.

15 자일스 로밀리. 윈스턴 처칠의 공산주의자 조카이자 프로미넨테, 즉 특별 포로 중 첫 번째 인물이다.

17 두 다리를 잃었으나 유명한 공군 에이스가 된 더글러스 베이더가 스핏파이어 조종석으로 자신의 양철 다리를 끌어 올리고 있다.

18 마이클 알렉산더. 포로가 된 뒤 영국 장군의 조카 행세를 해서 처형을 피한 특공대원이다.

19 ▲ 안마당에서 열린 배구 시합.

20 사냥터 산책. 운동 구역까지 매일
이루어지던 이 행진은 〈위협의 의미가
살짝 가미된 공식적인 행사〉였다.

21 〈스툴볼〉은 콜디츠에서 만들어진 지극히
폭력적인 경기로, 럭비와 케이지 격투기의
혼종이었다.

22 (위) 제1회 〈콜디츠 올림픽〉을 지켜보는 연합군 선임 장교들. 영국 포로들의 첫 번째 선임 장교인 가이 저먼이 맨 오른쪽에 앉아 있다.

23 (아래) 1942년 뜨거운 여름. 〈매일 안마당에 땀으로 번들거리는 몸들이 다양한 단계의 빨간색, 벌건 색, 탄 색을 띠고 여기저기 흩어져 있었다.〉

24 (위) 독일군 장교 에거스(왼쪽에서 두 번째)가
   1943년 극장 공연을 보러 왔다. 양편에 영국
   장교들이 앉아 있다.

25 (가운데)「저녁 식사에 온 남자」 1944년 공연.
   콜디츠 극장은 수용소 내에서 콘서트, 연극,
   팬터마임 등 온갖 공연과 오락의 중심이었다.

26 (아래) 찰리 호프툰이 1944년 수용소 극장에
   올린「가스등」의 무대 디자인. 일명 〈마담 데코〉로
   불리던 로제 마르상 중위의 작품이다.

27　「발레 난센스」, 1941년 크리스마스. 사각모를 쓰고 가운을 입은 니브가 뒷줄 왼쪽에서 네 번째, 인도 의상을
　　입은 마줌다르가 뒷줄 오른쪽에서 다섯 번째에 있다. 피아노는 지미 율, 왼쪽 끝의 더블 베이스는 토니 뤼테인.

28　「저녁 식사에 온 남자」, 1944년 공연. 〈주연 여배우들이 믿을 수 없을 만큼 진짜 같았다.〉 그래서 필연적으로
　　욕망의 대상이 되었다.

29   막스 슈미트, 첫 번째 코만단트. 〈차가운 회색
      눈〉의 〈위압적인 인물〉이었다.

30   마르틴 섀들리히 상사. 인기 있는 소설 속 탐정의
      이름을 따서 〈딕슨 호크〉라는 별명으로 불리던,
      지칠 줄 모르는 탐정이었다.

31   에드가 글라에슈. 슈미트의 후임으로, 존중을
      요구했으나 전혀 얻지 못했다.

32 (위) 콜디츠의 마지막 코만단트인 게르하르트
　　프라비트. 〈전형적인 프로이센 군인〉이었다.
33 (아래) 총구의 위협을 받으며 다시 끌려온 벨기에
　　탈주 포로 두 명.

34 〈기타 계급〉, 장교 포로들의 당번병으로
일한 사병들. 오른쪽에서 두 번째가
솔리 골드먼이다.

35 1942년 콜디츠에서 가장 유명하고
제멋대로였던 더글러스 베이더와 그 때문에
오랫동안 고생한 당번병 알렉스 로스(아래쪽).

36 1943년 6월 영불 디너파티 메뉴 카드.
서양자두와 치즈 등 적십자사 구호품에 들어 있던
훌륭한 먹거리들이 적혀 있다.

37 (위) 조명등과 보름달 빛을 받은
　　콜디츠성.
38 (아래) 겨울밤에 근무 중인 경비병.
　　탈주자가 있는지 감시하면서, 동시에
　　〈망보는 포로들〉의 감시를 받고 있다.

39 (위) 1943년 크리스마스. 점호를 시행하지 않는 대신 탈출 시도도 하지 않기로 일시적인 휴전이 이루어졌다.
마줌다르는 가운데 줄 왼쪽에서 네 번째, 앨런은 아래 줄 왼쪽에 있다.
40 (아래) 매점 굴 안에 쌓아 두었던 적십자사 구호품이 발견되어 압수되었다.

41 (위 왼쪽) 1941년 위층 창문에서 침대보 밧줄로 탈출을 시도한 과정을 독일 병사가 재현하고 있다.

42 (위 오른쪽) 리드와 열한 명의 포로가 1941년에 탈출을 시도하다가 붙잡힌 매점 굴의 출구.

43 (아래) 콜디츠 박물관. 가짜 군복, 밧줄, 기장(記章) 등 탈출 보조 도구들을 에거스가 모아서 정리했다.

Ausweis Nr. 301   Ausgestellt am...1.7.43.

Kommandantur
Oflag IV C Colditz

Dieser Ausweis berechtigt zum Betreten des deutschen
Teiles des Oflag IV C Colditz

Oberfeldwebel
Dienstgrad   Rothenburger
                    Eigenhändige Unterschrift des Inhabers

Rothenberger   A. B.
Name

Fritz
Vorname   Hauptmann und Adjutant

44 (위 왼쪽) 크리스토퍼 클레이턴 허턴. MI9의
    〈클러티〉, 이름은 널리 알려지지 않았지만
    전쟁 중 탈출학의 천재였다.

45 (위 오른쪽) 신분증이 숨겨져 있는 체스 판.

46 (가운데 왼쪽) 호두 속에 숨겨 둔 나침반.

47 (가운데 오른쪽) 리놀륨으로 만든 나치 독수리 스탬프.

48 (아래) 마이클 싱클레어가 〈프란츠 요제프〉
    로텐베르거 병장 행세를 할 때 갖고 있던 가짜 통행증.

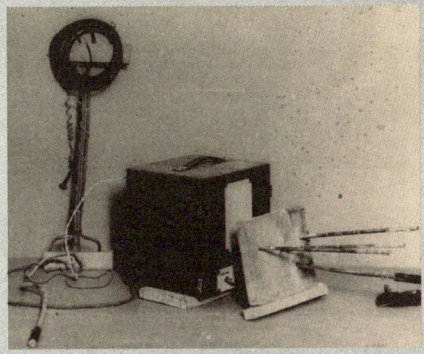

49 (위 왼쪽) 축음기 음반에 숨긴
　　독일 돈.
50 (위 오른쪽) 프랑스 포로들의
　　라디오. 암호명 〈아서〉인
　　이 라디오는 음식 꾸러미에
　　숨겨져 콜디츠로 밀반입되었다.
51 (가운데) 지도와 돈이 숨겨져
　　있는 배드민턴 라켓.
52 (아래) 가짜 마분지 무기.
　　독일군에 압수되어 콜디츠
　　박물관에 전시되었다.

53 프랑스의 메트로 탈출 계획이 실패한 뒤
시계탑에서 발견된 사다리와 돌더미.

54 에거스가 〈여우 셋이 굴을 떠난다〉는 이름표를
붙인 사진. 실패한 탈출 시도를 카메라 앞에서
재현한 것이다(가운데는 네덜란드 탈출 장교
마히엘 판 덴 호이벨).

55 1941년 7월에 발견된 〈변기 굴〉 출구에서
피터 앨런.

56 네덜란드 숙소의 굴로 들어가는 밧줄 사다리.
1942년 2월에 발견되었다.

57 마흔다섯 살의 대머리 프랑스 장교인 에밀 불레가 가발과 치마로 독일 여자처럼 차려입고 탈출을 시도했다.

58 도플갱어. 프랑스 장교 앙드레 페로도(왼쪽)는 수용소 전기 기사 빌리 푀네르트(오른쪽)로 변장했다.

59 〈붉은 여우〉로 불리던 마이클 싱클레어는 콜디츠에서 탈출에 가장 전력을 다했으며, 가장 운이 나빴다.

60 구스타프 로텐베르거. 포로들은 그가 정성 들여 가꾼 콧수염 때문에 그를 〈프란츠 요제프〉라는 별명으로 불렀다.

61   신년 전야, 1942년. 술에 취한 포로 2백 명이 길게 늘여서서 콩가 춤을 추며 눈 속을 행진했다.

62 특공대원 미키 번이 1942년 3월 생나제르 습격 이후 끌려가면서 왼손으로 〈승리의 V〉를 만들어 보이고 있다.

63 월터 퍼디. 영국인 파시스트이자 친나치 방송인인
그는 다른 포로들을 염탐하는 스파이로 포섭당했다.

64 프랭크 〈에롤〉 플린(뒷줄, 오른쪽에서 두 번째)은
그 어떤 포로보다도 긴 시간을 독방에서 지내
심리적으로 약해진 인물이었다.

65 체네크 〈체코〉 할로웁카. 잔꾀가 많고 쾌활한
체코 공군 장교인 그는 콜디츠에서 암시장을
운영했다.

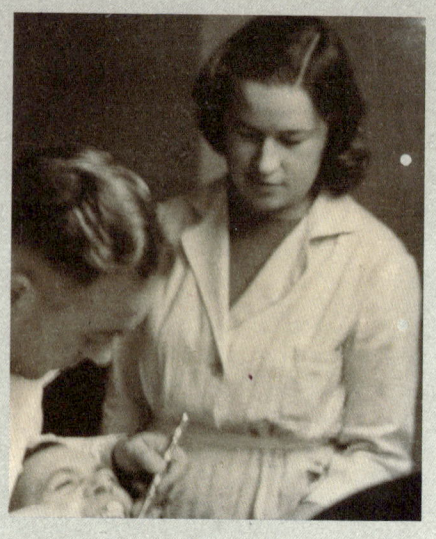

66 이르마 베르니케. 콜디츠 마을 치과 의사의
보조였던 그녀는 할로웁카와 연인 사이가 되고,
나중에는 스파이가 되었다.

67 줄리어스 그린. 치과 의사, 미식가,
암호 전문가 겸 비밀 요원.

68 콜디츠에서 페달식 드릴과 집게로 진료 중인
치과 의사. 존 와튼의 그림이다.

69 폴란드의 타데우시 부르-코모로프스키 장군. 폴란드의 비밀 국내군 사령관인 그는 1944년 가을에 콜디츠에 수감되었다.

70 폴란드 숙소. 여기서 포로들이 독하기 짝이 없는 밀주를 만들고, 독일군 경비병들이 움츠러들 만큼 그들을 무시하는 태도를 보였다.

71 콜디츠를 떠나는 마지막 폴란드 군인들.

72 SAS의 창설자인 데이비드 스털링은 1944년 8월에 콜디츠에 도착해, 콜디츠 정보 부대를 만들기 시작했다.

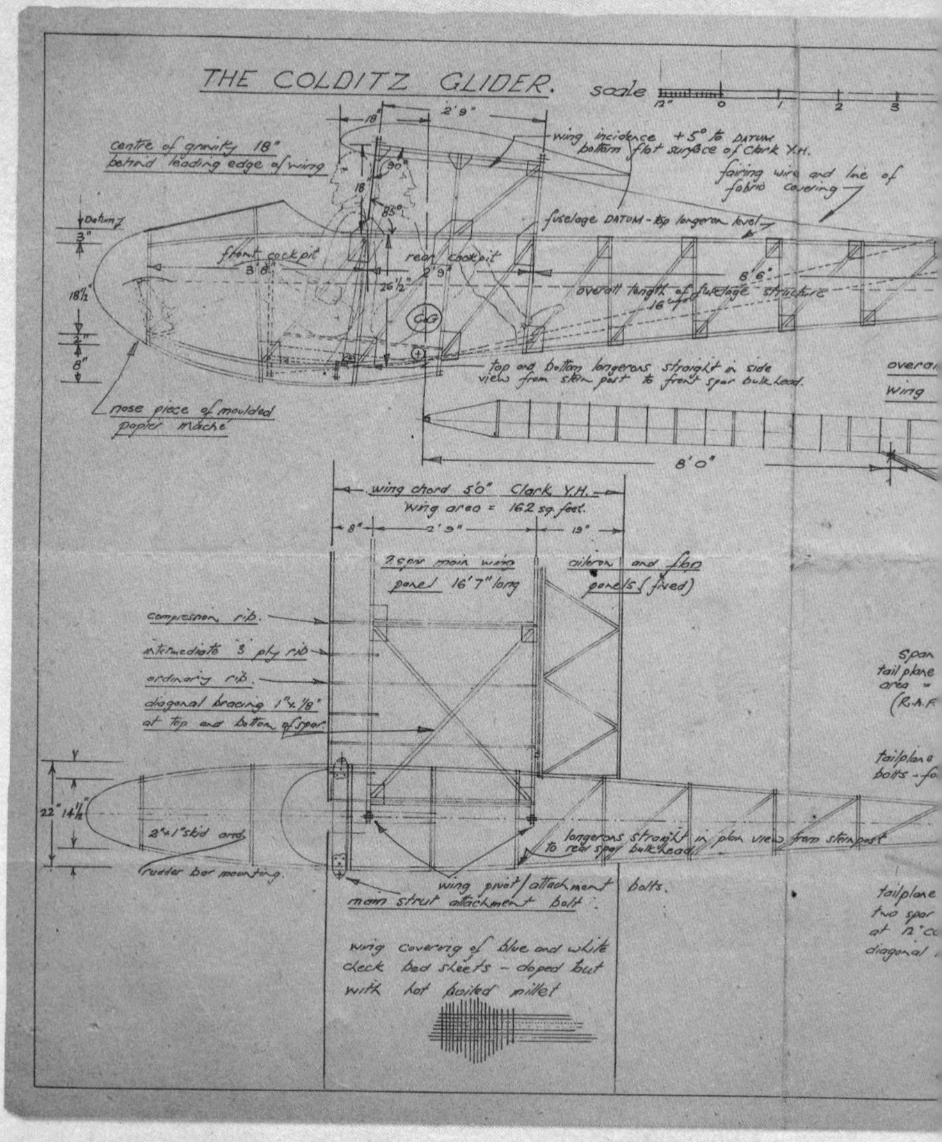
THE COLDITZ GLIDER.
scale
centre of gravity 18" behind leading edge of wing
wing incidence +5° to DATUM bottom flat surface of Clark Y.H.
fairing wire and line of fabric covering
fuselage DATUM - top longeron level
front cockpit
rear cockpit
overall length of fuselage structure 16'
top and bottom longerons straight in side view from stern post to front spar bulk head.
nose piece of moulded papier maché
8' 0"
wing chord 5'0" Clark Y.H.
wing area = 162 sq. feet.
2 spar main wing panel 16'7" long
aileron and flap panels (fixed)
compression rib.
intermediate 3 ply rib
ordinary rib.
diagonal bracing 1"x 1/8" at top and bottom of spar.
2"x1" skid and rudder bar mounting.
longerons straight in plan view from sternpost to rear spar bulkhead.
wing pivot / attachment bolts.
main strut attachment bolt
wing covering of blue and white check bed sheets - doped but with hot boiled millet

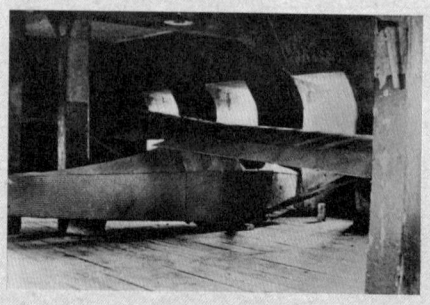

73 (위) 〈콜디츠 수탉〉 설계도. 지붕에서 띄울 예정이던 이 글라이더는 나무 조각 6천 개, 금속 침대 틀, 훔쳐 온 전화선, 매트리스 커버로 만들어졌다.

74 (아래) 위의 글라이더를 찍었다고 알려진 유일한 사진. 리 카슨 기자가 1945년 4월에 찍었다.

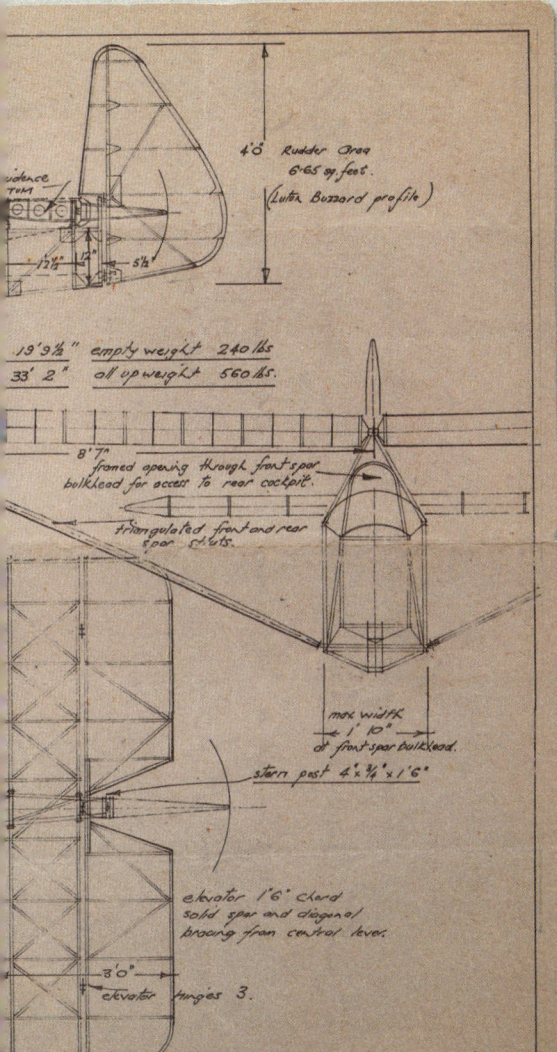

4'0' Rudder Area
6·65 sq feet.
(Lutn Buzzard profile)

19' 9½'' empty weight 240 lbs
33' 2'' all up weight 560 lbs.

8' 7''
framed opening through front spar
bulkhead for access to rear cockpit.

Triangulated front and rear
spar struts.

max width
1' 10''
at front-spar bulkhead.

stern post 4'' x ¾'' x 1' 6''

elevator 1' 6'' chord
solid spar and diagonal
bracing from central lever.

3' 0''
elevator hinges 3.

COLDITZ Sept. 44.

75 국제 뉴스 서비스의 전쟁 특파원인 리
    카슨은 수완 좋고 용감했으며, 〈기사로
    남자 기자를 이기고도 누구보다 호감을
    얻은 아가씨 기자〉였다.

76 플로리먼드 듀크는 콜디츠 최초의
    미국인 포로였으며, 미국 공군에서 두
    번째로 나이 많은 낙하산 부대원이자
    제2차 세계 대전 때 가장 성공하지 못한
    스파이 중 한 명이었다.

77 콜디츠 다리를 건너는 미군. 독일군이 이 다리를 파괴하려 했으나 실패한 흔적이 보인다.

MEURER

78 (위 왼쪽) SS 최고 사령부의 고틀로프 베르거 오버그루펜퓌러. 히틀러의 친구이자 열렬한 반유대주의자인
   그가 전쟁 포로 수용소를 감독하는 자리에 임명되었다.

79 (위 오른쪽) 프리드리히 모이러 SS 대령은 베르거의 참모장이었으며, 프로미넨테 인질들의 마지막 여행 때
   그들을 호송했다.

80 (아래) 미군 전선에 도달한 프로미넨테. 왼쪽부터 맥스 드 해멀, 조지 라셀스, 존 엘핀스턴, 스위스 외교관
   베르너 부흐뮐러, 마이클 알렉산더.

21. Februar 1945.

22.

196a

Transport Colditz

#	Nr.		Name	#	Nr.		Name
1	114336	62	Zylberger,A.	51	114632	62	Diament,A.
2	328		Baruch,A.	52	635		Fissel,A.
3	353		Dymant,A.	53	639		Czajkowskin.
4	355		Gelbart,B.	54	642		Arbusman,H.
5	363		Feiweles,J.	55	644		Gros,B.
6	367		Wolman,J.	56	650		Rand,M.
7	398		Dawidowicz,C.	57	658		Koszamacher,K.
8	399		Profesorski,J.	58	661		Winogradski,L.
9	409		Sztajnbuch,H.	59	664		Rajoh,W.
10	412		Wajngarten,J.	60	666		Gelbard,J.
11	413		Rozenfurt,P.	61	667		Gelbach,A.
12	414		Rozenfrucht,P.	62	671		Kopele,A.
13	403		Silberman,C.	63	672		Kopec,J.
14	433		Lerner,S.	64	677		Grynschpan,Sz.
15	400		Kalka,J.	65	678		Faust,H.
16	442		Königsberg,C.	66	687		Jakubowicz,J.
17	444		Praeworski,M.	67	689		Lesman,J.
18	445		Goldsztajn,K.	68	690		Gliksman,A.
19	449		Tenenberg,M.	69	691		Sztajnberg,M.
20	460		Apolet,A.	70	692		Sztajnberg,B.
21	463		Fukman,A.	71	693		Diament,H.
22	466		Rozengarten,J.	72	695		Zajdler,Sz.
23	473		Bendel,J.	73	696		Zajdler,Ch.
24	474		Morgenstern,A.	74	698		Nordman,L.
25	477		Wielinski,A.	75	705		Sidman,S.
26	492		Filkenstein,M.	76	706		Eisner,T.
27	501		Rubin,B.	77	708		Rubin,M.
28	504		Loos,L.	78	709		Blausztein,Ch.
29	515		Grünbaum,F.	79	712		Brandes,S.
30	526		Wolowski,E.	80	713		Reisman,B.
31	527		Josefowicz,F.	81	714		Sztajnman,M.
32	534		Nordkowski,M.	82	716		Rajzman,C.
33	539		Erlich,A.	83	719		Blech,M.
34	540		Gzessanower,H.	84	723		Szerman,B.

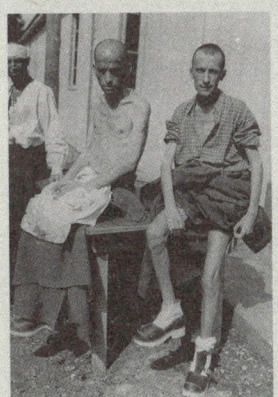

81 (위) 부헨발트에서 콜디츠 강제 노동 수용소로 옮겨진 유대인 수감자 명단.

82 (아래 왼쪽) 1945년 5월, 굶주려서 여윈 몸으로 노예 노동을 하다가 진군하는 미군의 손에 해방된 헝가리 유대인들.

83 (아래 오른쪽) 슈타인구트파브리크 노동 수용소는 콜디츠성 인근의 비밀 무기 공장이었다. 여기서 수백 명의 노예 노동자가 죽을 때까지 강제 노동에 시달렸다.

84 (위) 콜디츠를 해방시킨 미군들이 파이프 담배를 피우고 있다. 왼쪽부터 월터 버로우즈, 앨런 머피, 프랭크 지그너스, 로버트 밀러. 1945년 4월 16일.

85 (아래) 사슬에서 풀려난 콜디츠. 해방된 포로들이 환호하고 있다. 1945년 4월 16일.

감사의 말

이번에도 영국, 미국, 독일, 프랑스에서 많은 사람에게 큰 신세를 졌다. 루시안 클린치는 팬데믹으로 인한 봉쇄라는 악조건 속에서도 기적적인 자료 조사 솜씨를 보여 주었고, 콜디츠의 큐레이터 겸 기록 담당자인 레지나 티드는 내가 그 성에 한참 동안 머물 때마다 누구보다 따뜻하게 환영하면서 커다란 도움을 주었다. 로버트 핸즈는 내가 이전에 저서 여덟 권을 집필할 때와 마찬가지로 처음 작성한 원본을 읽어 주고, 발가락이 오그라드는 수많은 실수로부터 나를 구해 주었다. 특히 고마운 사람은 조운 마줌다르다. 그녀는 비렌드라나트 마줌다르에 대한 자신의 기억을 내게 말해 주었으며, 그가 과거 일을 녹음한 테이프를 인용해도 좋다고 허락해 주었다. 서실리아 매카이는 이번에도 책에 삽입된 사진들을 수집하고 배열하는 데에 놀라운 솜씨를 발휘했고, 존 그린은 이해하기 어려운 독일어를 친절하게 번역해 주었으며, 영국 바이킹과 미국 크라운, 캐나다 시그널 출판사의 편집 팀들은 역시나 최고의 일솜씨를 발휘했다. 대니얼 크루, 케빈 도우튼, 더그 페퍼는 이 업계 최고의 편집 팀이다. 조니 겔러는 단계마다 지혜로 나를 바위처럼 단단히 지탱해 주었다. 그 밖에도 이 책을 위해 자료를 조사하고 원고를 집필하는 기간 동안 내게 격려, 자양분, 영감을 제공해 준 다음의 분들에게 감사 인사를 전하고 싶다. 알렉산드라 아니시모바, 조 배럿, 폴 배럿, 브니샤 버터필드, 헨리 챈슬러, 데리 클린치, 존 듀크, 나타샤 페어웨더, 앤토니아 프레이저, 이언 캣츠, 케이트 매킨타이어, 매그너스 매킨타이어, 나타샤 맥엘론, 롤런드 필립스, 조애나 프라이어, 앤 로빈슨, 줄리엣 로즌펠드, 마이클 쉽스터. 내 사랑하는 아이들 바니, 핀, 몰리는 봉쇄 기간 중 콜디츠 보드게임을 하며 대부분의 시간을 보낼 수밖에 없는 상황에서도 (게임 팁: 코만단트가 되는 편이 가장 좋다) 한없는 기쁨과 훌륭한 유머로 이번에도 역시 내가 집필을 끝까지 마칠 수 있게 도와주었다. 아이들은 내게 한 번도 이렇게 묻지 않았다. 우린 콜디츠에서 탈출할 수 없는 거예요?

참고 문헌

콜디츠에 관한 자료는 광범위하지만, 저마다 품질이 다르다. 옛 포로와 그곳을 지키던 독일군이 쓴 많은 저서, 그리고 나중에 역사가들이 집필한 책 외에 MI9의 기록 등 대부분의 문서가 이제 기밀에서 해제되어 국립 문서 보관소에 있다. 이 수용소를 전반적으로 설명한 자료 중 가장 좋은 것은 지금도 헨리 챈슬러가 쓴 『콜디츠: 결정적인 역사』(2001)다. 채널 4의 시리즈 「콜디츠 탈출」을 바탕으로 만들어진 책이다. 콜디츠 포로들 중 살아 있는 사람은 이제 한 명도 없지만, 이 시리즈 제작진이 일흔여섯 명을 인터뷰했고, 12년 동안 쌓인 인터뷰 테이프가 현재 제국 전쟁 박물관에 보관되어 있다. 이 놀라운 기억 저장고를 나는 이 책에서 광범위하게 이용했다. 존 듀크는 라인홀트 에거스가 편집한 스크랩북을 내게 빌려주는 친절을 베풀었다. 그의 할아버지 플로리먼드 듀크가 세상을 떠나기 직전에 선물받은 책이다. 여기에는 수백 점의 사진 원본, 다이어그램과 지도, 에거스 본인이 자필로 쓴 설명이 들어 있다. 이 듀크 스크랩북은 이 책을 쓸 때 가치를 헤아릴 수 없는 귀한 자료였다. 뜻을 명확히 전달하기 위해 나는 간혹 인용문을 조합하거나 압축했으며, 철자법을 표준화했다.

Primary sources

National Archives, Kew
WO208/3288: MI9 report on Oflag IVC, Colditz.
WO208/3297: The Escapers' Story: A Compilation of Various Escape Reports.
WO208/ 3298–WO208/3327: MI9 Prisoner of War Escape/Evasion Reports.
WO208/ 332–WO208/3340: MI9 Prisoner of War Liberation Reports.
WO208/3341: MI9 Miscellaneous Intelligence Reports.
WO208/3342: MI9 Prisoner of War Interrogation Reports.
WO208/ 3343–WO208/3345: Miscellaneous Intelligence Reports.
WO208/3346: South African prisoner of war reports.
WO208/3347: Forces repatriated from Eire.
WO208/ 3348–WO208/3352: Escape Reports.
WO361/1838: Reports on Colditz by the International Red Cross.
DEFE2/364: File on Operation 'Musketoon'.
WO311/382: Killing of British POWs in Germany after capture in Norway during Operation Musketoon, destruction of Glom Fjord power plant.
WO208/4440: File on Gottlob Berger.
PREM3/364/12: File on British prisoners held as political hostages.

National Archives, College Park, MD
Case Number 41-64, Vol I (OF), 40961789: Documents on Oberst Prawitt.

Halle University Archives
UAHW, Rep. 21, Nr. 682: File on Reinhold Eggers.
UAHW, Rep. 46, Nr. 37 (1929–1931): File on Reinhold Eggers.

Imperial War Museum Archives, Lambeth
Documents.1805: Papers of Reinhold Eggers.

Documents.1927: Papers of Lt. Commander Stephens.

Documents.2715: Colditz Certificates.

Documents.4275: Papers of Lieutenant Colonel M. Reid MBE MC DL.

Documents.6295: Papers of Major Bruce.

Documents.8814: Court-Martial Records.

Documents.11592: Papers of Flight Lt. Fowler.

Documents.19686: Papers of Brigadier General L. de Laveaux.

Documents.20390: Papers of Baron de Crevoisier de Vomecourt.

Documents.22101: Papers of Reverend JE Platt MBE.

Documents.23729: Papers of Mrs Allan.

4432: Interview with Howard Gee.

4816: Interview with James Moran.

5378: Interview with Edgar Hargreaves.

9893: Interview with Montagu Champion Jones.

12658: Interview with Reinhold Eggers.

15336: Interview with John Wilson.

16800: Interview with Birendra Nath [sic] Mazumdar.

16910: Interview with John Hoggard.

16974: Interview with Jerzy Stein.

17312: Interview with Joseph Tucki.

17585: Interview with John Pringle.

17597: Interview with Francis Michael Edwards.

21742: Interview with Alex Ross.

21743: Interview with Francis Flinn.

21744: Interview with Michael Burn.

21747: Interview with Corran Purdon.

21748: Interview with John Chrisp.

21749: Interview with John 'Pat' Fergusson.

21752: Interview with Kenneth Lockwood.

21768: Interview with Anthony Luteyn.

21775: Interview with Grismond Davies-Scourfield.

21777: Interview with Kenneth Lockwood.

21780: Interview with Ota Cerny.

22332: Interview with Dominic Bruce.

28416: Interview with Leslie Goldfinch.

29186, 21740, 16828: Interview with Franciscus Steinmetz.

29193: Interview with Peter Tunstall.

29195: Interview with George Drew.

29204: Interview with Jean-Claude Tine.

29209: Interview with Charles Michael Alexander.

Polish Underground Studies Movement (1939–1945)
Study Trust PRM/163.

USAF Base Maxwell, AL
Reel No. 44642.

Select bibliography

Baybutt, Ron, *Camera in Colditz*, London, 1982.

Beaumont, Joan, 'Review Article: Prisoners of War in the Second World War', *Journal of Contemporary History*, 42:3 (2007), pp. 535–44.

——, 'Rank, Privilege and Prisoners of War in War and Society', *War & Society*, 1:1 (1983), pp. 67–94.

Bishop, Patrick, *The Man Who was Saturday*, London, 2019.

Booker, Michael, *Collecting Colditz and Its Secrets*, London, 2005.

Brickhill, Paul, *Reach for the Sky: Douglas Bader, His Life Story*, London, 1955.

Burn, Michael, *Yes, Farewell*, London, 1946.

——, *Turned Towards the Sun*, Norwich, 2007.

Campbell, Alan, *Colditz Cameo: Being a Collection of Verse Written by a Prisoner of War in Germany, 1940–45*, Sussex, 2004.

Catlow, T. N., *A Sailor's Survival: Memoirs of a Naval Officer*, Leicester, 1996.

Champ, Jack and Colin Burgess, *The Diggers of Colditz,* London, 1985.

Chancellor, Henry, *Colditz: The Definitive History*, London, 2001.

Chrisp, J., *Escape*, London, 1960.

Davies-Scourfield, Gris, *In Presence of My Foes: From Calais to Colditz via the Polish Underground*, Barnsley, 2005.

Duke, Florimond and Charles M. Swaart, *Name, Rank, and Serial Number*, NewYork, 1969.

Eggers, Reinhold, *Colditz Recaptured*, London, 1973.

———, *Colditz: The German Viewpoint*, Los Angeles, 1975.

Ferguson, Ion, *Doctor at War*, London, 1955.

Foot, M. R. D. and J. M. Langley, *MI9: Escape and Evasion 1939–1945*, London, 1979.

Froom, Phil, *Evasion & Escape Devices Produced by MI9, MIS-X & SOE in World War II*, Atglen, 2015.

Green, J. M., *From Colditz in Code*, London, 1971.

Haig, Dawyck, *My Father's Son: The Memory of the Earl Haig*, Barnsley, 1999.

Harewood, George Henry Hubert Lascelles, *The Tongs and the Bones: The Memoirs of Lord Harewood*, London, 1981.

Hutchinson, John F., *Champions of Charity: War and the Rise of the Red Cross*, Abingdon, 1997.

Kubler, Robert, *Chef KGW: Das Kriegsgefangenenwesen unter Gottlob Berger, Nachlass*, Lindhorst, 1984.

Larive, E. H., *The Man Who Came in from Colditz*, London, 1975.

Le Brigant, General, *Les indomptables*, Paris, 1948.

Le Ray, Alain, *Premiere a Colditz*, Grenoble, 2004.

Mackenzie, S. P., *The Colditz Myth: British and Commonwealth Prisoners of War in Nazi Germany*, Oxford, 2004.

Makepeace, Clare, *Captives of War: British Prisoners of War in Europe in the Second World War*, Cambridge, 2017.

Morison, Walter, *Flak and Ferrets*, London, 1955.

Neave, Airey, *They Have Their Exits*, London, 1955.

Nichol, John and Tony Rennell, *The Last Escape: The Untold Story of Allied Prisoners of War in Germany 1944–1945*, London, 2003.

Pattinson, Juliette, Lucy Noakes and Wendy Ugolini, 'Incarcerated Masculinities: Male POWs and the Second World War', *Journal of War and Culture Studies*, 7:3 (2014), pp. 179–90.

Perrin, Andre, *Evade de Guerre via Colditz*, Paris, 1975.

Platt, J. Ellison and Margaret Duggan, *Padre in Colditz*, London, 1978.

Pringle, Jack, *Colditz Last Stop: Four Countries, Eleven Prisons, Six Escapes*,

London, 1988.

Reid, Miles, *Last on the List*, London, 1974.

Reid, P. R., *Colditz: The Full Story*, London, 1985.

——, *The Colditz Story*, London, 2014.

——, *The Latter Days at Colditz*, London, 2014.

Rogers, Jim, *Tunnelling Into Colditz: A Mining Engineer in Captivity*, London, 1986.

Rolf, David, 'The education of British prisoners of war in German captivity, 1939–1945', *History of Education*, 18:3 (1989), pp. 257–65.

——, *Prisoners of the Reich: Germany's Captives, 1939–1945*, Barnsley, 1988.

Romilly, Giles and Michael Alexander, *The Privileged Nightmare*, London, 1956.

Ruft, Reiner, *The Singen Route*, Munich, 2019.

Schadlich, Thomas, *Tales from Colditz Castle*, 2016.

Shavit, David, ' "The Greatest Morale Factor next to the Red Army": Books and Libraries in American and British Prisoners of War Camps in Germany During World War II', *Libraries and Culture*, 34:2 (1999), pp. 113–34.

Stanley, Peter, *Commando to Colditz*, Sydney, 2009.

Sternberg, Antony, *Vie de chateau et Oflags de discipline: Souvenirs de captivite*, Paris, 1948.

Turner, John Frayn, *Douglas Bader*, Barnsley, 2009.

Walker, David, *Lean, Wind, Lean*, London, 1984.

Walters, Guy, *The Colditz Legacy*, London, 2006.

Williamson, David G., *The Polish Underground, 1939–1947*, Barnsley, 2012.

Wilson, Patrick, *The War behind the Wire: Voices of the Veterans*, Barnsley, 2020.

Wood, J. E. R., *Detour: The Story of Oflag IVC*, London, 1946.

Other media

Colditz: The Complete Collection, 2010.

Colditz, 2005.

Turned Towards the Sun, 2015.

사진 출처

모든 저작권자와 연락하기 위해 할 수 있는 노력을 모두 기울였다. 저작권자들이 빠진 부분이나 실수를 발견해서 알려 준다면, 다음 쇄에서 기꺼이 수정하겠다.

콜디츠의 공식 사진가였던 요하네스 랑게의 작품으로 표시된 사진은 모두 간행되지 않은 개인 소장 스크랩북에서 복제한 것이다.

1   British POWs in Dieppe, 1942 *(picture alliance / TopFoto)*
2   Colditz, 1910 *(SLUB Dresden / Deutsche Fotothek / Bruck und Sohn neg. df_bs_0011262)*
3   Pat Reid *(Imperial War Museum © IWM HU 49547)*
4   Prisoners being transferred to Colditz *(Australian War Memorial P01608.001)*
5   Peter Allan and Hauptmann Paul Priem, 1941 *(Johannes Lange)*
6   Hauptmann Reinhold Eggers *(Johannes Lange)*
7   Aerial view of Colditz, 1932 *(SLUB Dresden / Deutsche Fotothek / Junkers Luftbild df_hauptkatalog_0020060)*
8   Alain Le Ray *(Johannes Lange)*
9   Pierre Mairesse-Lebrun *(Johannes Lange)*
10   Frédéric Guigues, portrait by John Watton *(© Estate of John Watton)*

74 The glider, photograph by Lee Carson *(Staatliche Schlosser, Burgen und Garten Sachsen gGmbH, Schloss Colditz)*

75 Lee Carson, 1944 (Getty Images)

76 Colonel Florimond Duke, 1945 *(Courtesy L. Tom Perry Special Collections, Harold B. Lee Library, Brigham Young University, Provo, UT 84602)*

77 American troops on Colditz Bridge *(Courtesy National Archives, Still Pictures Division, Signal Corps Series, photo no. 111-SC-231481)*

78 Obergruppenführer Gottlob Berger *(Mary Evans / SZ Photo / Scherl)*

79 SS Colonel Friedrich Meurer, photographed at Nuremberg *(Wikimedia Commons)*

80 The *Prominente* reach American lines *(photographer unknown, reproduced by kind permission of Henry Chancellor)*

81 Transport list of prisoners from Buchenwald to the labour camp at Colditz *(ITS Digital Archive, Arolsen Archives, 1.1.5.1/5316757)*

82 Freed Hungarian-Jewish slave laborers, May 1945, photograph by Joseph W. Lapine (United States Holocaust Memorial Museum, courtesy of National Archives and Records Administration, College Park)

83 Steingutfabrik Colditz, postcard *(SLUB Dresden / Deutsches Fotothek df_bs_0017517)*

84 GIs after the liberation of Colditz, April 1945 *(R. Miller)*

85 Freed prisoners, April 1945 *(Bill Allen/AP/Shutterstock)*

찾아보기

옮긴이 **김승욱** 성균관대학교 영문학과를 졸업하고 뉴욕 시립 대학교 대학원에서 여성학을 전공했다. 동아일보 문화부 기자로 근무했으며 현재 전문 번역가로 활동 중이다. 옮긴 책으로는 존 르 카레의 『완벽한 스파이』, 『스파이의 유산』, 『모스트 원티드 맨』, 존 윌리엄스의 『스토너』, 아서 C. 클라크의 『2001 스페이스 오디세이』, 프랭크 허버트의 『듄』, 에이모 토울스의 『우아한 연인』, 리처드 플래너건의 『먼 북으로 가는 좁은 길』, 도리스 레싱의 『19호실로 가다』, 『사랑하는 습관』, 콜슨 화이트헤드의 『니클의 소년들』, 『제1구역』 등이 있다.

콜디츠

발행일 2025년 9월 20일 초판 1쇄

지은이 벤 매킨타이어
옮긴이 김승욱
발행인 홍예빈
발행처 주식회사 열린책들

경기도 파주시 문발로 253 파주출판도시
전화 031-955-4000 팩스 031-955-4004
홈페이지 www.openbooks.co.kr 이메일 humanity@openbooks.co.kr